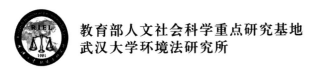

教育部人文社会科学重点研究基地
武汉大学环境法研究所

第四辑

环境法评论

Wuhan University
Environmental Law Review

主　编　秦天宝

执行主编　柯　坚

中国社会科学出版社

图书在版编目 (CIP) 数据

环境法评论. 第四辑／秦天宝主编 . —北京：中国社会科学出版社，2020. 10
（环境法评论）

ISBN 978-7-5203-7418-7

Ⅰ.①环… Ⅱ.①秦… Ⅲ.①环境保护法—研究—中国 Ⅳ.①D922. 680. 4

中国版本图书馆 CIP 数据核字（2020）第 205008 号

出　版　人	赵剑英
责任编辑	梁剑琴
责任校对	夏慧萍
责任印制	郝美娜

出　　　版	中国社会科学出版社
社　　　址	北京鼓楼西大街甲 158 号
邮　　　编	100720
网　　　址	http：//www. csspw. cn
发　行　部	010-84083685
门　市　部	010-84029450
经　　　销	新华书店及其他书店

印刷装订	环球东方（北京）印务有限公司
版　　　次	2020 年 10 月第 1 版
印　　　次	2020 年 10 月第 1 次印刷

开　　　本	710×1000 1/16
印　　　张	20. 5
插　　　页	2
字　　　数	345 千字
定　　　价	118. 00 元

《环境法评论》

顾问、编委与编辑名单

（按姓氏拼音排序）

立德立言，无问西东
创刊论法，大道为公

　　丁酉岁末，一场突如其来的冬雪尽染了喜迎新春的神州大地。瑞雪兆丰年，手边握着即将付梓的首期《环境法评论》，窗外的珞珈山虽已是银装素裹，但这本新生的《环境法评论》一如冬日里的暖阳，满载着几代前辈先进对绿法之道的不懈求索与求真信念的温度，充满着对生态文明的温暖希冀，亦是当代环境法学人对我国环境法治建设之路的无限追问与反思。一份学刊，著书论法的要义为何？当代学人，立德立言的使命为何？绿法之路，大道为公的进路亦为何？这些大哉之追问，不仅是一本学术刊物创刊立命首先要回答的问题，更是当代我国环境法学无以回避的历史使命。

　　溯及上世纪八十年代之初，法学百废待兴，韩德培先生、蔡守秋教授等老一辈珞珈法学大师筚路蓝缕首创武汉大学环境法研究所，高瞻远瞩首开国内环境法学研究之先河，传道授业培干城之栋梁。历经三十余载，几代所友薪火相传，风霜雨雪途，弦歌不辍；困苦忧患时，奋发图强。三生三世，不忘初心，以海纳百川、兼容并包的珞珈绿法精神孕育出一片中国环境法学的十里桃林。春华秋实，回望近四十载风雨路，武汉大学环境法研究所的成长不仅见证了中国环境法治进程的坚实脚印，更是成就了中国环境法学发展史上的无数个第一与之最：中国第一个专门从事环境法学教学和研究的机构；第一个环境法学硕士授权点与博士后流动站；唯一一个环境法学教育部人文社会科学重点研究基地与国家级重点学科；世界自然保护联盟环境法学院的全球首家"环境法教学与研究高级培训基地"……如今的武汉大学环境法研究所，业已成为蜚声海内外的人才基地、咨政成效卓著的高端智库和前沿思想荟萃的学术重镇。

　　然而，学不可以已，面对中国环境法治发展的前路漫漫，面对学术研究的求索之路，我们没有理由停下奋进的脚步。而这份新生的武汉大学《环境法评论》正是对珞珈绿法精神最好的传承和延续。为学者，著书立说，究天人之际，通古今之变，成一家之言。面对环境法这一充满生命温度的课题，面对通向生态文明的彼岸之路，我们有着太多的未解之惑。也许"世界上本没有路，走的人多了也便成了路"，而本刊便希冀成为这条环境法治建设征途上兼容并包、广纳各家之言、激荡学术争鸣的铺路石。而在这其中，环境法青年学人更是这片十里桃林的未来与希望，我们会对他们的成长与发展给予格外的关注。

一份刊物的诞生，汇集无数学人的心血与希望，但这不仅仅是求索道路上一个守望的驿站，更是另一段绿法征途的开始。一篇篇文章，激扬文字，既是对历史追问的反思与回应，亦是对前沿问题的不断探索。立德立言，这里既有法学大家的真知灼见，亦有对理论前沿的深刻剖析；无问西东，我们既关注国内环境法治进程中的热点问题，亦引他山之石，放眼全球可持续发展的大格局。著书论法，不仅采撷优秀译作荟萃于刊，亦纵览学术会议的脉动，更关注法律实证研究的最新进展。期许《环境法评论》能以珞珈学派继往开来的胸襟打造环境法学人百家争鸣的平台，以东湖之水海纳百川的气魄把握学术前沿发展的脉搏。

皑皑白雪，层林尽染，冰冻三尺，冬藏祥瑞。本立德立言之初心，无问西东；创刊论法，撷佳作闻于世，以启生态文明大道之公义。谁又可知，在这冰雪之下，凛冬之后，等待着我们的不是又一个生态文明、美丽中国的春天呢？

秦天宝

2018 年元月

目　录

理论前沿

热点聚焦

译文集萃

实务之声

理论前沿

《民法典》"回收义务"条款的运用

——以新能源汽车为例

杨翠柏* 张禹培**

内容摘要：在社会经济高速发展的背景下，法律制度的改革是解决和顺应时代问题的重要途径。我国《民法典》合同编回应绿色原则和生态文明价值观的体现主要在两个方面：通则中的债权债务终止后的"旧物回收"义务，以及买卖合同中出卖人对标的物的"回收"义务。针对条文适用于现实生活中会出现的困境，以新能源废旧电池回收为例，解构"旧物回收"义务条款的权利义务主体之确定、回收义务之履行以及违反义务之责任承担，最后以"诚信原则"和"绿色原则"共同作为其法理依据，以民事公益诉讼作为合理路径。

关键词：民法典；合同编；旧物回收；绿色原则；新能源汽车

一 问题的提出

《中华人民共和国民法典》（以下简称《民法典》）将生态文明理念内化为合同编中的具体条文，在合同编的通则以及买卖合同两处规定了"旧物回收"义务。但面对日益复杂的社会实践，条文如何理解以及适用是需要考虑的问题。"旧物回收"义务本是公法义务，是"绿色原则"在《民法典》合同编中的具体法理制度，其如何在《民法典》合同编中实现内外自洽，其具体的应用场景为何，这些都是未来法律适用中面临的问题。

近年来，国家十分重视新能源汽车产业的发展，随着"十城千辆节

---

* 四川大学法学院教授，博士生导师。

** 四川大学法学院环境与资源保护法学硕士研究生。

能与新能源汽车示范推广应用工程"示范试点的确定，新能源汽车已在大中型城市推广普及。根据国务院发布的《节能与新能源汽车产业发展规划（2012—2020年）》，新能源汽车规划到2020年，纯电动汽车和插电式混合动力汽车生产能力达200万辆、累计产销量超过500万辆。[1] 最先2015年投入市场的30多万辆新能源车至今已经跑了四五年，其电池进入了中老年化阶段，逐渐表现出了续航能力不足、充电掉电的问题。新能源车车主此时可以选择低价卖出或者更换电池，但按照市面上新能源二手车价格5年贬值75%的形势，或者由于超过质保期限交四万元重新更换电池的情况，车主如何处置这批危险的废旧电池陷入两难境地。[2] 据新能源汽车国家大数据联盟的数据显示，预计到2020年，我国退役电池累计约为25吉瓦时，约为20万吨，2025年退役电池累计116吉瓦时，约78万吨。面对如此庞大数目的能源车退役电池，法律该为车主提供何种救济？

根据《民法典》合同编第558条以及第625条的规定（见表1），新能源车买卖合同权利义务终止后，出卖方仍然负有"旧物回收"的义务，那车主是否可以作为权利人依据法律来要求其履行回收旧电池的义务，车主该如何行使权利，出卖方该如何承担该项义务，以及当出卖方不履行该项义务的时候，应该承担何种责任以及如何承担？厘清这些问题，既是推动环境法律制度之进步所必需，也是回应公众诉求，解决环境问题所必要。

表1   "旧物回收"义务相关条文

《民法总则》	第9条 民事主体从事民事活动，应当有利于节约资源、保护生态环境
《民法典》合同编	第558条 债权债务终止后，当事人应当遵循诚信等原则，根据交易习惯履行通知、协助、保密、旧物回收等义务
	第625条 依照法律、行政法规的规定或者当事人约定，标的物在有效使用年限届满后应予回收的，出卖人负有自行或者委托他人对标的物予以回收的义务

---

1 参见余海军、谢英豪、欧彦楠、李长东《我国新能源汽车拆解回收产业探析》，载《环境科技》2014年第3期。

2 《新能源车报废高峰期来临，换电比新车贵，低价卖车为何没人要？》，百度新闻网：https：//baijiahao.baidu.com/s？id＝1652501285337028670&wfr＝spider&for＝pc，最后访问日期：2020年2月23日。

二 "旧物回收"义务性质学说之争 以及原因分析

将"旧物回收"作为诚信原则的一项义务规定在《民法典》合同编中，在国外的法律法规体系中很罕见，这属于我国的一项创新。自 2018 年《民法典》合同编一审稿首次提出"旧物回收"义务条款以来，我国学者对这一义务的研究尚处于起步阶段，主要集中于诚信原则下的该条款与绿色原则的关系，以及其存在的合理性两个方面。

对于《民法典》合同编中"旧物回收义务"的性质目前有以下几种学说：第一，附随义务说。吕忠梅教授认为应利用合同附随义务的利益调节功能将环境保护义务纳入其中，合同履行中的不同选择可能产生不同的环境效果，在遵守法律和尊重当事人意思的前提下，履行行为也应当遵循绿色原则承担相应的附随义务。吕忠梅教授认为具体细分为：其一是绿色附随义务说，明确节约资源、保护环境为履行合同的附随义务；其二是传统附随义务说，补充后合同义务规定，明确合同终止后的旧物回收等附随义务。[3] 刘长兴教授也认为附随义务条款属于合同制度绿色化的优先选择，在法律上确认当事人旧物回收义务有利于减少固体废物污染。理论上完全可以利用合同附随义务的利益调节功能将环境保护义务纳入其中。[4] 樊勇认为增加"旧物回收"为后合同义务，细化为出卖人依法承担旧物回收义务，这体现出已在环境立法中确立的生产者延伸责任被民法吸纳，将生产者责任延伸至产品的整个生命周期，通过旧物回收制度倒逼产品设计选材的优化，引导营利法人承担节约资源、保护生态环境的社会责任。[5] 该学者将"旧物回收"与生产者责任延伸制度联系在一起，这是否

3　参见吕忠梅课题组《"绿色原则"在民法典中的贯彻论纲》，载《中国法学》2018 年第 1 期。

4　参见刘长兴《民法典绿色化不能止于〈民法总则〉第九条》，载《中国环境报》2018 年 11 月 9 日第 3 版；刘长兴《论"绿色原则"在民法典合同编的实现》，载《法律科学》，《西北政法大学学报》2018 年第 6 期。

5　参见樊勇《私人自治的绿色边界——〈民法总则〉第 9 条的理解与落实》，载《华东政法大学学报》2019 年第 2 期。

意味着义务主体仅仅只是生产者？第二，独立义务说。王利明教授认为《民法典》总则第 7 条已经对诚实信用原则作出了规定，因此没有必要在合同编对其重复作出规定。且王利明教授认为"回收义务"独立于诚信义务，可作为企业在签订合同中的一项单独义务，企业不履行"回收义务"构成违约，需要承担违约责任。[6] 第三，诚信合作义务说。孟勤国教授提出合同义务的主从划分不符合现代市场经济的发展，附随义务不应存在，而应在诚信原则之下规定保护公共利益的合作义务。按此理论，"旧物回收"可作为诚信原则下的合作义务。[7] 第四，诚实信用原则与绿色原则下的附随义务说。侯国跃教授考虑到传统契约附随义务理论基础仅限于诚实信用原则，未觉察到环境保护的必要，在绿色原则演替为民法基本原则之际，宜将附随义务的法理基础从单纯的诚实信用原则推演至诚实信用原则与绿色原则。在绿色原则的浸润下，契约当事人不仅应保护当事人固有利益，还应对生态环境予以附随保护，也就是《民法典》合同编的"旧物回收"义务。[8]

基于以上研究，"回收义务"条款的存在毋庸置疑，只是在其存在的方式上学者们有不同的意见。笔者认为，采诚实信用原则与绿色原则下的附随义务说更为妥当。首先，从法律规定来看表述为"当事人应当遵循诚信等原则"，这个"等"字其实就为"绿色原则"的适用留有余地。其次，民法各基本原则在内容上虽有异质之处，但其异质之处更多的是着眼点不一致，在意义功能上均是体现民法精神，宣誓伦理价值。故将绿色原则纳入作为市场经济基本法的合同编之中，非但不是限制私权，反而是为了更好地实现私权，避免"一切人对一切人的战争"，从而通过又好又快发展实现人们美好生活的目标。绿色原则与诚信原则并非矛盾对抗，而是相互依存补充。

对"回收义务"规范性质的不同理解直接决定该规范的具体内涵，具体而言，涉及以下问题：其一是"旧物回收"条款所含权利义务主体

6　《民法典合同编（草案）中的十个重大疑难问题 》，搜狐网：http：//www.sohu.com/a/285304501_169411，最后访问日期：2019 年 12 月 28 日。

7　参见孟勤国《从附随义务到合作义务——兼论未来民法典合同编应明确规定合作义务》，载《北方法学》2019 年第 3 期。

8　参见侯国跃《民法典绿色原则：何以可能以及如何展开》，载《求是学刊》2019 年第 1 期。

资格不明，该权利义务是否仅存在买卖合同当事人；其二是"旧物回收"义务履行的问题，以及该如何履行；其三是违反"旧物回收"义务该承担何种责任以及如何承担。

三 "旧物回收"制度的解构

《民法典》合同编对回收义务的规定在两个部分（具体条文为第 558 条和第 625 条）：一是在通则分编中要求债权债务终止后，双方当事人要履行"旧物回收"的义务；二是在买卖合同中指出出卖人负有"回收"标的物的义务。这些条款是对生态文明价值理念的回应，但由于生态文明观主要保护公共利益，不可避免会对合同编倡导的意思自治以及保护私益的目的产生影响，这就需要明确"旧物回收"义务条款该如何运用，否则就会产生矛盾。

（一）"旧物回收"权利义务主体之确定

《民法典》合同编对"旧物回收"义务产生的条件规定为"债权债务终止后"，可以看出回收义务属于后合同义务。根据侯国跃教授的理解，后合同义务从内容上可以分为两种：后合同之从给付义务与后合同之保护义务。前者与合同履行中的从给付义务没有实质区别，后者则与合同履行中的保护义务附随义务同其本质，将前者归入从给付义务，将后者归入附随义务。[9] 故"旧物回收"义务作为一项保护义务，按照后合同义务或者附随义务来认定均可。

能够引起"旧物回收"义务的产生的具体情形主要有法律规定和当事人约定两种。按照法律规定，具体包括：清偿、法定的解除、抵销、提存、免除和混同；按照当事人约定，造成合同终止的情形就有多种。一般而言，由谁履行义务和承担责任往往结合具体的合同就可确定。但在"旧物回收"的背景下，可能出现两个问题：其一是谁履行回收旧物的义务？其二是"旧物"如果属于危险废物，义务人是否需要有处理资质？

针对谁履行的问题，樊勇认为增加"旧物回收"为后合同义务，细化为出卖人依法承担旧物回收义务，这体现环境立法中的生产者延伸责任

---

9   参见侯国跃《契约附随义务研究》，博士学位论文，西南政法大学，2006 年。

被民法吸纳，将生产者责任延伸至产品的整个生命周期，通过旧物回收制度倒逼产品设计选材的优化，引导营利法人承担节约资源、保护生态环境的社会责任。将"旧物回收"义与生产者责任延伸制度联系在一起，这是否意味着义务主体仅仅只是生产者？[10] 同时，《民法典》虽明确了买卖合同中出卖人属于义务主体，但由于合同的多样性，是否仅仅只有买卖合同才会出现"旧物"呢？答案自然是否定的。比如在赠与合同中，受赠物由于长期使用，变成"旧物"，由于处理该物的费用过高，那受赠方可否依据该条款要求赠与方进行回收处理。归结起来，权利人行使的动力来源于"旧物"有多旧，一是对于没有任何使用价值的旧物或者回收成本高于回收的利益的旧物，合同当事人会互相推诿，没有谁去主动承担该项义务，生态环境最后成为不良后果负担者；二是对于仍有剩余价值的旧物，合同当事人都积极主动承担回收义务，那最后回收之后获取的利益如何划分？因此，还需要详细的条文或者指导性案例来确定具体的权利人和义务人。

针对义务人是否需要有处理资质的问题，按照吕忠梅教授等学者的解读，"旧物回收"中的"旧物"是没有和我国对于"废弃物"的定义进行划分的，也就是合同法中的"旧物"是一个宽泛的概念，不仅包括有价值、可再利用的物品，还包括一些危险废弃物。但从事废旧物回收行业需要有营业资格，包括向工商部门登记领取营业证。[11] 笔者通过威科先行法律数据库查到四起在未取得营业执照的情况下，擅自从事废旧物回收的经营活动受到行政处罚的案例，[12] 这属于我国《无照经营查处取缔办法》中的无证经营。且在实务中，因为一些废旧物品的处置十分危险，擅自切割或者熔铸极易造成生命、健康权受到损害。[13] 这意味根据"旧物"种类的不同，实际履行义务的主体可能不是合同当事人。

综上所述，在"旧物回收"主体方面，最集中的问题是权利义务主体在不同的合同内容下该如何确定。

10　同前注5，樊勇文。

11　参见《再生资源回收管理办法》第6条：从事再生资源回收经营活动，必须符合工商行政管理登记条件，领取营业执照后，方可从事经营活动。

12　参见京工商海处字（2008）第2595号。

13　参见甘某某等诉贺州市月暖废旧物资回收经营部生命权、健康权、身体权纠纷案，（2019）桂11民终第64号判决书。

(二)"旧物回收"的义务之履行

在上部分"旧物回收"权利义务主体明确的前提下，接下来的问题就是权利是不是一定得行使？如果是强制行使，如何去行使权利？

首先，权利是不是一定得行使？权利即自由，当事人肯定是有选择权的。这里以明确了义务人是出卖方的买卖合同为例，按照新能源汽车 5 年或 8 万公里的质保期，相关机构经过计算，预计 2020 年动力电池将进入规模化退役阶段，届时累计将超过 20 万吨，如果按 70% 可用于梯次利用计算，大约有累计 6 万吨电池需要报废处理。同时，根据《民法典》合同编的规定，新能源车电池在有效使用年限届满后属于应予回收类，出卖人负有自行或者委托他人对标的物予以回收的义务。这里有一个矛盾点，因为新能源车大多是单宗买卖，单个主体基于法律认识不足或者说诉讼的成本高、耗时长，可能不会要求卖方承担回收义务，会直接扔掉处理或者闲置，这样电动汽车电池垃圾可能成为日益严重的污染来源。再比如网络购物风潮下产生的快递包装，消费者可能直接扔进垃圾桶，居住点的清洁部门再进行集中处理，并没有考虑到卖方在这个过程中对于包装物的回收义务。

"旧物回收"条款的存在是为了保护生态环境，故立法本意是期待权利人行使权利。那么"旧物回收"这项权利是否同时具有义务性？如受教育权既是权利也是义务。笔者认为，受教育权是指对受教育者所享有的权利和国家所承担的义务，[14] 从来没有给受教育者享有和实现受教育权时设定任何义务。同理，保护环境在我国更多的是一种呼吁，若强制将回收的权利主体视为权利和义务的复合体将导致"回收旧物"所包含的权利关系产生混乱。如新能源车买方就不仅有权利要求卖方履行回收义务，也承担回收义务，这显然会引起卖方推卸责任。

其次，"旧物回收"义务该如何履行？前述提到，"旧物"是一个含义广泛的概念，当合同中的旧物是有价值的，如旧衣物之类的，可能物品持有人会为了获利自己处理掉，而最复杂的就是具有危险性的一些物品，如电池、废旧二氧化碳膨胀管和化学废物等"旧物"的回收。在我国，

14　参见杨成铭《国际人权法中受教育权的性质：权利或义务？》，载《法学评论》2004 年第 6 期。

不同的废旧物品有不同的处理流程。[15] 如新能源车电池采取的是根据电池状况确定到底是进行梯次利用还是再生利用，而作为卖方的车行或者二手车交易中的个人仅凭漏电程度根本无法确定电池的衰减度，更别说回收之后的拆解、分选和碱浸出等步骤。所以，承担"旧物回收"的义务主体可能无法按规定履行回收义务，这种情况下，将"旧物"妥善交付给有处理资质的主体也应视为履行完毕。

（三）违反"旧物回收"义务的责任

首先，需要明确采取何种归责原则？即确定行为人应否承担责任的法律原则，通常以行为人的主观方面为其标准。我国《民法典》合同编没有明确规定违反回收义务的法律后果。从逻辑上推演，合同履行中附随义务的违反问题，实际上就是违约行为，应适用违约责任的归责原则。就违约责任的归责原则而言，《民法典》合同编规定"当事人一方不履行合同义务或者履行合同义务不符合约定的，应当承担继续履行、采取补救措施或者赔偿损失等违约责任"，即应适用无过错责任原则。理由是"旧物回收"义务为法律明文规定，具有可预见性，从有利于保护损失方的利益出发，只要有违约行为，违约方就应负责任，而不应视违约方的主观上有无过错而改变，不然就加重了受害方的损失，不利于保护弱者以及生态环境。

其次，无论是后合同义务还是附随义务，其本质都是在诚信原则下合同义务的扩张。违反后合同义务，与违反一般合同义务相同，产生债务不履行责任；违反附随义务给对方造成损害应负损害赔偿责任。[16] 违反"旧物回收"义务包括两种情况：一种是根本未履行即未对"旧物"采取回收措施，传统的违约责任包括继续履行、采取补救措施或者赔偿损失，考虑到违约责任制度的主要功能是救济非违约方。因此，原则上应当赋予非违约方以选择权，可通过要求其履行回收义务或者赔偿自己的损失来得到救济。[17] 另一种是履行不到位，也就是未完全履行回收义务，如由于销毁

15　参见《废弃电器电子产品回收处理管理条例》《废旧物资管理规定》《新能源汽车动力蓄电池回收利用管理暂行办法》等。

16　参见谢增毅《诚实信用原则与合同义务的扩张》，载《法学研究》2002 年第 3 期。

17　参见王利明《民法分则合同编立法研究》，载《中国法学》2017 年第 2 期。

成本比较高，义务主体可能会私自进行处理，违法分解汽车、电池，违法倾倒废弃物。这时候权利人根本没有利益相关性，其就不可能要求其承担责任，那义务人就不承担后果吗？笔者认为，要使"旧物回收"落到实处，对环境的伤害降到最低，可能还是需要《环境保护法》上的公法义务来协助，引入行政处罚不失为一种解决方法，具体可通过责令停业、关闭，没收违法所得以及罚款等行政责任来追究其责任。

最后，违反附随义务后，成立损害赔偿责任，这在我国已成共识。但违反附随义务所产生的违约责任与一般情况下的违约责任也有所不同。主要集中在违反"旧物回收"义务是否产生解除权、履行抗辩权？笔者认为，"旧物回收"义务不是合同内容的关键部分。因此，回收义务的不履行，权利人原则上不得解除合同，但可就其所受损害，依不完全履行请求损害赔偿，且权利人不因对方违反附随义务而享有同时履行抗辩权和合同解除权。[18]

四 "回收义务"条款适用问题

"回收义务"纳入《民法典》合同编是我国民法体系中的一大进步，笔者通过输入"合同""回收""废弃物"等关键词尚未在裁判文书网找到实际案例，相关的实际经验十分有限。下文尝试提出建议，来解决接下来具体运用"旧物回收"条款中产生的问题。

（一）将"诚信原则"与"绿色原则"作为其法理基础

何谓基本原则？梁慧星教授从基本原则的功能出发，认为民法的基本原则是民事立法的指导方针，是一切民事主体均应遵循的行为准则，是解释民事法律法规的依据，是补充法律漏洞、发展学说判例的基础。[19]林诚二从原则的层次位阶出发，认为诚实信用原则乃一切民事法律规范之最高指导原则，其他民法基本原则均是该"帝王条款"的展开。王轶教授从各基本原则的概念出发，认为民法各基本原则相互依存、补充。侯佳儒教授从法解释学角度分析，认为民法各基本原则之间的关系实为基于"意

18　同前注5，樊勇文。

19　参见梁慧星《民法总论》，北京法律出版社 2017 年版，第 46 页。

思自治原理"的展开和具体化。董学立教授从民法理念的具体形态出发，认为民法各基本原则均反映不同的民法理念，各基本原则共同外显民法的"内在价值"。

据上述学者之看法，"诚信原则"与"绿色原则"必然存在依存与补充的关系。严格按照法律规范布局来看，不同原则分布于不同的法条，其侧重点和内容应属不同才有其存在的必要；但从法理逻辑来看，每一个法律原则存在的功能是保护民事主体的合法权益、维护社会和经济秩序、弘扬社会主义核心价值观，这些原则都走向了同一个终点。所以，法律价值的同质化使得不同条文之间的诚信原则和绿色原则在《民法典》合同编的"回收义务"问题上趋向统一。在环境生态污染严重的现实背景下，绿色原则具有重要的价值导向功能。

民法基本原则主要彰显社会的价值理念，且各基本原则相互依存，将"诚信原则"与"绿色原则"同时作为"旧物回收"义务的法理基础并不矛盾。首先，"回收义务"彰显着不仅仅是诚信原则之下的代内义务，更多的是绿色原则之下的代际义务，这是诚信原则难以完成的使命。其次，为避免"绿色原则"沦为虚置，必须将其具体化，而"旧物回收"义务就是很好的示范。"绿色原则"作为民法基本原则，属于一般条款，该条款是以非常一般性的方式表述的思想内容，这些思想内容被赋予原则性意义，属于判断标准，欲达立法目的，其内容还需要加以填补。相较于法律规则，其并不对权利义务各方的行为模式和保证手段的内容和要件做十分确定的、详尽无遗的规定，而是运用"保护环境""节约资源"等不确定概念，授予司法机关结合具体的事实状态自由裁量解决问题的权力。通过"回收义务"具体民法制度加以细化和表达，这是对反对将绿色原则纳入民法基本原则的有力回击。最后，《民法典》的最终版本较《民法典（一审稿）》在诚信原则后多了一个"等"字，从文义来理解，"等"字作为一个兜底，给予了其他原则即绿色原则的适用空间。因此，宜将回收义务的法律基础推延至"绿色原则"和"诚信原则"。

（二）出台相应的司法解释或指导性案例

诚信原则和绿色原则之下的"回收义务"在民法典的生态化过程中的必要性毋庸置疑。但正如恩斯特·拉贝尔所言，"没有附带判决的法律，犹如没有肌肉的骨架"。为避免"回收义务"条款沦为"骨架"，宜对其进行具体化处理。根据国情，主要通过最高人民法院的司法解释或者公布的指导性案例，使同类问题相聚，一类判例针对一类现实中的问题，具体地分析此类型的要件、法律效果及判断基准，制定相应裁判指引，从而为法官提供具体操作性的帮助。

　　由于"旧物回收"义务是第一次出现在《民法典》合同编的条文规范中，调整的还是平等主体的交易活动，因此，实践操作中不可避免出现许多问题。这时候最高人民法院的司法解释或者指导性案例就可以发挥很好的指引作用。司法解释抑或指导性案例需要解决以下问题：其一是"旧物回收"权利主体和义务主体如何确定，有无统一的标准；其二是"旧物回收"义务主体资质的问题，义务人是直接承担回收角色，还是仅仅是回收体系的一个阶段，最终还是需要第三方介入，笔者认为由于回收系统的复杂和危险性，义务人仅仅是履行初步的义务，将其运送到具有回收资质的单位进行处置，且承担相关费用；其三是按照《民法典》总则编的规定，行为人同一行为承担行政责任，不影响其承担民事责任，即违反"旧物回收"义务可以要求义务人承担违约责任和行政责任。[20]

　　在此问题上，笔者提出一个新兴看法，即"回收义务"类比于《宪法》中的受教育权，德国《魏玛宪法》首创社会权利入宪之先河，使养育子女、劳动、受教育等具有权利义务的双重性质。该宪法专辟《教育与学校》一章，明确规定国家有义务通过免费和强制入学来保障受教育权。而且规定，"受国民小学教育为国民普通义务"。我国指导性案例宜采用扩大解释，即"回收义务"不仅是一项权利，更是一项义务规定。从保护环境的生态价值来看，合同当事人双方都应为权利义务主体，但实际履行回收旧物之具体操作可以委托有资质一方，此时具体的责任承担依据委托合同来认定，首先，受托人根据"旧物"的种类必须具有相应资质，比如废旧电池回收营业执照；其次，受托人在处理委托人委托的事务过程中，除了按委托人的指示和要求外，还必须遵守我国关于危险废弃物

　　20　《民法典》第187条：民事主体因同一行为应当承担民事责任、行政责任和刑事责任的，承担行政责任或者刑事责任不影响承担民事责任。《中华人民共和国行政处罚法》第7条：公民、法人或者其他组织因违法受到行政处罚，其违法行为对他人造成损害的，应当依法承担民事责任。

的相关行政性规定；最后，受托方从事回收活动，委托人对其行为后果承担责任。在责任承担方面，笔者认为可以引入奖惩机制。对电池、农业肥料等废弃物回收利用效果较好的，除提供补贴之外，额外给予奖励；对各区域重点企业建立动态评价机制，构建动态评价指标体系，动态评价每年废弃物回收效果。建立监督机制，除了相关政府部门的执法监督，要充分发挥人民大众的作用，鼓励人民大众对违反回收义务的企业及个人进行有奖举报。

（三）合理引入民事公益诉讼制度

违反"旧物回收"的行为，往往会同时侵害到公益和私益，虽然侵权人和侵害行为是相同的，但由于侵害权益的不同，为达到充分保护个人权利和有效维护社会公共利益的双重目的，明确规定了提起公益诉讼的，不影响因同一行为受到人身、财产损害的公民、法人和非法人组织提起私益诉讼。民事公益诉讼在我国分为侵权型公益诉讼和消费型公益诉讼。如果是作为合同一方的消费者（包括消费者协会等组织），可以依据消费型公益诉讼进行救济；如果是非合同相对方抑或是环保组织，可以通过环境侵权型公益诉讼进行救济。

1. 消费型民事公益诉讼

合同奉行着"意思自治"的原则，当双方当事人在合同中关于回收问题有明确的约定，即依照约定追究违约责任。另外，合同中没有关于包装问题的约定时，根据《民法典》合同编的规定，旧物回收是一项诚实信用原则下的具体义务，那么当没有采取后续的回收工作时，合同相对方可以违反"诚实信用"原则追究违约责任，要求其履行包装物的垃圾分类工作。总之，实践中对于违约行为的确认不能狭隘地理解为必须是违反合同中明确规定的义务，而应当将其作一种广义的理解，既包括合同规定的义务，也包括依法律规定的义务和依诚实信用原则所产生的附随义务。因为，不管当事人是否在合同中明确规定了这些义务，一旦合同成立，这些义务都会自然成为合同的组成部分。合同当事人可以未履行"旧物回收"义务要求其承担违约责任，但由于单宗交易金额不大或者考虑到维权成本高、诉讼风险大的困境，很多权利主体会放弃诉权，不去处置"旧物"。但由于某些"旧物"长期的放置或者不按规定的处理，可能会对空气质量或者土壤环境造成危害。如，2020 年即将产生的 6 万吨新能源车电池。这时候，为了更好地保护消费者的利益和环境利益，可以在回收的问题上引入民事消费型公益诉讼，势单力薄的消费者可授权消费者协会以自己的名义起诉，要求经营者或者卖方履行"回收义务"，这样一方面解决了单个买方即消费者能力精力有限的问题，减少维权成本；另一方面集中解决废弃物回收的问题，使绿色原则落到实处。

"回收旧物"本来只是一项道德性的义务，随着《民法典》的颁布，变成了一项法律性义务，没有遵守这些规定就会承担相应的责任。而消费者对于旧物回收的责任并不是自己的行为导致的，究其源头，应该是经营者转嫁的。笔者认为经营者未及时履行回收旧物的行为侵犯了消费者的合法权益，可以通过消费型的民事公益诉讼追究经营者的民事责任。笔者通过现行的法律法规尝试着构建消费型公益诉讼结构。

根据《最高人民法院关于审理消费民事公益诉讼案件适用法律若干问题的解释》第2条第5款的兜底条款，消费者未履行回收义务行为属于"其他侵害众多不特定消费者合法权益或者具有危及消费者人身、财产安全危险等损害社会公共利益的行为"。因此消费型民事公益诉讼，起诉主体同环境型公益诉讼一样，检察机关和有关组织都可以作为原告提起，有关组织具体指各省市的消费者保护协会或者其他社会组织。人民检察院应当作为"后备军"，在消费者协会不提起诉讼的情况下，才能向人民法院提起消费型民事公益诉讼，在消费者协会提起诉讼时，人民检察院在证据、程序方面支持其起诉。

关于是否损害了"众多消费者合法权益"的问题，笔者认为应该作宽泛的解释，不仅指实际、直接或者财产、人身性损害，还包括间接性转嫁给消费者的义务，也就是消费者对于废弃物的后续处理义务。这也是损害了消费者的合法权益，更别说消费者后续废弃物处理不规范可能承担的罚款。但是，公共利益需要侵害的是众多消费者，也就是某个个体户店家一般侵犯的是私益（个人可以作为侵权私益诉讼的主体），具体到旧物行为，更多的是针对新能源汽车、化工染料、农业肥料等大型企业，这些企业的回收问题才是亟须解决的关键。

消费者组织提起公益诉讼，需要举证证明已经履行了前期程序，也就是消费者组织前期需要向有关部门反映、查询，提出建议，在这里的有关部门是商务主管部门；或者证明已经受理消费者的投诉，并对投诉事项进行调查、调解。[21]

　　在消费组织提起的民事公益诉讼中，笔者倾向于采取法院调解结案的方式，这样是因为消费者协会不同于国家机关，过多地纠缠于诉讼程序对于财力以及人力都是浪费。从裁判文书网中可以看出，消费型公益诉讼检察院提出的诉讼请求更多的是赔礼道歉，这个是有理由的，因为一般情况下消费型公益诉讼集中于药品和食品方面，被告已经承担了相应的刑事责任和行政责任，再提出赔偿或者停止侵害已经没有必要。[22] 但是，在旧物回收的消费型公益诉讼中，由于回收行为并不会导致刑事责任或者强有力的行政责任，所以更加需要检察机关发挥职责。检察机关根据《人民检察院提起公益诉讼试点工作实施办法》，事先需履行督促、支持法律规定的机关和有关组织提起公益诉讼的程序。在其不提起或者没有组织提起时，检察机关可以起诉。且检察院提起公益诉讼，需要层报最高人民检察院批准。检察机关需要举证证明经营者存在未履行回收行为和侵害众多消费者的合法权益，对于过错和因果关系参照环境侵权公益诉讼。可以通过废弃物的照片、录像等方式证明违反了《民法典》合同编关于旧物回收的规定，侵害众多消费者合法权益可以通过废弃物回收所需费用认定。检察机关提起的诉讼请求主要应该针对赔偿消费者承担后续旧物回收的成本来进行计算。

　　2. 环境型民事公益诉讼

　　针对环境民事公益诉讼的起诉主体，《民事诉讼法》第 55 条作了概括性规定，即"法律规定的机关和有关组织"，机关具体到实践中就是人民检察院，根据 2014 年修订的《环境保护法》的规定，有关组织需要依法在设区的市级以上人民政府民政部门登记且专门从事环境保护公益活动连续五年以上且无违法记录。为了方便适用，后续在《最高人民法院关于审理环境民事公益诉讼案件适用法律若干问题的解释》中详细规定了具体操作，可以说是扩张了"有关组织"的范围。[23] 检察院和有关组织的

21　参见程新文、冯小光、关丽、李琪《我国消费民事公益诉讼制度的新发展》，载《法律适用》2016 年第 7 期。

22　参见刘辉、姜昕《检察机关提起民事公益诉讼试点情况实证研究》，载《国家检察官学院学报》2017 年第 2 期。

23　参见吕忠梅《环境司法理性不能止于"天价"赔偿：泰州环境公益诉讼案评析》，载《中国法学》2016 年第 3 期。

起诉主体冲突在《最高人民法院、最高人民检察院关于检察公益诉讼案件适用法律若干问题的解释》中得到了解决，即 30 日公告期满在没有适格主体或者适格主体不提起诉讼的情况下，检察院才可以向人民法院提起民事公益诉讼。在有关组织起诉时，检察院也可履行其支持起诉的功能，在经济或者证据方面支持起诉。在旧物回收造成环境污染的民事公益诉讼中，笔者倾向于检察院是最适宜的起诉主体，首先，检察院本就是法律监督机关，对于企业或者公民的违法回收行为，有权监督；其次，在回收行为的公益诉讼中，由于废弃物对于环境的损害需要及时得到清理，检察院举证和参与诉讼程序都有很大的优势，避免诉讼的过分拖延；最后，由于很多的回收物品仅仅堆积着，并没有实际对环境造成可见性损害，环保组织一般不会提起诉讼。

　　针对举证责任，关于环境民事公益诉讼的举证责任和归责原则，《最高人民法院关于审理环境侵权责任纠纷案件适用法律若干问题的解释》第 1 条规定：因污染环境造成损害，不论污染者有无过错，污染者应当承担侵权责任。这是无过错归责原则的体现。另外，第 18 条规定：本解释适用于审理因污染环境、破坏生态造成损害的民事案件，但法律和司法解释对环境民事公益诉讼案件另有规定的除外。虽然《最高人民法院关于审理环境民事公益诉讼案件适用法律若干问题的解释》未以具体的条文规定其所适用的归责原则，但该司法解释明确其系依据《侵权法》和《环境保护法》所制定，故其同样适用《侵权法》和《环境保护法》关于归责原则的规定，即环境民事公益诉讼的归责原则亦是无过错责任原则。具体到追究回收行为民事责任中，采取无过错责任原则是合理的，民事责任和刑事责任不同，行为人的主观性并不是必要因素，特别是在环境侵权中，更多的是归咎于行为和后果的严重性。根据《人民法院审理人民检察院提起公益诉讼案件试点工作实施办法》的规定，检察院需要提交经营者污染环境损害公共利益的初步证明材料，可以运用拍照、录像等方式进行举证。

　　针对责任承担，环境保护强调的"预防原则"，在合同当事人的回收行为上体现很明显。对于违反回收义务的行为，可能只是外观上体现，并不会实际对环境造成污染。但我们需要明确，最终这些废弃物还是会进入生存环境中去，对其造成不良影响。从现行的民事公益诉讼制度中，一般责任承担方式为停止侵害、排除妨害、消除危险和赔礼道歉等。对于义务者来说，需要其承担的不是事后的补救，而是一种事前的规制，是为了在合同当事人之间形成一种保护环境的自觉性，传统的环境侵权型公益诉讼救济方式并不能完全适用到回收义务中去。笔者认为，首先应该立即履行，也就是立即自行清除回收物或者委托有资质一方处理危险废弃物，其次赔偿损失，建议可以采取两种方式：一是运用《环境鉴定评估办法》中的环境预防性费用计算赔偿数额；二是参考《民法典》侵权责任编中的"惩罚性赔偿"，即当事人违反回收规定，需要其赔偿不超过废弃物处理三倍的费用。

五　结　语

"绿色原则"不能仅止于裁判准则的指引，而应该具体贯彻为立法的准则功能中，体现在具体的民法制度中。《民法典》的编纂为合同法绿色化的完善提供了历史契机，我们应当把握好这一历史机遇。"旧物回收"义务规则引入的立法途径是实现合同绿色化的具体途径，这是一项值得尝试的规定。废弃物回收问题一直存在，但是由于公民自己内心对于废弃物责任的推脱，导致废弃物回收问题在日常生活中显得越发刺眼。"回收义务"条款出台后，在实践操作中可能会遇到诸多问题，但这些问题只是因为其是一项新兴的条款而已，笔者结合现行的民事公益诉讼制度，呼吁检察院关注废弃物回收问题对于环境的污染、消费组织关注废弃物品对于消费者权益的隐形侵犯，企图通过民事公益诉讼构建出相关路径，让人们关注废弃物回收问题，让经营者承担相应的民事责任。这样才能让经营者树立低碳意识，保护生态环境。笔者坚信，通过后续的发展和具体的应用，这些问题都能得到解决。当然，解决措施还赖于权利人的热情和司法裁判者的考量，避免制度成为"没有牙齿的老虎"。

（责任编辑　区树添）

种子产品责任惩罚性赔偿的适用[*]

——以农民消费者为视角

万志前^{**} 吴夏楠^{***}

内容摘要：种子产品责任惩罚性赔偿对维护农民消费者权益，提高种子产品质量，保障国家粮食安全等至关重要。但惩罚性赔偿在种子产品责任领域的适用存在种子是否属于产品不明、损害结果要件严苛、农民消费者的界定不清、主观明知的判断难、倍比不合理等法律障碍。为此，应修改和整合相关规定：将"加工或制作"的种子纳入产品范畴；将请求权主体限制农民消费者，包括农民个体和农村承包经营户；明确主观方面的要件为"明知"，包括确定知道和应当知道；损害结果要件应规定为"造成他人人身、财产严重损害"，若造成污染环境、破坏生态严重后果的，则可适用环境侵权惩罚性赔偿；将惩罚性赔偿的倍比确定为"一倍以上三倍以下"。为更好地在种子产品责任领域适用惩罚性赔偿，可考虑引入责任保险、优化举证责任分配。

关键词：种子产品责任；惩罚性赔偿；消费者权益；农民消费者

一 问题的提出

随着我国市场经济的发展和农业技术进步，种子产品的供给方式愈加市场化，供给结构亦更加复杂化，种子产品质量纠纷也不断涌现。种子产

---

* 基金项目：中央高校基本科研业务费专项资金资助项目："知识产权支撑乡村振兴的法政策研究"阶段性成果（项目编号：2662019PY042）。

** 华中农业大学文法学院副教授。

*** 江西省上饶市纪委市监委机关工作人员。

品质量不仅给农民带来巨大的经济损失，还会损害我国种业市场信用体系，危及国家粮食安全。为了维护种业市场秩序，提高种子产品质量，中共中央、国务院和最高人民法院均公布了相关意见以推动种业发展。2018年11月，最高人民法院发布的《关于为实施乡村振兴战略提供司法服务和保障的意见》要求依法严惩生产、销售假劣种子等违法犯罪行为，提升农产品质量。[1] 中共中央、国务院发布的《关于完善促进消费体制机制，进一步激发居民消费潜力的若干意见》要求在关系民生的领域加大对制假售假行为打击力度，对侵害消费者权益的市场主体依法实施惩罚性赔偿。[2] 2019年中央一号文件《关于坚持农业农村优先发展做好"三农"工作的若干意见》提出"保障农民种粮基本收益"，而种子质量是实现这一目标的基础和前提。

我国2016年新施行的《中华人民共和国种子法》（以下简称《种子法》）第46条[3]规定了种子产品质量致损的赔偿责任，但无惩罚性赔偿的规定。《中华人民共和国消费者权益保护法》（以下简称《消法》）第62条规定："农民购买、使用直接用于农业生产的生产资料，参照本法执行。"该法第55条规定了惩罚性赔偿适用。按照《消法》的规定，农民购买种子直接用于农业生产的，可适用惩罚性赔偿。但根据"新法优于旧法""特别法优于一般法"的原则，因种子质量问题导致种子使用者损失的，应该适用《种子法》，而该法并无种子产品质量致损的惩罚性赔偿规定。且《消法》将农民购买种子适用本法的依据置于附则部分，此种安排未引起理论界和实务界的重视，现实中很少适用《消法》认定种子产品责任，对种子产品责任适用惩罚性赔偿尚需进一步论证。

1　参见最高人民法院《关于为实施乡村振兴战略提供司法服务和保障的意见》，中国法院网：https://www.chinacourt.org/law/detail/2018/11/id/149815.shtml，最后访问日期：2020年3月20日。

2　参加中共中央、国务院《关于完善促进消费体制机制，进一步激发居民消费潜力的若干意见》，新华网：http://www.xinhuanet.com/politics/2018-09/20/c_1123462073.htm，最后访问日期：2020年4月3日。

3　《种子法》第46条规定："种子使用者因种子质量问题或者因种子的标签和使用说明标注的内容不真实，遭受损失的，种子使用者可以向出售种子的经营者要求赔偿，也可以向种子生产者或者其他经营者要求赔偿。赔偿额包括购种价款、可得利益损失和其他损失。"

惩罚性损害赔偿又称示范性赔偿或报复性赔偿，具有补偿受害人损失、警示和处罚违法行为等功能，[4] 以遏制不法行为的再度发生。目前关于产品责任惩罚性赔偿、[5] 消费者保护领域惩罚性赔偿[6]的研究文献较多，但将种子产品责任、惩罚性赔偿和农民消费者三者相结合的研究几乎没有。基于此，本文拟以农民消费者为视角，结合现有法律制度的规定，分析种子产品责任惩罚性赔偿适用的制度障碍，并就相关立法提出完善建议，以期维护种子使用者农民的合法权益，为营造良好种业市场环境，保障国家粮食安全提供制度保障。需要说明的是，根据产品责任性质的不同界定，[7] 种子产品责任的性质也不同。2020 年 5 月 28 日通过的《中华人民共和国民法典》（以下简称《民法典》）"侵权责任编"第四章第 1202 条和《中华人民共和国侵权责任法》（以下简称《侵权责任法》）第五章第 41 条已明确将"产品责任"作为一种特殊的侵权责任，[8] 因此本文将种子产品责任界定为一种侵权责任，即种子产品生产者、销售者因提供的缺陷种子致使种子使用者人身或者财产受到损害而应当承担的责任。

4　参见王利明《惩罚性赔偿研究》，载《中国社会科学》2000 年第 4 期。

5　参见董春华《美国产品责任法中的惩罚性赔偿》，载《比较法研究》2008 年第 6 期；张云《产品责任的惩罚性损害赔偿制度研究》，载《当代法学》2005 年第 5 期；黄娅琴、叶萍《我国产品责任的惩罚性赔偿研究》，载《南昌大学学报》（人文社会科学版）2012 年第 4 期。

6　参见刘大洪、段宏磊《消费者保护领域惩罚性赔偿的制度嬗变与未来改进》，载《法律科学》，《西北政法大学学报》2016 年第 4 期；马强《消费者权益保护法惩罚性赔偿条款适用中引发问题之探讨——以修订后的我国〈消费者权益保护法〉实施一年来之判决为中心》，载《政治与法律》2016 年第 3 期；刘俊海、徐海燕《论消费者权益保护理念的升华与制度创新——以我国〈消费者权益保护法〉修改为中心》，载《法学杂志》2013 年第 5 期；孔东菊《论惩罚性赔偿在我国立法中的确立和完善——从〈消费者权益保护〉到〈侵权责任法〉》，载《法学杂志》2010 年第 8 期。

7　产品责任有三种不同的界定：一是产品责任属于产品侵权责任，即产品因缺陷造成人身或财产损害时所应承担的责任；二是产品责任包括违约责任和侵权责任，即产品不符合合同约定或因产品缺陷造成消费者人身、财产受损所要承担的民事责任；三是产品责任应该是产品质量法律责任，包括民事责任、行政责任和刑事责任。参见许明月、李昌麒《消费者保护法》（第四版），法律出版社 2015 年版，第 200—201 页。

8　《民法典》第 1202 条和《侵权责任法》第 41 条的表述完全一致。《民法典》自 2021 年 1 月 1 日起施行后，《侵权责任法》将被废止。

二　种子产品责任适用惩罚性赔偿的障碍

惩罚性赔偿制度是社会发展的产物，与我国社会实践息息相关。1987年1月1日起施行的《民法通则》没有关于惩罚性赔偿的一般性条款。2017年10月1日起施行的《中华人民共和国民法总则》将惩罚性赔偿纳入民事责任中，[9] 这是我国民事立法上第一次出现惩罚性赔偿的一般性条款，《民法典》第179条第2款直接沿用该规定。但在此之前，我国不少单行法中规定了惩罚性赔偿制度。目前，《产品质量法》和《种子法》没有产品责任惩罚性赔偿的规定。《侵权责任法》和《消法》规定了产品责任的惩罚性赔偿，但这两部法律对惩罚性赔偿适用条件的规定，使得种子产品责任惩罚性赔偿适用存在障碍。

（一）适用《侵权责任法》的制度障碍

产品责任是指由于产品缺陷使他人遭受损失或伤害时，生产者或销售者应对其进行赔偿的法律责任。[10]《民法典》第1207条（《侵权责任法》第47条）规定了产品责任的惩罚性赔偿，即明知产品存在缺陷仍然生产、销售，或者发现缺陷后没有及时采取停止销售、警示、召回等补救措施的，造成他人死亡或者健康严重损害的，被侵权人有权请求相应的惩罚性赔偿。[11] 根据《民法典》和《产品质量法》的相关规定，适用该条需要满足三个条件：产品存在缺陷、经营者明知产品有缺陷或发现产品存在缺陷未采用有效措施以及造成他人严重的人身损害。

种子产品责任是否适用惩罚性赔偿，首先明确种子是否属于产品。《种子法》第2条规定：种子是指农作物和林木的种植材料或者繁殖材料，包括籽粒、果实、根、茎、苗、芽、叶、花等。但种子是否为《产品质量法》中所规定的产品，则并不明确。《欧共体产品责任指令》中的

9　《民法总则》第179条第2款规定："法律规定惩罚性赔偿的，依照其规定。"

10　参见吴晓露《产品责任制度的法经济学分析》，浙江大学出版社2014年版，第12页。

11　《民法典》第1207条在《侵权责任法》第47条的基础上，增加承担惩罚性赔偿的情况，即"没有依据前条规定采取有效补救措施"。前条规定的补救措施是："产品投入流通后发现存在缺陷的，生产者、销售者应当及时采取停止销售、警示、召回等补救措施。"

产品特指各种动产，还包括电，但不包括未经加工的种植业、畜牧业、渔业产品及狩猎产品。[12] 1973 年《关于产品责任适用的海牙公约》第 2 条第 1 款规定："'产品'一词应包括天然产品和工业产品，而不论是未加工还是加工过的，是动产还是不动产。"按此定义，种子显然可被包括在内。我国《产品质量法》第 2 条第 2 款规定："产品是指经过加工、制作，用于销售的产品。"这里姑且不论该定义条款存在同语反复的问题。就该条所表述的产品的外延看，应包括经过加工的农业产品，[13] 未加工的物品（如初级农产品），则不属于《产品质量法》上的产品，这也是大多数国家产品质量法的规定。[14] 将初级农产品排除在产品之外也是支持农业发展的考量。初级农产品的生产者承担法律责任的经济能力较低，国家为了鼓励农业生产发展，禁止对初级农产品适用严格责任。种子若通过农家种植自留形式保存，该类种子未经过加工制作，也不用于销售，此类种子不属于"产品"。

因此，种子是否属于产品，关键看其是否经过加工。关于加工的含义，我国立法未作规定，学理上有三种不同观点：第一种观点认为，加工仅为"机械化的、工业生产"，不包括"手工业"的加工。[15] 第二种观点认为，加工的范围可包括工业品、手工业品、农产品，但不包括天然形成的能源与能够自主生长的农牧、水产产品。[16] 第三种观点认为，因生产者人为介入而对产品质量造成影响的一切行为都属于加工。[17] 为防止规则适用的僵化，应对"加工"采取扩张解释，扩大该概念的涵盖范围。[18] 随着生物技术在育种领域的广泛运用，市场上销售的种子不再是未经过加工、制作的初级农产品。目前《产品责任法》没有明确排除，也没有明确规

12　［德］马克西米利安·福克斯：《侵权行为法》，齐晓坤译，法律出版社 2006 年版，第 304 页。

13　参见梁慧星《民法学说判例与立法研究》，法律出版社 2003 年版，第 140—141 页。

14　如《德国产品质量法》第 2 条，《日本制造物责任法》第 2 条，《意大利产品责任法》第 2 条等。

15　参见梁慧星《中国产品责任法——兼论假冒伪劣之根源和对策》，载《法学》2001 年第 6 期。

16　房维廉、赵惜兵：《新产品质量法释义及问答》，中国工商出版社 2000 年版，第 11 页。

17　参见孙宏涛《产品责任立法中的产品概念分析》，载《海南大学学报》（人文社会科学版）2012 年第 4 期。

18　参见温世扬《论产品责任中的"产品"》，载《政法论坛》2018 年第 3 期。

定种子是否属于产品，但通过解释"加工"的含义，可以将种子纳入产品的范畴。

真正阻碍种子产品责任适用惩罚性赔偿的是第二个条件，即"造成他人死亡或者健康严重损害"。农民购买种子用于种植，几乎不可能发生造成他人死亡或者健康严重损害的情形，因此根据《侵权责任法》的规定，种子产品责任难以适用惩罚性赔偿。

（二）适用《消法》的制度困境

《消法》附则中的"参照执行"充分肯定了农民购买、使用生产资料受该法保护。因此，农民出于生产目的购买种子行为应受《消法》保护。但种子产品责任领域适用《消法》所规定的惩罚性赔偿并不清晰。

第一，惩罚性赔偿适用条件难以满足。《消法》第 55 条规定两种惩罚性赔偿，第 1 款规定的是合同欺诈责任，属违约性质[19]或缔约过失责任[20]性质的惩罚性赔偿；第 2 款规定的是侵权性质的惩罚性损害赔偿。如前所述，本文将产品责任界定为一种侵权责任，因此，这里仅分析侵权性质的惩罚性赔偿。根据该法第 55 条第 2 款的规定，经营者提供明知存在缺陷的商品，造成消费者或他人死亡或者健康严重损害的，受害人有权要求经营者赔偿损失，并有权要求所受损失两倍以下的惩罚性赔偿。该款规定的适用条件基本上与《侵权责任法》第 47 条（《民法典》第 1207 条）的规定相同，只是该条用"商品或服务"代替了"产品"，并且确定了惩罚性赔偿的标准（所受损失两倍以下）。如前所述，仅就"受害人死亡或者健康严重损害"这个条件，就排除了种子产品责任惩罚性赔偿的适用。

第二，"参照执行"语义含糊。《消法》第 62 条虽然为种子产品责任惩罚性赔偿的适用提供可能依据，但这一依据并非明确。"参照"二字含义丰富，对其解释不同可能导致适用的强制性不同。参照究竟是"应当参照"还是"可以参照"学理上有不同的观点。如有观点认为，"参照"的规范属性是限制任意性规范，将"应当"与"参照"搭配，"在形式上是非理的，实践上也不可能是有效"[21]。有学者则通过对"两高"指导性

19　参见杨立新《我国消费者保护惩罚性赔偿的新发展》，载《法学家》2014 年第 2 期。

20　参见朱广新《惩罚性赔偿制度的演进与适用》，载《中国社会科学》2014 年第 3 期。

21　谢晖：《"应当参照"否议》，载《现代法学》2014 年第 2 期。

案例拘束力的分析，认为"两高"的"参照执行"带有行政性的"硬约束力"[22]。因此"参照"的强制性与法律文本密切相关，不同法律文本导致"参照"法律性质的差异。[23] 此外，参照执行的是《消法》的全部内容还是某项具体条款也不清楚。

第三，请求主体不确定。在种子消费领域，购买种子的消费者并不仅仅是农民，还有农业公司、合作社等，这些主体是否都适用《消法》，司法实践有不同的观点。[24] 根据《消法》倾斜保护消费者的立法宗旨，农业公司、合作社应该不属于农民消费者的范畴。因为农业公司、农业合作社等农业经济组织与种植经营者实力相当，实无倾斜保护的必要。但根据我国农业生产的经营方式，农民除了以农业或林业种植为业的个人外，还应包括农村承包经营户。此外，根据《消法》第62条的规定，农民购买种子直接用于农业生产的，是否可以适用《消法》，司法实践中有时考虑农民种植的目的。如安阳市中级人民法院在其判决书中指出，上诉人购买黄瓜种苗、种出黄瓜的目的是销售获取利益而不是为生活消费需要，因而不符合《消法》对于消费者的定义，不适用《消法》的相关规定。[25] 依据该判决，农民购买种子用于消费，是否适用《消法》，取决于种植的收获物是用于自己消费还是用于出售。如果既有自己消费也有用于销售的，又该如何界定农民消费者，立法和司法均不明确。

(三)《种子法》中损害赔偿制度的局限

2015年修改的《种子法》引入了侵犯植物新品种权的惩罚性赔偿，这是出于保护知识产权，加大打击侵犯品种权的行为。对因种子产品缺陷所造成的损失，《种子法》并未规定惩罚性赔偿，种子使用者仅能依据《种子法》第46条的规定进行索赔。"种子使用者可以向出售种子的经营

---

22 参见孙国祥《从柔性参考到刚性参照的嬗变：以"两高"指导性案例拘束力的规定为视角》，载《南京大学学报》（哲学·人文科学·社会科学版）2012年第3期。

23 参加江晓华《农资消费适用惩罚性赔偿的问题研究》，载《安徽农业大学学报》（社会科学版）2017年第6期。

24 部分判决书在当事人基本情况中注明农民身份，更多判决书在当事人基本情况上未注明农民身份。

25 安阳市中级人民法院（2014）安中民三终字第2776号民事判决书。

者要求赔偿，也可以向种子生产者或者其他经营者要求赔偿"的表述类似于《侵权责任法》第43条（《民法典》第1203条）关于产品责任主体的规定，责任主体不限于销售种子的经营者，其性质应该属于侵权责任。该条将侵权损害赔偿额的范围规定为"购种价款、可得利益损失和其他损失"，购种价款比较容易确定，可得利益损失因需要综合考虑实际损失、成本支出等因素而较难确定，其他损失的表述过于笼统，增加了该类损失的确定难度。

可得利益损失本是《合同法》第113条第1款（《民法典》第584条）[26]的规定，既然《种子法》第46条规定的是种子产品责任是一种侵权责任，则可得利益的损失属于侵权损害赔偿的范围。《侵权责任法》和《民法典》第七编侵权责任对可得利益损失的赔偿均无规定，不过目前的司法解释、判例以及学者的论述其实都未将此种利益损失赔偿排除在侵权损害赔偿范围之外。[27]可得利益损失的赔偿具有补偿功能和惩罚功能的双重作用，但这种赔偿的惩罚性质并不强，加之其天然的不确定性，使之无法与惩罚性赔偿的功能相提并论。

三　种子产品责任惩罚性赔偿的规范构造

相较一般消费者而言，农民消费者因其知识结构、法律意识、信息获取处理能力等更为欠缺，更有适用《消法》的惩罚性赔偿必要。基于《消法》倾斜保护消费者的理念，在农民消费者购买种子直接用于农业生产的，因种子缺陷导致损害而主张惩罚性赔偿时，即使可依据多种法律提出主张，农民消费者也最好选择《消法》作为依据。因此，本部分主要围绕《消法》，兼顾《产品责任法》《侵权责任法》（《民法典》侵权责任编）、《种子法》的相关规定构造种子产品责任惩罚性赔偿的规范体系。

26　《合同法》第113条第1款规定：当事人一方不履行合同义务或者履行合同义务不符合约定，给对方造成损失的，损失赔偿额应当相当于因违约所造成的损失，包括合同履行后可以获得的利益，但不得超过违反合同一方订立合同时预见到或者应当预见到的因违反合同可能造成的损失。《民法典》第584条的规定基本相同，只是文字表述上略有不同。

27　参见田韶《论侵权责任法上可得利益损失之赔偿》，载《法商研究》2013年第1期。

（一）消除适用前提的障碍

1. 扩大《产品质量法》中产品的外延范围

将该法中的产品的定义修改为"产品是指经过加工、制作，用于销售的动产"，同时借鉴意大利《产品责任法》的做法，在法律中直接界定"加工或制作"内涵，即"对产品所作的改变其性质的或添加物质的处理活动、包装或任何其他处理"[28]。而我国《种子法》第40条规定，"销售的种子应当加工、分级、包装"，这样就可以将经营者销售的种子纳入产品的范围，适用产品责任，加大种子经营者的责任，同时也将初级农产品排除在产品范围之外，以保护农民权益。

2. 明确《消法》第62条中"参照本法执行"含义

种子产品责任惩罚性赔偿是否可以适用《消法》，关键在于明确《消法》附则中"参照执行"的含义。参照执行的规定旨在维护《消法》整体稳定时，给予农民消费者特殊保护的技术处理，旨在为农民消费者提供新的维权途径，赋予其更多维权的选择权。既然是一种选择权，农民消费者可以选择适用《消法》追究侵权者的责任，一旦选择之后，法院应该尊重农民消费者的选择，以《消法》为法律依据判决。[29] 同时考虑该条款的设置目的，应明确"参照执行"不应是某一条款，而是《消法》的全部。在种子产品责任纠纷中，《消法》与《种子法》《侵权责任法》等其他法律相比，消费领域双方当事人的权利义务以及责任承担方式具有独特性，适用惩罚性赔偿也不会与其他法律冲突。

（二）适用主体的确定

1. 责任主体：种子经营者

《消法》第3条规定："经营者为消费者提供生产、销售的商品或者提供服务，应当遵守本法。"但该法并未明确界定经营者。《消法》领域的经营者是与消费者相对的概念，与消费者发生法律关系的经营者才称为经营者。

---

28 赵湘林、曹俊：《国际产品责任法》，中国政法大学出版社2000年版，第98页。

29 同前注23，江晓华文。

惩罚性赔偿的责任主体为种子经营者。种子经营者包括合法的经营者和不合法的经营者，后者还应承担行政法上的责任。[30] 在现实交易中，种子经营者可能未按相关法律法规办理种子经营许可证、营业执照、税务登记等事项，不具有合法主体资格，但这并不影响此类种子经营者在符合条件的情况下承担《消法》中的惩罚性赔偿。若因其不具备主体资格而逃避其应当承担的法律责任，显然不合理。此外，种子经营者的经营行为是认定经营者适格的一个重要标志。经营行为必须以出卖种子为业而反复连续实施，即具有营业的"事业性"行为。《种子法》第37条规定，农民个人自繁自用的常规种子有剩余的，在当地集贸市场上出售、串换，不需要办理种子生产经营许可证。根据该规定，农民个体（包括家庭承包经营户）在市场贩卖多余的种子，不属于种子经营者，不适用惩罚性赔偿。

种子经营者不仅包括种子销售者，还包括种子生产者。种子销售行为并不仅由销售者实施，种子生产者有时兼具销售者身份。在种子销售领域，生产者的经济实力、对种子质量的控制能力比种子销售者更具优势。因为种子产品责任是一种侵权责任，种子生产者或销售者对农民消费者承担责任不以合同关系为前提。种子生产者或销售者明知种子有缺陷而生产或销售，造成重大损失的，农民消费者有权请求惩罚性赔偿。农民个人或农村承包经营户接受他人委托代为繁殖的种子有缺陷的，符合惩罚性赔偿适用条件的，委托者为生产者，应承担惩罚性赔偿责任。

2. 请求主体：农民消费者

与种子经营者相对应的概念是种子消费者，种子消费者可能是农业企业、农民、农村承包经营户等。根据《消法》第62条的规定，仅农民消费者方可主张惩罚性赔偿，这是基于保护弱势农民的考虑。因此，就请求主体而言，首先要界定农民的身份，其次要界定何为消费者。

界定《消法》第62条规定的"农民"，应从职业的角度加以定义。我国法律和政策制定在认定农民往往以"户籍标准"判断，但随着城镇

---

30 根据《种子法》第77条的规定：未取得种子生产经营许可证生产经营种子的，以欺骗、贿赂等不正当手段取得种子生产经营许可证的，未按照种子生产经营许可证的规定生产经营种子的，由县级以上人民政府农业、林业主管部门责令改正，没收违法所得和种子，并根据违法生产经营的货值金额，处以一定数额的罚款。

化进程的推进和户籍制度的改革，具有农业户口不再从事农业生产的人并非少数，"农业户口"与"非农业户口"的"二元结构"户籍制度正在被打破，加之现代化农业的发展、旅游农业的兴起，也有不少城镇居民从事农业生产。在这种情况下，坚持以户籍制度为标准界定农民，已不符实际。因此，应注重实质，从行为、职业角度对"农民"加以定义，凡是从事种植业、林业等农业生产经营活动者，均应认定为农民。在此基础上，还应从《消法》的角度对的"农民"范围加以限定。司法判例中亦有认为农业生产经济组织购买种子自己种植，属于农业生产消费行为，应适用《消法》。[31] 将农业生产经济组织视为"农民"，明显扩张了《消法》第62条的适用范围。大多数国家均将消费者限定为个人或者家庭，[32] 农业公司、合作社等农业经济组织在经济实力、信息获取能力等方面并不比种子经营者弱，将其视为农民不符合《消法》倾斜保护弱者的立法宗旨。因此，应明确种子产品责任惩罚性赔偿的请求主体限于农民个体，考虑我国农村普遍实行的土地承包经营制度，农业生产一般以家庭为单位经营，农民的范围可以扩大到家庭承包经营户。

在明确农民的内涵基础上，尚需界定农民在何种情况下成为消费者。从比较法上来看，各国通常以三种方式定义"消费者"[33]。《消法》第2条规定："消费者为生活消费需要购买、使用商品或者接受服务，其权益受本法保护。"该条以是否"为生活消费需要"作为消费者界定标准的内核。[34] 但随着中国的消费形式、支付方式、消费理念以及消费能力的变化，"消费者"概念应根据新情况赋予新的内涵。《消法》制定之初关注

31　锡林郭勒盟中级人民法院（2014）锡商终字第46号民事判决书。

32　例如《德国民法典》第13条规定，消费者是指既非以营业活动为目的，也非以其独立的职业活动为目的而缔结法律行为的自然人。参见《德国民法典》，陈卫佐译注，法律出版社2016年版，第8页。《瑞士联邦国际私法》第120条第1款规定，消费者合同"以消费者个人或家庭使用为目的，提供日常消费品且与消费者的行业或商业活动无关的合同"。参见王利明《典型合同的发展趋势》，载《法制与社会发展》2014年第2期。《美国统一商法典》规定，消费者是为了个人、家庭成员或者家庭目的而购买商品的个人。参见马一德《解构与重构："消费者"概念再出发》，载《法学评论》2015年第6期。

33　第一种是通过列举排除的方式加以规定，即"非以营业或者职业为目的"的消费行为受到《消法》调整；第二种是正面表述"消费者"的概念；第三种是正面表述与反面排除相结合的混合立法模式。参见马一德《消费者权益保护专论》，法律出版社2016年版，第37页。

34　参见甘强《重识"消费者"的法律地位》，载《政治与法律》2016年第12期。

的是人民的生存需要，人民消费的主要目的是生存，而现今社会的消费不再局限于个人生活消费，而追求更高的消费目标——增加个人财产。[35] 此外，"为生活消费需要"这一概念的意义极为丰富，不能仅将其理解为生存型消费，还应包括发展型消费和精神享受型消费。[36] 在农村，农民主要通过购买种子等农业生产资料，通过生产劳动将其转变为最终的生活必需品，农民生产消费与生活消费在很大程度上具有一致性。因此，农民购买种子种植所得的收获物，不论是自己消费还是出售均属于《消法》上的消费者。

（三）主观过错："明知"的认定

一般情况下侵权者主观过错达到恶意程度时，才能适用惩罚性赔偿。[37] 在惩罚性赔偿适用率最高的美国，各州适用惩罚性赔偿的主观要件不同，主要包括恶意、漠不关心他人权利、重大过失，主观状态会影响判决所确定的赔偿数额。[38] 在澳大利亚，只有当"故意"达到"恶意"的程度时，法院才适用惩罚性赔偿。[39] 我国《民法典》第1185条规定的知识产权侵权惩罚性赔偿，第1232条规定的环境污染、生态破坏侵权的惩罚性赔偿，均使用的是"故意"。《民法典》第1207条和《消法》第55条第2款规定的产品责任，使用的是"明知"一词。在民法上"明知"和"故意"差别不大，只是由于词语搭配上原因，有时用"明知"，有时用"故意"。如"明知产品存在缺陷仍然生产、销售"，这句话中用"故意"就不合适；"侵权人违反法律规定故意污染环境、破坏生态"，这句话中用"明知"就不合适。根据《消法》和《民法典》关于产品责任惩罚性赔偿的规定，宜用"明知"一词作为惩罚性赔偿的适用要件。

---

[35]　钱玉文、刘永宝：《消费者概念的法律解析——兼论我国〈消法〉第2条的修改》，载《西南政法大学学报》2011年第2期。

[36]　参见全国人大法制工作委员会民法室《中华人民共和国消费者权益保护法解读》，中国法制出版社2014年版，第7页。

[37]　参见唐珺《我国专利侵权惩罚性赔偿的制度构建》，载《政治与法律》2014年第9期。

[38]　参见黄娅琴《惩罚性赔偿研究：国家制定法和民族习惯法双重视角下的考察》，法律出版社2016年版，第163—164页。

[39]　See Michael Tilbury and Harold Luntz, " Punitive Damages in Australian Law", 17 *Loy. L. A. Int'L Comp. L. J. Rev.* 769（1995）.

明知的认定是适用惩罚性赔偿的关键。明知是人的主观心态，他人难以探求，因此需要借助其他客观标准判定。司法实践中通常将违反法定义务的过错与明知等同起来。"明知"包括"确定知道"和"应当知道"。"确定知道"是种子经营者承认知道，或者事实自证其知道种子产品缺陷。如销售者销售"带有国家规定的检疫性有害生物"的种子，销售没有标签的种子，收到种子质量有问题的书面通知仍然销售的等，这些事实本身就说明种子经营者"明知"。在美国，根据 Underwater Devices Inc. v. Morrison-Knudsen Co. 案[40]对"注意义务"的解释，当侵权人对是否侵权存有疑虑时，即代表其明知的存在。依此解释，若种子经营者对种子的质量有疑虑时仍然销售的，则表明其主观上存在明知。"应当知道"是在种子经营者自称不知晓产品缺陷且缺乏直接证据证明其知道的情况下，依据法律逻辑推理和生活经验推定其知晓产品缺陷。如根据种子经营者的经营年限，对种子领域的熟知程度、个人诚信历史记录等因素对是否"应当知道"加以判断。

（四）客观方面：将损害结果扩大至财产损害

《侵权责任法》（《民法典》侵权责任编）和《消法》均将产品责任惩罚性赔偿适用的损害结果要件规定为"仅限于受害人死亡或人身健康的严重损害"，这基本上将种子产品责任惩罚性赔偿的适用拒之门外，因为农民种植有缺陷的种子，造成的基本是财产损失，几乎不可能造成他人人身的严重受损。王利明教授主持起草的《中国民法典草案建议稿》第1954 条曾规定："因生产者、销售者故意或者重大过失使产品存在缺陷，造成他人人身、财产损害的，受害人可以请求生产者、销售者给予双倍价金的赔偿。"[41] 但立法者基于严格限制惩罚性赔偿适用考虑，未将财产损害作为惩罚性赔偿适用的损害结果之一。

惩罚性赔偿责任的核心要件在于加害人不法行为的高度可苛责性。[42] 仅将严重的人身损害作为产品责任惩罚性赔偿适用的要件，与惩罚性赔偿遏制不法行为的宗旨相悖。况且，在侵权责任领域，很多惩罚性赔偿并没

40　Underwater Devices Inc. v. Morrison-Knudsen Co. 717 F. 2d 1380, 1389-1390.

41　王利明：《中国民法典草案建议稿及说明》，中国法制出版社 2001 年版，第 253 页。

42　参见余艺《惩罚性赔偿责任的成立及其数额量定》，载《法学杂志》2008 年第 1 期。

有将其适用条件限制为造成严重的人身损害。如《民法典》第 1232 条规定的环境污染和生态破坏责任的惩罚性赔偿，将客观方面的要件规定为"污染环境、破坏生态造成严重后果"，并未限制为"造成严重的人身损害"。当然，如果经营者违法经营种子（如种植、生产、加工或者经营未经审批的转基因农作物种子）造成基因污染，破坏生态环境严重的，可以直接适用第 1232 条的规定，被侵权人可请求惩罚性赔偿。

此外，《民法典》第 1185 条规定的知识产权侵权的惩罚性赔偿的一般规定，《种子法》第 73 条第 3 款[43]规定的植物新品种侵权的惩罚性赔偿，《商标法》第 63 条第 1 款[44]规定的商标权侵权的惩罚性赔偿，《专利法修正案（草案二次审议稿）》（2020 年 6 月 28 日公布）第 71 条第 1 款[45]规定的专利侵权的惩罚性赔偿，在客观方面的要件均表述为"情节严重"，未将客观方面的损害后果限制在"造成他人死亡或者健康严重损害的"上。因此，基于惩罚性赔偿的目的和统一惩罚性赔偿适用标准的考虑，应将"重大财产损害"作为产品责任惩罚性赔偿的结果要件之一，[46]或者直接采用"情节严重"表述。"情节严重"的认定，可根据种植地所在地区经济发展状况、种子播种面积、对农民经济收入和生态环境的影响等多种因素综合考量。考虑到《民法典》已对产品责任的惩罚性赔偿适用的客观要件作出了规定，比较现实的做法是在《种子法》中规定种子产品责任的惩罚性赔偿，将其适用的客观要件规定为"重大人身或财产

43　《种子法》第 73 条第 3 款规定：侵犯植物新品种权的赔偿数额按照权利人因被侵权所受到的实际损失确定；实际损失难以确定的，可以按照侵权人因侵权所获得的利益确定。权利人的损失或者侵权人获得的利益难以确定的，可以参照该植物新品种权许可使用费的倍数合理确定。赔偿数额应当包括权利人为制止侵权行为所支付的合理开支。侵犯植物新品种权，情节严重的，可以在按照上述方法确定数额的一倍以上三倍以下确定赔偿数额。

44　《商标法》第 63 条第 1 款规定：侵犯商标专用权的赔偿数额，按照权利人因被侵权所受到的实际损失确定；实际损失难以确定的，可以按照侵权人因侵权所获得的利益确定；权利人的损失或者侵权人获得的利益难以确定的，参照该商标许可使用费的倍数合理确定。对恶意侵犯商标专用权，情节严重的，可以在按照上述方法确定数额的一倍以上五倍以下确定赔偿数额。

45　《专利法修正案（草案二次审议稿）》第 71 条第 1 款规定：侵犯专利权的赔偿数额，按照权利人因被侵权所受到的实际损失确定或者侵权人因侵权所获得的利益确定；权利人的损失或者侵权人获得的利益难以确定的，参照该专利许可使用费的倍数合理确定。对故意侵犯专利权，情节严重的，可以在按照上述方法确定数额的一倍以上五倍以下确定赔偿数额。

46　参见黄智维《产品责任惩罚性赔偿适用分析——兼评〈侵权责任法〉第四十七条》，载《成都理工大学学报》（社会科学版）2018 年第 5 期。

损害"或"情节严重"。种子是一种特殊的产品,具有自我复制性,种子产品责任惩罚性赔偿的特别规定与《民法典》关于产品责任惩罚性赔偿的一般规定不相悖。

(五) 提高惩罚性赔偿的倍比

惩罚性赔偿数额确定涉及两个关键因素,一是惩罚性赔偿的基数,二是惩罚性赔偿的倍比。根据《种子法》第 46 条的规定,惩罚性赔偿的基数是农民所受损失,包括购种价款、可得利益损失和其他损失。惩罚性赔偿倍比的确定,则需要考虑农民消费者权益同时,兼顾种子经营者的利益。倍比过低,则不能实现惩罚性赔偿制度的惩罚功能无,惩罚性赔偿倍比过高,则会破坏其救济功能,[47] 可能导致种子经营者不堪重负,经营困难。

《消法》第 55 条第 2 款规定了两倍以下的倍比,而该法第 56 条则规定行政罚款的数额倍数是违法所得的"一倍以上十倍以下"。消费者所得到惩罚性赔偿的计算基数为种子价款、可得利益损失和其他损失。行政处罚的计算基数为违法所得,通常情况下违法所得会比所受损失或种子价款数额大,且二倍与行政罚款的"一至十倍"形成了鲜明对比,相较种子经营者行政罚款,惩罚性赔偿的倍比不合适,不能维护直接受到损害的农民消费者的利益。此外,《消法》第 55 条第 2 款规定的所受损失两倍以下的倍比,只明确了惩罚性赔偿的上限而未规定倍数的下限。若倍数为一倍甚至低于一倍,则未能体现惩罚性功能。因此,应明确惩罚性赔偿的下限,规定为"一倍以上"。关于倍比的上限,可参照其他法律中关于惩罚性赔偿的倍比确定。

知识产权领域的惩罚性赔偿数额常以倍数确定。美国《专利法》规定为惩罚性赔偿数额为确定或估定损失的"三倍"[48],《商标法》确定为实际发生损失的"三倍"[49],《统一商业秘密法》表述为补偿性损害赔偿

47　同前注 37,唐珺文。

48　See 35 U. S. Code, Section 284.

49　15 U. S. C. 1117 Recovery for violation of rights; profits, damages and costs; attorney fees; treble damages (a) according to the circumstances of the case, for any sum above the amount found as actual damages, not exceeding three times such amount.

的"两倍"[50]。我国台湾地区"专利法"的规定是已证明损害的"三倍"[51],"营业秘密法"明确不超过已证明损害额之"三倍"[52],"消费者保护法"第51条规定,故意所致损害的,惩罚性赔偿金额为请求损失额的"三倍以下",过失所致损害的,惩罚性赔偿金额为请求损失额"一倍以下"[53]。我国《商标法》第63条第3款规定惩罚性赔偿上限为确定数额的"三倍",《专利法修正案(草案二次审议稿)》的规定是已确定数额的"一倍以上五倍以下";《著作权法(修订草案送审稿)》将倍数上限定为"三倍"[54],《食品安全法》中惩罚性赔偿数额为价款"十倍"或者损失"三倍"[55]。参照其他法律中关于惩罚性赔偿的倍比,兼顾我国现行法律规定的协调性,种子产品责任惩罚性赔偿的倍比上限规定为"三倍"较为合理。

在确定基数和倍比的情况下,惩罚性赔偿数额即为基数乘倍比的积。[56] 基数为农民消费者所受损失,变量是倍比。具体倍比的确定,可综合考虑以下因素确定:其一,种子经营者主观恶意程度。若经营者因种子产品侵权被行政处罚或者被司法判决确认违法,仍然继续销售缺陷种子,则可相应调高倍数。其二,侵权严重程度,主要包括侵权行为严重程度及侵权结果严重程度。若种子产品经营者屡次重复地出售质量有问题的种子,则适用较高倍数的惩罚性赔偿;若种子产品侵权不仅危害了农民消费

50　Uniform Trade Secret Act,Section 3.

51　我国台湾地区"专利法"第97条第4项:"依前项规定,侵害行为如属故意,法院得因被害人之请求,依侵害情节,酌定损害额以上之赔偿。但不得超过已证明损害额之三倍。"

52　我国台湾地区"营业秘密法"第13条第2项:"对于不法侵害他人商业秘密的行为,侵害行为如属故意,法院得因被害人之请求,依侵害情节,酌定损害额以上之赔偿,但不得超过已证明损害额之三倍。"

53　我国台湾地区1994年"消费者保护法"第51条:"依本法所提之诉讼,因企业经营者故意所致之损害,消费者得请求损害额三倍以下之惩罚性赔偿金;但因过失所致之损害,得请求损害额一倍以下之惩罚性赔偿金。"

54　国务院法制办公室2014年6月公布的《著作权法(修订草案送审稿)》第76条规定:"……对于两次以上故意侵犯著作权或者相关权的,人民法院可以根据前款计算的赔偿数额的二至三倍确定赔偿数额。"

55　《食品安全法》第148条第2款。

56　冯晓青、罗娇:《知识产权侵权惩罚性赔偿研究——人文精神、制度理性与规范设计》,载《中国政法大学学报》2015年第6期。

者权益，还造成其他社会不良后果（如基因污染），则应适用高倍数的惩罚性赔偿。其三，经营者是否因同一侵权行为受到其他处罚。如果经营者因该侵权行为承担了罚款或者罚金，则法院在适用惩罚性赔偿时，应适当降低倍比，否则将会导致惩罚过当。其四，种子经营者的经济状况。适用惩罚性赔偿应当考虑种子经营者的承受能力，若其经济能力有限，适用高倍数的惩罚性赔偿，最终只能因为执行难而不了了之。

四 种子产品责任惩罚性赔偿的实现途径

为更好地适用种子产品责任惩罚性赔偿，化解种子产品侵权的风险和平衡各方的利益关系，应有相关配套制度的设计。

（一）将惩罚性赔偿纳入责任保险范围

由于我国种子企业规模普遍较小，种子业务发展极不稳定，且获利能力较差，[57] 加之种子产品侵权往往受害者众多，由种子经营者承担高额惩罚性赔偿，有可能导致其陷入生存危机，这显然也不是设置惩罚性赔偿的目的。因此，可考虑设置产品责任惩罚性赔偿保险制度，以化解种子经营者的风险。

惩罚性赔偿是否可纳入产品责任保险，这涉及惩罚性赔偿的可保性问题。惩罚性赔偿是否具有可保性一直存在争议。反对的观点认为惩罚性赔偿制度具有惩罚、威慑功能，若将该责任转移给保险人，惩罚性功能会消失殆尽，因此不具有可保性。[58] 而赞同的观点认为，保险中的经验费率制度，可将保险费与实际损失联系起来，也能达到威慑作用。[59] 将惩罚性赔偿纳入保险范围确有可能消解其惩罚和威慑功能，但任何领域的保险均会削弱赔偿的威慑功能，并非惩罚性赔偿保险所独有，只是程度不同罢了。既然填平式赔偿具有可保性，同属于私法责任的惩罚性赔偿就没有区别对

57　参见靖飞、李成贵《跨国种子企业与中国种业上市公司的比较与启示》，载《中国农村经济》2011 年第 2 期。

58　参见关淑芳《论惩罚性赔偿责任的可保性》，载《当代法学》2006 年第 1 期。

59　参见叶延玺《论责任保险的基本预防机制及其效果——以侵权法的预防功能为参照》，载《广西政法管理干部学院学报》2015 年第 2 期。

待的必要。种子产品消费的特殊性使得种子产品责任的惩罚性赔偿更有纳入保险的必要。现有的种子保险主要有以下三类：种子质量保险、种子生产保险、农业种植保险。惩罚性赔偿保险与种子质量保险相似，但种子质量保险承保的对象限于商品种子质量本身。种子是一种特殊的产品，因种子质量所致损失不能简单地等同于种子价格，而保险公司却只以种子本身价格为限进行赔付，且又设置了较低的赔偿限额和较多的免赔事项，种子质量保险的保障水平不高。[60] 在确定种子产品责任惩罚性赔偿具有可保性的前提下，应避免惩罚性功能异化。

具体而言，种子产品责任惩罚性赔偿应从基础费率机制、奖罚制度、保费补助机制这三个方面细化。第一，由于种子市场的复杂性，种子价格、影响力等均有所不同，保险人在承包时往往不能准确界定赔偿标准。因此，应当由农业农村部和保险业主管部门依据国内种业现实情况，分类制定统一的保险条款、基础保险费率以及赔偿标准以作参考，保障种子经营者、农民消费者双方的利益。第二，种业保险公司可以根据种子经营者的经营情况调整保险费率。对于多次实施种子产品侵权或造成严重损失的种子经营者，种业保险公司可以上调保费费率。第三，由政府补贴惩罚性赔偿投保的保费。目前我国种子市场发展水平不高，即便是普通的种子损害补偿性损害保险的实际效果也不容乐观，保险企业推广种子保险的投入大、风险高、收益小，用种者理赔困难且保额相对偏低，双方对种子补偿性损害赔偿保险的积极性均不高。将惩罚性赔偿纳入种子产品责任保险，这些困难会扩大化。因此，种子产品责任惩罚性赔偿保险推广初始阶段，可由国家和地方财政对种子企业进行保费补贴，鼓励扶持该保险制度的推广。

（二）优化举证责任分配

经营者承担惩罚性赔偿适用的是过错责任原则，即经营者在"明知"产品存在缺陷仍然提供时，农民消费者方可请求惩罚性赔偿。由于农民消费者自身条件的局限性，要求其证明经营者主观上的"明知"，不甚合理。种子经营者掌握的信息量远比农民消费者多，经营者证明自己没有主观上的"明知"比农民消费者证明对方"明知"简单得多。因此应从

60　参见鲍聪、杜郁《谈建立新型种子强制保险制度》，载《中国种业》2016 年第 8 期。

《消法》倾斜保护消费者的宗旨和降低农民消费者的维权成本出发，合理分配农民消费者与种子经营者的举证责任。

种子是否存在缺陷，由种子经营者举证。由种子经营者对种子产品的质量、信息真实性通过鉴定、检验等程序进行证明，这是由其优势地位决定的。现行立法规定了生产者就产品不存在缺陷承担举证责任，但销售者是否需要承担该举证责任并未规定。因此，只要销售的种子质量不符合相关法律规定要求，就推定种子生存者明知。而种子销售者往往不能确定种子产品是否存在缺陷，但其对种子的质量以及信息真实性应进行必要的检查。种子销售者要免除自己的惩罚性赔偿责任，则需要反证自己不存在"明知"的主观状态。如果种子销售者履行了必要检查义务，且对自己履行义务的情况进行证明，则可不承担惩罚性赔偿的责任。

此外，种子经营者还需要对缺陷种子与消费者所受损失之间是否存在因果关系举证。由于种子产品的研发科技含量高、生长易受外界影响，农民消费者没有能力确定是何种因素导致种植的种子不能收获，而种子经营者无论是经济能力还是技术条件均远超过农民消费者。因此，在因果关系的证明上适用举证责任倒置。若种子经营者证明造成农民消费者的损失的原因是消费者自身过失或者其他因素造成，则说明经营者行为与损害事实之间不存在因果关系，种子经营者不需要承担侵权责任，更不必支付惩罚性赔偿金。

农民消费者需要对因种子质量问题所造成的损失承担举证责任。根据前文表述，惩罚性赔偿数额的计算基数应为所受损失，包括购种价款、可得利益损失和其他损失。农民消费者对其购买的种子价款、种子种植过程中化肥、农药等其他损失较容易确定，由其对自己的此类损失进行举证不存在障碍，难点在于可得利益损失的确定。可得利益损失的计算包括约定计算法和法定计算法。前者包括明示担保产量计算法、公告产量计算法、合同约定计算法；后者是各省、市、区为配合《种子法》的实施，在其颁布的地方性法规规定的计算方法，主要有前3年平均产值计算法、当年平均产值计算法、投入估算法。[61] 上述几种确定可得利益损失方法各有其优点和局限，应根据作物的不同种类、当地的种植情况、地方性法规的相

61　参见武合讲《种子质量问题中可得利益损失的计算方法》，载《中国种业》2007年第4期。

关规定等因素确定具体的计算法。需要注意的是，计算可得利益损失时应扣除种子产品侵权责任发生后田间后期生产行为减弱或终止而减少的费用。[62] 此外，农民要对种子的来源以及种植了该来源的种子承担举证责任。

五　结　　论

从消费者保护的视角而言，种子产品责任惩罚性赔偿制度在给予弱势的农民消费者倾斜保护同时，威慑和惩戒不法种子经营者，增加其侵权成本，维护我国种业市场秩序，保障粮食安全。我国现行法律制度中《产品质量法》《种子法》均无产品质量的惩罚性赔偿的规定，《侵权责任法》（《民法典》侵权责任编）、《消法》虽有产品责任惩罚性赔偿的规定，但适用条件过于模糊，且均将造成严重的人身损害作为惩罚性赔偿的适用条件之一，造成了种子产品责任惩罚性赔偿适用的障碍。

消除种子产品责任惩罚性赔偿适用的障碍，应修改和整合相关的制度。主要包括：明确《产品质量法》中"产品"的内涵，将《消法》中关于适用惩罚性赔偿的结果要件修改为"造成他人人身、财产严重损害"。将《消法》农民消费者限制为农民个体和家庭承包经营户，不包括农业企业，至于农民种植的收获物用于自己消费抑或出售，不影响农民消费者身份的认定；应借助客观标准和行为对主观上的"明知"（包括确定知道和应当知道）加以判定；将惩罚性赔偿的倍比确定为"一倍以上三倍以下"较为合适。修改《种子法》第46条，增加种子产品责任惩罚性赔偿制度，并将适用的客观要件规定为"造成他人人身、财产严重损害"。同时，为了更好地实现种子产品责任惩罚性赔偿的社会效果，应将惩罚性赔偿纳入种子产品责任保险，合理分配种子产品侵权责任中的举证责任。

（责任编辑　区树添）

62　参见耿月明、付云海、陈灿等《种子赔偿要细化量化——中国种业发展问题研究之六》，载《中国种业》2009年第9期。

环境质量目标主义下的《大气污染防治法》革新与建构[*]

姜 渊[**]

内容摘要：《大气污染防治法》存在着众多环境法律的通病：以惩罚不法行为代替提升环境质量。过往研究已然提出以环境质量目标主义解决这一问题，但缺乏相应的实践性建构。而欲以环境质量目标主义革新《大气污染防治法》，首先要改变狭隘的法律认知；其次要确保政府为大气环境质量目标而负责；再次要修正《大气污染防治法》立法内容；最后要建立科学与动态的大气环境质量目标体系。

关键词：环境质量目标；不法行为惩罚；实践性建构；大气污染防治法；革新

前 言

伴随着我国经济、社会的快速发展，大气环境污染形势异常严峻，已成为我国当前亟待解决的重大现实问题。作为一部有相当历史的环境类法律——《中华人民共和国大气污染防治法》（以下简称《大气污染防治法》）自从诞生起就被赋予解决大气污染这一艰巨的使命。[1] 历经数次变革，从无到有，从简到繁，《大气污染防治法》针对大气污染程度和类型的变化积极调整自身的调控范围和力度。然而，看似与时俱进的《大气污染防治法》依然无法彻底地解决我国大气污染防治的问题，无法还百

---

* 项目基金：2018年度教育部人文社会科学研究青年基金项目"环境质量达标视角下《大气污染防治法》的目标与路径研究"（项目编号：18YJC820030）。

** 浙江财经大学讲师，法学博士。

1 早在20世纪70年代，我国就制定了大气污染防治相关的法律法规。虽然起初并没有冠以大气法之名，然而其立法目标与条款内容都是围绕大气污染防治而设，例如《工业"三废"排放试行标准（GBJ 4—73）》。

姓一个清洁、干净、健康的生产、生活空间。追根溯源，是由于《大气污染防治法》存在着以惩罚个体不法环境行为代替提升环境质量的弊端。[2] 例如，火力发电的废气排放是大气污染的主要来源之一。当火力发电厂超标排放废气时，有些地方政府仅仅是"一罚了之"，而对惩罚之后的持续超标行为"睁一眼闭一眼"。这并非是地方政府不知道违法发电厂可能继续违法排放废气，而是"一罚了之"是"惩罚不法行为"的《大气污染防治法》下环境执法的最优选择：既能履行执法要求，又能持续为地方政府提供经济政绩。即使地方政府继续惩罚违法发电厂后续的违法行为，甚至最终使其按照规定保准合法排放废气，也仅是在个体层面实现大气污染的减少，而非必然在整体层面提升大气环境质量。

这一弊端并不仅是《大气污染防治法》的专属，而是普遍存在于整个环境法律体系中。对此，已有不少学者进行了分析与论述，并针对这一弊端提出了环境质量目标主义这一解决思路。[3] 围绕这一思路，有学者论证环境质量目标视角下的国家环保义务；[4] 有学者展望环境质量目标理念下的整体环境规划；[5] 有学者探讨环境质量目标方向下环境法治的转型；[6] 也有学者以环境质量目标原则优化环保责任体制。[7] 诸多研究丰富、夯实了环境质量目标主义这一学术理论，并将其发展为一个较为完整的理论体系。

但是，这些研究集中于环境法治宏观层面对环境质量目标主义的研究，尚未在具体环境部门法层面上对环境质量目标主义进行充分的实践性研究。也就是说，环境质量目标主义虽然准确地诊断出当下环境法律的症

---

[2]　参见姜渊《〈大气污染防治法〉规制思路与手段的思辨与选择》，载《浙江学刊》2019年第5期。

[3]　参见徐祥民《环境质量目标主义：关于环境法直接规制目标的思考》，载《中国法学》2015年第6期。

[4]　参见陈海嵩《实现环境质量改善目标的国家义务构造》，载《法治研究》2018年第6期。

[5]　参见吴舜泽、王倩《坚持以提高环境质量为核心的"十三五"生态环境保护规划逻辑主线》，载《环境保护》2017年第1期。

[6]　参见李挚萍《论以环境质量改善为核心的环境法制转型》，载《重庆大学学报》（社会科学版）2017年第2期。

[7]　参见陈海嵩《新〈环境保护法〉中政府环境责任的实施路径——以环保目标责任制与考核评价制度为中心的考察》，载《社会科学家》2017年第8期。

结，并为之开具了具有针对性的"药方"，却尚未按照"药方"进行具体的匹配"抓药"。自中华人民共和国成立以来，我国环境立法一直延续了惩罚不法环境行为这一理念，并在此之上构建起翔实而有效的环境法律体系。欲实践环境质量目标主义，势必需要对已然成形的环境部门立法进行大范围的革新。不仅需要坚决秉承环境质量目标主义，更需要对环境部门法进行自上而下的细致分析与探讨。从研究意义上看，在具体的环境部门法上实践环境质量目标主义，具有双向的重要价值：一是为环境部门法的革新提供具体方案，为环境立法更好地实现提升环境质量目标绘制路径性蓝图；二是检验、深化环境质量目标主义，并在部门法的具体建构过程中对其进行不断完善，继而为后续的环境法律改革提供更为有利的理论性工具。基于此，本文欲以《大气污染防治法》为具体对象，定位于环境质量目标主义研究中的实践性研究，探讨如何以环境质量目标主义对《大气污染防治法》进行全面革新，以期为二者的发展与优化提供建议与借鉴。由于过往研究已然充分、清晰地阐明了环境质量目标主义的定义、内容与优势，因此本文不再赘述。而直接从法律理念与法律原则着手，深入政府履责与立法本身，围绕《大气污染防治法》构建起与环境质量目标主义匹配的大气环境质量标准体系，最终形成理念—政府—立法—制度的完整闭环。

一　法律理念的改变：从"不犯"规制到目标规制

以行为人"不犯"为规制目标是法律的常规设计模式，刑法、种类繁多的行政法往往通过迫使或促使行为人"不犯"来实现自身的立法目的。[8] 因而不少学者与公众直接将法律等同于"惩罚不法"的规则，认为法律的内容主要是设置个体行为规则与罚则，而不能承担起其他的任务。这种认知显然犯了经验主义的错误。虽然现有的法律以惩罚个体不法行为为主要内容，但并不意味着古今中外漫长的法律史上没有出现过以其他内容为主，如以设置目标为主要内容的法律模式。

华夏五千年，尽管不少学者认为封建史上的"律"并不完全是现代

8　同前注 3，徐祥民文。

意义上的法律，但不可否认的是它的主要内容与现代法律具有高度的相似性，也一定程度地起到了现代法律的规制作用。不少有关中国法制史的研究通过探讨古代律文设置与社会规制效果之间的联系来为现代法律的设置提供借鉴。据《史记》记载，战国时期法家的代表人物商鞅曾提出"徙木赏金"之律，"'徙木赏金'并不是依照价值需求或者利益驱动而演化出的一条行为规则，无论史学家对'徙木赏金'的评价是正面的'取信于民'还是负面的'愚民'，都不能否认这一项法令不仅达到了它内容中的直接目标，也成功地实现了它的深层次目标"[9]。由此可见，虽然以设置目标为内容不是法律的常态，但并不意味着这样的法律就必然不存在或必然不成功。

当前社会最突出的问题之一就是环境问题，以环境质量目标主义对环境法进行革新，并不意味着以前或者未来的所有法律都必须加入目标设置的内容，而是尝试以一种不同于传统的规制目标来应对特殊时期的具体问题。这一点与商鞅通过"徙木"这一具体任务来实现"取信于民"这一特殊目的有异曲同工之处。法律以社会管理为目的，只是法律比其他方式更具强制性、权威性而已。因此以法律规制目标的方式从事行为管理并非新的创造。

除了"法律只能设置行为规则"以外，环境质量目标主义还要求我们改变另一认知："中央必须集权。"在传统法律关系中，中央政府与地方政府处于支配与被支配的地位，这是因为中央政府掌握了地方政府无可比拟的优势：其一，阶层控制优势。中央政府能以立法手段创设、改变或取消地方政府权限甚至本身存在；其二，政治优势。中央政府是民主选举以后的产物，在政治上具有民主话语权的制高点；其三，财政优势。在我国现有的财政分配体制下，中央政府可以通过财政补助牵制绝大多数地方政府的诉求；其四，宪法优势，在我国现有的行政体制下，中央政府通过宪法获得了绝大多数的权力；其五，资讯优势，中央政府掌握着决定发展与前进的咨询导向。正是由于中央相较于地方处于绝对优势的地位，所以我国绝大多数的法律都体现了地方政府对中央命令的服从。

然而在环境保护法律关系中，单纯的地方服从中央并不能从根本上解决环境问题，环境法律需要一种"中央与地方分权"的责任体系。首先，

9　同前注3，徐祥民文。

在环境法律中强调中央与地方分权，能适应经济社会的客观情景与发展趋势。分权的环境法能有效地调整社会各方利益，尤其是中央政府与地方政府之间的利益冲突，起到科学配置权力、平衡多方义务的作用。其次，以法律作为权力的赋予者与分配者是发展的必然所趋。最后，以法律分配权力是成本最为低廉的分配手段，法律可以提供明确的界限、科学的标准与准确的是非判断，进而将社会资源运用到更为急需的环境保护的具体实践中。需要说明的是，环境质量目标主义强调中央与地方之间的分权，并非是刻意地降低中央政府的权威，而是研究与摸索如何在现有条件下，以理性而科学的态度来将权力用于"刀刃"之上。改变法律关系中"中央必须集权"这一传统认知，能更好地处理复杂环境问题中的各方矛盾与利益需求。从而实现整体环境质量的上升，最终维护了国家的整体利益，也就维护了中央、地方与个体的自身利益。

自改革开放以来，我国整体社会都处于"摸着石头过河"的发展过程，环境法律很难事先设计好一个完整、详细、充分的法律基础体系，然后再在这个基础体系之上根据调控领域的不同制定出各类环境保护类法律。当下的《大气污染防治法》是一种渐进的经验积累式的法律，是我国立法者"在各种现实条件约束下做出的一种理性选择"[10]。它代表了一种"理性的保守"，但当这种保守已经被证实不足以完成《大气污染防治法》的立法目标，那么就必须改变法律只能规制行为人"不犯"与中央必须集权的认知与理念，转而接受分权式的环境质量目标主义。

二　政府责任的履行：宏观、微观与对应权力

从价值视角看，在单位时间内的科学技术与生产力水平条件下，大气环境价值的程度高低取决于大气生态环境本身的环境质量水平。良好水平的大气生态环境对于整个社会来说是必不可少的，只有政府来管理与处分大气环境资源，才能实现最大化的社会效益。从资源属性看，大气环境质量如同其他的生态环境质量一样，都具有公共物品的属性。政府作为公共物品管理的直接行为人，有责任从自身辖区内的公众利益出发对大气环境

10　黄文艺：《信息不充分条件下的立法策略——从信息约束角度对全国人大常委会立法政策的解读》，载《中国法学》2009 年第 3 期。

实施妥善的处分与良好的保护。从分配机制看，由于现有的大气环境资源尚未形成有效的市场交易机制，所以具体处分中的分配者依然是政府。所以，无论是从大气环境的公共属性出发，还是从大气环境的价值与现有分配机制上考虑，政府都是最为合适的责任承担者，而负责的内容就是确保大气生态环境能持续地为公众提供生存与发展所必需的利益。

政府因此而产生的责任与其他责任（维护公共治安）是一致的，最终的目的都是维护公众利益，同时获得公众的良好反馈。[11] 但不同的是，大气环境保护上政府的负责与否并不能直接通过公众的反馈来进行评价。因为公众评价存在"短视"的弊端，而需要以大气环境质量的水平高低来进行评价。大气环境质量标准是根据人的健康与发展、社会和谐、经济可持续发展等多方面因素考量，在大气生态承载力的可容纳范围之内制定出的、可正确评价大气环境好坏的客观标准。政府在大气环境上的负责，就是将其转化为大气环境治理的直接责任人，责任内容是必须把原本被污染的大气环境治理为符合大气环境质量标准的优良大气环境。换言之，政府的大气环境保护上的负责就是履行大气环境质量责任。如果随着社会发展或客观情况的转变，大气环境质量标准改变了，那么政府的大气环境质量责任也随之改变。

具体而言，政府的大气环境质量责任主要包含七个部分：第一部分是政府需要在宏观政策上确保大气环境质量目标的达成。地方政府在制定本辖区整体的宏观政策时，需要确保经济发展、社会和谐与大气环境保护的有机结合，以及三者的通盘运筹。在大气生态环境的承载力之上，确保经济的快速发展、社会的繁荣稳定；通过调整经济产业的有序化与精细化，确保发展的可持续与大气环境生态的新陈代谢。第二部分是政府需要完善大气环境质量标准体系。主要包括承继并细化整体大气环境质量标准体系，并将之转化为自身可以实践的大气环境质量标准。例如，区域大气环境质量标准、区域大气污染物排放标准、大气环境设备标准以及特殊地区大气环境基础标准等，并及时向中央进行反馈、提供建议。第三部分是政府需要确保大气环境保护有必要且充足的资金来源。在进行财政运算统筹时，政府必须保证存留符合当地大气环境保护客观需要的资金用于相应的

11　参见朱艳丽《论环境治理中的政府责任》，载《西安交通大学学报》（社会科学版）2017 年第 3 期。

大气环境保护行动（包括设立大气废气处理设施、完善大气环境基础设施建设、划定大气保护领域、确立各行各业的大气环境行为标准并监督实施、组织各方面力量进行交通废气排放治理等）。第四部分是政府需要协调大气环境活动时各方面的利益。环境利益与经济利益、个体利益与公众利益表现为既对立又统一的辩证关系，因此政府既不能单纯考虑经济发展而忽视了大气环境保护，也不能不顾一切地强调大气环境保护。而需要考虑各方面的利益需求，结合并协调各方诉求，制定大气环境政策与开展大气环境保护工作。第五部分是政府需要为正外部性的大气环境行为提供支持。政府要为该类行为提供科学技术支持和倡导性的政策支持，确保个体的大气污染行为更能顺应正外部性的方向。例如，鼓励产业主进行大气污染防治、确保清洁生产以及实施大气环境保护行为，通过资金支持等激励企业实施顺应大气生态环境规律的生产与发展方式，建立大气环境信息公开制度，为公众维护自身利益提供大气环境公益诉讼途径等。第六部分是政府需要合理地分配大气环境资源。在现有的、尚不健全的大气环境资源市场体制下，政府不仅需要为大气环境资源确定产权从而定纷止争，还需要为大气环境资源市场体制的发展与完善提供帮助。例如，确定分配的对象、分者分多少、分后如何交易、交易后如何使用，最终确保对大气环境资源的利用与对大气环境资源的保护相适应与协调。第七部分是政府需要做出重大的大气环境执法决议。许多大气环境执法决议不仅决定着企业的去留与存续，还决定着区域大气环境质量的优劣，从而最终决定未来个体的大气环境行为的方向与限度。

政府包括大气环境质量责任在内的环境质量责任是"宪法责任"而非"违宪责任"，是"积极责任"而非"消极责任"[12]。其责任内容是要求地方政府积极地行使改善环境的权力，包括地方立法、环境执法等，也就是说政府的大气环境质量责任是一项建设性的权力责任。[13] 所以，责任不仅代表着政府应当做什么，还包含着政府可以做什么，即政府的大气环境权力。作为大气环境资源的代理者与分配者，当大气环境质量受到污染与大气环境资源受到破坏时，政府既可以通过一系列的大气环境行政行为

---

[12] 参见姚国建《违宪责任论》，知识产权出版社 2006 年版，第 26—27 页。

[13] 参见徐祥民《地方政府环境质量责任的法理与制度完善》，载《现代法学》2019 年第 3 期。

来对其进行遏制与处理，又可以代表公众利益对这些责任人进行追索。尤其是在这些大气资源受到侵害时，政府作为代管者提起民事诉讼与寻求民事救济，不仅仅是政府的权利也是政府的义务。因为有产权的大气环境资源并不属于公共物品的范畴，如果禁止政府以大气环境资源代管者的身份提请民事诉讼，就会导致大气环境资源的民事权利主体的缺失，最终导致国家和公众的大气环境利益与权利受到侵害而无法救济。所以，《大气污染防治法》应当明确政府必须为大气环境质量承担责任，并积极行使代表公众的大气环境权利。

三　立法内容的修正：从关注个体转变聚焦政府

　　想要在《大气污染防治法》上贯彻环境质量目标，首先需要设定一系列环境质量目标，并许可执法者为此目标采取行动。继而，"法律直接关心的就不再是环境行为个体及其行为结果，而是区域乃至全国大气环境整体行为的总结果"[14]。"大气环境质量目标"是为所有个体（包括义务人与执法者）所共同设计的法律目标，最终控制的是所有义务人实施大气环境行为后的总结果。为了保证大气环境标准达到法律提出的标准，需要立法者将大气环境质量目标作为责任加诸执法者（地方政府）身上，而保证所有义务人的大气环境行为的最终结果满足法律规定的大气环境指标要求。执行手段不再是立法者向义务人提出的某种行为标准，而是对政府执法与管理行为进行引导。当然，环境质量目标主义下的《大气污染防治法》还是需要依靠控制个体的行为来实现自己的法律目标。然而，立法者需要考虑的是如何设置科学合理的大气环境标准，以及如何依照标准分配执法者的责任与权力，最终以结果成败论是非。

　　贯彻环境质量目标主义，不仅需要立法者将"环境质量目标"作为立法的根本与源头，还需要围绕"环境质量目标"设置一系列的具体制度。在这一点上，新修订的《大气污染防治法》做出了令人欣喜的改变。其中，《大气污染防治法》设置了大气污染损害评估制度、大气环境监测制度这些直接提供大气环境质量标准的制度，也设置了大气污染防治标准和限期达标规划、大气防治考核这些直接要求政府承担起大气环境质量责

14　徐祥民：《论我国环境法中的总行为控制制度》，载《法学》2015年第12期。

任的制度，还设置了总量控制、重点区域大气防治、区域联防联治三项制度。[15] 但是，虽然修订后的《大气污染防治法》已经逐步践行了环境质量目标主义的制度建设，然而这些建设仍仅存在于法律体系的边缘，尚远谈不上大气环境保护法律的核心思路。并且，这些以环境质量目标主义设计的个别制度，亦未在法律中构建起详尽、完备的制度运行机制，甚至连基本的目标设置程序都没有阐述。而在已建立的制度中，也存在着一定的瑕疵。例如在重点区域防治制度的设置中，作为大气受到严重污染的区域，理应执行更为严苛的防治标准与防治要求，然而在《大气污染防治法》第五章整章中，无论是制定防治计划、提出任务和措施、编制规划、建立环境检测机制，都没有设置相对于一般区域更为严格的标准与要求，仅仅提到"进一步提高环境保护、能耗、安全、质量等要求"。其原因与《大气污染防治法》本身还没有明确将大气环境质量标准作为法律设置的第一目标与标准有关，一般标准尚未明确，更为严苛的标准与要求也只能是空谈。

　　良好的大气环境质量是公众健康与发展的基本需求，因此《大气污染防治法》的每一章节设置也需要体现大气环境质量目标这一原则。首先，《大气污染防治法》需秉承新《环境保护法》第 39 条规定，在具体的《大气污染防治法》设置中明确大气可能对健康造成的影响以及如何更有效地干预这些可能的影响。例如，《大气污染防治法》可以针对现在蔓延全国的雾霾设立特别的影响与防治条款，确定雾霾等级与大气环境质量水平以及人体健康影响之间的关系，再根据干预后的大气环境质量水平以及公众健康状况来对地方政府防治雾霾的责任进行评价。其次，《大气污染防治法》如果想要确保将大气环境质量标准落实到每一个地方政府之上，就需要确立双线达标的思路：地方政府对自身辖区内一些重要的大气污染行为达到污染排放标准与整体大气环境质量实现某一水平的标准。再次，大气污染控制与大气环境质量保护的目标不仅需要具体的目标内容，还需要确切的目标期限，从而真正落实地方政府的大气环境责任。《大气污染防治法》尤其应当注意将目标期限限定在大气污染可能造成的巨大损害之前，通过预防而非污染后的治理来确保大气污染对公众健康与

15　参见杨丽娟、郑泽宇《我国区域大气污染治理法律责任机制探析——以均衡责任机制为进路》，载《东北大学学报》（社会科学版）2017 年第 4 期。

社会福利造成的损害降低到最小，鼓励并赋权地方政府对可能造成损害的大气环境问题尽早进行处理和应对，从而尽可能地避免因为没有及时应对PM2.5这一大气污染物的程序与标准，导致最终雾霾肆虐。如果真的不能给予一些地方城市以完全精确的任务期限，则可以考虑设立逐步达标的大气环境质量目标程序。我国当下的客观情况是许多城市的大气环境质量都无法达到二级空气环境标准，因此有相当多的城市需要详细的逐步达标程序。这是《大气污染防治法》必须解决的关键性问题，也是环境质量目标与我国现有的大气环境现状科学结合的必要一环。复次，《大气污染防治法》必须为应达标与未达标的地方政府规定相应的惩罚措施，对于已经达标或者确定可以在期限内达标的政府，《大气污染防治法》应当给予认可与奖励，对于不达标的地方政府，《大气污染防治法》应当明确予以警示与惩罚。例如，一把手承担行政责任、对辖区内的产业发展实施限批、减少对地方政府的资金支持与财政拨款等。倘若政府一直未能充分地履行大气环境质量责任，则中央有权直接介入、接管某一行政区域的环境治理，并要求政府为中央的介入承担所有开支与成本。最后，由于现代产业发展的客观规律与大气环境的特殊属性，为了实现整体的大气环境质量目标，必须结合水污染防治与固体废弃物污染防治，防止它们进入大气转化为大气污染或是间接影响大气环境质量。[16]

四　标准体系的优化：从行政工具转变为责任清单

《大气污染防治法》的法律目的是实现良好的大气环境质量，从而最终解决大气环境问题。评价大气环境质量的是人为设置的大气环境质量标准，也就是说，《大气污染防治法》需要建立科学的大气环境质量标准。只有设立科学的标准体系，方能确保《大气污染防治法》的大气环保工作方向与具体大气环境任务目标的契合。从这一点上说，大气环境标准的设立，并不是一个简单的科学技术工作，而是最终解决一系列社会问题与环境问题的基础工作。大气环境质量是指相对于人类的需求而言的大

16　参见徐祥民、姜渊《对修改〈大气污染防治法〉着力点的思考》，载《中国人口·资源与环境》2017年第9期。

气环境适宜程度。由此可以将大气环境质量标准定义为：以实现人体健康、大气生态环境平衡与社会可持续发展为最终目的，由权力机关在平衡经济发展与大气环境保护要求之后，对大气环境中的各种有害物质浓度与存量、大气生态的平衡与协调、个体大气环境行为标准所作的标准性规定设置。它是《大气污染防治法》的基础性内容，也应当在《大气污染防治法》中单独成章予以规定。

按照现有的环境标准设置法律程序，我国大气环境质量标准应当包含国家级与地方级两大等级的大气环境质量标准。其中国家级大气环境质量标准由国务院下属的中央环境保护行政部门进行设置，地方级大气环境质量标准由省级地方政府与其下属环境行政保护部门共同制定。[17] 从两级大气环境质量标准的设置内容与效力上看，国家级大气环境质量标准是基础性的标准，而地方级大气环境质量标准是国家级大气环境质量标准的补充。但在具体的实践中，我国大气环境质量标准仍然全部采用国家级的大气环境质量质量标准，全国还没有一个省级地方政府依照法律规定的程序设置地方级的大气环境质量标准。也就是说，《大气污染防治法》赋予的地方级大气环境质量标准的制定权长期处于纸面上单纯规定的尴尬境地。

我国的客观国情是人口压力大且人口分布并不均衡，地域广阔但各地社会与经济发展水平不平衡，资源丰富但人均贫瘠，民族文化繁多且内容各异，最为重要的是我国各地的大气环境质量状况与大气环境问题的特征也不尽相同。因此国家与地方两级大气环境质量标准分别具有不同的角色与作用。国家级大气环境质量标准针对全国范围内大气环境中普遍存在的问题，或者是引导全国大气环境保护行动的方向，它的内容一般是更为原则与宏观的标准，反映了《大气污染防治法》对大气环境保护最底层也是最基本的目标要求。地方级大气环境质量标准是在国家级大气环境质量标准的基础之上，针对地方政府自身辖区内的大气环境客观现状与特殊的大气环境问题，为了解决国家级大气环境质量标准无法科学、完美地契合当地大气环保的需求这一问题，从而设立更为全面、更为高要求的大气环境质量标准。因此，《大气污染防治法》需要明确要求地方政府设立与客观情况相匹配的地方级大气环境质量标准。

17　参见姚文辉《大气环境标准实施中的一些问题及分析》，载《新疆环境保护》2018 年第 3 期。

设立科学、有效的大气环境标准是《大气污染防治法》贯彻环境质量目标主义的基础性工作，而大气环境标准得以产生实效的基础则是监测与评价大气环境质量的状况。当前评价大气环境质量的具体流程与任务包括设置监测区域、实施监测行为、对监测数据进行处理和分析、通过分析得出评测结果。但是，相较于我国大气环境中现存的各种纷繁复杂的污染物，现有的大气环境质量评价标准项目是有限的，这种有限既因为科学技术的局限而导致部分指标无法测量或分析，也因为部分大气环境因子根本无法通过量化指标进行评价。除此之外，我国现有的大气环境质量评价体系各个标准之间的层级比较简单，也就意味着它对大气环境质量变化的反应较为迟缓，对于细微、局部的大气环境质量变化无法准确地进行反馈。但许多细微、局部的大气环境质量变化都可能是后期、巨大的大气环境质量变化的先兆，不能准确地发现这些小变化，就无法以及时的、有效的应对手段来预防与解决随后而来的大变化。因此，为了更好地解决与应对大气环境质量标准的这两个弊端，就需要在现有的条件下通过长期、有规律的大气环境质量综合监测与分析来发现大气环境事件变化的规律，从而通过预测的方式来判断大气环境质量未来的变化趋势，从而更好地实现大气环境问题的预防与应对。

当然，大气环境质量现状是一种客观的物质存在，如果没有人为的调整与控制，无论多么精准的监测手段，多么科学的评价体系，多么正确的评价结果，都不可能对大气环境质量的客观存在产生一丝一毫的影响。只有在科学的大气环境质量监测与评价之上实施有效的大气环境保护措施，才有可能保持大气环境质量的稳定，最终改善大气环境质量至优良的程度。以环境质量目标主义革新《大气污染防治法》，也就是将大气环境质量标准与大气环境质量目标紧密地联系。在一个单位时间内，大气环境质量标准反映了大气环境质量目标，甚至在一定程度上"标准就是目标，目标就是标准"。但是，二者之间又不能简单地进行等量代换，因为大气环境质量标准可以有多种解释与设置的方式，既可以采用达到大气环境质量标准的方式来表达目标，也可以通过规定特定的大气污染物下降的程度来表达，还可以通过对标准之外的大气环境因子进行控制目标的设置。总而言之，大气环境质量标准是以环境质量目标主义革新《大气污染防治法》的基础条件。在新的《大气污染防治法》中，大气环境质量标准体系不仅是政府执法的标准性工具，更是《大气污染防治法》设置大气环境质量目标，要求政府承担大气环境责任的科学依据。

结　　语

从理念到政府责任，再到《大气污染防治法》法律设计，最后回到大气环境质量标准，本文尽可能地展示在环境质量目标主义下对《大气污染防治法》的革新性建构。诚然，从理论的提出到全面的贯彻，以环境质量目标主义革新环境法律依然任重而道远。本文在立法论上的设想，仅仅是环境质量目标主义革新包括《大气污染防治法》在内的环境保护法律的第一步，欲真正建立并充分发挥其制度效用与优势，尚需更多内容与层面的深入研究。谨以此文抛砖引玉，以期为我国《大气污染防治法》与环境法律的完善贡献绵薄之力。

（责任编辑　马亮）

热点聚焦

全面禁止背景下的野生动物刑事立法研究[*]

杜　辉[**]　路浩天[***]

内容摘要：《野生动物保护法》在新冠肺炎疫情之后一定会迎来一次以《全面禁止决定》为主基调的再次修改。现行野生动物犯罪圈的设置与《全面禁止决定》精神之间的差距需要通过刑事立法弥补。而《刑法》的修订和《野生动物保护法》的修订可以以《全面禁止决定》为依据齐头并进。《刑法》根据分级分类保护的原则设定野生动物犯罪，不同种类级别的动物刑事保护力度不同。而全面禁止一定会导致对陆生野生动物的全面保护，《刑法》可以统一设定野生动物犯罪。通过立法上的统一设罪可以消除野生动物刑事司法中的诸多流弊。

关键词：野生动物保护法；刑事立法；统一设罪

引　言

人类居于自然界食物链的顶端，一直将取食其他物种视为理所当然。长期以来，能够限制人食欲的，似乎也只有宗教教规和道德习俗。然而，其他物种也会以一种特殊的方式报复人类胃口的贪婪。虽然病毒学的研究至今无法回答野生动物身上的冠状病毒如何通过变异进入人体并形成人际传播。但是流行病学、传染病学已经对 2003 年和 2020 年的两次重大疫情的动物渊源给出了高度盖然性的证明。2003 年钟南山院士从流行病学调查与病毒核酸测序两方面研究认为 SARS 冠状病毒很可能来源于果子狸。[1]

* 基金项目：国家社科基金一般项目："环境犯罪刑法治理的早期化问题研究"（项目编号：17BFX071）。

** 平顶山学院教授。

*** 河南倚天剑律师事务所律师三级律师。

1　参见钟南山《SARS 的动物溯源》，载《中国实验动物学报》2005 年第 S1 期。

而中华预防医学会新冠肺炎防控专家组认为穿山甲为新型冠状病毒的动物宿主。[2] 所以，新冠肺炎疫情暴发之初，全国人大常委会通过了《关于全面禁止非法野生动物交易、革除滥食野生动物陋习、切实保障人民群众生命健康安全的决定》（以下简称《全面禁止决定》），全面禁止食用野生动物和以食用为目的的利用野生动物的行为。《全面禁止决定》并不单纯因为疫情，生态安全、生物安全和社会风尚等都是《全面禁止决定》和嗣后的野生动物保护修法需要考虑的价值诉求。总之，《中华人民共和国野生动物保护法》（以下简称《野生动物保护法》）在疫情之后一定会迎来一次以《全面禁止决定》为主基调的再次修改。[3]

《全面禁止决定》已经揭开了野生动物保护法修改的面纱，答案已经基本揭晓，但路径和过程还需要理论研究。至于哪一种路径和方法更加合理，需要立法机关的进一步论证和人民进行选择。合理的立法建议永远是多多益善的，因为社会利益诉求越发多元化，人民群众需要更多的合理性选择。

《野生动物保护法》是《中华人民共和国刑法》（以下简称《刑法》）中关于野生动物保护犯罪的前置法，前置法的变更一定会导致相关犯罪的犯罪构成的实质变更。而犯罪构成的变更，不管是否通过修改《刑法》实现，其结果必然也是刑事处罚范围的扩大。[4]《全面禁止决定》中还存在很多倡议性的规定，其禁止力不足，不能成为直接的刑事司法依据。疫情结束之后，作为前置法的《野生动物保护法》和《刑法》的修改任务同样急迫。野生动物的刑事法网与《全面禁止决定》之间有何差距？这一差距是否需要弥补？应当如何弥补？如何证明弥补的合理性？这些问题都是刑法研究者亟须研究的立法问题。

《刑法》的修改和前置法修改可以同时进行。《全面禁止决定》已经为刑法学者展示了前置法禁止性规定的内容。刑法学者只需关注前置法的禁止性规定即可，因为犯罪的设定只是前置法禁令的扩展。所以，刑法的

2　参见中华预防医学会新型冠状病毒肺炎防控专家组《新型冠状病毒肺炎流行病学特征的最新认识》，载《中国病毒病杂志》2020年第2期。

3　参见《食用野生动物 重罚！——全国人大常委会法工委有关部门负责人答记者问》，《人民日报》2020年2月25日第6版。

4　参见《如何用最严法律彻底禁止非法捕猎、交易、食用野生动物行为？全国人大常委会法工委刑法室主任王爱立透露将完善刑法相关规定》，中国人大网：http://www.npc.gov.cn/npc/c30834/202003/da40ab68865d434abd797fbd672758d9.shtml，最后访问日期：2020年3月15日。

研究者也不需要等到《野生动物保护法》的修改尘埃落定之后，再去着手考虑修正刑事规范。既然知道了全面禁止的立法精神和禁止的范围，犯罪圈[5]修正的研究和《野生动物保护法》修正的研究完全可以齐头并进。这样，作为保障性规范的《刑法》和其前置性的《野生动物保护法》完全可以同时审议、同时生效、同时实施。

本文分为以下四个部分。第一部分分析现行《野生动物保护法》的法网设置。分类分级保护和名录制度是现行野生动物保护法的主要特点。而《刑法》中关于野生动物的犯罪构成和责任追究也是按照不同性质和类别的野生动物分别规定的。第二部分分析《刑法》中关于野生动物保护犯罪的具体规定。本文将野生动物的商业利用视为一个产业链，从产出端到消费端，根据不同种类和保护级别的野生动物，具体分析行为的涉罪情况。第三部分分析《全面禁止决定》的要求和《刑法》的差距。比较《全面禁止决定》的精神、禁止范围与《刑法》犯罪圈设置之间的距离，同时探讨《全面禁止决定》的内容直接适用于刑事司法的可能性。第四部分是结论部分，提出刑事立法迎合《全面禁止决定》的立法建议，并对建议的合理性进行分析讨论。

一 现行《野生动物保护法》的法网设置

《野生动物保护法》是《刑法》中野生动物保护犯罪的前置法，《刑法》中关于野生动物犯罪的罪名体系是建立在前置法的基础上的。前置法的分类分级保护和名录制度深刻影响着《刑法》中对野生动物犯罪的法网设置。

（一）分类分级

从1988年开始，我国逐渐建立和完善野生动物保护的名录制度。野生动物的保护根据级别分为国家重点保护野生动物，具有重要生态、科学、社会价值的陆生野生动物（以下简称"三有动物"）和省级重点保护野生动物三个级别，并分别建立名录。国家级重点保护野生动物

5　犯罪圈是刑法学中的一个概念，指基于现行法律的入罪规定而形成的某一领域的刑法禁止范围。

名录又分为一级保护和二级保护两个等次。现行名录是 2006 年重新修订的版本，但该名录的修订已经提上日程。[6] 野生动物按照习性又分为水生和陆生两大类。两栖类大多数属于陆生的范围。水生野生动物中除了重点保护的之外，都是一般的野生动物，受渔业法规范。《渔业法》根据水生野生动物资源的稀缺性和可持续发展，也会对可捕捞的渔业资源进行某些限制，并建立名录。相比水生野生动物，陆生野生动物的保护层次更多，保护力度更大。我国已经加入了《濒危野生动植物种国际贸易公约》（CITES），对于非原产于我国的野生动物的保护也是我国的国际义务。所以对于该公约附录 Ⅰ 和附录 Ⅱ 中动物，分别被核准为国家一级保护和国家二级保护的野生动物。

国家重点保护的野生动物也是允许人工繁育的。人工繁育可以减轻野生动物被非法猎捕的压力。[7] 除了科研机构以科学研究和物种保护目的之外，其他人工繁育野生动物需要行政许可。同时，人工繁育野生动物也建立名录制度。人工繁育的野生动物是否应当与野外生存的野生动物同类保护？《全面禁止决定》第 2 条明确规定禁食的范围包括人工繁殖、人工饲养的陆生野生动物。此问题理论界和实务部门都存在争议，而这一争议或许会因为此次《全面禁止决定》的颁布达成一致意见。

不同种类的动物的执法主体也不尽统一。根据新一轮行政机构改革的变化，国家保护的陆生野生动物的执法权归属于生态环境执法部门，而水生的野生动物的执法权统一归属于农业农村部门。

除了国家层面的保护之外，各个省级地方也可以根据本地自然资源和生态环境的实际，列出地方的重点保护动物，并建立名录。但是地方级别的重点保护不会对刑事司法产生实质影响。

（二）名录制度

因为野生动物种类繁多，所以不同保护级别的野生动物需要详尽列举，以备法律的实施（见表 1）。

6　参见蒋志刚《中国重点保护物种名录、标准与管理》，载《生物多样性》2019 年第 6 期。

7　参见王文霞《野生动物人工繁育对物种保护影响机制研究》，载《世界林业研究》2019 年第 6 期。

表 1 野生动物名录

保护类别	名录名称	法律依据	法律性质及执法主体
一级保护	国家重点野生动物保护名录（一级）	《野生动物保护法》第 10 条	禁止所有的商业利用行为 水生执法主体为农业农村部门；陆生执法主体为生态环境部门
	CITES 附录 I	CITES	
二级保护	国家重点野生动物保护名录（二级）	《野生动物保护法》第 10 条	
	CITES 附录 II	CITES	
三有动物	三有名录	《野生动物保护法》第 10 条	禁止非法狩猎、非法经营行为 执法主体为生态环境部门
可繁育陆生野生动物	人工繁育国家重点保护陆生野生动物名录	《野生动物保护法》第 28 条	审批式商业利用，执法主体为生态环境部门
可繁育捕捞的水生野生动物	国家重点保护经济水生动植物资源名录；重点保护的渔业资源品种名录	《渔业法》第 29 条、第 31 条	有条件禁止捕捞 执法主体为农业农村部门
	人工繁育国家重点保护水生野生动物名录	《野生动物保护法》第 28 条	审批式商业利用 执法主体为农业农村部门

以上名录收录的动物即便是人工繁育其法律性质都属于野生动物。与野生动物相对应的是非野生动物，也有两个名录：陆生的是《畜牧遗传资源目录》；水生的是《水产品新品种目录》。这两个目录分别属于《畜牧法》和《渔业法》的调整范围，执法主体也为农业农村部门。

二　野生动物商业利用的产业链与犯罪圈

野生动物的非法贸易是与毒品、军火和人口贩运齐名的跨国营利性非法产业。[8] 本部分拟将野生动物的非法商业利用视为一个产业链，分析在《刑法》的框架下对犯罪圈的设定，从生产端到消费端的不同环节构成犯罪的可能性。

（一）产业链

产业链是经济学的一个概念，用来解释商品从生产到消费的协作和分

8　参见《Wildlife and forest crime：overview》，联合国毒品与犯罪问题办公室，https：//www.unodc.org/unodc/en/wildlife-and-forest-crime/overview.html，最后访问日期：2020 年 5 月 3 日。

工关系。大多数的经济和资源型的犯罪也是在提供一种不被法律保护的商品，所以也存在一个产业链分工协作的问题。犯罪学的研究者早就开始借用产业链的分析手段来分析解决经济犯罪的防止问题。[9] 而野生动物犯罪的刑法设置也基本上是按照从生产、加工、流通、交易到消费的各个环节来设置的。可以按照产业链的模型进行分析。

野生动物商业利用的产业链大体可以分为如下几个环节。首先是野生动物产出端，包括原始取得和加工的行为。原始取得行为是指通过捕猎方式获得野生动物的行为。狩猎行为是民法中的一种所有权先占的行为，但是这种行为是法律行为还是事实行为就看是否符合《野生动物保护法》。加工行为，包括剥皮、分割、制作标本或者制品、烹饪等。虽然立法中对加工的行为没有明确规定，但是司法解释中将加工行为扩大解释为出售行为，但也有学者认为此有类推解释之嫌。[10] 珍稀、濒危野生动物的制品和动物本身在刑法上的保护力度基本是一致的。其次是流通环节的行为，即一级市场的买卖、运输行为。也就是从狩猎者、加工者手中直接收购运输野生动物的行为。再次是市场经营行为，即野生动物进入市场之后的买卖行为。最后是消费者购买行为。

（二）犯罪圈

以上产业链中的不同行为，针对的不同法律性质的野生动物，可以产生不同的犯罪行为（见表2）。

表 2　　　　　　　　　　　　野生动物产业链与犯罪行为对应

产业链＼犯罪对象	原始取得	加工	收购	运输	市场经营	消费
珍稀、濒危野生动物	非法猎捕、杀害珍稀、濒危野生动物罪	出售珍稀、濒危野生动物（制品）罪	收购珍稀、濒危野生动物（制品）罪	运输珍稀、濒危野生动物（制品）罪	收购、出售珍稀、濒危野生动物（制品）罪	收购珍稀、濒危野生动物（制品）罪
三有动物	非法狩猎罪	视情况可能构成掩饰、隐瞒犯罪所得罪或者非法经营罪（有争议）				一般无罪

9　参见李娜等《产业链犯罪：分析工具与治理模式》，载《科学经济社会》2013 年第 4 期。

10　参见张明楷《刑法学》（第五版），法律出版社 2016 年版，第 1134 页。

续表

产业链 犯罪对象	原始取得	加工	收购	运输	市场经营	消费
其他水生野生动物	非法捕捞水产品罪	掩饰、隐瞒犯罪所得罪				无罪
人工繁育国家重点保护野生动物	收购、运输、出售珍稀、濒危野生动物（制品）罪（有争议）					
"双非"陆生野生动物	无罪	非法经营罪（有争议）				无罪

对于表2需要说明的问题如下：

1. 关于珍稀、濒危野生动物

《刑法》中的珍稀、濒危野生动物范围上包括国家重点一级保护和二级保护的野生动物与 CITES 附录 Ⅰ 和附录 Ⅱ 中的野生动物。珍稀、濒危野生动物的整个产业链行为都是会构成犯罪的，而且罪名基本统一。按照相关立法解释，收购珍稀、濒危野生动物包括以贩卖为目的和以消费为目的。因为入罪的数量标准较低，所以消费珍稀、濒危野生动物的行为一般也会构成收购珍稀、濒危野生动物罪。

2. 关于三有动物

在禁猎区、禁猎期或者使用禁止捕猎的工具捕猎三有动物20只以上的，构成非法狩猎罪。非法猎捕的三有动物的流通环节行为视情况构成掩饰、隐瞒犯罪所得罪（50只以上）。而对于一般消费者（构成掩饰、隐瞒犯罪所得罪需要购买50只以上），即便明知是非法狩猎的猎物，也很难按照犯罪处理。

3. 关于非重点保护的水生野生动物

在禁渔期、禁渔期或者使用禁止捕捞的方法非法捕捞水产品情节严重的，可以构成非法捕捞水产品罪。一些受到《渔业法》重点保护的水生资源也可以通过非法捕捞罪进行刑法保护。因为对该罪的构成要素如禁渔期、禁渔区和禁止捕捞的方法（工具）等的合目的解释，可以实现对非法捕捞重要渔业资源的刑事处罚。

而对于明知是非法捕捞的水产品，而予以收购、加工、运输、销售经营的行为，如果达到数额标准，可以构成掩饰、隐瞒犯罪所得罪。收购明知是非法狩猎的野生动物构成掩饰、隐瞒犯罪所得罪是立法解释明确的，但是这一解释是一个当然解释。该解释的推理过程同样适用于非法捕捞的水产品。在最高人民法院刑事审判部门发布的刑事审判参考第 1219 号案件中，审判部门就是以掩饰、隐瞒犯罪所得罪追究收购者的刑事责任。但是该案件的适用也暴露出立法解释的一个问题：掩饰、隐瞒犯罪所得罪作为下游犯罪，其量刑可能超出上游非法捕捞水产品罪（或者非法捕猎罪）。[11] 而对于此类水产品的末端消费行为，即便是明知，也不宜按照犯罪来处理。

4. 关于人工繁育的重点保护野生动物

商业性的人工繁育国家重点保护野生动物以及对人工繁育的重点保护野生动物的商业利用行为，都需要经过行政许可，并且受到名录、限额和专用标识制度的限制。所以，不经过行政许可从事野生动物的繁育和经营的行为肯定是违法的。但是这种行为是否构成犯罪，要看人工繁育野生保护动物的法律性质。从自然属性上看，人工繁育的动物并非"野生"，就不应该纳入野生动物保护的范围。但是从法律性质上来看，《野生动物保护法》对于人工繁育野生动物的行为也进行规范，说明人工繁育的国家保护野生动物也是《野生动物保护法》调整的范围。对于此问题执法部门和刑事司法部门一直没有一个非常明确的意见。

2000 年最高人民法院《关于审理破坏野生动物资源刑事案件具体应用法律若干问题的意见》（以下简称《野生动物解释》）第 1 条明确规定珍稀、濒危野生动物包括驯养繁殖的物种。2003 年当时的国家林业局（机构改革之前陆生野生动物的执法主体）下发《关于发布商业性经营利用驯养繁殖技术成熟的梅花鹿等 54 种陆生野生动物名单的通知》，将 54 种陆生物种（主要是国家重点保护的野生动物）列为允许驯养繁殖的物种。因为有此通知，2011 年最高人民法院做出《关于被告人郑喜和非法收购珍贵、濒危野生动物、珍贵、濒危野生动物制品罪请示一案的批复》，认为虽然没有经过行政许可，但是经营通知中物种的行为已经没有社会危害性。但是，2012 年国家林业局将《关于发布商业性经营利用驯养繁殖技术成熟的梅花鹿等 54 种陆生野生动物名单的通知》废止。2016 年 3 月，国家林业局森林公安局发函最高人民法院，建议对于 2000 年的

11　参见最高院刑事审判第一、二、三、四、五庭《刑事审判参考》（总第 111 集），法律出版社 2018 年版，第 114 页。

司法解释进行修改，提高收购、运输、出售有关人工驯养繁殖的野生动物的定罪量刑标准。《最高人民法院研究室回函》（以下简称《研究室函》）予以拒绝，认为提高标准并不解决问题，不如调整名录范围或者直接明确驯养繁殖的野生动物不属于野生动物。

2016 年 4 月，备受媒体关注的深圳王某非法收购、出售珍贵、濒危野生动物案进入司法程序。深圳市中级人民法院认为王某收购出售人工繁育的鹦鹉的行为依照司法解释应当判处十年以上有期徒刑，但是考虑行为的实际危害性，依法上报最高人民法院核准在最低法定刑以下判处刑罚。人民法院报也刊文认为经营人工驯养的野生动物的，应当从轻处罚。[12] 从法律规定行政许可的角度，将此类行为认定为非法经营罪似乎更为合适。人工繁育的国家重点保护野生动物符合限制买卖物品的性质。因为人工繁育的野生动物及其制品需要凭人工繁育许可证，按照省、自治区、直辖市人民政府野生动物保护主管部门核验的年度生产数量直接取得专用标识，凭专用标识出售和利用，保证可追溯。但是非法经营罪入罪是以经营数额或者违法所得为标准，而收购、出售珍贵、濒危野生动物罪是按照只数定罪量刑的；后者的入罪门款明显低于前者。

5. 关于"双非"陆生野生动物

所谓"双非"陆生野生动物，是指既非重点保护陆生野生动物，又非通过非法狩猎获得的陆生野生动物。这类野生动物的产出端不构成犯罪。但是对于这类陆生野生动物的加工、销售行为，是否构成非法经营罪，在实务界存在争议。

主张不构成非法经营罪者认为：根据《野生动物保护法》和实施条例，"双非"野生动物及其制品不属于专营专卖的商品；同时经营此种商品也不需要行政审批，直接办理工商登记即可。而且，野生动物的交易市场并没有形成，所以这种行为也不可能危害非法经营罪的犯罪客体市场经营秩序。[13]

主张构成非法经营罪的又有两种立场。第一是公安部立场。公安部法

---

12 参见涂俊峰、李磊《如何认定出售人工驯养繁殖的野生动物的行为》，载《人民法院报》2018 年 5 月 3 日第 7 版。

13 参见景勇《经营利用非国家重点保护的野生动物是否构成非法经营罪》，载《江苏法制报》2019 年 1 月 3 日第 C 版。

制局 2008 年 11 月 12 日《关于非法收购出售国家非重点保护野生动物行为如何定性的函》（以下简称《法制局函》）认为"双非"野生动物的经营需要向林业行政主管部门申请限额经营指标，所以"双非"野生动物也属于法律、行政法规限制买卖的物品。[14] 湖南、江西、福建等地的法院也有将此类行为按照非法经营罪处罚的，就是依照《刑法》第 225 条第 1 项。第二是疫情法律意见的立场。根据《关于依法惩治妨害新型冠状病毒感染肺炎疫情防控违法犯罪的意见》，违反国家规定，非法经营非国家重点保护野生动物及其制品（包括开办交易场所、进行网络销售、加工食品出售等），扰乱市场秩序，情节严重的，依照《刑法》第 225 条第 4 项的规定，以非法经营罪定罪处罚。两种立场虽然都认为无证经营非国家重点保护野生动物的行为构成非法经营罪，但是《法制局函》将非保护野生动物认为是限制经营的物品，而《关于依法惩治妨害新型冠状病毒感染肺炎疫情防控违法犯罪的意见》是将这种经营行为视为一种其他扰乱市场秩序的行为。

在现有法律环境下，将此行为按照掩饰、隐瞒犯罪所得罪处罚更加合理。但是考虑到野生动物法网的进一步严谨，此种行为按照非法经营罪处罚的可能性较大。按照现行的野生动物保护法制，"双非"野生动物的合法来源只能是合法狩猎获得。陆生野生动物法规定运输、使用非保护野生动物需要有合法证明。《陆生野生动物保护条例》规定，经营非重点保护野生动物不需要特别审批，但同时该条例对于非重点保护野生动物的狩猎进行限额行政管理，所以经营行为实际上也受到狩猎限额的限制。根据上述法律和行政法规的规定，非重点保护野生动物的经营行为受到两个方面的约束：第一是物品来源的合法证明义务；第二是物品来源的狩猎限额约束。此类经营者如果无法证明其经营商品在合法狩猎限额的范围内，不能够提供合法证明，就可以认定为收购没有合法来源证明的非重点保护野生动物。数额在 50 只以上的，就可以构成掩饰、隐瞒犯罪所得罪。

但是按照掩饰、隐瞒犯罪所得罪处理的问题在于此罪是一个下游犯罪。下游犯罪成立，必须证明上游行为被法律禁止并构成犯罪。虽然非法狩猎罪的入罪标准是 20 只，低于掩饰、隐瞒犯罪所得罪，但是如果经营

14　参见孙飞《浅析非法经营非国家重点保护野生动物的行为定性》，载《森林公安》2015年第 3 期。

者是在不同的非法狩猎者手中收购，或者货源渠道无法查明，认定掩饰、隐瞒犯罪所得罪就会有司法障碍。这时，以经营数额或者非法所得数额为标准认定非法经营罪就会成为司法者考虑的一个选项。对于此种行为入罪的争议核心在于法律对于非国家重点保护的野生动物的利用行为存在灰色暧昧的规定。

综上所述，根据现行法，野生动物的产业链涉罪分为以下几种情况：第一，国家重点保护的野生动物从产出端一直到消费端都属于违法行为，都可能构成犯罪。第二，非法狩猎和捕捞的野生动物产出端和流通经营端可能构成犯罪，而消费端构成犯罪的可能性较小。第三，人工繁育的重点保护野生动物行为需要经过行政许可，但是人工繁育动物是否受保护动物，司法部门与执法部门意见不统一。即便被视为受保护动物，其量刑标准也应低于真正的野生动物。第四，非国家重点保护的野生动物经营行为是一个灰色的产业，相关法律规定不明确。从这4条产业链涉罪情况来看，后3条产业链的刑法规定都或多或少存在一定的司法问题。

三　现行犯罪圈与《全面禁止决定》的差距

《刑法》主要是从产业链的产出端和营销端设置罪名，而《全面禁止决定》主要是从产业链的消费端设定或者倡议禁止。但是，按照《刑法》的设定犯罪原则，生产、经营行为的社会危害性一定会大于使用、消费行为。所以，使用、消费行为的禁止一定会导致生产、经营行为的更严厉的处罚。从这样一个视角审视，《刑法》现有的犯罪圈与《全面禁止决定》的立法倡议之间存在着较大的差距。

（一）对《全面禁止决定》的解读

决定的实质性内容共有7个条文，总结起来有以下几层含义。

1. 原有规则从严执行（第1条和第4条）

整个《全面禁止决定》只有第1条是具有刑事司法执行性的条文。它要求对于野生动物保护法制的现行禁止性规定必须严格执行，违法者要在原来的基础上从重处罚。刑事司法可以依据决定的第1条规定对于违反《刑法》第340条、第341条以及其相关下游犯罪从重处罚。

同时以非食用为目的的野生动物利用行为如果需要行政许可的，必须严格执行。如果说第 1 条、第 4 条是要求对现有《野生动物保护法》的严格执行，其他规定就是对于《野生动物保护法》的扩大性质的要求。

2. 全面禁止食用和以食用为目的利用野生动物的行为（第 2 条）

第 2 条是《全面禁止决定》的核心条文。所有陆生野生动物（不管是重点保护动物、三有动物，还是其他动物；不管是人工繁育还是自然环境生长）都不得食用和以食用为目的利用。这就意味着原来可以通过行政许可而合法存在的人工繁殖、加工、狩猎、运输、经营等行为，只要是以食用为目的的，都应该属于法律禁止之列。而相关司法机关对于人工繁育野生动物、非国家重点保护的野生动物的法律态度也应该由暧昧转为明令禁止。因为这一禁令的处罚性条款还来不及制定，所以只能参照最相类似的处罚条款进行处罚。

3. 其他配套措施的合理跟进

首先，明确并公布家禽、家畜和水产品的目录范围。上述目录以后应该是国人肉食品的唯一"菜谱"。此目录的审核要考虑到民族长期形成的饮食习惯、食品安全和生态生物安全。比如，考虑到国人的饮食习惯，农业农村部在响应决定的通知中将中华鳖和乌龟两种两栖动物划归水产品。

其次，给予特种养殖户合理转型期和帮扶补偿。经过行政审批的人工驯养野生动物和特种养殖（如养殖竹鼠、蛇类、蝎子、青蛙等）是作为一项扶贫造血项目推广的。现在这些驯养养殖都应该是在决定禁止之列。这些特种养殖户不仅需要信赖利益补偿，而且需要合理的转型期和转型技术帮扶。

最后，合理调整保护名录。现有保护名录已经不适应时代的发展，所以才会出现司法实践中的很多合法但不合理的案件。对于人工繁育技术已经成熟的物种应当如何处理，仍然是执法司法部门需要认真考虑的问题。

4. 执法（普法）体制跟进

从表 1 中可以发现，野生动物执法存在着对众多名录和目录的技术依赖。不同的名录、目录依据不同的法律法规，归属于不同的执法主体。野生动物行政执法的合理性建立在目录名录之间的合理衔接和执法主体之间的协调配合上。野生动物的原始产出端分属于农、林、渔等不同行政执法部门，它们的权限划分以名录目录为限。加工运输环节除了上述部门外，还有卫生检疫部门。流通末端的执法权主要归属于市场监管部门。不同执法部门之间如果不协调，就会出现"九龙治水"的执法局面。

我国行政法律法规的普法义务归属于执法主体，正所谓"谁执法、谁普法"。野生动物法治的普法环节是一个绝对的短板，而这一短板在刑事司法中暴露得最为突出。近年来媒体屡屡爆出因为掏鸟窝、[15] 采野草、[16] 捉癞蛤蟆、逮壁虎[17]等违反野生动植物保护法规被追究刑责的案件，每一起案件都引发公众对于司法公正的质疑。法律知晓度不足的原因是多方面的，但是普法义务主体的多元化也是其原因之一。

（二）《刑法》的差距

《全面禁止决定》是《刑法》下一步修改完善的方向。比照决定，《刑法》在如下几个方面存在差距。

1. 非法狩猎罪的犯罪构成范围需要扩大

《野生动物保护法》中以非食用为目的的特种狩猎行为仍然可能保留，但是除此之外就不存在合法狩猎行为了。所有的以食用为目的的狩猎行为都应当被禁止，原来根据《野生动物保护法》行政审批的部分涉猎证需要被收回。所有的以食用为目的的狩猎都会被定义为非法狩猎。现有《刑法》中关于非法狩猎罪的犯罪构成中的禁猎期、禁猎区和禁止捕猎的方法等限制性规定也将不复存在。

2. 人工繁育、饲养野生动物的法律性质需要明确

最高人民法院《研究室》针对森林公安局提出的降低人工繁育的野生动物的量刑标准的建议提出了两种方案：一种是合理调整保护动物名录，将人工繁育技术成熟的物种从名录中剔除；另一种是重新解释野生动物的范围，把人工繁育的野生动物从野生动物范围中剔除。而从《全面禁止决定》的精神来看，第一种建议是被支持的；第二种建议不会被将来的立法接受。因为决定的第 2 条明确认为禁止食用野生动物的范围包括人工繁育、饲养的野生动物。言外之意是，此类野生动物也应该属于保护的范围。同时，笔者也注意到，在《全面禁止决定》颁布之前，国家市场监管总局、农业农村部、国家林草局发布公告临时性隔离了所

15　参见沈海平《掏鸟窝被重判为何引发争议》，载《检察日报》2015 年 12 月 9 日第 7 版。

16　参见周浩《从农民采野草案看刑法上的"违法性认识错误"》，载《中国商报》2017 年 5 月 11 日第 A03 版。

17　参见孔力《惹不起的"三有动物"》，载《检察风云》2015 年第 4 期。

有的野生动物饲养繁育场所，并且严禁此中野生动物对外贩卖和转移。此公告虽然只限于疫情期间，但是疫情之后是否解封，要根据嗣后法律的修改而定。

《全面禁止决定》第 7 条第 2 款已经要求地方政府着手实施对于以前审批的相关特种繁育养殖实体进行信赖利益补偿。这就说明以食用为目的的野生动物特许经营制度即将成为历史。野生保护动物不允许人工养殖食用，人工养殖食用的也不应该是保护动物。这两者之间必须界限清晰明确。人工养殖野生保护动物的行为都是非法的，那么对其出售、加工、运输、收购的行为与针对自然生长的野生动物不应该有差别。

3. 野生动物经营的灰色地带需要透明

现在"双非"野生动物的经营是一个灰色地带。但是根据《全面禁止决定》，合法狩猎范围大幅度收缩，经营野生动物的大部分行为都会沦为非法。非法经营野生动物的行为应该一律构成非法经营罪或者新的收购出售野生动物犯罪。因为掩饰、隐瞒犯罪所得罪是一个下游犯罪，司法实践中单独追究刑事责任的情况不多。而且该罪的法定刑还高于非法狩猎罪和非法捕捞水产品罪，有"小马拉大车"之嫌。所以，将经营野生动物仅仅按照其他野生动物犯罪的下游犯罪来处罚的情况也会被改变。

4. 食用野生动物行为的入罪条件需要明确

《全面禁止决定》主要是从消费端立规矩。而食用野生动物行为入罪的可能性也是刑事立法合理性论证的关键问题。其实，立法机关对于食用野生动物的入罪化规定从 2014 年就已经开始。当时对于收购野生动物的立法解释就明确：以食用为目的收购，也可以构成收购珍贵、濒危野生动物罪；同时明知是非法狩猎的野生动物而购买的，可能构成掩饰、隐瞒犯罪所得罪。非法狩猎罪只针对陆生野生动物，但是后半段的解释对于非法捕捞犯罪同样适用。2014 年的立法解释对于食用国家重点保护的野生动物的行为入罪已经没有问题，而对于食用非国家重点保护动物的行为不足以入罪。因为实践中，食客一次购买很难达到入罪数额；累计数额的证明难度过大。同样是购买食用的行为，统一定罪标准似乎更加可行。

（三）《全面禁止决定》的刑事司法可能

刑事司法是否可以直接以《全面禁止决定》作为扩大处罚范围的依据呢？可以从以下两个方面讨论：

1. 可以直接依据第 1 条从重量刑

全国人大常委会做出的决定是具有法律效力的，决定有权力要求行政、司法机关在现行法律的基础上对特定的违法犯罪行为从重处罚。这里需要注意如何理解"加重处罚"？决定要求违反现行法律规定的行为，在现行法律规定的基础上"加重"处罚。这里的"加重"应当理解为刑事量刑中的"从重"。因为决定表述的"加重"前提是在现行法律的基础上。具体到刑事司法，就是在法定刑幅度的范围内。在法定刑幅度的范围内加重，严格意义上理解就是从重。同时，刑事量刑中只有减轻处罚的规定，没有加重处罚的规定。因为如果犯罪只有一个法定刑档，加重处罚会违反罪刑法定原则；如果犯罪有数个法定刑档，最高档的加重也会违反罪刑法定原则，而次高档的加重就会与最高档持平，这又违反了罪刑相适应原则。

2. 不可以直接适用第 2 条

因为刑事司法对罪刑法定原则的恪守，《全面禁止决定》中的扩大解释不会成为刑事司法的直接依据。虽然决定的第 2 条要求参照适用现行法律的有关规定来处罚扩大禁止的行为，但是从刑事司法的角度看，在法律没有明确规定的前提下，参照最相类似的规定处罚，就是类推。所以，《全面禁止决定》必须通过修改《刑法》来实现其最终的法律保障。

四　刑事立法建议与合理性论证

《刑法》关于野生动物保护的罪名体系包括如下 6 个犯罪：非法猎捕、杀害珍贵、濒危野生动物罪，非法狩猎罪，非法捕捞水产品罪，非法收购、运输、出售珍贵、濒危野生动物（制品）罪，掩饰、隐瞒犯罪所得罪和非法经营罪。其中核心犯罪是前 3 个，下游犯罪是后 3 个。对于国家重点保护的野生动物，刑事处罚的范围是整个产业链直至消费端；而对于其他野生动物，刑事处罚的范围只涉及产业链的源头和中端。而中端经营行为的涉罪问题立法规定并不明确，司法适用存在争议。这些现象和问题与《全面禁止决定》的要求存在明显而巨大的差距。这一差距的弥补可以通过刑事立法设定统一的罪名来解决。因为统一设定罪名是前置法对野生动物统一保护的需要，同时也可以化解野生动物刑事司法中的诸多问题。

（一）野生动物统一保护原则

我国野生动物保护的理念在历次《野生动物保护法》的修改过程中，已经悄然发生变化。由人类中心主义的保护转变为非人类中心主义的保护。这种理念的转变，从保护目的上看，是从动物功利转向动物福利；从保护手段上看，是从动物个体的保护到物种的保护；从保护范围上看，是从分级分类的保护到生物多样性的保护。[18] 人类中心主义的保护是以野生动物的有用性和利用价值为主要标准来区分野生动物的保护程度，保护的目的是为了利用。在法律规范的设定上，保护的范围比较小，利用野生动物的法律条件比较宽松。而非人类中心主义的保护，在法律制度的设定上，保护绝对优先，对于利用行为要进行严格限制和监管。

2016 年我国《野生动物保护法》的修改，虽然没有改变原来的野生动物经营利用制度，但是在立法目的的表述上剔除了"规范利用"的字眼。同时"三有动物"的具体概念表述也发生了变化，从"有益的或者有重要经济、科学研究价值的陆生野生动物"变为"有重要生态、科学、社会价值的陆生野生动物"[19]。这些变动从理念上标志着法律正向非人类主义的转变。

基于《全面禁止决定》和新冠肺炎疫情的影响，野生动物法治的变动应当向着非人类中心主义更进一步。首先，全面禁止意味着全面整体的野生动物保护。与其从食用的角度全面禁止，不如从野生动物物种保护和生态安全的角度全面禁止。其次，全面禁食意味着禁止利用。规范利用的原则和制度将被摒弃。人类对其他动物物种的利用不仅仅包括食用，但是食用是无法替代的利用。因为人类的蛋白质摄取主要来源于其他动物物种。现在还没有一种更好的物质来源可以取代动物蛋白质。而其他利用包括药用（如虎骨）、衣用（如皮毛）、物用（如象牙）、香料（如麝香）等，都是有更好、更廉价的其他物品替代。所以，从全面禁食到禁止利用，只需要迈进一小步。而这一小步的迈进，我们舍弃的利益远远小于可能得到的利益。

18　参见秦红霞《非人类中心主义环境伦理下的动物保护思想梳理分析》，载《野生动物学报》2020 年第 1 期。

19　参见魏华、刘美辰《〈野生动物保护法〉修改评述》，载《环境保护》2017 年第 12 期。

按照统一保护的原则，所有的野生动物物种都应当是被法律保护的。禁止对所有野生动物的商业利用行为。全面保护和全面禁止的原则，不排除保护级别的区分以及根据级别形成的不同力度的保护措施，原有的名录制度仍然需要，但是名录的内容需要进一步调整。

（二）刑事司法中诸多问题的化解

立法前进一小步，可以促进司法改进一大步。统一设罪的立法可以消除野生动物刑事司法实践中现存的诸多问题。

1. 化解违法性认识不足问题

野生动物保护名录是一种超强的技术性规范，极少数人可以看懂名录约束的内容，但是行政执法和刑事司法却必须以名录为依据。违反野生动物保护法的犯罪人大多数文化素质不高，[20] 对保护名录是识别能力有限。这就导致诸多案件的被告人试图以违法性认识不足或者违法性认识错误不可避免为由提出辩护。而这种辩护理由现在只是我国刑法理论上的探讨，通说的观点还是"不知法不免责"[21]。即便是主张违法性认识必要说的学者，对于如何解释安置此辩护理由也是存在着严重的争议：存在故意说与责任说的对立。[22] 刑事司法和刑法理论无法对于这一看似合理的辩护理由予以充分回应，而民众对于此类案件的公平公正产生严重质疑。[23]

通过提高公民的科学与法律的素质和改造我国的犯罪论体系，都是解决这一问题的治本之策。但是缓不济急。而如果统一罪名设定，就可以直接缓解这一司法尴尬局面。所有野生的，都是被保护的。这种理念的普及要比宣传各种名录更直接有效，更容易被人所接受。在司法中，只要证明被告人明知犯罪对象是野生的，并且概括性了解所有野生的都是受保护的，被告人就不能以不知法来作为辩解理由了。

20　参见晋海等《环境犯罪案件违法性认识错误问题法律适用实证研究》，载《环境保护》2018 年第 8 期。

21　参见高铭暄、马克昌主编《刑法学》（第五版），北京大学出版社、高等教育出版社 2011 年版，第 107 页。

22　参见陈兴良、周光权《刑法理论的现代展开》，中国人民大学出版社 2006 年版，第 204 页。

23　参见李拥军《合法律还是合情理："掏鸟窝案"背后的司法冲突与调和》，载《法学》2017 年第 11 期。

2. 明确诸多问题的法律性质

经营非法狩猎的非保护动物和"双非"野生动物行为的刑事违法性问题与定罪标准问题，司法实践中存在严重的争议。而这种争议会因为统一罪名认定而不复存在。因为全面禁止，这些行为都有可能构成收购、出售陆生野生动物（制品）罪。对于人工繁育野生动物的法律性质认可问题以及非重点保护野生动物及其制品的法律性质问题，都因为全面禁止而不再是问题。

3. 平衡上下游犯罪的刑罚

非法狩猎和非法捕捞犯罪的最高法定刑只有 3 年有期徒刑，但是掩饰、隐瞒犯罪所得罪的加重情节最高法定刑为 7 年有期徒刑。实践中完全可能出现下游犯罪的量刑重于上游犯罪的情况。这一结果虽然符合罪刑法定原则，但是实质性违反罪刑相适应原则。而统一罪名之后，上游犯罪和下游犯罪的量刑一定会轻重协调。

4. 收购食用行为得以合理入罪

《全面禁止决定》和原有的保护法、《刑法》的禁止视角并不相同。后者是从原始的产出端设定禁止，而前者是从产业链的最末端设定禁止。一个是从山林源头设禁令，一个是从餐桌口腹立规矩。而《刑法》对于人大决定的回应，最终要落实到对食用行为如何刑事评价的问题上。原有的刑事法制中，以消费食用的目的购买重点保护野生动物的行为是足以入罪的。那么按照这一思路继续延伸，既然保护范围扩大，那么购买野生动物的行为也可能被犯罪化评价。入罪的标准就看购买的数量和保护的等级。

（三）统一罪名的设定

《刑法》中对野生动物资源的保护也分为重点保护和非重点保护两类。重点保护的动物以结果入罪；非重点保护的动物以行为手段入罪。重点保护的动物全面设罪，非重点保护的动物源头入罪。这种区分化的犯罪圈设定在司法上存在着大量的问题。如果前置法能够全面禁止和全面保护，《刑法》就可以统一设定犯罪。就是将现有的重点保护动物和非重点保护动物统一，统一设定为猎捕、杀害野生动物罪和收购、加工、运输、出售陆生野生动物（制品）罪。

首先，罪名的表述不需冠以"非法"。因为对野生动物利用的行为，除了特定的机构出于极个别的目的之外，其余的利用行为都是非法的。其次，司法机关仍然可以出台司法解释，根据野生动物保护级别设定入罪和量刑的不同标准。最后，野生动物致害的自卫避险制度需要在《野生动物保护法》中予以明确，并且便于实施。

余论：水陆并进的可能性

人类对于野生动物的保护应当摒弃利己思维，充分贯彻大爱主义的利他思维。但是此次因为新冠肺炎疫情的原因导致《全面禁止决定》的颁布似乎主要是从"避害"的角度出发。即便是亡羊补牢，也不应该单纯为了禁食而禁止；而是以此为契机，推动野生动物保护法治在理念、原则和制度上全面进步。

当然，法治的进步也要考虑到现实可能性。对于陆生野生动物，从全面禁食到全面保护，只需前进一小步。而水生动物的保护，还需要更长的路。相关部门也已经开始着手补足水生动物保护的短板，但是现在在《刑法》中实现水陆一体化保护似乎并不现实。我们对水生野生动物的食物依赖性在增强，而对水生食品的风险认知又明显不足。需要野生动物保护和法学领域思考的问题还很多。

（责任编辑　区树添）

修复生态环境的法律定性、
分解与司法路径选择

柴云乐[*]

内容摘要：修复生态环境是一种理念和目标。其并非法定的法律责任承担方式。出于对《民法典》文本的尊重和《民法典》文本协调的考虑，修复生态环境的内容应理解为停止侵害、排除妨碍、消除危险、恢复原状等多种民事责任承担方式的综合体。修复生态环境也非行政处罚和刑罚的种类，行政执法或刑事裁判程序直接作出生态修复的处罚是不妥当的。可考虑借助已决裁判的预决效力制度，通过民事审判程序主张行政相对人或犯罪嫌疑人修复生态环境。

关键词：修复生态环境；民法典；恢复原状；预决效力

一　问题的提出

近年来，修复生态环境逐渐成为法律界的热门词汇，《最高人民法院关于审理环境民事公益诉讼案件适用法律若干问题的解释》第 20 条首次明确提出"修复生态环境"，《最高人民法院关于审理环境侵权责任纠纷案件适用法律若干问题的解释》第 14 条将"环境修复责任"解释为"恢复原状"责任承担方式的一种，《最高人民法院关于充分发挥审判职能作用为推进生态文明建设与绿色发展提供司法服务和保障的意见》提出："落实以修复生态环境为中心的损害救济制度，统筹适用刑事、民事、行政责任，最大限度修复生态环境。"《民法总则》曾一度将"修复生态环境"列入法律责任承担方式之一，《最高人民法院关于审理生态环境损害赔偿案件的若干规定（试行）》（以下简称《审理生态环境损害赔偿案件的规定（试行）》）第 11 条规定："被告违反法律法规污染环境、破坏

---

* 北京嘉润律师事务所律师。

生态环境的，人民法院应当根据原告的诉讼请求以及具体案情，合理判决被告承担修复生态环境、赔偿损失、停止侵害、排除妨碍、消除危险、赔礼道歉等民事责任"。《中华人民共和国民法典》（以下简称《民法典》）第1234条规定："违反国家规定造成生态环境损害，生态环境能够修复的，国家规定的机关或者法律规定的组织有权请求侵权人在合理期限内承担修复责任。"综上，修复生态环境责任以"修复生态环境""环境修复责任""修复责任"等多种表述方式出现在了大量的法律规范中，这一方面反映了修复生态环境责任已成为亟待解决的法律界新课题，另一方面也说明了不同机构在处理修复生态环境责任问题时的慌乱。

二　修复生态环境并非法定的法律责任承担方式

现行法律的明文规定是行为人承担法律责任的基础。民事责任方面，根据《民法典》第179条的规定，[1] 修复生态环境并非法定的民事责任。《审理生态环境损害赔偿案件的规定（试行）》第11条将修复生态环境定性为独立的民事责任承担方式与《民法典》的上述规定存在着冲突。刑事责任领域，无论是主刑、附加刑还是非刑罚性处置措施等规制手段，并无与修复生态环境相关的内容。行政责任领域，根据《中华人民共和国行政处罚法》（以下简称《行政处罚法》）、《环境行政处罚办法》，[2] 也无法将修复生态环境纳入环境行政处罚的种类和内容中。

因此，修复生态环境无法在现有的法律责任承担形式中觅得位置。既然如此，修复生态环境是否可以作为一项单独的环境责任承担形式？此项提议看似创新，实乃新瓶装旧酒，"另起炉灶"的环境责任承担形式之立

1　参见《民法典》第179条："承担民事责任的方式主要有：（一）停止侵害；（二）排除妨碍；（三）消除危险；（四）返还财产；（五）恢复原状；（六）修理、重作、更换；（七）继续履行；（八）赔偿损失；（九）支付违约金；（十）消除影响、恢复名誉；（十一）赔礼道歉。法律规定惩罚性赔偿的，依照其规定。本条规定的承担民事责任的方式，可以单独适用，也可以合并适用。"

2　参见《环境行政处罚办法》第10条："根据法律、行政法规和部门规章，环境行政处罚的种类有：（一）警告；（二）罚款；（三）责令停产整顿；（四）责令停产、停业、关闭；（五）暂扣、吊销许可证或者其他具有许可性质的证件；（六）没收违法所得、没收非法财物；（七）行政拘留；（八）法律、行政法规设定的其他行政处罚种类。"

法绝非"新生事物"。此前，1987 年《中华人民共和国环境保护法》（以下简称《环境保护法》）及其他环境保护单行法[3]就曾对环境侵权规定了"排除危害""恢复原状"和"赔偿损失"三种责任承担方式。其中，"排除危害"为环境保护领域法律规范的原创内容，在原有民事责任承担方式立法中难以把握其概念的逻辑脉络，部分学者对此给出了自己的解释。[4]但显然，学理上的解释无法改变立法上的模糊和司法上的困惑，"排除危害"在司法实践中的适用情况并不理想。或许是考虑到了环境侵权民事责任承担方式在立法上所存在的问题，2014 年修订的《环境保护法》第 64 条规定："因污染环境和破坏生态造成损害的，应当依照《中华人民共和国侵权责任法》的有关规定承担侵权责任。"最新修订的《中华人民共和国大气污染防治法》第 125 条规定："排放大气污染物造成损害的，应当依法承担侵权责任。"这些立法动态表明，立法机关已然放弃

3　参见 1989 年《环境保护法》第 41 条第 1 款：造成环境污染危害的，有责任排除危害，并对直接受到损害的单位或者个人赔偿损失。《固体废物污染环境防治法》第 84 条规定，受到固体废物污染损害的单位和个人，有权要求依法赔偿损失。第 85 条规定，造成固体废物污染环境的，应当排除危害，依法赔偿损失，并采取措施恢复环境原状。《水污染防治法》第 85 条规定，因水污染受到损害的当事人，有权要求排污方排除危害和赔偿损失。《环境噪声污染防治法》第 61 条规定，受到环境噪声污染危害的单位和个人，有权要求加害人排除危害；造成损失的，依法赔偿损失。《海洋环境保护法》第 90 条规定，造成海洋环境污染损害的责任者，应当排除危害，并赔偿损失；完全由于第三者的故意或者过失，造成海洋环境污染损害的，由第三者排除危害，并承担赔偿责任。对破坏海洋生态、海洋水产资源、海洋保护区，给国家造成重大损失的，由依照本法规定行使海洋环境监督管理权的部门代表国家对责任者提出损害赔偿要求。

4　有学者主张，排除危害不是一种具体的责任形式，而是包括民事责任和行政责任在内的一切环境危害排除的责任形式的总称。我国现行立法中排除危害的民事责任和责令停业、关闭等行政责任都是环境侵害排除责任中的一部分，它们共同构成了环境侵权责任中预防性侵权责任的内容。参见李慧玲《排除危害环境责任探析》，载《法学杂志》2007 年第 3 期。另有学者指出，"排除危害"是法院根据受害人及其他有权主体的要求，对造成环境污染并因而对他人的人身和财产、公共财产或环境益造成损害或有造成损害的现实危险的加害人，要求其停止加害行为并对已经造成的影响予以消除的一种民事责任形式。参见闫亚鹏《环境法中排除危害责任及其实现》，载王树义主编《环境法系列专题研究》（第 1 辑），科学出版社 2005 年版，第 529 页。也有学者认为，"排除危害"是指，国家强令已造成或者可能造成环境侵权危害者，排除可能发生的危害或者停止已经发生的危害，并消除其影响的民事责任形式。应该认为，"排除危害"的外延包括了《民法通则》和《侵权责任法》中规定的"排除妨碍""消除危险""停止侵害"和"恢复原状"这四种侵权责任承担方式。参见侯佳儒《中国环境侵权责任法基本问题研究》，北京大学出版社 2014 年版，第 199 页。

了通过《环境保护法》及其他环境保护单行法单独规定环境侵权民事责任承担方式的尝试，将环境侵权与其他类型侵权"一视同仁"，其民事责任承担方式统一适用《侵权责任法》的有关规定。[5]

由此引申出环境立法的经验和教训："我国环境立法数量不可谓不少，可实践效果却远未达到预期，主要原因之一就是同一层级或不同层级之间法律文件经常存在的严重冲突，各环境保护单行法如同'脱缰的野马'，缺乏各自之间以及与传统法律部门之间的辨析和衔接，极大地瓦解了环境立法的可操作性。就修复生态环境相关问题而言亦是如此，其法律实施机制构建应吸取过往环境立法的教训，如果通过现有立法资源的解释和整合，可以在不挑战现有法律秩序的前提下实现修复生态环境的目标，就完全不需要将修复生态环境单列为一项新的环境责任承担形式，修复生态环境作为一项单独的环境责任承担形式虽非不可为，但实无必要。"[6]

三　修复生态环境的性质为多种民事责任承担方式的综合体

（一）修复生态环境的概念与定性

概念之于法学犹如函数之于数学，"从逻辑学上讲，概念在人类思维过程中发挥着重要功能，概念反映了人对特定认识对象本质属性的认识"[7]。人类有三种思维方式，概念、判断、推理，而概念是判断和推理的基础。[8] 因此，任何理论研究都必然基于对概念的分析和界定，对此，海德格尔曾说："'一门科学的所有专题对象都以事质领域为其基础，而基本概念就是这一事质领域借以事先得到领会的那些规定'，'这一领会

5　参见柴云乐《相邻环境侵权私法规范模型之建构》，载《法大研究生》2018 年第 1 辑。

6　侯佳儒、柴云乐：《中国土壤污染立法若干争议性问题反思》，载《吉林师范大学学报》（人文社会科学版）2018 年第 3 期。

7　侯佳儒：《环境法与民法的对话》，中国法制出版社 2009 年版，第 68 页。

8　参见中国人民大学哲学系逻辑教研室主编《逻辑学》，中国人民大学出版社 1996 年版，第 8—11 页，转引自侯佳儒《环境法与民法的对话》，中国法制出版社 2009 年版，第 69 页。

将引导着一切实证探索'。"[9] 对修复生态环境的分析自然也不例外，研究修复生态环境，需要首先界定修复生态环境的概念，下文将尝试从目标、内容、实施方式三个方面定义修复生态环境。

关于修复生态环境的目标，主要有"恢复环境原状模式"和"风险管控+分类管理"模式两种选择。《中华人民共和国土壤污染防治法》确立的土壤环境修复领域"风险管控+分类管理"之基本原则值得借鉴。鉴于人类认识的局限性和科技供给的有限性，如果盲目地坚持恢复环境原状这一单一目标，很容易造成对生态环境的二次污染或破坏，因此修复生态环境应该以能重复再利用、可持续发展为终极目标，而不是以恢复环境原状为满足。

《环境损害鉴定评估推荐方法》（第Ⅱ版）将修复生态环境划分为环境修复和生态修复，环境修复指"生态环境损害发生后，为防止污染物扩散迁移、降低环境中污染物浓度，将环境污染导致的人体健康风险或生态风险降至可接受风险水平而开展的必要的、合理的行动或措施"。而生态修复指"生态环境损害发生后，为将生态环境的物理、化学或生物特性及其提供的生态系统服务恢复至基线状态，同时补偿期间损害而采取的各项必要的、合理的措施"[10]。该分类比较恰当地表述了修复生态环境责任的内容：①停止污染行为；②清理污染物以消除对他人权益的妨碍；③防止污染的持续和扩散；④恢复受损害区域生态系统的功能和价值。[11]通过这样的内容分解区分污染清理和生态修复，污染清理区域的划定主要是基于阻止环境进一步恶化的需要，对生态修复区域的划定则以该区域将来的使用方式和目的为依据。

具体而言，修复生态环境是一项技术密集型工作，应对现存的生态环境污染进行科学的健康风险评估，加强监测监控，对被污染的环境或破坏的生态采取物理、化学和生物学技术措施以阻止污染继续发展。同时，针对未来的生态环境使用目的，采取分类管理的方法，评估未来的使用人、

9　同前注 7，侯佳儒书，第 69 页。

10　《环境损害鉴定评估推荐方法》（第Ⅱ版）第 4.10 条和第 4.11 条。

11　参见李挚萍《修复生态环境责任法律性质辨析》，载《中国地质大学学报》（社会科学版）2018 年第 2 期；胡静《关于我国〈土壤环境保护法〉的立法构想》，载《上海大学学报》（社会科学版）2012 年第 6 期。

土地周遭居民、生态环境自身所可能面临的污染或破坏风险，从而采取必要的手段去降低这些污染风险，促使生态环境的可持续利用。因此，修复生态环境是指在风险管控和分类管理原则指导下，参照环境修复的技术规范要求，进行隔截污染源，清除或者转化环境中的致害污染物，控制生态环境风险，防止损害扩大或者蔓延，最终将环境风险降至可接近水平或者将受到损害的环境恢复到基准状态。[12]

目标的复杂性、内容的多层次性、实施方法的多样性决定了修复生态环境的综合性。上文已经提到，修复生态环境并非法定责任承担形式，其是否可以在现行法中觅得立足之地？就修复生态环境的内容来看，在停止污染行为、清理污染物以消除对他人权益的妨碍、防止污染的持续和扩散、恢复受损害区域生态系统的功能和价值这四项内容中，前三项内容完全可以被"停止侵害、排除妨碍、消除危险"的责任承担方式所涵盖，问题的焦点是如何从现行法律规范中找寻与"恢复受损害区域生态系统的功能和价值"相匹配的责任形式。至此，"恢复原状"的争议与讨论浮出水面。

(二)《民法典》语境下修复生态环境和恢复原状的辨析和衔接

有的学者认为，"恢复原状是承担侵权责任所要达到的结果，即使受害人恢复到损害没有发生的状态"[13]，这符合广义上的恢复原状，即指恢复权利被侵犯前原有的状态。[14] 从这个意义上说，所有的救济方式都可以理解为恢复原状的实现方式，基于该角度，恢复原状并不是一种具体的责任承担形式，而是涵盖修复生态环境的一种目的或理念。

与广义上的恢复原状相对应，狭义上的恢复原状是指有体物遭受损坏，将该物修复到原来的状态，主要适用于财产权的补救。

具体到修复生态环境中，在传统侵权责任法中，"恢复原状"是法院判令环境侵权责任人使受到损坏的财产恢复到损坏前状况的一种责任方式，"恢复原状"的民事责任方式并不旨在恢复环境的原状，而是恢复受害人受损财产的原状。但有观点指出，"环境"并非民法上的"财产"，

12　同前注 11，李挚萍文。

13　王利明：《侵权责任法研究》（上），中国人民大学出版社 2010 年版，第 597 页。

14　同前注 13，王利明书，第 597 页。

将恢复原状视为环境侵权责任承担方式缺乏合理性。[15] 恢复原状只能意指"当所有权人的财产被非法侵害而损坏时，能够修理的，所有权人有权要求加害人通过修理，恢复财产原有的状态"[16]。此外，修复生态环境和恢复原状的救济对象、修复标准和救济方式存在明显差别，因此修复生态环境并不是民法上的恢复原状，而是一种独立的环境侵害责任承担方式。[17]上述观点有其合理之处，不过分析某一法律概念需要关注时代背景和立法动态这两个变量。

其实，将"恢复原状"的民事责任承担方式仅限定为"恢复受害人受损财产的原状"是对传统侵权责任法的一种机械解读。《德国民法典》第 253 条第 1 款规定，"仅在法律所规定的情形下，才能因非财产损失而请求金钱赔偿"，该款排除了非财产损害请求损害赔偿救济之路。[18] 但是，《德国民法典》第 249 条第 2 款规定，"因伤害人或损害物而须赔偿损害的，债权人可以不请求恢复原状而请求对于恢复原状为必要的费用"，可见，不论是财产性还是非财产性损害，该条都赋予受害者享有指向金钱的恢复原状请求权，其明显与该法第 253 条第 1 款将"恢复原状"请求权仅限于"财产性损害"相矛盾。从法律经济分析的视角出发，立法应禁止对任何损害类型给予歧视性待遇，财产损失同痛苦、折磨以及其他无形损害同等重要，[19] 后者可以货币化并请求加害者赔偿，这不是为了补偿，而是为了预防。[20] 如果加害者侵害无形财产而无须担心面对赔偿请求，那么他就没有动力停止这种行为。"如果不能说德国损害赔偿法尚处于一个混乱状态的话，至少可以这么认为，其面临的问题绝不容忽视。"[21]《德国民法典》一方面存在着对无形财产的歧视，另一方面则试图通过"无形财产商品化"来克服这种歧视，取消

15　参见侯佳儒《亟待解释与澄清：评中国大陆最高院"环境侵权司法解释"的适应对象与范围》，载《月旦财经法》2015 年第 11 期。

16　王利明：《民法总则研究》，中国人民大学出版社 2012 年版，第 508 页。

17　参见吕忠梅《"生态环境损害赔偿"的法律辨析》，载《法学论坛》2017 年第 3 期。

18　参见［德］格哈德·瓦格纳《损害赔偿法的未来——商业化、惩罚性赔偿、集体性赔偿》，王程芳译，中国法制出版社 2012 年版，第 18 页。

19　参见 Posner, Economic Analysis of Law, 6. Aulf. 2003, S. 196.

20　同前注 18，格哈德·瓦格纳书，第 33 页。

21　同前注 18，格哈德·瓦格纳书，第 108 页。

《德国民法典》第 253 条第 1 款的规定，不仅使一系列争议性问题变得多余，而且将促进损害赔偿法兼顾无形损害的规范行为功能得到有效发挥。[22] 立法例上，部分国家的无形财产损害赔偿已经呈现出暴风骤雨式的发展趋势，[23]《欧洲合同法原则》等也都摒弃了国内法对非财产性损害的歧视性态度。由此，"恢复原状"的范围未涵盖"环境功能"并非其有意为之，而是"环境功能"在当时乃"未有之物"，传统民法尚未面临环境法的"挑战"与"拷问"，其将"恢复原状"的范围限定为"财产"符合当时的社会背景。然而，法学是一门动态的学科，"环境时代"之冲击对传统民法既是一个挑战，也是一个机遇，恢复原状的范围由财产扩展到非财产领域正如恢复原状概念的从无到有，是人类认识和法学学科不断发展的正常现象。

　　"生态环境损害""修复"等概念在《民法典》中的多次出现或许表明《民法典》有意吸纳修复生态环境为侵权责任，不过，《民法典》的立法体例决定了侵权责任的具体承担形式依然是适用《民法典》第 179 条。诚然，在理论层面关于"修复生态环境"和"恢复原状"的关系可以存在多种理解和争论，但在法解释学层面，基于文义解释的优先性，出于对《民法典》文本的尊重和《民法典》文本协调的考虑，有必要将修复生态环境理解为一种理念或目的，将修复生态环境的内容分解为停止侵害、排除妨碍、消除危险、恢复原状等多种民事责任承担方式的综合体。这样的进路可以消解恢复原状与生态修复之间的隔阂，避免《民法典》尚未实施其部分条款就遭遇"立法科学性"的争议和陷入"是否修法"的泥沼，既理顺了《民法典》的文本，也顺应了社会实践的需要，无疑是调和法律规定"稳定性"和社会实践需要二者间张力的合理选择。绿色原则、生态修复等内容纳入《民法典》是来之不易的成果，我们不能一方面千辛万苦地推进该项成果的顺利实现，另一方面却"无视"这个成果，跳出《民法典》文本"自说自话"。

22　同前注 21，格哈德·瓦格纳书，第 109 页。

23　参见 Koziol, Comparative Remarks, in：Koziol/Steininger（Hrsg.），European Tort Law203，2004，Rn. 2，S. 463："甚至可以说（改善非财产性的赔偿）这一主流已经成为不断扩展的急流。"转引自［德］格哈德·瓦格纳《损害赔偿法的未来——商业化、惩罚性赔偿、集体性赔偿》，王程芳译，中国法制出版社 2012 年版，第 112 页。

应当注意的是，修复生态环境的"恢复原状"不同于金钱之债的履行，后者不存在履行不能之情形，而前者本身乃一动态平衡之综合体，一旦污染或破坏其中部分要素，完全意义上的恢复各个元素至原初状态几无可能。因此，修复生态环境理念下的"恢复原状"可理解为拟制意义上的恢复原状。

四　修复生态环境的司法路径选择

正如上文所述，修复生态环境的内容是恢复原状、停止侵害、排除妨碍、消除危险等多种民事责任承担方式的综合体，既然是多种民事责任承担方式的综合体，修复生态环境在民事裁判中的贯彻自无异议。然而，环境案件自身的特性决定了环境纠纷往往涉及刑事、行政和民事三类司法裁判的交叉。某种法律责任是否应予承担往往需要综合借助三类司法裁判所采信的证据和认定的事实来予以确定，江苏、重庆、浙江、江西等多地法院也已纷纷开展环境案件"三审合一"的司法实践。[24] 那么，修复生态环境又是否可以在刑事和行政裁判中直接适用呢？答案恐怕是否定的，现行法下的刑事责任，无论是主刑、附加刑还是非刑罚性处置措施等内容，即便只是文义上，也都与修复生态环境的内容相距甚远，甚至到"实在无法让人将修复生态环境和刑事责任联系起来"的程度，行政责任领域亦是如此。因此，探讨利益相关方如何在已有的刑事或行政裁判之基础上实现修复生态环境的目标是必要且重要的。

---

[24]　参见《重庆：环境资源案件实行"三审合一"》，央广网：http：//news. cnr. cn/native/city/201411/t20141104_ 516722996. shtml，最后访问日期：2020 年 7 月 1 日；《江苏省高级人民法院关于开展资源环境案件"三审合一"集中审判的若干意见》，新浪网：http：//jiangsu. sina. com. cn/city/csgz/2013-12-13/41365. html，最后访问日期：2020 年 7 月 4 日；《湖州两级法院成立环境资源审判庭，实现相关案件三审合一》，新浪网：https：//finance. sina. com. cn/sf/news/2016 - 05 - 31/132231829. html？domain = finance. sina. com. cn&vt = 4，最后访问日期：2020 年 7 月 4 日；《环境资源审判实现"三审合一"，吉安中院通过归口审理加大环境资源犯罪打击力度》，大江网：http：//jxfzb. jxnews. com. cn/system/2018/01/24/016715089. shtml，最后访问日期：2020 年 7 月 5 日。

（一）　预决效力制度在环境司法中的衔接功能

近年来，在修复性司法理念的指导下，诸多污染环境罪刑事判决中被告人直接被课以修复生态环境责任。根据上文分析，此类做法值得商榷。诚然，一个问题的解决往往有多种选择，此时可称为程序的不确定性，但是，既然已经通过民主的立法程序作出了抉择，此时程序已经具备了确定性，就应该予以充分尊重，否则，整个社会的运行将陷入一种无序的混乱状态，法律的稳定性和可预测性将荡然无存，法律也就不再是一件"必需品"。因此，上述司法实践的破坏力不可小觑。倘若在整合现有立法资源基础上通过合理的解释可以解决司法实践中所面临的问题，那么马不停蹄地炮制"创新"的意义何在？恐只会将已经建立的程序确定性再一次推回不确定性的深渊。

至此，"预决效力"理论浮出水面。"预决效力"并非纯粹的理论建构，现行法律早已作出了明确规定。《最高人民法院关于民事诉讼证据的若干规定》（以下简称《民事诉讼证据规定》）第 10 条规定："下列事实，当事人无须举证证明：……（六）已为人民法院发生法律效力的裁判所确认的基本事实；……当事人有相反证据足以推翻的除外。"《最高人民法院关于适用〈中华人民共和国民事诉讼法〉的解释》（以下简称《民诉法司法解释》）第 933 条规定："下列事实，当事人无须举证证明：……（五）已为人民法院发生法律效力的裁判所确认的事实；……"基于此，预决效力是指当已为人民法院生效判决确定的内容（包括事实认定结果和法律适用结论）在后续关联案件中成为待证事实和结论时，前案判决所确认内容对后续关联案件产生的拘束力或证明力。鉴于本节论述的核心是修复生态环境的司法实践路径，而修复生态环境最终需要在民事裁判中完成，因此下文主要讨论基于已有刑事或行政裁判之基础，利益相关方如何借助预决效力制度在后续民事诉讼过程中实现修复生态环境的目标。

（二）　环境刑事判决中在后续环境民事诉讼中的预决效力分析

刑事判决所认定的事实在后续民事诉讼（包括刑事附带民事公益诉讼、公益诉讼、普通侵权诉讼等）中的预决效力呈现出明显的扩张趋势，甚至是绝对化趋势（确保司法裁判权的同一，可不顾民事案件的特殊性，径直要求所有民事审判法官无条件认可有关刑事判决所确认的事实），[25] 这需要引起环境司法实践的警惕。对于环境刑事判决所确认的有些事实，并不适宜对其赋予预决效力，尤其是绝对性预决效力。一般来看，可在关联性民事诉讼中加以适用的环境刑事判决事实，主要有以下几类：其一，判决主文中的"定罪结论"，包括：确定有罪结论、确定无罪结论和存疑无罪结论；其二，判决理由中的"定罪事实"，亦称"基础性的事实""必要的事实"，即在审理案件过程当中被认为某项事实能够称为被控犯罪认定与否的关键事实，其判断标准和正当性根据是"达到了《刑事诉讼法》第 55 条的'排除合理怀疑'标准"；其三，判决理由中的"非定罪事实"，亦称"非基础性的""非必要的"事实。对于犯罪行为是否存在、被告实施犯罪行为时的主观状态、行为与损害间的因果关系，以及对于罪名认定和是否存在法定加重情节认定等，都属于"基础性的""必要的"事实；而对于环境刑事判决中所涉及的其他事实，如影响酌定量刑情节的生态环境损害情节、损害是否由第三人或受害人行为共同造成、后期修复生态环境可能需要的费用等事实的认定，均属于"非必要的""非基础性的"事实，对于上述三类事实，其预决效力应有所区别。[26] 此三类事实与其对后续民事诉讼预决效力的差异（见表1）。

表1　　　　　环境刑事判决在后续民事诉讼中的预决效力分类

环境刑事判决已确认内容		后续民事诉讼原告	后续民事诉讼被告
判决主文中的定罪结论	确定有罪结论	绝对预决效力	绝对预决效力
	确定无罪结论	绝对预决效力 例外：原告是案外人	绝对预决效力
	存疑无罪结论	相对预决效力，有相反证据足以推翻的除外	相对预决效力，可主张

25　参见纪格非《我国刑事判决在民事诉讼中预决效力规则的反思与重构》，载《法学杂志》2017 年第 3 期。

26　参见程玉、柴云乐《环境司法"三审合一"模式的完善：以环境刑事判决在民事诉讼中的预决力为视角》，载《2019 年中国环境资源法治研究方阵高端论坛会议论文集》。

续表

环境刑事判决已确认内容		后续民事诉讼原告	后续民事诉讼被告
判决理由部分 的定罪事实 （基础性事实）	过错	环境民事诉讼适用无过错责任，无论环境刑事判决中是否认定犯罪嫌疑人存在过错，均不影响后续环境民事责任承担的判断	
	存在违法性	绝对预决效力	绝对预决效力
	不存在违法性	相对预决效力，有相反证据足以推翻的除外	相对预决效力，可主张
	存在犯罪事实	绝对预决效力	绝对预决效力
	不存在犯罪事实	相对预决效力，有相反证据足以推翻的除外	相对预决效力，可主张
	存在因果关系	绝对预决效力	绝对预决效力
	不存在因果关系	相对预决效力，有相反证据足以推翻的除外	相对预决效力，可主张
判决理由部分的 非基础性事实	影响酌定量刑情节的生态环境损害情节	相对预决效力，可主张或反驳	相对预决效力，可主张或反驳
	受害人或第三人的过错	相对预决效力，可主张或反驳	相对预决效力，可主张或反驳
	后期修复生态环境可能需要的费用	相对预决效力，可主张或反驳	相对预决效力，可主张或反驳

（三）行政执法中实现修复生态环境的困境与出路

在行政责任层面，修复生态环境的探讨需要首先分析环境行政命令中的"恢复原状"。《中华人民共和国环境影响评价法》（以下简称《环境影响评价法》）第31条、《中华人民共和国海洋环境保护法》（以下简称《海洋环境保护法》）第82条等均已出现"责令恢复原状"的表述，不过应当认识到，恢复原状在上述法律中的性质是行政命令而非行政处罚。《行政处罚法》第23条规定："行政机关实施行政处罚时，应当责令当事人改正或者限期改正违法行为"，"责令恢复原状"仅属于"责令当事人改正或者限期改正违法行为"的内容。因为，行政处罚是对违法行为人的人身自由、财产权利的限制和剥夺，而行政命令本身并不是制裁，只是要求违法行为人履行法定义务也即停止违法行为和消除不良后果，若违法行为人不履行行政机关作出的要求"恢复原状"的行政决定，该行政机关有权适用《行政强制法》第50条代履行或者委托没有利害关系的第三人代履行。此外，根据现行法律，为公民、法人或者其他组织设定"恢复原状"这一行政决定的只有行政命令。《最高人民法院关于行政行为种类和规范行政案件案由的规定》也明确，行政命令不属行政处罚，也即行政命令无须适用行政处罚所必须遵循的严格程序。

实践中，应当引起警惕的是，部分行政机关已经开始实践"责令生态修复"。修复生态环境往往耗资巨大，程序严格的行政处罚尚未规范此类情形，相比之下程序随意性更大的行政命令却可以责令行政相对人承担数千万元甚至上亿元的修复费用，导致行政机关和行政相对人的权利义务严重失衡。同时，《中华人民共和国行政诉讼法》第56条规定："诉讼期间，不停止行政行为的执行……"因此，即便行政相对人对行政命令提起行政诉讼，也是"远水解不了近渴"，一个行政命令，就很可能是一个企业的灭顶之灾。其实，行政命令语境下的责令恢复原状并非环境法律专有，例如，1996年4月1日起开始施行的《电力法》第68条规定："违反本法第五十二条第二款和第五十四条规定，未经批准或者未采取安全措施在电力设施周围或者在依法划定的电力设施保护区内进行作业，危及电力设施安全的，由电力管理部门责令停止作业、恢复原状并赔偿损失。"《电力法》中的责令恢复原状显然不具备修复生态环境的含义。诸多环境保护单行法律规定的"恢复原状"应理解为"前环境法时代的恢复原状"，比如《环境影响评价法》和《海洋环境保护法》中"责令恢复原状"针对的是违规的建设项目，其主要目的应该并非生态修复，同时考虑行政命令的较大随意性和可能存在的巨大"破坏性"，不应将作为行政命令的"恢复原状"等同于修复生态环境。

前文述及，修复生态环境并非法定的行政处罚种类，且现有的行政处罚种类无法像民事责任承担方式那样从内容上涵盖修复生态环境。因此，通过行政处罚的方式迫使行政相对人开展修复生态环境也是不妥当的。此外，或许是考虑到行政相对人在行政执法案件中较为弱势的地位，行政处罚决定书乃至行政复议决定书所记载的内容并不适用《民事诉讼证据规定》《民诉法司法解释》等所规定的"生效裁判所确认的基本事实"而获得预决效力。因此，在现有立法背景下，行政处罚决定书和行政复议决定书所认定的事实在后续民事诉讼中可能只能充当证据材料的角色，只有行政诉讼所认定的事实在后续民事诉讼过程中的作用才存在参照刑事诉讼确认事实在后续民事诉讼过程中的预决效力进行分析和适用的可能。

　　值得注意的是，《审理生态环境损害赔偿案件的规定（试行）》并未明确行政诉讼所确认的事实在生态环境损害赔偿案件中的作用。这就需要尝试从已有的其他立法资源中寻找支撑，根据《民事诉讼证据规定》第10条和《民诉法司法解释》第93条的规定，行政诉讼所确认的事实在后续的生态环境损害赔偿案件中是具有预决效力的。因此，当造成生态环境损害的单位或个人已被行政处罚且后续行政诉讼维持了该处罚，而法定的生态环境损害赔偿权利人同时认为上述违法行为人同时需要承担修复生态环境责任时，后者可以自行或尝试申请适格主体提起生态环境损害赔偿民事诉讼，借助预决效力制度要求违法行为人修复生态环境，在不突破现有法律秩序的前提下以较小的诉讼成本实现修复生态环境的目标。

（责任编辑　陈婷）

环境保护与污染防治：从传统监管模式到综合监管模式

[意] 费罗·帕西尼*

内容摘要：关于何为法律意义上的"环境"，学界难以达成共识，这也导致在司法层面上，基于对该概念的理解不同而适用不同的应对模式。因此，应对污染问题所采取的管制措施往往为数众多且不尽相同。通常情况下，对环境概念的法律解释主要采用以下两种模式：传统模式和综合模式。本文旨在分析这两种模式的主要特征，以确定在应对环境问题时需要考虑的因素，并试图确立一个科学自洽的环境法律概念。分析表明，传统模式存在以下局限性：一方面，其采用末端污染控制模式，忽视了对污染物输入和输出环节的防控；另一方面，其忽视了介质迁移现象。因此，我们认为，法律不应以片面的思路和方式进行环境保护，而应将环境视作一个整体，兼顾外部和内部的整合，预防优先，从生产的全过程对污染物质进行管控。这一思路从而为形成有效的环境监管提供基础，以更好地实现污染防治和环境保护的目的。

关键词：环境许可；综合监管模式；污染预防

一 传统监管模式

自 20 世纪 60 年代末以来，当重大事件促使人们考虑污染问题的所有

---

* Federico Pasini（原名），法学博士，中意环境保护合作项目工作人员。本文系中国政法大学环境法硕士研究生张德民根据英文投稿进行的翻译。

危险性时，[1] 主要的应对模式是在个案基础上分别规制各个受损的环境领域。在应对特别重大污染事件时，人们所采取的最合乎逻辑的对策往往也是寻求直接的方案来解决问题：总之，决策者在解决污染问题时，更倾向于采取行之有效的管制措施，而不是立足全局与整体考量。由于环境危机通常影响的是单一环境介质，从而使得决策者缺乏对该环境介质与其他环境介质关联的认知或不经意间忽视这种联系。[2]

环境是由不同环境介质组合而成的整体，且各环境介质之间相互关联、相互影响，这也导致当需要全面治理环境问题而对其进行评估和采取干预措施时，往往花费巨大且难以实现。因此，环境污染最初被认为是诸多单一环境问题、因素或事故的总和，这就使得决策者仅仅依据其各自发生条件分别考量。基于此，直到 20 世纪 80 年代初期，国际上实施的所有法规都仅仅关注单一环境介质。[3]

传统模式主要从三个层面应对污染问题，比较典型的例子是欧洲经济共同体（后来的欧盟[4]）在 20 世纪 70 年代中期和 80 年代初期所出台的相关指令。

首先，传统模式注重对包括大气、土壤、水在内的受影响的环境介质进行类型化管控。其中一个典型例子是欧盟理事会于 1976 年 5 月 4 日发布的 76/464/EEC 指令，即《关于控制危险物质排放造成水体环境污染的

1　参见 20 世纪 60 年代后期，发生的多起油轮沉船事件造成的海洋环境的污染。例如，可以回顾一下 1967 年 3 月 18 日的利比里亚"托利卡尼翁"号石油泄漏事件，该事件导致约 123000 吨原油倾入大不列颠海域，从而污染了英国和法国 180 多公里的海岸；1970 年 3 月 20 日在瑞典海岸附近沉没的"奥赛罗号"油轮事件；韩国"海星号"油轮石油泄漏事件，在阿曼湾海域泄漏了大约 11.5 万吨原油；1976 年 7 月 10 日发生在意大利的工业事故，即众所周知的塞维索化学品污染事件，在这次事件中，意大利西北部的一家化学制造厂泄漏了大量二噁英，造成了附近诸多居民中毒。这起事故不仅引发了多项科学研究，而且催生了被称为塞维索指令的欧盟标准化工业安全法规。参见 Dagmar Schmidt Etkin，"Historical Overview of Oil Spills from All Sources（1960-1998）"（International Oil Spill Conference Proceedings，March 1999，Vol. 1999，No. 1，1097 - 1102）。

2　参见 Nicola Lugaresi，*Diritto dell'Ambiente*（Vicenza：Wolters Kluwer，2015），75-76。

3　在国家层面，只有少数国家（特别是法国和英国）从 20 世纪 80 年代开始摆脱传统模式；欧盟其他国家和中国在这方面没有实质性进展。参见 Joseph Di Mento，*The Global Environment and International Law*（Austin：University of Texas Press，2003），2-6。

4　欧洲经济共同体是基于 1957 年《罗马条约》建立的，并于 2009 年根据《里斯本条约》解体为欧洲联盟。https：//europa. eu/european-union/about-eu/history_ en。

指令》。该指令适用于内陆地表水、领海、内陆沿海水域和地下水等水域。[5] 欧盟成员国必须采取合理措施消除危险物质对上述水域的污染（该指令的附件列明了危险物质的类别清单）。[6] 另一个例子是欧盟理事会的84/360/EEC 指令，即《关于防治工业大气污染的指令》。该指令规定了旨在防止或减少成员国工业大气污染的具体措施和实施程序。文本中的"工厂"系指任何用于工业或公用事业目的、可能造成空气污染的固定装置或厂房。[7] 根据该指令第 4 条，只有符合以下条件时，国家主管部门才可以颁发许可证：①已尽可能采取污染预防措施；②工厂的生产经营不会造成严重的大气污染，尤其是因排放名录中的污染物质而造成大气污染；③不超过法定环境标准的排放限值；④将所有法定的空气质量限值规定都纳入评估范围。[8]

　　其次，传统模式通过处理特定的污染物质进行污染防控。在 20 世纪70 年代末至 80 年代初期欧盟的诸多立法中，1980 年 7 月 15 日欧盟理事会通过的第 80/779/EEC 号指令，即《二氧化硫和悬浮颗粒物的空气质量限值和参考值指令》，最能体现这一点。该指令规定了大气中二氧化硫和悬浮颗粒物的排放限值、参考值及其适用情形，以便加强对人类健康和环境的保护。至于随着城市或工业发展二氧化硫和悬浮颗粒物将会明显增加的成员国，其所制定的空气质量数值应当低于该指令规定的限值。[9] 此外，理事会 1984 年 10 月 9 日通过的 84/491/EEC 指令，即《六氯环己烷排放限值和质量目标指令》，也体现了传统模式的这一特征。该指令规定了特定有毒化学物质、污染物质的排放限值和质量目标。工厂排放含有六氯环己烷的废水要符合法定的限值标准。成员国有责任监测受工业排放影响的水生环境质量。本指令适用于上述 76/464/EEC 指令中第 1 条提及的除地下水以外的水体。[10]

　　最后，传统模式通过立法来规制与污染物质相关的主体或活动。此类

5　　参见 Council Directive 76/464/EEC, Official Journal L 129, Article 1。

6　　Ibid. , Article 2。

7　　参见 Council Directive 84/360/EEC, Official Journal L 188, Article 2。

8　　Ibid. , Article 4.

9　　参见 Council Directive 80/779/EEC, Official Journal L 229。

10　　Ibid. , Article 1; Council Directive 84/491/EEC, Official Journal L 274, see the 7 Articles and 4 Annexes.

法规的例证是《理事会 70/157/EEC 号关于在机动车辆允许声级和排气系统方面协调统一各成员国法律的指令》。该指令设立了有关机动车机械部件噪声级别与排气系统的限值。本指令中的车辆"是指任何旨在道路上使用的机动车辆，无论其是否有车身，是否有四个车轮，以及最高设计速度是否超过每小时 25 公里，但在轨道上行驶的车辆、农用拖拉机和机械以及公共工程车辆除外"[11]。

（一）务实的渐进主义

由上可知，传统模式的治理逻辑是渐进式的。其逐步采取更有针对性的、切实有效的污染防治措施，而非通过制定全方位的法律法规来综合防治环境问题。一些学者将该治理模式称为"务实的渐进主义"或"循序渐进法"，另一些学者则称为"试错法"或"摸索法"，意指一种寻找问题并解决问题的方法。[12]

"单一环境介质许可制度具有典型的传统监管模式的特征，即先有解决具体环境问题的需要，继而创设相应的环境管制措施。"[13]例如，一旦认识到清洁水源供应的重要性，便出台保护水生资源的立法并设立相应的管理机构。与此类似，大气保护、固体废弃物管理以及其他环境问题亦采取了类型化管理的方式。多年来，大多数国家，尽管处于不同发展阶段，都将大量的单一大型设施的运营许可划归到不同的主管部门分别进行签发与控制，而这些主管部门之间又缺乏良性的联动与合作机制。[14]例如，中国在 20 世纪 80 年代中期，当首次在水污染防治领域实行许可证制度时就开始出现上述问题。

尽管如此，自 20 世纪 70 年代首次应用后的几十年里，传统模式在环境保护中发挥了一定作用，推动了国际环境保护事业的发展。然而随着自然现象、环境过程、环境介质间关联性等方面认知的不断深化，传统模式

11　Council Directive 84/360/EEC, Official Journal L 42, Article 1 and Annex I. 2 and I. 3.

12　参见 Lakshman Guruswamy, "Integrating Thoughtways: Re‐opening of the Environmental Mind?," *Wisconsin Law Review*, 463（1989）：483；James Krier and Mark Brownstein, "On Integrated Pollution Control," *Environmental Law*, 22（1）（1992）：123；Charles E. Lindblom, "The Science of 'Muddling Through'," *Public Administration Review*, 19（2）（1959）：79–88。

13　OECD, "Integrated Environmental Permitting Guidelines for EECCA Countries"（2005）：12.

14　Ibid.

的弊端和局限性也逐步显现。

(二) 传统模式的局限性

如上所述，随着时代的发展，传统模式暴露出一些局限性。首先，传统模式忽视了"输入"环节的防控，即忽视对原料及其特性的考量，从而导致了有害残留物的产生。其中，特定原材料的使用与污染物的产生之间的密切关联性在发电领域尤为明显。例如，燃煤发电厂会产生二氧化硫、氮氧化物、颗粒物以及其他污染物。而煤炭是发电过程中的主要原料，发电厂二氧化硫的排放量直接取决于煤炭的含硫量。因此，这类工厂二氧化硫的减排工作主要取决于所使用的原材料的质量与特性。[15]

其次，传统模式忽视了终端产品所具有的某些特性，而这些特性恰恰可能导致了污染物质的产生。换言之，生产出的终端产品具有可导致污染的特性，传统模式却从来没有对其加以考量。正因如此，有关污染防治的法律规定总是侧重于在各物质流被处置之前的生产周期末端，对生产过程中由其所形成的污染物进行处置（却忽视了对终端产品本身的考量）。不得不说，这种生产线末端或管道末端的传统模式既忽视了原料，也忽视了终端产品所可能产生的环境问题。

由于没有考虑到这些因素，传统模式在污染防控方面收效甚微甚至适得其反，在"介质迁移现象"方面尤其如此。介质迁移现象指污染物一旦排放到环境中，就会在每种环境介质之间流动，从一种介质迁移到另一种介质，有时甚至会发生变异的现象。[16]

其中，污染物的迁移或转化包括直接和间接两种形式。一方面，污染物的迁移或转化恰恰是由防治污染过程中的措施本身所造成，在某些情形下，即使污染防治措施能够减少特定环境介质中的污染物质，却仍可能导致污染物质迁移到另一种环境介质中。例如，在过去几十年里，中国为减少二氧化硫而安装了大量二氧化硫洗涤器（烟气脱硫系统）。然而，这项减轻大气污染的举措却产生了富含污染物质的污泥，导致土壤受到污染，

15　参见 Bruce Ackerman, "Beyond the New Deal: Coal and the Clean Air Act," *Faculty Scholarship Series*, 155 (1980): 1470-1472。

16　参见 Lakshman Guruswamy, "Integrating Thoughtways," p. 473。

从而需进一步治理土壤污染。[17] 类似情况也出现在水污染监测过程中过滤器的使用上。正如 Krier 和 Brownstein 所主张的，"污泥是水污染防治措施的常见附属产物，而这些污泥一般采取燃烧或填埋的方式进行处理，前者会导致大气污染，后者则会导致土壤污染，并可能由于污泥的渗漏而再次导致水污染"[18]。在上述情形中，污染物质便会在环境介质间进行直接的迁移。

另一方面，污染物的迁移或转化可能是由风、雨等大气物质的传播，或者污染物与环境相互作用引发其化学结构变异所致，如污染物与光照、有机生物体发生反应。这就使得污染物的迁移转化呈间接、随机、不可控的特征，但其仍具有危害性。比较典型的例子是长期存在的酸雨问题。这种含有高浓度硝酸和硫酸的降水，在 20 世纪 70 年代和 80 年代的欧洲十分严重，而当下的中国也饱受这一问题的困扰。酸雨会破坏生态平衡，尤其是破坏水生环境（湖泊、河流、湿地等）的平衡。酸雨使得水体呈酸性，从而导致污染物从土壤进入湖泊、河流，破坏水生环境和水生动物，并通过食物链影响鸟类等非水生物种。酸雨对森林亦具有危害性：酸雨会造成土壤养分流失，从而使得树木繁殖、涵养水源以及抵抗低温、昆虫和疾病的能力降低。[19]

值得一提的是，正如 Rabe 和 Zimmerman 所说："造成污染物迁移转化的主要原因并非是非法倾倒废弃物或未能执行各种许可标准。相反，可能恰恰是由符合单一介质管制下的污染防控与废弃物处置措施所导致。"[20]

传统模式（以及其对污染的碎片化控制）对污染源缺乏足够的注意，使其不能在关于污染源以及污染物的介质迁移转化方面对工厂的规划提供指引。事实上，或许可以在规划阶段对污染物的最终目的地加以控制，以

17　参见 Yana Jin, Henrik Andersson and Shiqiu Zhang, "Air Pollution Control Policies in China: A Retrospective and Prospects," *International Journal of Environmental Research and Public Health*, 13 (12) (2016): 1219–1220; Yuan Xu, "Improvements in the Operation of SO_2 Scrubbers in China's Coal Power Plants," *Environmental Science and Technology*, 45 (2) (2011): 380–385。

18　James Krier and Mark Brownstein, "On Integrated Pollution Control," p. 122.

19　参见 Thorjørn Larssen et al., "Acid Deposition and its Effects in China: An Overview," *Environmental Science & Policy*, 2 (1) (1999): 9–12。

20　Barry Rabe and Janet Zimmerman, "Cross-Media Environmental Integration in the Great Lakes Basin," *Environmental Law*, 22 (1) (1992): 259.

实现污染物质在不同环境介质之间的合理分布，从而充分利用环境的自我再生能力。一个能够对环境及其潜在再生能力实现最优利用的污染防控模式将废弃物归入了三类环境介质范畴，即大气、水和土壤之中。与传统模式相比，中国近来采用的这种控制污染的模式被证明更为有效、更加符合成本效益原则。[21]

相比之下，传统模式所采用的末端治理模式并不能实现高效地防治污染。此外，其忽视了不同环境介质中和不同类型的污染物质之间可能发生的化学反应，并且这些不同类型的污染物也可能出自同一工厂。这导致了污染防治的不经济性，使得公共行政部门承担的治理成本过高。正如上文所述，对"介质迁移现象"的处置极为关键：污染发生后，首先应当将有害物质控制在特定环境介质内，随后需要采取其他措施对已经迁移到其他介质中的污染物加以解决。这不可避免地将会提高监测和防治污染的成本。

基于这些原因，在20世纪70年代，人们逐步认识到由于环境介质之间存在密切关联，因此环境污染治理不能仅采取割裂的防治措施，一种新的环境监管模式随之产生。

1972年6月，这一理念在斯德哥尔摩举行的联合国人类环境会议发表的宣言中被提及。尽管这一宣言不具约束力，但其在国际环境法发展历程中具有重要的里程碑意义，被公认为现代国际环境法的基础。《斯德哥尔摩宣言》在促使人们更加关注环境及理顺其与发展的关系上发挥了重大作用（见原则8）；它规定了国家拥有"开发"其自然资源的主权权利，但同时有责任保证其开发活动不会对其他国家的环境造成损害（见原则21）；它坚持人类中心主义和工具主义的环保逻辑（见原则1、原则2和原则5），而这一点也为出席会议的中国代表团团长唐克先生所认可："我们认为世界上所有事物中，人类是最为宝贵的。"[22]

除政治性与道德性承诺外，宣言呈现出一种强烈的综合监管理念，其认为所有环境介质在生态系统内相互作用、相互依赖。例如，原则2规定："为了当代人和后代人的利益，地球的自然资源……特别是自然生态

21　参见 Lakshman Guruswamy, "Integrating Thoughtways," pp. 475-476。

22　UN General Assembly, "United Nations Conference on the Human Environment", 15 December 1972；UNEP, "Integrating Environment and Development 1972-2002," (2002): 2.

系统中具有代表性的标本，必须通过周密规划或适当管理加以保护。"[23]
同样，原则6还规定："为了保证不使生态环境遭到严重的或不可挽回的
损害，排放的有毒物质或其他物质及其释放的热量、浓度不得超出一定的
环境容量……"[24]

这两项原则都将环境视为一个系统或生态系统，需要将其作为整体加
以考量和保护。宣言的这一主张成为解决环境问题的新模式——综合模式
的理念基础。其试图通过所谓的"一体化"方式，解决传统模式因碎片
化管理所产生的弊端与困境。

因此，20世纪70年代中期，恰巧是在斯德哥尔摩会议之后，人类对
环境污染问题和监管理念的认识发生转变，这并非巧合。

二　综合监管模式

一般而言，"一体化"一词系整合两个或两个以上介质的行为。在环
境领域，其包括两种含义。其一，"外部一体化"，是指对环境领域的外
生因素的整合；其二，"内部一体化"，其反过来是对环境领域的内生因
素的整合。[25]

外部一体化的定义尚未统一：一些学者认为其是"将环境影响纳入
制造业、能源、农业和运输等非环境领域加以考量"；另一些学者认为其
是"将环境问题纳入其他非环境政策领域加以考量，如经济和社会政
策"；还有学者认为是"环境政策对其他政策领域的影响"[26]。总之，外部
一体化强调环境政策与其他相关领域政策之间的联系，以保证后者作出的
每一项决定都对前者决策中涉及的环境因素有所考量。

另外，内部一体化则只关注环境领域，是对防治污染和保护环境的手
段、措施和解决办法的整体把握。换言之，内部一体化是对防治污染和保
护环境模式的综合应用，通常称为污染综合控制。

23　UN General Assembly, "United Nations Conference on the Human Environment," Principle 2.

24　Ibid., Principle 6.

25　参见 Philippe Sands, *Principles of International Environmental Law*（Manchester: Manchester University Press, 1995），205。

26　Ibid.

上述两种模式虽存在差异，实践中却也经常结合适用，彼此相互影响。二者不仅均认为应将环境看作一个整体，同时，二者又相互融合、共同发挥作用——实现内部一体化可以更好地将环境问题纳入非环境部门的决策考量。事实上，整合整体的环境政策比整合一系列局部的措施简单得多。[27]

关于内部一体化，Rodgers 将其定义为"一种试图改变以往人们错误地将环境人为分割成零散的环境介质的模式"[28]。这种定义虽然正确，但仍不够全面。1991 年，经济合作与发展组织理事会在《综合污染预防和控制的建议》中给出了一个更为全面的定义，其中指出，综合模式是指："……在评估各种活动和物质的风险以及在制定实施旨在限制其排放的控制措施时，将考虑其对整个环境以及整个贸易和环境生命周期的影响。"[29]

这种表述体现了综合模式的关键特征，使其区别于传统的碎片化模式。第一，该定义提及排污活动、污染物质及其生命周期的影响，从而突出了介质迁移的重要性。第二，"采取措施以控制污染物质排放"的目标追求，放弃以末端治理保护环境的一般做法，污染物质和有害物质减排，均体现了环境预防的理念。第三，"环境整体"的表述肯定了综合模式的生态整体观。

在生态学来看，环境是生物圈或相关单一生态系统的生态平衡；因此，环境保护应理解为保护生物圈或生态系统的生态平衡。[30]

整体观促使决策过程从上述务实的渐进主义向全面理性的转变，从而补充了一体化的目标追求。这一系统的概念作为生态学的核心，其根本性特征是决策分析的全面性，将所有重要因素都纳入考量。[31]此外，与渐进主义不同，"全面理性"并非仅简单地满足特定的环境需要，其目的旨在

27　参见 Frances Irwin, "An Integrated Framework for Preventing Pollution and Protecting the Environment," *Environmental Law* 22（1），in Integrated Pollution Control：A Symposium（1992）：17 and 23。

28　William Rodgers, *Environmental Law*（Eagan：West Publishing Company，1994），59.

29　OECD, "Council Recommendation on Integrated Pollution Prevention and Control," (1991)：par. I (a)．

30　参见 Lakshman Guruswamy, "Integrating Thoughtways"：p. 536；Colin Diver, "Policymaking Paradigms in Administrative Law," *Harvard Law Review*, 95（2）(1981)：394-395。

31　参见 Charles E. Lindblom, "The Science of 'Muddling Through'," p. 81。

寻求最佳的环境问题解决方案。Simon 将"满意"定义为"无限接近最优而非实现最优"，Diver 认为"全面理性"对决策的影响在于："决策不止步于'满意'，而是至少在其认知能力的范围内实现最优。"[32]

因此，生态整体观是综合模式的理念根基。为了更好地发挥作用，综合模式需要对所预见的复杂的评估结果予以处理。事实上，要从理论走向实践，综合模式必须开发新的数据收集和分析工具。

关于环境状况和污染源的动态数据是十分重要的整合工具。它们为比较不同控制措施的有效性、设计基于风险评估而形成的跨领域、多介质的执行方案以及最终形成合理的综合模式提供了不可或缺的信息。[33]

此类方法论工具具有控制跨介质和跨区域污染迁移的属性，与过去相比，它们的完善促进了向新的数据整合和综合环境管理的转变。其中许多工具属于质量平衡法的范畴。"根据这一模式，进入生态系统或子系统的污染物数量减去系统中原有、转化或降解的数量必须等于其离开系统的数量。如果不相等，则要么存在污染物来源尚未确定和量化，要么是对污染物进出数量的测量不准确。"[34]

因此，缺乏充分可靠的数据阻碍了务实的渐进主义在应对环境问题时向"全面理性"的转变，而恰当的工具对于弥补传统模式的这一弊端至关重要。

至此，我们便能更好地理解综合模式对"介质迁移问题"的特别关注以及将预防作为其关键目标的原因。事实上，综合模式在处理工厂或生产过程产生的污染物时，并非仅旨在克服传统模式的局限性和弊端；它还体现了预防原则，旨在通过探究工业产品和生产过程之间的关联性，不断改良工艺，以减少有毒残留物和废弃物的总量。

此处的"预防"包括两层含义：其一，预防是环境政策的目标，意指减少污染和保护环境的意愿和追求；其二，预防是实现环境保护的一种手段和措施。进一步探究第二层含义：对污染进行预防，而不是在污染产生后再进行处理或控制，其本质上是指对多介质的防控。除了作为环境政

32　参见 Colin Diver，"Policymaking Paradigms in Administrative Law，" p. 418。

33　参见 Clarence Davies，"Some Thoughts on Implementing Integration，" *Environmental Law* 22（1），in Integrated Pollution Control：A Symposium（1992）：143。

34　Barry Rabe and Janet Zimmerman，"Cross-Media Environmental Integration，" p. 271.

策目标，污染预防也逐渐成为减少污染排放总量和污染物跨介质迁移的重要手段。[35]

因此，污染预防有助于解决"介质迁移现象"。换言之，开展预防工作的主要原因之一是其有助于防止污染从一个环境介质迁移到另一个环境介质当中。污染预防措施越多，防控系统就越完整。此外，随着对跨介质污染迁移现象以及污染控制措施可能引发污染物的随机迁移现象的发现和证实，越来越多的预防性措施被应用以减少或消除污染物的产生。[36]

综上，综合模式关注污染物的来源，通过对污染物的跟踪观察采取措施以减少其数量。同时，综合模式关注污染物的生命周期，通过贯彻源头纠正环境破坏原则，更加关注环境污染源的防治。[37] 这一内容将在下文详细阐述，该原则明确，一旦产生环境损害，应当立即采取治理措施，以避免造成后续的二次污染。被传统模式所忽视的原材料输入和终端产品输出问题，已成为综合模式关注的核心内容。不仅如此，综合模式注重对产品的开发和生产方式以及它们对生产设施污染能力影响的研究。正如 Irwin 所说，"环境污染问题中污染源的二次迁移与设施、技术及其相关产品息息相关"[38]。

这一特殊之处是采用综合模式及其相关原则的一个决定性因素。因为其为综合污染控制的合理性提供了充分的佐证——其中包括经济方面的因素。事实上，环境保护政策向环境法原则的演变和巩固，与其中关涉的经济因素密切相关。对清洁和高效生态技术的需求，将推动市场创新；同时，市场创新将反过来推动经济发展和社会进步。

最后，综合模式还关注污染物一经产生就会发生迁移转化的领域（或相关生态系统）。为了应对这一问题，必须全局考量，包括研究风、水流等物理因素在污染物迁移过程中发挥的作用。因此，当前在地方一级进行环境监测和控制，对于正确识别污染物来源和进行影响评估至关重要。

---

[35]　Barry Rabe and Janet Zimmerman, "Cross-Media Environmental Integration," p. 268; Clarence Davies, "Some Thoughts on Implementing Integration," p. 142.

[36]　Ibid.

[37]　参见 Treaty establishing the European Community, Article 130r（2），Now-after Amendment-Article 174（1）EC。

[38]　Frances Irwin, "An Integrated Framework," pp. 36–37.

（一）综合模式在欧盟国家立法中的初步确立

以上分别介绍了传统模式和综合模式在应对环境污染问题方面的主要特征。值得注意的是，从 20 世纪 70 年代中期开始，综合模式在国家和国际层面迈出了第一步，但直到 1996 年，随着第一部《综合污染预防与控制指令》的颁布，综合模式才在欧洲层面真正确立。[39]

从法律和监管的视角来看，综合模式体现在不同的政策手段当中。正如 Irwin 所言："综合模式意味着在提出问题和做出决策时应将整个环境考虑在内……意味着依靠跨环境介质的综合政策手段作出决定，例如实施多介质联合许可与执行。"[40]

这些政策手段主要表现为三个方面。首先是组织结构。综合模式认为应当设立一个综合管理部门，负责制定所有环境保护措施和条例，而非设立诸多分散的、关注单一环境领域或介质的部门。

其次是形式或程序方面。管理手段和政府文书的整合，使得许可过程中的所有主体（如地方政府、公共组织、机构等）能够相互协调、相互配合。程序的整合可以表现为多种形式。其中，整合程度最高的是综合许可证，它将同一个工厂或工业设施排放的各种污染物集中于一个许可证，从而取代大量基于单一环境介质所发放的许可证。此外，也存在一般的流程整合优化的表现形式。例如，通过约定一个共同日期集中办理，对已经颁发的许可证的续期手续和流程进行协调整合。

最后也是最重要的一方面是实质性内容方面，综合模式认为应当对特定设施造成的污染物进行环境兼容性评估。如前所述，在这种情况下，综合模式将进行跨环境介质评估和整体评估。一方面，这些评估是交叉融合的，不会由于环境介质（空气、水、土壤）的不同而进行单一评估，从而能够全面权衡和平衡环境状况。另一方面，评估是全面且协同的，因为其涵盖了在生产全过程中与污染排放可能相互影响的所有因素。[41]

从 20 世纪 70 年代中期开始，两个欧洲国家——英国和法国——率先

39　参见 Council Directive 96/61/EC，Official Journal L 257，concerning Integrated Pollution Prevention and Control（IPPC）。

40　Ibid.，p. 18.

41　参见 Nicola Lugaresi，*Diritto dell'Ambiente*，87–91。

在立法中引入一些与综合模式相关的制度和措施。[42] 1976 年，英国皇家环境污染委员会建议通过设立联合督查机制以建立综合污染控制。然而，出于修订国家环境立法的艰难性，该建议直到 20 世纪 80 年代才得以开展落实。欧盟委员会于 1984 年、1988 年通过了两项指令，分别对工厂造成大气污染和大型燃烧厂向大气中排放特定污染物进行了规定和限制。[43] 如上所述，这两项指令都未强制要求成员国实行任何形式的综合污染管制措施。然而，英国政府通过将欧盟指令转化为国内法，为改革工业污染相关环境法律法规创造了契机。换言之，欧盟指令并未直接产生综合污染控制模式，但是却推动了英国政府对现有的组织结构和管制措施进行调整与改革。[44] 1987 年，在皇家环境污染委员会提出建议十年后，污染检查署（Her Majesty's Inspectorate of Pollution，HMIP）成立，将几个专门研究大气、水、废弃物和放射性物质的管理机构合并为一个综合监管机构。几年后，污染检查署还负责实施在 1990 年《环境保护法》（Environmental Protection Act，EPA）生效后，于 1991 年 4 月建立的综合污染控制机制（Integrated Pollution Control，IPC）。[45]

综合污染控制设定的机制是：如要开展条例中规定的生产活动，则必须事先取得某项许可证。该机制具有两项关键特征：一方面，在符合法定环境质量标准的同时，通过利用无须过多成本的最佳可得技术（Best Available Technology Not Entailing Excessive Cost，BAT-NEEC）[46] 以预防减少污染物的排放甚至实现无害排放；另一方面，当申请许可证的污染活动向一种以上的环境介质中排放污染物时，依据所谓的最佳可行环境方案

42　在这一领域，唯一一个开创性国家的例子就是美国。参见 Richard Andrews，"The EPA at 40：An Historical Perspective"（paper presented at the Duke Environmental Law and Policy Forum Symposium，January 24，2011）。

43　参见 Council Directive 84/360/EEC on the combating of air pollution from industrial plants and Council Directive 88/609/EEC on the limitation of emissions of certain pollutants into the air from large combustion plants。

44　参见 Andrew Jordan，"Integrated Pollution Control and the Evolving Style and Structure of Environmental Regulation in the UK," *Environmental Politics*，2（3）（1993）：405-409。

45　参见 Susan Owens，"Integrated Pollution-Control in the United Kingdom：Prospects and Problems," in Environment and Planning C：*Government and Policy*，7（1）（1989）：81-91。

46　实际上，无须过多成本的最佳可得技术可以被看作规定在理事会官方公报 L 257《综合污染预防与控制指令》（96/61/EC）中最佳可得技术概念的前身。

（Best Practicable Environmental Option，BPEO）选择无须过多成本的最佳可得技术。通过对生产过程中的所有排放及其造成的环境后果加以考量，寻找最佳可行方案，以减轻对环境的影响。[47]

凭借《环境保护法》和综合污染控制机制，英国的环境立法能够影响甚至一定程度上参与到欧盟的立法当中，最终将其许多措施"输出"到《综合污染预防与控制指令》当中。然而，英国的综合污染控制仍存在不足。首先，尽管综合污染控制机制针对大气、水和土壤，但却未清楚涵盖废弃物的产生，废弃物的管理和处置仍属废弃物监管机构职权范围。其次，综合污染控制所主张的综合控制几乎完全集中于大气排放领域，忽视了对污染土壤（如忽视对化学品的控制）和水体排放行为的防控，而这些污染行为仍然是排污许可的规制对象。[48] 最后，综合污染控制机制忽视了对生产过程以外的，如原材料或能源供应中所产生的污染物的管控。因此，尽管综合污染控制机制朝着综合污染控制体系的方向迈进了一大步，但它仍不是一种符合经合组织定义下的涵盖物质整个生命周期的综合模式。[49]

如上所述，另一个率先采取综合模式的国家是法国。法国的监管体系在综合模式的发展方面发挥了引领作用，尤其是在控制环境污染活动方面。法国在 1976 年 7 月 19 日第 76—663 号法中针对造成环境风险的活动和设施（Installations Classés pour la Protection de l'Environnement，ICPE）作出了规定，随后由 1977 年第 1133 号相关实施法令对其进行了补充。法律规定申请者需要事先对相关开发活动和设施进行评估或检查，当地政府方可签发许可证。由于采取当地政府在许可证中所规定的可行措施，许可证得以确保生产设施与环境之间兼容性，并规定能够防范环境风险和事故的限制性措施。

这一设施分类机制的创新之处在于其规定了申请者在申请许可证的同时，还需要提交相应的影响评价分析报告（影响评价义务，第 3 条第 4

47　参见 EPA，"An In-depth Look at the United Kingdom Integrated Permitting System," US Environmental Protection Agency，National Center for Environmental Innovation（NCEI）（2008）：9。

48　参见 John Gray，Tim James and John Dickson，"Integrated Regulation. Experiences of IPPC in England and Wales," *Water and Environment Journal*，21（1）（2007）：70。

49　参见 Neil Emmott and Nigel Haigh，"Integrated Pollution Prevention and Control：UK and EC Approaches and Possible Next Steps," *Journal of Environmental Law*，8（2）（1996）：304。

段）。其中包括的内容有：对场地的初步审查，工厂对周围的自然资源、农田、森林和海洋（等自然环境）以及对物质资产、文化遗产（等人文环境）的影响评估；分析开发活动或设施对周围景观、动植物、生态平衡和公众健康可能产生的直接和间接（临时或永久）的影响。此外，该影响评价必须具体说明：可能对大气、水和土壤造成的污染的性质和严重程度；污染物的数量及类型；所用设备产生的噪声情况；水资源供应和使用的情况。[50]

可以看出，环境影响评价分析这一机制目标远大，展现出对生态（特别是环境）的强烈关切，尤其是在当时 20 世纪 70 年代后期，这种影响评价分析更显超前。更重要的是，其形成了对污染的全新认识和理解：污染涵盖了对所有环境介质造成的综合影响，包括大气、水和土壤。因此，法国的立法一定程度上初步确立了多环境介质综合防治的模式，尤其是将水资源供应和使用情况关联看待，这可以被看作同时对生产过程及其对环境的影响开始加以关注的标志。

综上，环境影响评价分析是一种能够有效促进综合防控的新举措。其还成为在欧洲层面引入综合模式的欧盟指令，即自 1985 年起生效的《环境影响评价指令》（85/337/EEC）的基础。与该指令不同，在法国的监管制度中，综合模式几乎仅在程序方面应用：只有地方行政长官可以借助单一许可证授权开展排污行为和采取环境兼容性措施。[51]

（二）对环境与发展的新认识

正如上文所述，20 世纪 70 年代中期开始，欧盟一些国家对环境形成了新的认识，并采取与以往不同的举措来应对环境污染问题。随着人类对自然现象、环境进程和环境介质的关联性认识不断深化，同时受斯德哥尔摩会议影响，英国和法国都采取了一系列更为全面的措施应对环境和污染问题。

尽管有一个好的开端，但其并未成功地建立一个能够全面体现综合模

50　参见 Christian Gabolde, *Les Installations Classées pour la Protection de l'Environnement*（Paris: Sirey, 1978），97。

51　参见 Council Directive 85/337/EEC on the Assessment of the Effects of Certain Public and Private Projects on the Environment, Official Journal L 175。

式的核心内容和措施的有机系统。事实上，英国污染检查署的成立和法国由行政长官颁发污染许可证的规定，正体现了上述第一类综合性措施，即组织结构的一体化。法国和英国所创设的涵盖多环境介质的排污许可制度，也体现了程序一体化。然而，两国均未涉及实质性内容的一体化：在跨环境介质评估、单一场景下分析所有环境介质、综合性评估，以及在各阶段全面考虑可能污染环境的相互作用等方面均未有所体现。

尽管如此，综合模式在欧盟这一超国家层面取得了实质性进展，并且对欧盟各个成员国的国家立法产生了深远影响。

三　综合污染控制：环境保护立法的基本原则

如上所述，1972 年 6 月在斯德哥尔摩举行的联合国人类环境会议引起了全球范围内对环境问题的关注。然而，在国际组织层面，环境问题主要在欧盟范围内越来越受重视，以至于环境保护先成为欧共体的重要目标，后来又成为欧盟的重要目标。自 20 世纪 70 年代以来，环境保护成为欧盟政治议程中的一个固定议题，欧盟还颁布了一系列指令、条例、决定、法案等，对环境立法的革新产生了积极影响。[52]

《里斯本条约》第二十编《环境（气候变化）》涵盖了逐步启发和推动欧洲各国综合污染控制与预防立法框架发展的原则和目标。尤其是第 191 条第 2 款规定：

> 欧盟环境政策应高度关注欧盟各成员国情况的多样性。基于风险预防原则、采取预防措施原则、优先在源头上纠正环境破坏原则、污染者负担原则……[53]

除了上述四项原则，《欧洲联盟运行条约》（*Treaty on Functioning of the European Union*，TFEU-Lisbon Treaty）（以下简称《欧盟运行条约》）第 11 条还确立了可持续发展原则和一体化原则。该条还设定了将环境保

52　参见 Lisbon Treaty, Title XX, Article 191-ex article 174 of the Treaty Establishing the European Community（TEC），也参见 Articles 192 and 193 of Lisbon Treaty。

53　Lisbon Treaty, Title XX, Article 191, Paragraph 2.

护纳入欧盟政策和活动的法律义务。

这些环境保护原则，不仅成为综合模式确立的基础，而且也将有助于在法律意义上更好地定义"环境"。

（一）可持续发展原则和一体化原则

可持续发展概念是一个广泛使用的概念，最早由国际上一个不具有约束力的宣言提出，随后这一概念被多国所采纳。1987 年，世界环境与发展委员会（布伦特兰委员会）的报告，首次在全球范围内提出可持续发展的概念。该报告将可持续发展定义为"既满足当代人的需要，又不损害后代人满足其需要的能力的发展"[54]。1992 年在里约热内卢举行的联合国环境与发展会议对此概念做了进一步的阐释。里约会议将可持续发展的概念与 1972 年联合国斯德哥尔摩人类环境会议提出的一些原则相结合。譬如，《里约宣言》原则 2 规定："各国……享有根据本国环境和发展政策开发本国资源的主权权利……"，如其所规定，该原则是对《斯德哥尔摩宣言》原则 21："各国……拥有根据本国环境政策开发本国资源的主权权利……"的进一步完善。[55] 此外，《里约宣言》中的可持续发展观念将社会经济发展和环境保护两个主题相结合，而《斯德哥尔摩宣言》则将二者视为相互割裂的主题。

在欧盟层面上，1993 年的《马斯特里赫特条约》首次引入了可持续发展的概念。其中规定，欧盟应"促进经济和社会的可持续与平衡发展"[56]。1997 年的《阿姆斯特丹条约》正式将该理念确定为欧盟政策的普遍适用原则。《欧盟运行条约》第 11 条（《建立欧洲共同体条约》第 6 条）规定："必须将环境保护纳入欧盟政策和活动的定义与实施中，尤其是要坚持促进可持续发展。"[57] 尽管该条款明确表示，欧盟的政策和活动需要遵守可持续发展的目标和要求，但其并未阐释可持续发展的定义。

54　Report of the *World Commission on Environment and Development*：*Our common future*（Oxford：Oxford University Press，1987），41.

55　参见 UN General Assembly，"United Nations Conference on Sustainable Development，" Principle 2；UN General Assembly，"United Nations Conference on the Human Environment，" Principle 21。

56　Treaty on European Union，Official Journal C 326.

57　Lisbon Treaty，Article 11.

前文述及，可持续发展将社会经济发展和环境保护相结合。然而，正如学者和专家所注意到的，实践中两者并非完全对等，前者往往优先于后者。换言之，发展才是真正的主题，将发展定义为"可持续"的发展，显示出环境的次要地位和工具价值。

根据里约会议后的联合国宣言，可持续发展并非简单地关注经济发展和环境保护之间的平衡。2002 年，在约翰内斯堡举行的可持续发展世界首脑峰会的宣言丰富和拓展了可持续发展概念的内涵，不再坚持经济发展与环境保护的二分法，而是确定了三大相互依存的支柱。宣言第 5 条申明了深化可持续发展的内涵，并将其定义为经济发展、环境保护和"社会发展"三者的结合。此外，宣言第 11 条规定，可持续发展的关键目标和基本先决条件是"消除贫穷、转变消费和生产模式以及保护和管理自然资源，以促进经济和社会发展……"[58] 由此可见，随着时间的推移，可持续发展的概念内涵不断丰富和拓展，除了环境保护主题之外，其还包括健康、教育、技术转让、贸易、消除饥饿和贫穷等问题。

通过可持续发展概念的演变可以表明：①尽管这一概念通常被视为对经济发展的追求，但其也包括环境保护的内容；②这一概念所包含的主题，不仅仅是经济发展和环境保护，还包括社会发展；③环境污染防治的综合模式不仅对环境保护至关重要，对实现其他重要目标也十分关键。

换句话说，如果缺少这样的前提，就无法充分理解将综合环境监管作为应对环境污染和实现环境保护目标的一种措施的真正影响，尽管这一举措没能直接实现保护环境，但确实属于可持续发展广泛概念中的组成部分，例如，促进原材料（包括能源）的规范管理、技术市场的发展和技术创新的研究。

除了可持续发展原则外，《欧盟运行条约》第 11 条还体现了上述的外部一体化原则，该条款要求欧盟作出的所有经济、社会政策或承诺都需要将环境影响作为可持续发展的一个考量因素。[59] 因此，与可持续发展一样，外部一体化的目标亦是广泛的；根据第 11 条，环境保护不仅应成为

58　UN Documents, "Gathering a Body of Global Agreements: Johannesburg Declaration on Sustainable Development," (2002)：Article 5 and 11, http：//www. un-documents. net/jburgdec. htm.

59　参见 Philippe Sands, *Principles of International Environmental Law*, p. 205。

环境决策者关切的内容，而且也应成为其他政策起草和实施时的重要考量因素。[60] 由此，一体化原则对于实现可持续发展至关重要。为了实现经济发展与其他目标之间的平衡，可持续发展不得不要求不同发展之间达到某种程度的一体化。多个欧洲理事会的结论也证实了这一点，[61] 均将可持续发展与一体化之间的关系表述如下："欧盟的可持续发展战略所依据的原则是，应综合协调各种政策的经济、社会和环境影响，并在决策时加以考量。"[62]

另一个欧盟成员国，即意大利的环境保护立法（见 2006 年 4 月 3 日第 152 号法律，又称 TUA，第 3 条第 3 款）进一步明确了可持续发展的内涵。该条款规定必须确保环境保护与经济发展之间的平衡，并避免后者占据主导地位。第 3 条第 4 款更明确地表达了对环境保护的重视，该条款规定，需要在保证可持续发展的前提下解决环境问题，从而确保自然生态系统的正常运转和进化，降低人类活动可能对环境造成负面影响的风险。有鉴于此，可持续发展的目标不仅仅是将环境保护与经济发展相协调；更是为了保护生态系统的完整性免受人类有害活动的影响。[63]

最后，第 3 条第 2 款进一步规定，当公共利益和私人利益相冲突时，政府有义务优先考虑环境保护问题。该条款具有双重含义：一方面，确立了相关利益之间的等级序列；另一方面，明确了政府的行动规则，确保设定的原则可付诸实施。

中国方面，2014 年《环境保护法》第 1 条明确提出了可持续发展的概念。然而，除了提到"促进经济和社会可持续发展"的必要性外，该规定没有进一步说明如何促进可持续发展，以及其经济和社会发展意涵之间应取得何种平衡。此外，在第 1 条中，可持续发展与生态文明的概念相互关联，并在一定程度上被生态文明的概念所涵盖，而生态文明的理念也

60　参见 Michael Faure, "The Harmonization, Codification and Integration of Environmental Law: A Search for Definitions," *European Environmental Law Review* 9（2000）：178。

61　例见 the European Councils of Cardiff（June 1998）, Vienna（December 1998）, Cologne（June 1999）, Helsinki（December 1999）。

62　Presidency Conclusions of Goteborg European Council, June 15–16, 2001, page 4, https://www.consilium.europa.eu/media/20983/00200-r1en1.pdf.

63　参见 Italian Law 152 of 3rd April 2006（known as TUA, Testo Unico dell'Ambiente - i. e. consolidated text of the environment）, Article 3-quater, Paragraph 3 and 4。

仍有待完善。[64] 与可持续发展相比，生态文明是一个更加社会学的概念，追求人与自然的和谐相处。这一概念最初由农业经济学家叶谦吉于 1987 年提出，但直到 2007 年被列为国家总体发展规划的五大目标之一时才得到广泛应用。五年后，在中国共产党第十八次全国代表大会上，习近平当选为中共中央总书记，这一理念被再次强调。[65]

（二）预防原则和事前防范原则

预防原则和事前防范原则密切相关，两者一般被看作一体两面的关系。

早在预防原则之前，欧洲法律就规定了事前防范原则，但至今尚未就事前防范原则给出一个准确的定义。如第二部分所述，这确实是综合模式在处理环境和污染问题时的一个关键方面。其背后的逻辑是，正如卫生领域常言道，"防范胜于治疗"。事实上，人类活动造成的环境损害往往具有不可逆性，因此，处理环境和污染问题应优先采取事前防范而非事后治理。

另外，《马斯特里赫特条约》首次提出了预防原则，其内容和影响在若干国际宣言中都有所提及。1992 年《里约宣言》原则 15 明确了预防原则的内涵，其中规定："当存在严重或不可逆转损害的威胁时，为了防止环境退化，不得以缺乏充分的科学确定性为由，推迟采取具有成本效益的措施。"[66] 根据这一定义可以得出，一方面，预防原则是确定是否采取措施防止环境退化的决策标准；另一方面，预防原则是基于科学不确定性、风险评估等特殊条件所采取的一种决策。司法实践中，事前防范原则和预防原则都演化成在对环境造成不利后果之前所实施的不同强度的控制措施。

事前防范原则强调在活动开始的前期就需要进行环境兼容性评价，以限制对环境有重大影响的特定生产或活动所造成的环境退化。[67] 换言之，

64　参见 Environmental Protection Law of the People's Republic of China 2014：Article 1。

65　参见 Zhilin Mu，Shuchun Bu and Bing Xue，"Environmental Legislation in China：Achievements，Challenges and Trends," *Sustainability* 6（2014）：8976-8977。

66　UN General Assembly，"United Nations Conference on Environment and Development," 14 June 1992：Principle 15.

67　参见 Nicola Lugaresi，*Diritto dell'Ambiente*，p. 95。

此项原则产生了环境影响评价制度（EIA），而环境影响评价制度的实施是环境保护的一项有力举措，于中国而言亦是如此。此外，事前防范原则在大气、水和土壤的排污许可证授权中发挥着重要作用。自20世纪70年代中期以来的欧洲环境立法正是如此。无论是哪种方式，事前防范原则都在必要时修改特定设施需要遵守的标准或参数，从而实现环境上的可持续。

和事前防范原则一样，预防原则也规定了类似的环境影响评价，但与前者不同，后者关注对环境产生的潜在不利影响，且这种影响的发生仍具有不确定性。在选择决策方案时，预防原则允许将环境安全置于环境风险之上。正因此，该原则通常被用来要求监管者禁止某项活动或技术，尽管宣言当中从不会用如此绝对的语言表述。[68] 换言之，在某项活动可能损害生态平衡的情况下，基于预防原则将会禁止此项活动。尽管在某些情况下将会执行禁令，但适用预防原则仍可能意味着过程控制、实地监测或事前评估、有限的许可时效、确定替代方案或进一步研究。[69] 预防原则产生了称为环境风险评估（Environmental Risk Assessment，ERA）的法律工具。[70] 因此，预防原则可以被视为事前防范原则的改进版，因为就强度而言，它能够实施更先进、更高水平的环境保护。

反过来，事前防范原则对于确保可持续发展和环境兼容性至关重要，因为它要求人类活动要减少或消除所有不利环境影响。《里约宣言》原则8似乎提到这一点："为实现可持续发展和提高所有人的生活质量，各国应减少和消除'不可持续'的生产和消费模式……"[71] 此外，事前防范原则与外部一体化密切相关：通过指出环境保护的需要，将其纳入非环境政策的实施中。这可以防止环境保护问题与非环境政策的割裂，也避免了仅采取事后补救或补偿（污染者负担），而是从源头预防环境损害。这一内

68　参见 John Applegate，"*The Taming of the Precautionary Principle*，" *William and Mary Environmental Law and Policy Review* 13（2002）：19。

69　Ibid.，p. 29.

70　例见 Council Directive 91/414/EEC concerning the placing of plant protection products on the market；Council Directive 2001/79/EC fixing guidelines for the assessment of additives in animal nutrition；Council Directive 2001/83/EC related to medicinal products for human use。

71　UN General Assembly，"United Nations Conference on Environment and Development，" 14 June 1992：Principle 8.

容将在下文详细论述。

最后，事前防范原则要求所有经营者减少其活动对环境的影响，这将有助于解决环境成本的内部化问题，即将预防纳入经济活动以及公共和社会政策当中。

（三）污染者负担原则和源头纠正环境破坏原则

污染者负担原则具有浓厚的经济学色彩，并且主要与环境保护有关，尤其与环境污染有关。事实上，环境具有经济价值，因此可以计算环境成本，即从事某项活动所付出的环境代价。而这些环境代价不是由工厂承担，而是由拥有自然资源的公众或第三方承担。这就是环境术语中所称的负外部性的问题。其解决办法是所谓的第三方成本"内部化"，如要求污染者对环境造成的损害进行补救或补偿，从而避免公民承担因经济活动造成污染所产生的社会成本。[72]

在经济层面，外部成本的内部化也将会对资源配置产生影响。事实上，污染企业出售产品的价格没有考虑与污染相关的社会成本。这造成了消费者经济行为的扭曲，并因此造成了总财富的分配不当。一方面，企业由于使用免费的资源导致生产过剩；另一方面，环境资源的过度使用导致其过度消费。这两方面内容都涉及可持续发展的焦点问题。[73]

国际上，1972年5月26日，经合组织理事会《关于国际环境政策经济方面的指导原则》中首次提到了污染者负担原则，随后1974年经合组织《环境政策宣言》和《关于污染者负担原则的实施意见》进一步对其加以阐释。该文件明确："污染者负担原则，是指为鼓励合理利用稀缺的环境资源，避免国际贸易和投资的扭曲，对污染预防和控制措施费用进行分摊的原则。"[74] 多年后，《里约宣言》在其原则16中重申了这一原则："国家应通过运用各种经济手段，着力推动环境成本的内部化。在不扭曲国际贸易和投资的同时，应由污染者承担公共利益受损所产生的污染费

72　参见 Nicolas De Sadeleer, *Essential Concepts of Global Environmental Governance*（New York, Routledge：2015），152–156；Nicola Lugaresi, *Diritto dell'Ambiente*, pp. 97–99。

73　Ibid.

74　OECD, "Recommendation of the Council on Guiding Principles Concerning International Economic Aspects of Environmental Policies,"（1972）.

用。"[75] 由此来看,环境成本的内部化与污染者负担原则息息相关,后者被视为实现前者的一种手段。

污染者负担原则主张,环境成本不由社会公众承担,而应由从事环境污染活动的一方承担。因此,该原则也是环境保护的一项预防性措施。环境成本的内部化可以通过三种法律途径得以实现:设立环境标准,规定经营者的排污行为必须满足环境标准的限值;采取税收措施,即支付污染费用(污染越多,税收越高);设定环境污染损害的民事责任。

环境标准和税收措施都是预防行动的工具,均能激励经营者减少污染物排放以及开发低污染的产品和技术。就环境标准而言,为了达到法定的环境标准,污染者必须承担相应的环境费用,其中包括购置必要设备以减轻或消除污染的费用。就环境税费而言,污染者需要缴纳的税费与其造成的污染成正比:由于经营者为减少所缴纳的费用会尽量减少污染物的排放量,因此该制度的预防效果更为明显。[76]

综上而言,污染者负担原则通过预防措施促进环境保护,并且保障了市场的良好运作和经济效率。由于其经济性特征,该原则与可持续发展的要求完全一致,并为所有的环境监管提供了参照,对国际和国家环境立法都产生了深远影响。事实上,这项原则成为实现环境保护而针对经济活动采取的各项措施的法律依据,如对造成环境损害的活动发放许可证以及确定与环境、产品和技术质量相关的标准。

上述环境监管措施可以相互结合适用,而综合许可制度有力地证明了这一点。换言之,综合许可制度规定了根据具体技术标准(最佳可得技术)确定的排放限值。

最后,值得一提的是,由于规定了环境领域民事责任的分配,污染者负担原则通常仅仅被视为一种补救或补偿性措施,[77] 即仅在造成污染后才适用的环境保护措施。在适用污染者负担原则时,必须避免这种误解。

除了污染者负担原则,环境综合监管的最后一项基本原则是源头纠正

---

[75] UN General Assembly, "United Nations Conference on Environment and Development," 14 June 1992: Principle 16.

[76] 参见 Nicolas De Sadeleer, *Essential Concepts of Global Environmental Governance*, pp. 155 - 156。

[77] 补救性措施是指对单一经营者造成的环境和污染损害确立上述民事责任;补偿性措施是指对上述污染性费用的征收。

环境破坏原则。该原则是对预防原则的补充，并规定了具体的行为规则。与污染者负担原则不同，该原则要求纠正对环境的破坏，而非"补偿"环境损害。换言之，如上文所述，污染者负担原则基于补救和补偿的逻辑，主张谁造成环境损害谁就负有消除污染的责任；而源头纠正环境破坏原则，旨在将环境恢复到损害发生前的状况，如若无法恢复原状，则至少要防止对环境造成更大的负面影响。[78]

这恰巧并非污染者负担原则意欲实现的目标。事实上，污染者负担原则并不限制特定生产设施造成的污染或环境损害，而是通过税收或其他形式征收环境费用的途径来迫使经营者减少污染物的排放，从而间接达到预防环境损害的目的。换言之，只要经营者愿意承担环境损害赔偿责任或环境税费，便能继续实施污染活动。因此，某些情况下，经营者称污染者负担原则为"谁付费谁污染"的原则。

另外，源头纠正环境破坏原则不仅旨在消除不利的环境影响，而且还将环境损害作为一个优先事项从源头上加以解决。该原则强调，一旦损害发生，相关主体应立即采取行动控制环境损害的扩大。由此观之，源头纠正环境破坏原则与事前防范原则密切相关且互为补充。[79]

四　结　论

对传统模式的反思表明，传统模式没有认识到环境具有复杂性和整体性，从而导致决策者通常采取如下措施处理污染问题：管制单一环境介质；处理某些特定污染物；规制与污染物质相关的主体或活动。因此，通过采用外部一体化和渐进逻辑，单一环境介质许可得以加强环境保护，并制定富有针对性的和一定成效的减排与污染控制措施。同时，传统模式也暴露出一定的局限性。该模式既没有考虑到污染过程的输入环节，也没有考虑到输出环节，仅采用末端污染控制模式，更糟糕的是，其忽略了介质迁移现象。

随着环境进程的科学知识的增加以及 1972 年联合国斯德哥尔摩会议宣言的发布，人们对上述传统模式的局限性以及对人类与整个环境的相互

78　参见 Nicolas De Sadeleer, *Essential Concepts of Global Environmental Governance*, p. 153。

79　Ibid.

作用产生了新的认识。斯德哥尔摩会议宣言首次提出采取综合模式处理环境问题，将环境视为生态系统，并为实施所谓的综合模式，即综合污染控制铺平了道路。

为了解决介质迁移问题，综合模式包含了外部一体化和内部一体化。综合模式将预防作为（跨介质）有害物质减排的关键举措和目标，并将重点放在有害物质的输入和输出上，更多地注重控制污染源。这种生态整体观促使决策过程从上述渐进主义向全面理性转变。为处理整个生命周期的污染物质，决策者需要开发新的数据收集和分析工具，并加强污染控制措施的整合。总之，通过将环境视为一个整体，综合模式开始寻求解决环境问题的最佳办法。

自20世纪70年代中期以来，欧盟部分成员国开始在本国立法中引入与综合模式相关的制度。然而，尽管有一个良好开端，上述举措并未成功地建立一个能够全面体现综合模式核心内容的有机系统。直到1996年，综合模式才在《综合污染预防与控制指令》中得以确立。

本文开篇时指出，形成一致认可的对环境的法律定义存在困难。通过上述分析，这种困难仍然存在。然而，分析表明，不应以割裂的方式考虑环境问题，而应将所有环境介质视为密切关联的有机整体。有鉴于此，我们主张应当参照环境的生态定义，将其理解为生物圈或相关单个生态系统的生态平衡；因此，应当把环境保护理解为保护生物圈或生态系统的生态平衡。[80]

这是进一步明确有效环境监管所应具备哪些特征的起点，从而得以确保环境保护和有效治理污染。

（责任编辑　陈婷）

---

[80]　最近，中国政府也确认了以生态视角认识环境的必要性。作为2018年3月在北京召开的中国"两会"的成果，中华人民共和国环境保护部（MEP）变成了生态环境部（MEE）。

损害担责原则的内涵及支撑

丁存凡[*]

内容摘要：损害担责原则是应对环境污染和生态破坏带来的不利后果的指导性原则。在我国不同时期的环境法律政策中，该原则的表述实现了从"谁污染谁治理"到"污染者付费"，再到损害担责原则的转变。损害担责原则的内涵是对环境可能造成或已经造成损害的主体应当承担环境损害责任，其对污染者负担原则的突破在于担责主体不断增加和责任形式渐趋多样。损害担责的内容可以分为预防性责任和结果性责任，为预防性责任设置的制度支撑主要有环境保护规划制度、环境影响评价制度和环境保护税制度等，为结果性责任设置的制度支撑主要体现为生态环境损害赔偿制度和环境公益诉讼制度等。

关键词：损害担责；污染者负担；预防性责任；结果性责任；制度支撑

一　绪　论

2014 年新修订的《中华人民共和国环境保护法》[以下简称《环境保护法》（2014）]第 5 条首次明文宣示了我国环境法的基本原则。[1] 在 2013 年 10 月《中华人民共和国环境保护法修正案（草案三次审议稿）》中，第 5 条的表述为："环境保护坚持保护优先、预防为主、综合治理、公众参与、污染者担责的原则。"而在 2014 年 4 月《中华人民共和国环境保护法修正案（草案四次审议稿）》中，第 5 条被修改为："环境保护

---

[*] 中国人民大学法学院博士研究生。

[1] 《环境保护法》（2014）第 5 条规定："环境保护坚持保护优先、预防为主、综合治理、公众参与、损害担责的原则。"

坚持保护优先、预防为主、综合治理、公众参与、损害担责的原则。"[2] 将"污染者担责"改变为"损害担责"的变化引起了笔者的注意。

要研究这一表述的转变，首先需要准确理解"污染者担责"的含义。"污染者担责"在国际上通用的表述为污染者负担原则（the Polluter Pays Principle），滥觞于 20 世纪 70 年代。自工业革命以来，随着工业化的迅猛发展和人口规模的迅速膨胀，单纯依靠自然界的自净能力和循环速度已经无法改变因人类活动带来的环境污染和生态退化趋势。针对越来越严重的环境污染问题和不断发生的环境公害事件，从 20 世纪 60 年代末期开始，西方发达国家采取强有力的环境保护措施，加大资金和技术投入进行环境治理。随着环境问题的不断加重带来的公共资金投入的不断增加，社会公众开始质疑政府用纳税人的钱来为污染者造成的环境污染和生态退化买单有违公平正义。对此，经济合作与发展组织在 1972 年提出了污染者负担原则。这一原则提出的初衷是让污染企业承担治理因开展生产活动而产生污染的费用。在各国的具体实践中，污染者负担原则不仅契合了社会公众对于污染治理费用负担方面的呼声，而且国家通过向企业征收环境税，一方面明确了企业对于治理污染的责任，另一方面筹集了大量资金用于环境保护与治理。随着污染者负担原则被逐渐认可和接纳，其意义已经超越了最初作为一项经济原则的定位，逐渐成为一项环境原则。

《环境保护法》（2014）对污染者负担原则表述的再一次改变，除了追求该条文文字叙述前后统一的"美观"要求外，是否还表明原先环境法律法规和环境政策中的有关表述已经不能完整概括环境保护工作的新特点？损害担责原则作为《环境保护法》（2014）中明文宣示的环境法基本原则，其内涵是什么，这一概念和之前的种种表述相比有何突破，在实践中如何落实损害担责原则的相关制度设计，都是有待进一步研究的问题。本文即是从"污染者担责"到"损害担责"这一表述的转变入手，探究损害担责原则的相关问题，力图寻求这种表述转变之下的深层含义。

2　　参见竺效《论中国环境法基本原则的立法发展与再发展》，载《华东政法大学学报》2014 年第 3 期。

二　损害担责原则的演进

损害担责原则在我国的环境法治进程中呈现出从"谁污染谁治理"到"污染者付费"，直至最终确立的演进样态。"谁污染谁治理"原则，是在我国环保工作开展初期环境立法、规划、政策制定的指导性原则。在1979年的《中华人民共和国环境保护法（试行）》（以下简称《环境保护法（试行）》）中，损害担责原则被表述为"谁污染谁治理"原则。[3] 根据彼时的环境立法，[4] 污染者需要在自身行为对环境产生负面结果后，采取措施消除自身行为对环境产生的不利影响。除了治理污染的责任之外，彼时的环境法还对污染者承担行政责任和刑事责任作出了一定的规定。

伴随着经济的发展和环境问题的不断加重，我国的环境立法实践开始对"谁污染谁治理"原则的内涵进行突破。1984年《中华人民共和国水污染防治法》和1987年《中华人民共和国大气污染防治法》均规定了企事业单位在排放污染物时需要缴纳排污费，并且在造成污染危害的情况下还需要赔偿受害者的损失。[5] 在总结了这一时期的环境立法实践之后，在较长的一段时间内作为环境保护领域基本法的1989年《中华人民共和国环境保护法》〔以下简称《环境保护法》（1989）〕运用一系

3　《环境保护法（试行）》第6条第2款规定："已经对环境造成污染和其他公害的单位，应当按照谁污染谁治理的原则，制定规划，积极治理，或者报请主管部门批准转产、搬迁。"

4　《环境保护法（试行）》第32条规定："对违反本法和其他环境保护的条例、规定，污染和破坏环境，危害人民健康的单位，各级环境保护机构要分别情况，报经同级人民政府批准，予以批评、警告、罚款，或者责令赔偿损失、停产治理。对严重污染和破坏环境，引起人员伤亡或者造成农、林、牧、副、渔业重大损失的单位的领导人员、直接责任人员或者其他公民，要追究行政责任、经济责任，直至依法追究刑事责任。"

5　1984年《中华人民共和国水污染防治法》第15条规定："企业事业单位向水体排放污染物的，按照国家规定缴纳排污费；超过国家或者地方规定的污染物排放标准的，按照国家规定缴纳超标准排污费，并负责治理。"第41条第1款规定："造成水污染危害的单位，有责任排除危害，并对直接受到损失的单位或者个人赔偿损失。"1987年《中华人民共和国大气污染防治法》第11条规定："向大气排放污染物的单位，超过规定的排放标准的，应当采取有效措施进行治理，并按照国家规定缴纳超标准排污费。征收的超标准排污费必须用于污染防治。"第36条第1款规定："造成大气污染危害的单位，有责任排除危害，并对直接遭受损失的单位或者个人赔偿损失。"

列条文规定了环境影响评价制度、生产者防止污染的义务、缴纳排污费义务和产生损害时的赔偿义务。[6] 学界一般将这些统一归纳为"污染者付费"原则。

在《环境保护法》（1989）颁布生效之后，一些环境政策的出台不断丰富了"污染者付费"原则的内涵，[7] 而 2014 年《环境保护法》的修订，标志着损害担责原则的正式确立。为了更好地落实损害担责原则，《环境保护法》（2014）本身也通过一系列条文对损害担责原则进行了较为详细的规定，为损害担责原则的制度支撑提供了一定的指引，其中一些新的制度措施是《环境保护法》（1989）所不具备的，如环境影响评价机构可能承担连带责任等。[8]《环境保护法》（2014）出台之后，其规定的损害担责原则对于我国的后续环境立法产生了指导性的重要影响。在《环境保护法》（2014）的引领下，其后制定的一些单行环境法律法规也开始采用损害担责原则的相关表述，更加贴近损害担责原则的制度要求。[9] 环境损害

6　《环境保护法》（1989）第 13 条第 2 款规定："建设项目的环境影响报告书，必须对建设项目产生的污染和对环境的影响作出评价，规定防治措施，经项目主管部门预审并依照规定的程序报环境保护行政主管部门批准。"第 24 条规定："产生环境污染和其他公害的单位，必须把环境保护工作纳入计划，建立环境保护责任制度；采取有效措施，防治在生产建设或者其他活动中产生的废气、废水、废渣、粉尘、恶臭气体、放射性物质以及噪声、振动、电磁波辐射等对环境的污染和危害。"第 28 条第 1 款规定："排放污染物超过国家或者地方规定的污染物排放标准的企业事业单位，依照国家规定缴纳超标准排污费，并负责治理。"第 41 条第 1 款规定："造成环境污染危害的，有责任排除危害，并对直接受到损害的单位或者个人赔偿损失。"

7　1990 年《国务院关于进一步加强环境保护工作的决定》中除了规定应当积极防治工业污染之外，还提出应当在资源开发的过程中体现环境保护的要求，并提出了"谁开发谁保护，谁破坏谁恢复，谁利用谁补偿"的方针；1996 年《国务院关于环境保护若干问题的决定》提出了"污染者付费、利用者补偿、开发者保护、破坏者恢复"的原则；2005 年《国务院关于落实科学发展观加强环境保护的决定》针对我国环境保护领域中的突出问题，要求在生产环节大力发展循环经济，实行清洁生产，在与之相对应的消费环节倡导环境友好型的消费方式，充分运用市场机制来推进污染治理。

8　见《环境保护法》（2014）第 65 条相关规定。

9　如 2015 年修订的《中华人民共和国大气污染防治法》第 7 条规定："企业事业单位和其他生产经营者应当采取有效措施，防止、减少大气污染，对所造成的损害依法承担责任。"2018 年《中华人民共和国土壤污染防治法》第 4 条规定："任何组织和个人都有保护土壤、防止土壤污染的义务。土地使用权人从事土地开发利用活动，企业事业单位和其他生产经营者从事生产经营活动，应当采取有效措施，防止、减少土壤污染，对所造成的土壤污染依法承担责任"等。

担责是我国环境法制建设与国际接轨的重要举措，从立法、执法和司法层面，全面追究环境违法行为的行政、刑事、民事责任，补齐我国环境法制建设的最大短板。损害担责原则为接下来的环境实体和程序立法起到了规范和引导作用，为法律制度和措施的创设提供重要依据。[10]

三　损害担责原则的内涵

（一）损害的概念

在讨论担责之前，需要界定损害的概念，而在讨论损害之前，需要先考察环境侵害。一般来说，"侵害"往往指的是可能会引起某种负面结果的行为，侵害所造成的负面结果被称为"损害"。[11] 2017 年《生态环境损害赔偿制度改革方案》给"生态环境损害"这一概念所下的定义是"因污染环境、破坏生态造成大气、地表水、地下水、土壤、森林等环境要素和植物、动物、微生物等生物要素的不利改变，以及上述要素构成的生态系统功能退化。"这与《环境保护法》（2014）的有关规定相同。该方案继承了《环境保护法》（2014）对于环境侵害的判断，即环境污染与生态破坏都属于侵害的表现形式。而环境污染和生态破坏会带来两方面后果，第一方面是以环境为媒介导致的个人或特定的少部分人的人身和财产损害。自 1986 年颁布《中华人民共和国民法通则》（以下简称《民法通则》）以来，我国先后出台了一系列法律法规和司法解释，用以处理因环境侵权引发的一般意义上的财产损失的责任纠纷。[12] 然而随着理论研究的不断深入，环境侵害的第二方面后果即对环境媒介本身的损害开始逐渐得到重视，这种对环境媒介本身的损害侵犯的不是传统意义上的对个人人身财产利益的侵犯，而是对人类整体的公共利益的侵犯。这种损害包括但不限于自然的生态价值损害、资源价值损害、精神价值损害以及生物多样

10　参见柯坚《论污染者负担原则的嬗变》，载《法学研究》2010 年第 6 期。

11　参见徐祥民、巩固《环境损害中的损害及其防治研究——兼论环境法的特征》，载《社会科学战线》2007 年第 5 期。

12　参见孙佑海、郭娜《生态环境损害责任者依法担责的法律分析》，载《环境保护》2016 年第 2 期。

性的减少，[13] 除了表现为现有法律和政策中较为常见的有关主体的行为造成的环境污染和生态破坏结果之外，还体现为人类活动超出环境承载能力导致环境退化的情形。[14]

因此，损害担责原则中所称的"损害"，应当既包括经由人类活动对环境产生负面影响，继而对不特定多数人的生命健康和财产带来的危害与损失，也应当包括公民环境权益的受损事实。[15] 即损害的概念一方面是指对环境本身的损害，又称为生态环境损害；另一方面是经由环境对公民人身和财产的损害，即环境侵权损害。损害担责原则对于环境损害的含义与内容的把握，突破了传统的环境侵权语境下因行为人的侵权行为给个人带来的利益损失，将生态环境本身的价值提升到了更高的层次，体现了对公民应当享有的环境权的尊重。

（二）损害担责的内容

1. 预防性责任

《环境保护法》（1989）对于"污染者付费"原则的阐释表明，末端治理和事后补救的做法开始被逐渐抛弃，环境问题的事前规制逐渐得到重视。生态环境有其自身的特点，这使得环境质量的不断恶化并不是简单出现的。许多环境损害是经由一系列中间环节的作用才得以产生，在环境损害尚未发生或者发生之初，往往不易为人类所察觉，但是一旦损害达到一定规模，就会产生较为严重的后果，如果想要排除损害就需要付出很大的时间和金钱成本，有些损害结果甚至是无法挽回的。虽然《环境保护法》（1989）中确立了污染者付费原则并为之设计了一些配套制度，但是长期以来我国的环境保护工作在开展的过程中仍然没有摒弃末端治理的思维模式。在这种末端治理的思维模式指导下，环境问题也变得越发突出。《环境保护法》（2014）确立下来的损害担责原则更加重视环境损害的预防工作，要求可能对环境带来负面结果的主体为了防止负面结果的发生，需要

---

[13]　同前注 11，徐祥民、巩固文。

[14]　同前注 12，竺效文。

[15]　参见吕忠梅等《侵害与救济：环境友好型社会中的法治基础》，法律出版社 2012 年版，第 10—18 页。转引自鄢斌、吕忠梅《论环境诉讼中的环境损害请求权》，载《法律适用》2016 年第 2 期。

履行一定的义务，即承担预防性责任。

对国家和政府机关而言，损害担责原则要求其承担的预防性责任主要是做好环境保护规划，在制定大政方针时应当对环境因素进行考量，避免走"先污染，后治理"的老路。此外，政府机关还应当科学制定环境质量标准并且严格执行。在做出大型建设项目、改造自然项目以及对外来物种的有意引进决策之前，应当将可能造成的长久不良环境影响放在首位考虑。在对具有环境影响的重大开发决策过程中，开发政策和政治利益应当让位于公众利益，此方面的决策更应当体现民主化、科学化和规范化。[16]

对于一般的生产经营者，在进行环境开发和项目建设之前，要进行环境影响评价，切实贯彻建设项目中防治污染的设施应当与主体工程同时设计、同时施工、同时投产使用的"三同时"制度，在生产经营活动的过程中要采用清洁的生产技术和清洁原料，淘汰落后的生产设施和技术手段。由于环境资源作为公共利益，即使采取充足的事前防范措施，仍然不可能完全消除生产经营和生态开发活动对自然环境的不利影响，环境公益仍处于被持续侵害的状态。因此，排污主体应当按照国家规定缴纳排污费和环境税，开采矿产资源必须缴纳资源税和资源补偿费。国家通过环境保护税费的征收，预防可能发生的环境损害，开展区域生态环境的治理。

将预防性责任纳入损害担责原则的内容范畴，体现出损害担责原则与《环境保护法》（2014）第 5 条前述的预防为主、综合治理原则的呼应。我国环境法宣示的 5 项基本原则，既体现出鲜明的"个性"，又相辅相成，共同指导我国环境保护工作的开展。担责主体在可能对环境造成损害的前提下承担预防性责任，不仅仅是损害担责原则的必然要求，也体现出制度设计上对损害进行全过程控制，尤其是从源头控制的价值追求，而这恰恰是预防为主、综合治理的应有之义。

2. 结果性责任

可能对环境带来负面结果的主体应当承担预防性责任在上文中已经论及。如果预防性责任的担责主体很好地实现了预防性责任的要求，履行了自己应当履行的相关环境义务并因此没有对环境产生不利影响，那自然是实践中最理想的状态。一方面，预防性责任的担责主体可能因为疏忽大意

16　参见曹明德《环境与资源保护法》，中国人民大学出版社 2016 年版，第 43 页。

或者是出于节约成本等方面的考量故意不履行预防性责任，从而真正对环境产生了不利影响；另一方面，预防性责任的担责主体已经充分地履行了自己的预防性责任，但是仍然造成了环境损害的结果，这两方面情形都体现为对环境确已造成负面结果。在这样的情况下，环境损害主体应当承担一定的治理、修复、惩戒和赔偿责任。

环境损害主体的治理责任主要针对环境污染行为，指污染者对造成的环境污染应当承担的恢复和治理责任。《环境保护法》（2014）和一系列环境保护单行法都规定了污染者应当积极主动地承担环境治理责任。污染者在日常的生产经营活动中不可避免地会对环境产生不利影响，彼时其应当采取缴纳排污费的预防性责任形式体现损害担责原则。当污染者的污染行为产生较为严重的后果时，污染者应当承担治理污染的结果性责任。污染者既可以通过自身的力量治理污染，也可以委托专业的污染治理机构进行治理。当污染者不履行治理污染责任时，行政机关也可以代为履行污染治理责任。[17] 这表明环境污染治理责任主体和行为主体可以分离，但是造成环境损害就应当有主体出面承担责任的要求需要得到贯彻。

环境损害主体的修复责任主要针对生态破坏行为，指造成生态破坏的相关主体必须承担将受到破坏的生态环境予以恢复的责任。《中华人民共和国草原法》中关于恢复植被的规定、《中华人民共和国矿产资源法》中关于土地复垦的规定、《中华人民共和国水土保持法》中关于水土流失治理的规定等，都是要求对破坏生态的主体承担修复责任的体现。和污染者的预防性责任与结果性责任相对应，相关主体在进行资源开发的过程中，一方面，要采取措施保护环境，节约使用资源，将资源开发对生态环境的影响尽量减少；另一方面，当出现了生态破坏的后果时，也负有补救受损生态环境使其功能恢复的结果性责任。

环境损害主体的惩戒责任指当环境损害发生后，担责主体根据法律规定应当受到责难。目前我国的行政、刑事、民事法律中均有对于污染环境和破坏生态的主体承担惩戒责任的规定。在行政责任上，《环境保

17　《中华人民共和国行政强制法》第 50 条规定："行政机关依法作出要求当事人履行排除妨碍、恢复原状等义务的行政决定，当事人逾期不履行，经催告仍不履行，其后果已经或者将危害交通安全、造成环境污染或者破坏自然资源的，行政机关可以代履行，或者委托没有利害关系的第三人代履行。"

护法》（2014）规定政府机关直接负责的主管人员和其他直接责任人员的引咎辞职制度，对市场主体采取按日计罚、限制生产、停产整治、责令关闭等措施，对其直接责任人员处以行政拘留。在刑事责任上，1997年《中华人民共和国刑法》分则第六章第六节专节设置了破坏环境资源保护罪，对环境犯罪的处罚范围和处罚力度做了比较详细的规定。在民事责任上，《中华人民共和国侵权责任法》（以下简称《侵权责任法》）第八章专章规定了环境污染者的侵权责任，《中华人民共和国民法总则》（以下简称《民法总则》）对于惩罚性赔偿的规定扩展了原有的损害赔偿的范围。

基于先前论述的环境损害概念的两方面内容，环境损害主体的赔偿责任也可以分为两个层面。第一个层面是指因为违反环境法律法规而对生态环境带来负面影响的单位或个人在生态环境损害根本不能修复或者修复难度大、时间长、效果差的情况下，通过实施货币赔偿的方式来替代修复责任，且这种赔偿责任不因赔偿义务人因为需要承担行政或刑事责任而得到免除。但是，这里的赔偿责任不包括对人身伤害以及个人和集体的财产损失。[18] 第二个层面是指赔偿义务主体对于由于环境侵权造成的人身和财产损害承担民事赔偿责任。在污染者需要同时承担民事、行政和刑事财产性责任的情况下，如果该侵权人的财力不足以同时满足此三项责任的赔付要求，应当以民事责任为优先，侵权人的财产应当首先支付侵权损害赔偿金。[19] 之所以作出这样的制度设计，是因为在一般的环境侵权案件中，被侵权一方大多属于应对环境损害的能力较为薄弱、受到损害的影响相对显著、从损害中恢复过来的能力偏低的主体。这类主体在受到冲击之后，需要及时、充分的救济来挽回因为环境损害带来的损失。与之相对应的是，环境损害带来的后果往往十分严重，侵权人不仅要面临高额的民事赔偿，还需要支付大笔的行政罚款，情节严重的可能还应当支付刑事罚金。这使得侵权人的财产往往不足以同时满足三项责任的赔付要求。在这样的局面

18　参见中共中央办公厅、国务院办公厅印发的《生态环境损害赔偿制度改革试点方案》，http://www.gov.cn/zhengce/2015-12/03/content_5019585.htm，最后访问日期：2020年7月21日。

19　参见张新宝、庄超《扩张与强化：环境侵权损害责任的综合适用》，载《中国社会科学》2014年第3期。

下要求侵权人优先进行民事赔偿，有助于被侵权人尽可能地得到充分的救济，体现国家权力对于公民个人权利的尊重与保障。

（三）损害担责的主体

由于对环境本身产生损害既有可能是工业企业生产经营过程所引发的，也有可能是消费者使用产品和接受服务导致的，加之环境这一复杂的综合体对于污染物的累积、滞留和迁移等作用的影响，使得实践中在很多情况下很难确定具体的"污染者"，这也是"污染者付费"原则存在的弊端。从宏观意义上来说，诸如气候变暖等全球性环境问题更加模糊了"污染者"这一概念。而且，从"污染者付费"到"受益者补偿与损害赔偿"的转变也说明，享受环境利益的主体同样需要付出相应的代价，"污染者付费"原则在主体方面已经不能很好地涵盖所有对环境产生影响的主体的范围。[20]《环境保护法》（2014）在规定基本原则时拿掉了"污染者"这一限定而直接采取"损害担责"的表述，并非意味着对责任主体进行"宽大处理"，相反，损害担责原则通过不提及主体的方式，扩大了担责主体的范围。

首先，损害担责原则将政府和政府机关工作人员纳入了担责主体，这突破了原先仅有"污染者"需要担责的限制。基于公共信托原则，政府对于良好生态环境这一普通民众所共同享有的公共利益负有保护义务。因此，政府需要承担日常的预防性责任，贯彻"预防为主"的原则，制定科学合理的环境规划和环境标准。除此之外，在发生环境污染和生态破坏等突发环境事件之后，在履职过程中出现违法行为且造成重大后果的责任人员可能被课以撤职或开除处分。将政府切实纳入损害担责的主体是损害担责原则的一项主要突破，这一突破意味着国家对于环保工作的重视，体现了国家勇于承担义务的决心。

其次，损害担责的主体是已经或可能给环境带来负面结果的自然人、法人和其他组织。这类主体与传统意义上的"污染者"有一定类似之处的地方在于，两者都实施了给环境带来负面结果的行为，并且具有责任能力的主体。但是，在损害担责原则的语境下，这类主体同样存在着扩大化的趋势。随着我国对于环境保护工作的重视程度不断提高，对于污染环

20　同前注 10，柯坚文。

境、破坏生态违法行为的惩治强度逐渐提升，环境立法和司法对于法律责任的承担主体也呈现出适度扩张的趋势。除了直接实施对环境产生不利影响行为的主体之外，与损害环境行为有一定程度上的间接联系的相关自然人、法人或其他社会组织也应当成为损害担责的主体。例如，在土壤污染的修复责任中，污染行为人自然应当承担第一性的修复责任，但是，在无法确定行为人或行为人拒绝对污染土地进行修复的情况下，污染土地的使用权人就要承担起对污染土地的修复义务，尽管土地使用权人可能根本没有实施污染行为。[21] 这种责任主体的扩张趋势对于惩处违法行为，保护生态环境，救济环境侵权的受害者而言具有重要意义。但是，在实践中，往往是由政府通过国家财政支出来组织实施生态修复工作，导致政府成为生态修复的实际义务人。在政府进行修复之后，却鲜有向实际污染企业追偿。这种"政府买单"的现象难以彻底解决环境污染问题。[22] 需要指出的是，这种情况下责任主体的扩展，并不意味着对真正实施损害环境行为的主体的纵容，而是从另一个侧面强调对于受损害生态环境的治理与恢复。

最后，提供环境服务工作的机构也是损害担责的主体。《环境保护法》（2014）第 65 条规定提供环境服务工作的机构在工作过程中因为有过错而给环境带来负面结果的，应当承担连带责任。这些机构本身的重要职责就是对可能发生的环境污染和生态破坏行为进行预警和评估，是贯彻我国环境法"预防为主"原则的重要抓手，在保护环境方面起着关键的作用。如果这些提供环境服务的机构出现了问题，势必会进一步助长环境损害实行行为的发生。与之相对应的是，在实践中"环评关口"却频频失守。一方面，环评机构在项目上马之时缺少话语权；另一方面，环评市场乱象丛生，诸如"红顶中介""环评变乱评"等现象层出不穷。[23] 《环境保护法》（2014）将此类环境服务机构纳入损害担责的主体范围内，符合新时期环境保护工作的要求。

---

[21]　参见易崇燕《我国污染场地生态修复法律责任主体研究》，载《学习论坛》2014 年第 7 期。

[22]　参见黄俊、韩文雅《生态修复法律制度探析》，载《攀枝花学院学报》2016 年第 S1 期。

[23]　参见王健《我国污染场地治理修复责任主体研究》，硕士学位论文，南京大学，2015 年。

四　损害担责原则对污染者负担原则的发展

我国环境保护立法工作中没有出现过"污染者负担"这样的表述，但是在《环境保护法》（2014）颁布以前，不同时期的环境法律法规和政府部门出台的有关环境保护的政策性文件中都体现出了污染者负担原则的精神。《环境保护法》（2014）中规定的损害担责原则与《环境保护法》（1989）及环境政策所体现污染者负担原则内涵的概念相比，进步之处主要体现在两个方面。

（一）主体范围的扩展

从名词的表述上来看，损害担责原则将"污染者"的称谓删去。虽然删去了"污染者"的主语限定，但这并不意味着原则的模糊化，相反，损害担责原则在继续要求主体对于其行为造成的损害承担责任的前提下，大大扩展了担责主体的范围。在污染者负担原则下，"污染者"主要指产生环境污染的企事业单位，主体范围限定较窄，可纳入原则规制的情形较少，不利于环境保护工作的全面开展。而《环境保护法》（2014）突破了这一限制，回应了现实需要，将更多的主体纳入损害担责原则的规制范围之中。

从宏观的角度看，污染者负担原则中只规定了造成环境污染的责任人（主要是企业）的相关责任。《环境保护法（试行）》中规定的负担主体是已经对环境造成污染和其他公害的单位以及领导人员、直接责任人员。《环境保护法》（1989）将负担主体规定为产生环境污染和公害的企业事业单位。在这两个集中体现污染者负担原则的规定中，担责主体主要被限定在"已经造成污染的主体"层面。在20世纪90年代到21世纪初的十几年时间里陆续出台的一些环境政策文件不断对污染者负担原则的主体范围进行突破之后，采用"污染者"负担的称谓已经不能很好地概括这一时期环境政策所体现出来的制度成果。1996年《国务院关于环境保护若干问题的决定》提出的"污染者付费、利用者补偿、开发者保护、破坏者恢复"的原则，实质上是对担责主体范围的极大扩展，也为损害担责原则的担责主体划定提供了思路。损害担责原则在综合了破坏者恢复与受益者补偿的规定后，将生态破坏者和资源利用者纳入了担责主体的范围。

污染环境者应当承担环境治理责任是污染者负担原则早早确立的应有之义。而破坏生态和利用自然资源的主体，同样会对生态环境造成不利影响。生态破坏者需要承担修复生态环境的义务，自然资源的利用者为获取自然资源应当支付相应的对价。而《环境保护法》（2014）规定的损害担责原则是对这一系列环境政策文件相关规定的法律确认。通过总体宣示和分则条款的细化规定，损害担责原则将生态破坏者和资源利用者的担责义务进行了明确，从而将生态破坏者和资源利用者纳入了损害担责原则的主体范围，体现了对污染者负担原则主体范围的扩展。

从微观的角度看，除了造成环境污染的企业之外，损害担责原则将政府纳入了担责主体的范围之中。例如，在环境损害尚未发生时，《环境保护法》（2014）规定了政府的信息公开义务与报告义务，确立了生态保护红线制度和各级人民政府的环境保护义务。在环境损害发生之后，《环境保护法》（2014）规定了政府的限期达标义务和主要负责人的引咎辞职制度等。从这一层面而言，损害担责原则突破了污染者负担原则中只有被监管者承担义务的窠臼，将传统意义上作为该原则监督者的政府纳入担责主体的范围之中，政府机关如果不能合法行使职权或不能积极履行职责导致生态环境受到损害或者存在受损之虞，同样应当承担相应的后果。

不仅如此，《环境保护法》（2014）第65条还规定了特定机构的相关责任。条文中涉及的环境影响评价机构、环境监测机构等从事环境服务工作的机构本身虽然不会对生态环境造成损害，但是，他们开展的工作或者提供的服务的恰当与否同生态环境质量好坏息息相关。如果这些机构能依法履行职责，可以为良好的生态环境提供有力的保障。基于这一点，损害担责原则将环境影响评价机构、环境监测机构以及从事环境监测设备和防治污染设施维护、运营的机构纳入担责主体的范围之中，不仅规定其不当履职应承受的处罚责任，还规定其应当与其他担责主体承担连带责任，从而督促这些机构依法履职，以更好地在萌芽阶段打击环境污染和生态破坏行为。

另外，损害担责原则以省略主语的方式为未来可能出现的新型担责主体适用该原则留下了一定的空间。损害担责原则作为环境法基本原则，在实践中出现了新的应当承担环境污染或生态破坏后果的主体，而具体法律规范无法回应行政执法和司法裁判活动的要求时，可以通过法律解释的方式使得一切对环境造成不利影响的主体受到损害担责原则的约束，从而贯彻损害担责原则的价值追求。

（二）责任形式的增加

损害担责原则对担责主体责任形式的增加主要体现在两方面。首先，就污染者负担原则中的担责主体污染企业而言，由于污染者负担原则的出发点是点源控制，故而将规制重点限定在企业事业单位产生污染之后，在责任分配上强调污染者的个体责任。这种个体责任在实践中主要体现为担责主体应当支付预防性费用（诸如环境影响评价相关费用）、国家征收的税费、治理污染费用以及赔偿费用等。这一系列的担责形式集中体现为经济性责任。这种单一的经济性责任容易给人一种误解，即只要支付了一定的费用就可以实施污染环境的行为。这样的制度设计潜藏的是对为了振兴工业，提高经济发展水平所持有的"先污染，后治理"的发展战略的肯定。[24] 随着时代的发展变化和人们对于环境保护认识的不断深入，"先污染，后治理"的发展方式已经被普遍认为是不可持续的发展方针，环境保护应当重视预防为主，防治结合，综合治理的策略。这表明以"谁污染谁治理"原则和"污染者付费"原则为内核的污染者负担原则与当今的环境保护工作的要求存在一定偏差，不能很好地指引环保工作的进行。因此，损害担责原则要求污染企业除了需要承担因预防或治理污染而支出相关费用的经济性责任之外，还需要承担诸如淘汰严重污染环境的工艺或设备、向社会公开自身的排污情况以接受监督、承担按日计罚的罚款方式、限制生产、停产整治以及修复受损的生态环境等责任，这些新增的责任形式贯穿于企业日常生产经营活动的始终。由于我国的经济制度安排以公有制为主体，其带来的结果是公有制企业进行生产经营时过分注重产出，忽视了效率和环境保护，而国家会通过给予公有制企业更加优惠环保政策、提供相应补贴的方式扶持企业发展。在《环境保护法》（2014）颁布以前，这样的企业发展模式使得企业原本因污染者负担原则需要承担的经济成本，在一定程度上通过政府行为转移到全体纳税人身上。[25] 而《环境保护法》（2014）颁布之后，污染企业需要承担的不仅仅是污染治理过程中花费的金钱上的责任，还有在对生态环

24　参见刘超、张昊《"污染者负担原则"的法理分析》，载《广西政法管理干部学院学报》2005 年第 3 期。

25　参见徐正祥《中国污染者负担原则演变综述》，载《上海环境科学》2000 年第 3 期。

境产生不利后果之前的预防性责任。损害担责原则对污染企业设置多元担责形式的目的，在于使污染企业切实担负起因造成或可能造成环境损害而需要承担的后果。

其次，由于损害担责原则扩展了污染者负担原则的主体范围，新增责任主体承担环境损害责任的形式也是污染者负担原则所不曾涉及的。对应前述宏观层面，生态破坏者需要承担修复生态环境的作为义务或者承担生态环境损害赔偿的金钱义务，而资源利用者需要缴纳自然资源有偿使用费；对应前述微观层面，农业生产经营者应当科学合理地使用农业投入品，对农业废弃物进行科学处置；政府机关作为损害担责原则中的担责主体，需要承担环境状况的报告义务，信息公开义务，直接责任人需要承担记过、记大过和降级处分，在造成严重后果时主要负责人承担引咎辞职的责任；提供环境服务的机构在存在过错的情况下需要和损害主体承担连带责任；等等。损害担责原则通过对更多主体的责任进行相应的设置，打破了污染者负担原则中的担责主体主要承担单一经济性责任的局面，通过增加担责主体责任形式的方式，极大地丰富了"负担"的内涵，其背后所体现出的价值追求是环境保护工作地位的进一步提升，目的是更好地协调经济建设和生态环境保护的关系。

五　损害担责原则的制度支撑

（一）预防性责任的制度支撑

损害担责原则中的预防性责任要求可能造成损害的主体需要履行一定的义务，从而预防损害的真正发生。这种未雨绸缪的要求与预防为主原则相关联，是对我国传统的"末端治理"思维的反思与突破。在很多情况下，对可能发生的损害采取预防措施，其效果往往比损害切实发生之后才进行弥补要好得多，不仅节省时间和金钱成本，更重要的是生态环境得到了最大限度的维护。《环境保护法》（2014）及之后的法律和政策设置的制度支撑主要有环境保护规划制度、环境影响评价制度和环境保护税制度等，下文拟分述之。

1. 环境保护规划制度

环境保护规划是指根据国家或者一定地区的环境状况和经济社会发展

的需要，对一定时期和一定范围内环境的保护和改善活动所做的总体部署和安排。[26] 有关环境规划目标、任务、指标体系、编制原则和程序以及规划实施的保障措施等所做规定的总称就是环境保护规划制度。[27] 作为国民经济和社会发展规划体系的重要组成部分，环境保护规划制度的目的与意义在于协调环境保护与经济社会发展之间的关系。此外，具体的环境保护制度和政策需要依靠环境保护规划制度作为指引。环境保护规划制度在《环境保护法》（2014）中主要体现在第 13 条，另散见于第 17 条、第 19 条、第 20 条和第 28 条当中。

环境保护规划制度是《环境保护法》（2014）中新确立的一项制度，在《环境保护法》（1989）中并没有相关规定。根据《环境保护法》（2014）相关规定，编制环境保护规划的职责归属于环境保护主管部门。国务院和地方各级人民政府的环境保护主管部门具有编制本行政区域的环境保护规划的职责。虽然环境保护主管部门在编制环境保护规划的时候要以国民经济和社会发展规划为依据，但是，环境保护规划制度可以使政府在后期制定具体经济发展政策的时候受到先前编制的环境保护规划的约束，进行统筹考虑，谨慎决策，从而从源头上减少因为政府行为对环境产生的损害。

环境指标的强制属性使得指标的达成成为政府履责时必须考量的要素之一。环境指标成为考核政府政绩的量化的约束性指标，有利于各级政府在制定本行政区域内经济发展政策的同时，考虑到经济发展与环境保护的协调，转换经济发展模式，提高能源利用效率，改善经济和能源结构，将环境保护真正作为优化经济增长方式的助推器。环境保护规划制度要求政府采取措施在环境损害还没有真正发生的时候就预先考虑到其行为可能给环境带来损害的风险，是政府机关履行预防性责任的基本要求。按照规划范围的不同而制定出的不同层级的环境保护规划互相关联，环环相扣，体现出环境要素的综合性和整体性特点，为政府机关开展环境治理和生态保护工作提供了全面的指引。[28] 政府机关通过编制科学合理的环境保护规划从而减少环境损害的发生，实现了损害担责原则中的预防性责任要求。

---

[26]　参见韩德培主编《环境保护法教程》，法律出版社 2007 年版，第 86 页。

[27]　同前注 26，韩德培书，第 87 页。

[28]　按照规划范围的不同，我国环境保护规划可以划分为国家环境保护规划、区域环境保护规划和部门环境保护规划。

2. 环境影响评价制度

环境影响评价是指对规划和建设项目实施后可能造成的环境影响进行分析、预测和评估，提出预防或者减轻不良环境影响的对策和措施，进行跟踪监测的方法与制度。而环境影响评价制度是指有关环境影响评价的适用范围、评价内容、审批程序和法律后果等一系列规定的总称。[29] 环境影响评价制度是预防为主原则最为集中的体现，也是损害担责原则中预防性责任要求最为集中的体现。通过对该制度的严格贯彻，在环境保护规划审批前和实施的过程中，在建设项目开工建设之前和投入使用之后可能对环境带来的负面结果进行预估，从而能够及时提出有针对性的修改对策和解决措施，预防或减轻环境保护规划的实施和建设项目的投产运行给生态环境带来的负面结果。环境影响评价制度集中体现在《环境保护法》（2014）第19条、第56条和第61条当中。另外，专门规制环境影响评价制度的《中华人民共和国环境影响评价法》于2012年通过并在2016年得到了修订。

对于环境影响评价制度的相关规定同样可以追溯到《环境保护法（试行）》。[30] 彼时需要进行环评的范围仅仅局限在城市改造与建设方面。《环境保护法》（1989）第13条规定了建设污染环境的项目需要制作环境影响报告书，在环境影响报告书得到批准以后，计划部门方可批准建设项目设计任务书。《环境保护法》（2014）较之《环境保护法》（1989）而言，扩大了环境影响评价制度的适用范围，将开发利用规划也纳入环境影响评价制度的框架当中，并且规定了环境影响报告书的全面公开机制（涉及国家和商业秘密的事项除外）。

《环境保护法》（2014）修订之后的环境影响评价制度较之《环境保护法》（1989）而言，内涵得到了极大的丰富，涵盖范围得到了较大的扩展。国务院有关部门、设区的市级以上地方人民政府及其有关部门需要对其组织编制的综合性规划和专项规划承担组织环境影响评价、编制环境影响篇章或提出环境影响报告书的责任。建设单位应当按照建设项目可能对

29　同前注26，韩德培书，第89页。

30　《环境保护法（试行）》第7条规定："在老城市改造和新城市建设中，应当根据气象、地理、水文、生态等条件，对工业区、居民区、公用设施、绿化地带等作出环境影响评价，全面规划，合理布局，防治污染和其他公害，有计划地建设成为现代化的清洁城市。"

环境造成影响程度的不同编制环境影响评价文件。[31] 通过编制环境影响评价文件，可能对环境造成损害的主体（包括政府和一般的工矿企业）履行了损害担责原则中预防性责任的要求。

环境影响评价制度自出台以来发挥了重要的作用，有力地约束了行政机关在编制综合性规划时片面注重经济发展，忽视环境保护以及建设单位任意进行可能对环境产生负面影响的工程行为。该制度在取得较大成效的同时，也面临着监管难的困境。相关主体通过旁门左道的办法通过环境影响评价，进而实施以自身利益为出发点的规划和经营行为，架空了环境影响评价制度，导致其制度效果发挥不充分。近两年，国家着力于加强环境影响评价事中事后监管，对政府机关而言，严肃查处不严格执行环评文件分级审批和分类管理有关规定、越权审批、拆分审批、变相审批等不符合法律法规要求的行为。对工矿企业而言，依法查处建设项目环评文件没有经过审批即擅自动工建设、不依法备案环境影响登记表等违法违规的乱象。[32] 强化环境影响评价的事中和事后监督机制，有助于将环境影响评价制度的功能落到实处，有力地支撑损害担责原则的实现。

3. 环境保护税制度

自 1979 年我国出台《环境保护法（试行）》以来，对于向环境中排放污染物的主体，实行的是排污收费制度。而制定一部专门的环境保护税法，是落实党的十八届三中全会、四中全会提出的"推动环境保护费改税"，"用严格的法律制度保护生态环境"要求的重要举措。[33] 经过长期的征求意见与讨论过程，《中华人民共和国环境保护税法》于 2016 年 12 月 25 日获得通过，于 2018 年 1 月 1 日起正式施行。

31　《中华人民共和国环境影响评价法》第 16 条规定："建设单位应当按照下列规定组织编制环境影响报告书、环境影响报告表或者填报环境影响登记表（以下统称环境影响评价文件）：（一）可能造成重大环境影响的，应当编制环境影响报告书，对产生的环境影响进行全面评价；（二）可能造成轻度环境影响的，应当编制环境影响报告表，对产生的环境影响进行分析或者专项评价；（三）对环境影响很小、不需要进行环境影响评价的，应当填报环境影响登记表。"

32　参见《环保部强化环评事中事后监管，加快构建综合监管体系，严格环评审批责任追究》，环境保护部（现生态环境部），http://www.gov.cn/xinwen/2018 - 02/02/content_5263110.htm，最后访问日期：2020 年 7 月 21 日。

33　参见《推动环境保护费改税　保障环保税法顺利实施》，载《中国环境报》2018 年 1 月 1 日第 2 版。

从广义来看，"环境保护税"这一概念具有以下三种具体类型：①对污染物或者污染环境的行为征收的污染税；②对生态破坏和资源利用行为征收的税，如森林砍伐税；③为环境保护筹集资金的税，如美国的环境税、意大利的废物垃圾处置税等。[34] 就"环境资源税"的广义范围而言，我国早已开征了"环境资源税"，如我国对实木地板和电池等进行的征税；针对资源开发过程所收取的资源税等。而新法中所确定下来的环境保护税的性质，可以从法条中的第 2 条找到明确的答案。[35] 这里所称的"环境保护税"在我国是一个全新的税种，属于广义"环境保护税"概念下的第一点即污染税的范围。排污企业和经营者通过缴纳环境保护税替代了过去因为排污行为向行政机关缴纳排污费的做法，体现的总体思路是依照税负平移的原则，经由费改税的方式以期达成从排污收费制度到环境保护税制度的制度转向。

设立环境保护税制度的出发点是通过税收的再分配功能，给纳税人更加充足的选择空间，纳税人可以根据自己的特点和需要来主动选择担责的方式，从而摆脱排污收费制度框架下收费标准偏低，强制力不够，缴纳排污费的市场主体是该项制度的被动遵守者，缺乏对该项制度的参与积极性和主动遵守的自觉性的局面。[36] 通过立法形式为环境保护税制度保驾护航，效力层级更高，规范性和强制性更好。可以期待，在制度设计合理、征收监管得当的情况下，环境保护税制度较之排污费制度而言能够更好地实现污染主体的损害担责，推进环境治理成本的节约和效益的提高。环境保护税制度要求纳税人为其直接排放到环境中的污染物承担一定的纳税义务。在正常的经济社会发展过程中，企业事业单位从事生产经营活动不可避免地排放一定的污染物从而对环境造成不利影响。这种对环境产生的不利影响是发展过程中必然要付出的代价，因此，才有环境标准制度的出现来给企业以一定程度的"污染的余地"。在法律规定的环境标准体系下排污，企业事业单位应当承担一定的预防性责任，而环境保护税制度通过要

34　参见韩霖《关于开征环境保护税的构想》，载《税务研究》1999 年第 4 期。

35　《中华人民共和国环境保护税法》第 2 条规定："在中华人民共和国领域和中华人民共和国管辖的其他海域，直接向环境排放应税污染物的企业事业单位和其他生产经营者为环境保护税的纳税人，应当依照本法规定缴纳环境保护税。"

36　参见申焕婷《浅谈中国开征环境保护税的配套措施》，载《价值工程》2018 年第 5 期。

求纳税人缴纳环境保护税的形式使得向环境排放污染物的相关主体承担其行为带来的不利后果，是要求排污主体承担预防性责任的体现。

（二）结果性责任的制度支撑

损害担责原则中的结果性责任要求当环境损害真正发生，损害主体的行为已经对生态环境产生重大损害的情况下，环境损害主体应当承担相应责任。虽然我国环境保护工作遵循"预防为主"的原则，前文所述的预防性责任相关规定也着力于降低环境损害发生的概率，但是在实践中难以避免会产生严重的环境损害结果。因此，除了预防性责任的制度支撑之外，对于结果性责任，同样需要有一定的制度支撑。古语云"亡羊补牢，为时未晚"，损害主体应当切实承担自己给生态环境带来的不利后果。结果性责任的制度支撑主要有生态环境损害赔偿制度和环境公益诉讼制度等，下文拟分述之。

1. 生态环境损害赔偿制度

当生态环境受到损害时，修复受损的生态环境，使之恢复到被侵害之前的状态，是生态环境损害担责的初衷，也是其根本目的之所在。然而，想要把已经受到不利影响的环境完全恢复到受侵害之前的状态是难以实现的。基于生态系统的整体性和各个环境要素的流动性，如果仅仅对某种单一的环境要素进行修复，虽然会使其得到改善，但是却可能会让作为统一体的生态系统受到更大的威胁。[37] 而且我国对于生态环境本身损害的修复，缺乏具体详尽的制度设计和配套保障机制。为了应对我国生态环境受到严重威胁，严重制约社会和经济发展的问题，中共十八届三中全会对建立健全生态环境损害赔偿制度提出了要求。[38] 生态环境损害赔偿制度体现了"环境有价，损害担责"的精神，强调了环境资源生态功能价值，在赔偿义务人无法对生态环境损害进行修复的情况下，也需要通过实施货币赔偿的方式来替代修复。

生态环境损害赔偿制度在我国的环境保护基本法中没有体现，作为一项新制度，其主要是通过政策性文件来推动的。2015 年和 2017 年相继颁

---

[37]　同前注 22，黄俊、韩文雅文。

[38]　参见王金南等《加快建立生态环境损害赔偿制度体系》，载《环境保护》2016 年第 2 期。

布的《生态环境损害赔偿制度改革试点方案》（以下简称《试点方案》）和《生态环境损害赔偿制度改革方案》（以下简称《方案》），对生态环境损害赔偿制度，提出了高屋建瓴的规划指导。《方案》较之《试点方案》而言，将试点范围由原先的七个省（市）扩展到全国范围，并且提出可以由统一行使全民所有自然资源资产所有者职责的部门负责生态环境损害赔偿具体工作，并强调了该机构的责任落实。[39] 此外，《方案》中不仅将赔偿权利人[40]的范围扩大到了所有的省级人民政府，而且规定市地级政府也可以作为本行政区域内生态环境损害赔偿权利人。《方案》还改变了《试点方案》中赔偿权利人和义务人可就磋商或诉讼进行选择的模式，规定将磋商作为提起诉讼的前置程序，只有在双方磋商未达成一致的情况下，赔偿权利人才需要及时提起诉讼。[41] 生态环境损害往往情况复杂，牵涉面极广，鉴定取证复杂，提起诉讼需要耗费大量的时间、金钱成本以及司法资源。如果能够采取磋商解决的方式，可以大大提高效率，及时对受损的生态环境进行修复或开展赔偿工作。而且采取这样的制度设计，解决了《试点方案》中磋商程序与诉讼程序之间不够协调的困境。

根据生态环境损害赔偿工作开展的实际情况，最高人民法院于2019年发布《关于审理生态环境损害赔偿案件的若干规定（试行）》，进一步明确了生态环境损害赔偿诉讼相关制度设计，提升了生态环境损害赔偿制度的可操作性，是落实赔偿义务人切实履行损害担责原则结果性责任的重

39　《生态环境损害赔偿制度改革方案》第4条第3款规定："在健全国家自然资源资产管理体制试点区，受委托的省级政府可指定统一行使全民所有自然资源资产所有者职责的部门负责生态环境损害赔偿具体工作；国务院直接行使全民所有自然资源资产所有权的，由受委托代行该所有权的部门作为赔偿权利人开展生态环境损害赔偿工作。"第5条第1款规定："……国家自然资源资产管理体制试点部门要明确任务、细化责任。"

40　赔偿权利人是指当生态环境损害发生之后，代表国家行使索赔权的主体。

41　《生态环境损害赔偿制度改革方案》第4条第4款规定："开展赔偿磋商。经调查发现生态环境需要修复或赔偿的，赔偿权利人根据生态环境损害鉴定评估报告，就损害事实和程度、修复启动时间和期限、赔偿的责任承担方式和期限等具体问题与赔偿义务人进行磋商，统筹考虑修复方案技术可行性、成本效益最优化、赔偿义务人赔偿能力、第三方治理可行性等情况，达成赔偿协议。对经磋商达成的赔偿协议，可以依照民事诉讼法向人民法院申请司法确认。经司法确认的赔偿协议，赔偿义务人不履行或不完全履行的，赔偿权利人及其指定的部门或机构可向人民法院申请强制执行。磋商未达成一致的，赔偿权利人及其指定的部门或机构应当及时提起生态环境损害赔偿民事诉讼。"

要保障。

　　2. 环境公益诉讼制度

　　环境公益诉讼制度是指在生态环境本身受到损害从而使得国家和社会公共利益受损，在没有适格主体提起诉讼的情况下，法律授予原本没有资格的主体以起诉的资格，追究对环境造成损害的主体的法律责任的制度。环境公益诉讼制度创设的目的在于使得对环境造成损害的主体切实承担结果性责任，避免其因为传统诉讼模式下原告主体不适格而逃脱法律的制裁。环境公益诉讼制度在《环境保护法》（2014）中体现在第 58 条。[42]

　　在《环境保护法（试行）》和《环境保护法》（1989）中都没有关于环境公益诉讼制度的相关规定。虽然环境公益诉讼制度在我国早有实践，但是我国法律条文中第一次出现环境公益诉讼制度的相关规定是2012 年修改的《中华人民共和国民事诉讼法》（以下简称《民事诉讼法》）。[43] 为了更好地面对司法实践中出现的问题，最高人民法院于 2014年出台了《最高人民法院关于审理环境民事公益诉讼案件适用法律若干问题的解释》，对民事公益诉讼作出了更加详细的规定。在《环境保护法》（2014）中，为了回应民事诉讼法中的制度设计，用一个条文来对社会组织提起环境公益诉讼作出了一定的规制。随后，2015 年先后发布的《检察机关提起公益诉讼改革试点方案》和《人民检察院提起公益诉讼试点工作实施办法》为检察机关提起公益诉讼探索提供了指引。经过一定的探索实践，在 2017 年《民事诉讼法》和《中华人民共和国行政诉讼法》修改中，增加了检察机关提起公益诉讼的相关内容。[44] 这一系列的法

---

　　[42] 《环境保护法》（2014）第 58 条主要规定了社会组织提起公益诉讼的条件。

　　[43] 《中华人民共和国民事诉讼法》（2012）第 55 条规定："对污染环境、侵害众多消费者合法权益等损害社会公共利益的行为，法律规定的机关和有关组织可以向人民法院提起诉讼。"

　　[44] 《中华人民共和国民事诉讼法》（2017）第 55 条增加 1 款，作为第 2 款："人民检察院在履行职责中发现破坏生态环境和资源保护、食品药品安全领域侵害众多消费者合法权益等损害社会公共利益的行为，在没有前款规定的机关和组织或者前款规定的机关和组织不提起诉讼的情况下，可以向人民法院提起诉讼。前款规定的机关或者组织提起诉讼的，人民检察院可以支持起诉。"《中华人民共和国行政诉讼法》（2017）第 25 条增加 1 款，作为第 4 款："人民检察院在履行职责中发现生态环境和资源保护、食品药品安全、国有财产保护、国有土地使用权出让等领域负有监督管理职责的行政机关违法行使职权或者不作为，致使国家利益或者社会公共利益受到侵害，应当向行政机关提出检察建议，督促其依法履行职责。行政机关不依法履行职责的，人民检察院依法向人民法院提起诉讼。"

律修改和工作办法的出台，无不体现着国家对于生态环境本身的损害的逐渐重视，环境公益诉讼制度也得以不断完善。

长期以来，有关环境损害赔偿的司法实践仍然存在着"重人身财产，轻生态环境"的现象，现行的损害赔偿相关制度规范散见于民法（包括《民法通则》与《民法总则》）、《侵权责任法》和环境保护基本法及单行法中，这些制度规范主要用于规制经由环境媒介而引起的人身健康和财产损失赔偿。[45] 而环境公益诉讼制度的出现，体现了国家对于生态环境本身的重视，弥补了传统民事诉讼和行政诉讼原告起诉资格的漏洞，将原本与被诉行为并无利害关系的检察机关和符合法律规定的社会组织纳入了适格原告的范围，填补了仅仅在公共利益受到不利影响的情况下没有相应主体提起诉讼追究行为人责任的困境。环境公益诉讼制度的不断发展完善有助于让担责主体在司法程序的强力约束之下实现对损害环境的生态修复或者赔偿填补，是落实损害担责原则结果性责任的有力制度支撑。

六 结 论

我国的环境立法历经 30 多年的探索、尝试与不断修正，从"谁污染谁治理"到"污染者付费"，最终形成现行环境法中的损害担责原则，总体趋势是责任主体的不断充实扩大和责任形式的不断丰富延展。这一变化背后反映出的理念是国家对于环境保护工作的重视程度不断提高，学界对于环境保护的原理和规制途径的认识不断走向深化。给环境带来负面影响需要承担责任，仅仅是损害担责原则要求的其中一个方面即结果性责任。损害担责原则的内涵还包含了可能对生态环境造成损害的主体需要承担相应的预防性责任，这与预防为主的理念相挂钩。只有充分地理解预防性责任和结果性责任的双重内涵，才能准确把握损害担责原则的真正含义和基本要求。我国当前正处于经济转型期，对于环境保护工作的重视程度越来越高。自 2015 年 9 月中共中央、国务院印发《生态文明体制改革总体方案》以来，陆续

45　参见王金南《实施生态环境损害赔偿制度　落实生态环境损害修复责任》，载《中国环境报》2015 年 12 月 4 日第 2 版。

出台了多项改革文件助力生态环境保护。损害担责原则的制度化进程也应当乘上国家对环保工作越来越重视的东风，通过接下来出台的一系列法律和政策，不断走向制度化和体系化。

（责任编辑　王敏）

环境公益诉讼司法审判的省思与完善

——基于 2015—2018 年统计数据的实证分析[*]

王　艳[**]

内容摘要：2015 年以来，我国环境公益诉讼取得显著进步，专门的环境资源审判机构不断设立，审判机制不断完善；社会组织提起环境民事公益诉讼稳中有升，检察公益诉讼从试点到全面铺开；各地法院在四年间受理了 2000 多起环境公益诉讼案件，诉讼程序、裁判方式不断完善。但环境公益诉讼还存在案件质量待提高、检察公益诉讼程序需进一步明确、公益诉讼案件范围尚显模糊、赔偿专项资金管理不规范、法院自身定位错位、公众参与度不高等问题。应从完善立法、加大环境司法专门化力度、完善与相关案件的衔接机制、加强协作等方面不断完善环境公益诉讼制度。

关键词：环境公益诉讼；环境司法专门化；实证分析

近年来，为深入贯彻落实党中央和习近平总书记关于生态文明建设和绿色发展的决策部署，各级人民法院把加强生态环境司法保护、为建设美丽中国提供司法保障作为法院工作的重要职责。最高人民法院为贯彻中央精神，积极回应人民群众对环境司法的新期待，于 2014 年设立专门环境资源审判庭，并出台了《关于全面加强环境资源审判工作为推进生态文明建设提供有力司法保障的意见》《关于充分发挥审判职能作用为推进生态文明建设与绿色发展提供司法服务和保障的意见》。2015 年 7 月 1 日第十二届全国人民代表大会常务委员会通过了《关于授权最

---

[*] 基金项目：湖北省 2018 年度全省法院重点调研课题"生态环境司法保护问题研究——以环境公益诉讼案件审判工作为视角"的阶段性成果。

[**] 湖北省高级人民法院环境资源审判庭法官。

高人民检察院在部分地区开展公益诉讼试点工作的决定》，以环境公益诉讼为主的检察公益诉讼试点工作在 13 个省市展开；并在总结试点经验的基础上，于 2017 年 7 月 1 日起全面铺开，检察公益诉讼制度也在《中华人民共和国民事诉讼法》（以下简称《民事诉讼法》）和《中华人民共和国行政诉讼法》（以下简称《行政诉讼法》）中正式加以规定。

为总结前期经验，理顺生态环境司法审判中的各种关系，进一步推进环境司法保护工作，提升公益诉讼整体审判质效，本文以 2015 年以来全国法院环境公益诉讼案件审判为重点调研对象，通过对审判机构、工作机制等的梳理，以及案件类型和裁判方式等的统计分析，发现目前环境公益诉讼案件审判中存在的问题，进而提出推进审判工作完善的对策和建议，以促进生态环境司法能力和水平的提升，助推生态文明建设。

一　环境公益诉讼案件司法保护现状

（一）专门机构的设立情况

2014 年最高人民法院在《关于全面加强环境资源审判工作为推进生态文明建设提供有力司法保障的意见》中明确提出"高级人民法院要按照审判专业化的思路，理顺机构职能，合理分配审判资源，设立环境资源专门审判机构"，中级、基层法院根据环境资源审判业务量，合理设立环境资源审判机构。在最高法院环境资源审判庭、环境保护研究中心成立后，各地法院根据实际情况陆续设立专门环境资源审判庭（以下简称环资庭），截至 2018 年 12 月，全国法院共成立 397 个环资庭，其中，最高人民法院 1 个、高院法院 22 个、中级人民法院有 165 个、基层法院共成立 209 个，河北、江苏、福建、河南、四川、贵州、云南等 16 个省市设立了三级环境资源审判组织体系（截至 2018 年 12 月全国法院环资庭设立情况如表 1 所示）。[1]

1　本文所有数据样本来源于最高法院环资庭，各高院定期会将相关数据层报最高法院备案。为避免累赘，不再全文一一标注。

表 1　　　　　　　**截至 2018 年 12 月全国法院环资庭设立情况** [2]　　　单位：个

省份/地区	基层	中级	高级	总数
最高法院				1
北京	1	0	0	1
天津	0	0	0	0
河北	9	6	1	16
山西	0	1	0	1
内蒙古	1	4	1	6
辽宁	0	1	0	1
吉林	0	1	1	2
黑龙江	0	0	0	0
上海	4	1	0	5
江苏	13	8	1	22
浙江	8	3	1	12
安徽	0	1	0	1
福建	17	62	1	80
江西	12	1	1	14
山东	4	3	1	8
河南	24	9	1	34
湖北	0	5	1	6
湖南	8	6	1	15
广东	3	4	1	8
广西	1	0	1	2
海南	3	4	1	8
重庆	5	5	1	11
四川	59	21	1	81
贵州	19	9	1	29
云南	11	6	1	18
西藏	0	1	0	1
陕西	4	2	1	7
甘肃	0	0	1	1
青海	1	1	1	3

2　因法院内设机构改革，全国法院环资庭数量现已发生变化，截至 2019 年 6 月，全国法院现有 368 个环资庭，其中最高法院 1 个，高院层面 22 个，中级法院 158 个，基层法院 187 个。

续表

省份/地区	基层	中级	高级	总数
宁夏	2	0	0	2
新疆	0	0	1	1
兵团	0	0	0	0
军事	0	0	0	0
总计	209	165	22	397

（二）专门审判机制的建立情况

1. "N 合一"审理模式

环境资源案件复杂多元，同一污染环境、破坏生态行为可能引发民事、行政、刑事三种类型的诉讼。为综合考量污染环境、破坏生态行为对人身、财产和生态环境的影响，以及行为人在其他案件中已经承担的责任内容和履行义务情况，各地法院探索将环境资源民事、行政、刑事乃至执行案件实行统一归口的方式，交由专门的环境资源审判机构审理，出现了"N 合一"的审理模式。如贵州清镇法庭、无锡两级法院、昆明中院和山东兰陵法院均将民事、行政、刑事和执行案件统一交由环保法庭进行审理；重庆、江苏、福建、海南等省市全面实行环境资源民事、行政、刑事案件"三合一"审理模式，湖北的宜昌、十堰中院也实行"三合一"审理模式；最高法院 2016 年开始实行民事、行政"二合一"模式，浙江等地也采取此种模式。22 个成立专门环资庭的高院仅 4 家高院采取单一审理模式，[3] 其余均根据实际情况采取"N 合一"模式。

2. 集中管辖制度

各级法院根据环境资源案件特征，逐步改变目前以行政区划分割自然形成的流域等生态系统的管辖模式，着眼于从水、空气等环境因素的自然属性出发，结合各地的环境资源案件量，探索设立以流域等生态系统或以生态功能区为单位的跨行政区划环境资源专门审判机构，实行对环境资源

3　根据各高院 2019 年 1 月提供数据，广东、山东、湖南、吉林四家高院环资庭单一审理环境资源民事案件。

案件的集中管辖，有效审理跨行政区划污染等案件。[4]

一是以生态系统或生态功能区为单位实行跨区域集中管辖模式。包括省界内主要河流流域和自然保护区环境资源案件跨区域集中管辖。如江苏省以长江南岸、北岸、黄海湿地、太湖、洪泽湖、骆马湖、灌河、西南低山丘陵、淮北丘岗为依托，设立了9个生态功能区环境资源法庭，集中管辖相应流域、区域内的环资案件；[5] 海南省以河流入海口所属行政区划为标准，在海南省五大河流经市县及两大自然保护区试行环境资源案件跨行政区域集中管辖；[6] 四川省在阿坝若尔盖、泸州古蔺等重点生态保护区和重点生态功能区内的基层法院设立环资庭集中管辖保护区的环境资源案件；湖南依托湘江、洞庭湖、东江湖、资水、沅水、澧水设立环境资源专门法庭，跨区域管辖湘江、洞庭湖、东江湖、资水、沅水、澧水流域环境污染案件；江西专门设立鄱阳湖环境资源法庭、长江干流江西段环境资源法庭、修河流域环境资源法庭和庐山环境资源法庭，跨区域集中管辖鄱阳湖、长江干流江西段、修河流域以及庐山环境资源案件。此外，山东和江西等地还根据审判需要在重点生态功能区设立巡回法庭，开展巡回审判，统筹保护功能区生态环境。[7]

二是以环境资源案件数量、人口数量和经济社会发展水平为综合考量因素实行跨区域集中管辖模式。此种模式不强调生态系统的完整性，而是综合考虑环境资源案件数量、人口数量和经济社会发展水平等因素，由上级法院指定本辖区内一个或若干个特定的法院管辖对应上级法院辖区内的环境资源案件，实行跨区域集中管辖的模式。如重庆高院指定渝北区法

4　参见王晓萍《跨区域环境资源案件诉讼管辖问题研究》，硕士学位论文，山西财经大学，2018年。

5　江苏9个生态功能区环境资源法庭分别是：在南京铁路运输法院设立西南低山丘陵区域环境资源法庭；在苏州市姑苏区人民法院设立太湖流域环境资源法庭；在江阴市人民法院设立长江流域环境资源第一法庭；在如皋市人民法院设立长江流域环境资源第二法庭；在淮安市洪泽区人民法院设立洪泽湖流域环境资源法庭；在东台市人民法院设立黄海湿地环境资源法庭；在灌南县人民法院设立灌河流域环境资源法庭；在徐州铁路运输法院设立淮北丘岗区域环境资源法庭；在宿迁市宿城区人民法院设立骆马湖流域环境资源法庭。

6　海南省五大河流经市县及两大自然保护区集中管辖：指海南省南渡江、万泉河、昌化江、宁远河、陵水河五大河流域环境案件分别由海口中院、省一中院、省二中院、三亚中院、陵水法院跨行政区域集中管辖；鹦哥岭、霸王岭自然保护区环资案件由省二中院集中管辖。

7　山东在黄河三角洲国际自然保护区大汶流管理站设置了黄河三角洲生态湿地巡回法庭，保护湿地生态环境；江西则设立九江中院西海巡回法庭加强对庐山西海的生态保护。

院、万州区法院、涪陵区法院、黔江区法院、江津区法院对环境资源案件实行跨区域集中管辖，审理或审查各自所在五个中院辖区内应由基层法院管辖的一审环境资源刑事、民事、行政案件以及生态环境主管部门申请法院强制执行的行政非诉等案件。

三是依托铁路法院，实行环境资源案件跨区域集中管辖模式。按照中共十八届四中全会关于"探索设立跨行政区划的人民法院"的要求，全面推进依法治国的重要部署，2014 年 10 月 16 日最高法院下发《关于开展铁路法院管辖改革工作的通知》，要求七个试点的铁路运输法院开展跨区域集中管辖行政案件和环境资源案件的改革。依托原铁路运输中级法院成立的北京市第四中级人民法院、上海市第三中级人民法院分别集中管辖北京市和上海市跨地区重大环境资源保护案件。西安铁路运输法院、安康铁路运输法院分别管辖原由西安、安康两市各基层人民法院管辖的一审环境资源案件，西安铁路运输中级法院管辖原西安、安康两市中级人民法院管辖的一审环境资源案件以及不服西安、安康铁路运输法院裁判的二审环境资源案件。

四是以案件性质和河流流域相结合确定跨区域集中管辖模式。如湖北省规定由武汉海事法院与武汉中院、宜昌中院、十堰中院、汉江中院对全省环境公益诉讼案件实行跨行政区域审理，武汉海事法院负责其管辖的湖北省内长江、长江支线水域水污染损害等环境公益诉讼案件；武汉、宜昌、十堰、汉江中院各负责相近辖区范围内省内长江、长江支线水域以外的环境公益诉讼案件。[8]

（三）环境公益诉讼案件的基本情况

我国环境公益诉讼制度正式确立于 2014 年修订的《中华人民共和国环境保护法》（以下简称《环境保护法》）。虽然此前《民事诉讼法》第 55 条规定了公益诉讼，但因可操作性不强，实践中案件数较少。2015 年以后，我国环境公益诉讼正式起步，本文在充分调取各省市数据的基础上，对当前环境公益诉讼案件进行实证分析。

1. 环境民事公益诉讼案件的基本情况

目前，环境民事公益诉讼案件根据起诉主体不同可分为两大类，即社

8　2017 年 10 月 30 日，湖北高院下发鄂高法（2017）237 号文件对辖区环资案件管辖模式进行规范。

会组织提起的环境民事公益诉讼案件和检察机关提起的环境民事公益诉讼案件。

（1）社会组织提起的环境民事公益诉讼案件数及分布

由于我国社会公益组织并不发达，各省市具备起诉条件的社会组织数量并不多，据民政部统计，全国约有 700 个社会组织具备提起环境民事公益诉讼的资格。[9] 但实践中，仅有不足 5% 的社会组织提起了环境民事公益诉讼。[10] 经统计，2015—2018 年，社会组织共提起环境民事公益诉讼228 件，分别是 2015 年 60 件、[11] 2016 年 66 件、[12] 2017 年 45 件、[13] 2018年 57 件，[14] 结案共计 144 件。[15] 2015—2018 年社会组织提起的环境民事公益诉讼案件收案与结案情况统计如图 1 所示。

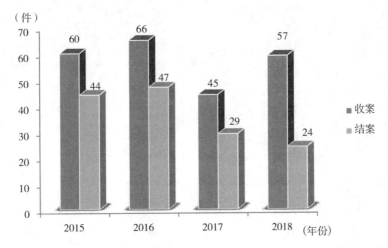

图 1　2015—2018 年社会组织提起的环境民事公益诉讼案件收案与结案情况统计

通过对提起环境民事公益诉讼的社会组织进行统计（见表 2），迄今

9　参见邢世伟、金煜《最高法：700 余家社会组织可提起环境公益诉讼》，载《新京报》2015 年 1 月 7 日第 A06 版。

10　截至 2018 年年底提起公益诉讼社会组织共 32 家，具体名称可见下文"2015—2018 年提起环境公益诉讼社会组织一览"。

11　例如，山东青岛海事法院（2015）青海法海事初字第 117 号。

12　例如，广州中院（2016）粤 01 民初 51 号。

13　例如，云南省楚雄州中级人民法院（2017）云 23 民初 96 号。

14　例如，江苏省常州中院（2018）苏 04 民初 25 号。

15　该结案数由各高院 2019 年 1 月提供数据统计而来。

为止，共有 32 家社会组织提起诉讼，起诉案件最多的系中国生物多样性保护与绿色发展基金会，实践中被称为"绿发会"，共起诉 63 件案件，其次是北京市朝阳区自然之友环境研究所，被简称为"自然之友"，起诉32 件，再次是中华环保联合会起诉 30 件。

表 2　　　　　2015—2018 年提起环境民事公益诉讼社会组织一览　　单位：件

序号	社会组织名称	2015 年	2016 年	2017 年	2018 年	总计
1	中国生物多样性保护与绿色发展基金会	21	24	8	10	63
2	北京市朝阳区自然之友环境研究所	8	10	4	10	32
3	中华环保联合会	10	9	7	4	30
4	福建省绿家园环境友好中心	2	1	2	11	16
5	重庆市绿色志愿者联合会		2	3	8	13
6	中华环境保护基金会		8	3		11
7	贵阳公众环境教育中心	8		2		10
8	河南省企业社会责任促进中心		2	4	4	10
9	北京市丰台区源头爱好者环境研究所				8	8
10	重庆两江志愿服务发展中心		3	2	1	6
11	镇江市生态环境公益保护协会	4				4
12	镇江市环境科学学会		4			4
13	广东省环境保护基金会		2	2		4
14	山东省环境保护基金会			1	3	4
15	益阳市环境与资源保护志愿者协会			2	1	3
16	湘潭环境保护协会	1			1	2
17	大连市环保志愿者协会	2				2
18	淮安市环境科学学会		2			2
19	杭州生态文化协会	1				1
20	绍兴市生态文明促进会		1			1
21	河南省环保联合会		1			1
22	贵阳环境公众教育中心	1				1

序号	社会组织名称	2015 年	2016 年	2017 年	2018 年	总计
23	清镇市生态保护联合会	1				1
24	绿色潇湘环保科普中心		1			1
25	江苏省环保联合会		1			1
26	安徽省环保联合会		1			1
27	莆田绿荫滨海湿地研究中心	1				1
28	中山市环境科学学会			1		1
29	成都城市河流研究会			1		1
30	贵州省青年法学会			1		1
31	天津市环保产品促进会				1	1
32	东莞市环境科学学会				1	1

进一步对各省份 2015 年以来社会组织提起的环境民事公益诉讼案件进行统计（见表 3），迄今为止，共有 29 个省份开始审理相关案件，案件数占绝对优势的是江苏，共有 54 件案件，其次是贵州、北京等地。

表 3　2015—2018 年社会组织提起的环境民事公益诉讼案件省份统计　单位：件

序号	省份	2015 年	2016 年	2017 年	2018 年	总数
1	江苏	19	17	5	13	54
2	贵州	9	1	4	3	17
3	湖北		2	2	9	13
4	北京	1	6	3	2	12
5	河南	1	4	4	3	12
6	山东	4	3		4	11
7	广东	1	4	4	1	10
8	宁夏	8			2	10
9	安徽	1	4	4	1	10
10	湖南	1	2	1	5	9
11	福建	6	1	1		8
12	山西		2	3	3	8
13	广西		3	1	4	8
14	云南	2	1	2	3	8

续表

序号	省份	2015 年	2016 年	2017 年	2018 年	总数
15	内蒙古		5	1		6
16	天津	1	1	1	1	4
17	河北		3			3
18	辽宁	1	1	1		3
19	重庆	1		2		3
20	甘肃	1	1	1		3
21	上海				3	3
22	江西			3		3
23	浙江	1	2			3
24	四川	1		1		2
25	海南	1				1
26	吉林		1			1
27	黑龙江			1		1
28	陕西		1			1
29	新疆		1			1

通过以上分析可以看出，2015 年以来，提起环境民事公益诉讼的社会组织逐渐增加，从 2015 年的 18 家到 2018 年年底的 32 家。虽然一部分社会组织只提起 1 件诉讼，但尝试环境民事公益诉讼的意图明显。整体而言，社会组织提起的环境民事公益诉讼每年均有一定数量的案件，但未能大量出现，原因主要在于：一则环境民事公益诉讼本身的复杂性，环境损害事实的认定、损失的认定等在实践中存在诸多障碍或不确定性；二则法律对于社会组织原告主体资格的限定；三则社会组织自身存在资金保障、专业人才等方面的障碍；四则关于费用收取的不同规定一定程度上也限制了社会组织的积极性。[16]

（2）检察机关提起的环境民事公益诉讼案件数及分布

2015 年 7 月 1 日起，检察机关经全国人大常委会授权，在全国 13 个

16　根据《人民检察院提起公益诉讼试点工作实施办法》的规定，检察公益诉讼中检察机关免交诉讼费，同时诉讼中的鉴定费用不预先收取。但社会组织提起环境民事公益诉讼并无此规定，社会组织只能申请诉讼费缓交或是减免。

省份进行检察公益诉讼试点,[17] 试点期限 2 年。经统计,在试点期间,检察机关共提起环境民事公益诉讼 66 件,试点之后至今又提起 91 件,共计 157 件案件。[18] 在试点期间,除内蒙古无相关案件外,其他 12 个省份均有一定数量的案件,其中,山东、安徽、广东案件数相对较多。试点期满后,新增浙江、广西、重庆等七省份,其中浙江后来居上,目前已提起 12 件环境民事公益诉讼案件。2015—2018 年检察机关提起环境民事公益诉讼案件的具体统计情况如表 4 所示。从四年的受理情况来看,检察机关提起的环境民事公益诉讼案件数虽然绝对值不大,但增幅较大,每年案件数增长超过 20 件,增幅达 40% 左右。较之社会组织提起的环境民事公益诉讼,检察机关提起的环境民事公益诉讼案件数相对较少,原因在于检察机关要提起该类诉讼需逐级审批,而提起刑事附带民事公益诉讼则无须履行内部审批程序,加之附带诉讼的审判程序相对简化,后检察机关多转为提起刑事附带民事公益诉讼。

表 4　2015—2018 年检察机关提起环境民事公益诉讼案件省份统计　　单位:件

序号	省份	2015 年	2016 年	2017 年	2018 年	总数
1	山东		3	18	1	22
2	安徽		1	9	9	19
3	广东		5	2	10	17
4	江苏	2	3	2	6	13
5	浙江			1	11	12
6	湖北		3	4	2	9
7	云南		1	1	7	9
8	广西				8	8
9	福建		2	5	1	8
10	陕西			7	1	8
11	甘肃			1	5	6

17　检察公益诉讼试点的 13 个省份分别是:北京、内蒙古、吉林、江苏、安徽、福建、山东、湖北、广东、贵州、云南、陕西、甘肃。

18　试点期间,如江苏省苏州市中级人民法院 (2016) 苏 05 民初 697 号;试点之后,如安徽省阜阳中院 (2018) 皖 12 民初 1 号。

续表

序号	省份	2015 年	2016 年	2017 年	2018 年	总数
12	贵州		3	1	1	5
13	北京			4		4
14	重庆				4	4
15	内蒙古				3	3
16	吉林			1	2	3
17	海南				3	3
18	湖南				2	2
19	河北				1	1
20	河南				1	1
合计		2	21	56	78	157

（3）刑事附带民事公益诉讼案件数及分布

对 2015—2018 年刑事附带民事公益诉讼案件进行统计（见表5），截至 2018 年年底，检察机关提起的刑事附带民事公益诉讼案件共有 496 件，涉及 25 个省份，江苏案件数居第一，其次是浙江、湖南、安徽等地。浙江、湖南、河北虽然并非检察机关提起公益诉讼的试点地区，但在试点结束之后发展迅猛，案件数迅速增长，而试点地区相关案件数并不占优。[19]

刑事附带民事公益诉讼自《最高人民法院、最高人民检察院关于检察公益诉讼案件适用法律若干问题的解释》（以下简称《检察公益诉讼解释》）2018 年 3 月施行以来，案件数量大幅上升，2018 年全年收案 415 件，占总数的 83.67%。案件影响逐渐加大，对审判组织也提出了更高要求，此前多专门审理刑事案件，现在需合并审理民事公益诉讼案件，而在审理时，还要统筹考量民事责任与刑事责任的相互关系，对于积极履行民事责任的，可以作为刑事案件的酌定量刑情节，摒除此前以单纯的刑事责任代替民事修复义务的做法。

---

[19]　由于全国尚未建立统一的四级环资审判专门机构，所以案件的统计口径难以完全一致，数据统计可能因口径不一而有所偏差。496 件刑事附带民事公益诉讼案件由各高院截至 2019 年 1 月层报最高法院环资庭的数据统计而来。

表5   **2015—2018 年刑事附带民事公益诉讼案件省份统计**   单位：件

序号	省份	2015 年	2016 年	2017 年	2018 年	总数
1	江苏		2	25	50	77
2	浙江				55	55
3	湖南			2	36	38
4	安徽			15	22	37
5	云南			8	28	36
6	河北			1	33	34
7	湖北			4	26	30
8	河南			2	21	23
9	甘肃			3	18	21
10	重庆				17	17
11	海南				17	17
12	内蒙古				16	16
13	吉林			2	13	15
14	贵州			5	9	14
15	新疆			1	13	14
16	山东			1	8	9
17	福建				9	9
18	青海			1	7	8
19	广西				6	6
20	四川			3	3	6
21	江西			5		5
22	陕西				4	4
23	广东				2	2
24	山西			1	1	2
25	西藏				1	1
合计		0	2	79	415	496

《检察公益诉讼解释》将刑事附带民事公益诉讼纳入民事公益诉讼范畴，亦即广义的检察机关提起的民事公益诉讼包括普通民事公益诉讼和刑事附带民事公益诉讼两类。[20] 普通环境民事公益诉讼案件数相对较少，因公法案件的便利性，环境领域刑事附带民事公益诉讼成为检察公益诉讼的主流。[21]

---

20 《检察公益诉讼解释》在"二、民事公益诉讼"部分第 20 条规定：人民检察院对破坏生态环境和资源保护、食品药品安全领域侵害众多消费者合法权益等损害社会公共利益的犯罪行为提起刑事公诉时，可以向人民法院一并提起附带民事公益诉讼，由人民法院同一审判组织审理。人民检察院提起的刑事附带民事公益诉讼案件由审理刑事案件的人民法院管辖。

21 以湖北为例，2018 年 3 月至 2019 年 6 月，刑事附带民事公益诉讼共有 165 件，而同期其他所有公益诉讼案件总数仅为 98 件。

（4）环境民事公益诉讼案件诉讼请求统计分析

根据《环境保护法》第64条的规定，因污染环境和破坏生态造成损害的，应当依照《中华人民共和国侵权责任法》的有关规定承担侵权责任。故此侵权责任的承担方式同样适用于生态环境领域。通过对881件环境民事公益诉讼案件进行统计，发现这些案件所提诉请共涉及赔偿损失、停止侵害、恢复原状、赔礼道歉、消除危险、排除妨碍六类，其中赔偿损失案件数最多，共有603件案件，其次是赔礼道歉，共397件，再其次是恢复原状、停止侵害、消除危险，也有相当大的案件数，排除妨碍案件数最少，为90件（见图2）。而且从统计情况可以看出，2018年环境民事公益诉讼案件的诉请发生了较为明显的变化，赔礼道歉、恢复原状的比例大幅上升，较之2018年前停止侵害的比例大幅下降，2018年前诉请比重排序从高到低依次是赔偿损失、停止侵害、恢复原状、赔礼道歉、消除危险、排除妨碍。诉请比重的变化，表明起诉主体更加注重公益诉讼的社会影响与生态环境的恢复。据进一步统计分析，社会组织提起的环境民事公益诉讼大多都涉及赔礼道歉，而检察机关提起的环境民事公益诉讼2018年前几乎都系赔偿损失、停止侵害，2018年以来开始注重赔礼道歉这一侵权责任方式的承担。

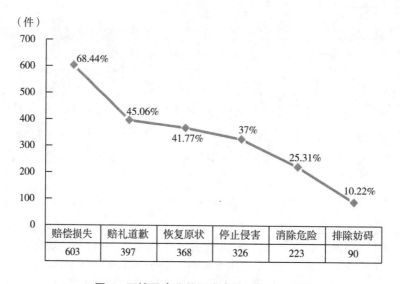

图2　环境民事公益诉讼案件诉讼请求统计

（5）环境民事公益诉讼案件裁判方式统计分析

上述环境民事公益诉讼案件 881 件，审结 525 件。结案方式为判决、调解和撤诉，其中调解结案 93 件、撤诉 15 件，其余 417 件均为判决。调解案件中有 36 件系社会组织提起的。从审判实践来看，社会组织往往愿意与被告进行协商，而检察机关往往更倾向于以判决方式支持其诉请。统计的 57 件调解结案的检察机关提起的环境民事公益诉讼中有 52 件系刑附民中调解的，而检察机关提起的普通环境民事公益诉讼案件调解率偏低。

此外，在近 70% 的案件中都有诉请赔偿损失，法院往往也都作出了认定。但判决费用的去向，是当前审判中的一大难点。概括而言，目前做法有以下五种：一是判决将款项付至法院执行账户或指定的其他账户；二是判决将款项付至检察机关指定的账户（检察机关提起环境民事公益诉讼的情况）；三是判决将款项付至生态环境主管部门指定的账户；四是判决将款项付至财政专门账户；五是判决将款项付至特定基金账户。使用最多的是第四种，即将款项付至财政专门账户，实行专款专用，分账核算。从目前运行情况来看，将款项付至财政，钱往往有"易进难出"的问题。

2. 环境行政公益诉讼案件的基本情况

行政公益诉讼作为检察公益诉讼的主要类型，案件数占有绝对优势。试点期间，共受理行政公益诉讼 1044 件，审结 902 件。试点之后，截至 2018 年年底，共受理 506 件，审结 387 件。其中，环境行政公益诉讼是行政公益诉讼的重要组成部分，试点期间共受理 710 件环境行政公益诉讼，审结 590 件。试点之后，截至 2018 年年底，共受理 329 件，审结 278 件。

根据法律规定，检察机关对于生态环境和资源保护、食品药品安全、国有财产保护、国有土地使用权出让等领域可提起行政公益诉讼。涉及环境行政公益诉讼的主要为生态环境和资源保护以及国有土地使用权出让这两大块，同时还有一部分涉排污费等国有财产保护的交叉案件。

（1）环境行政公益诉讼被诉主体统计分析

行政公益诉讼被诉主体集中在基层行政机关，主要系县级人民政府的工作部门以及一部分乡级、县级人民政府。

通过对受理的 1039 件环境行政公益案件进行分类统计（见图 3），涉及的行政主体主要有 12 个，即自然资源局、生态环境局、林业局、乡镇人民政府、水务局、农业局、畜牧局、住建局、城市管理局、水利局、园林绿化局、农牧业局。涉自然资源局数量最大，有 310 件，其次是生态环境局、林业局、乡镇人民政府和水务局。这说明，环境行政公益诉讼中，涉及违法或不作为的行政机关并不仅限于生态环境局。而被诉行政主体主要集中在基层，原因在于基层行政机关承担了大量的环保监管职责。

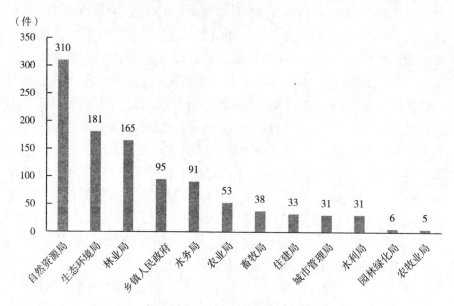

图 3　环境行政公益诉讼被诉行政主体统计

（2）环境行政公益诉讼案件分布情况

环境行政公益诉讼案件主要分布在试点的 13 个省份，其中以吉林案件数最多，为 153 件，其次是湖北、云南、贵州等省。与环境民事公益诉讼案件数相较，江苏省环境行政公益诉讼案件数并不多，在 13 个省份中排在第 12 位，北京案件数相对较少，为 14 件。从受理时间来看，主要集中在 2017 年，尤其是上半年，因 7 月 1 日试点结束，所以在结束以前，检察机关集中提起了一批案件，当年案件数有 681 件，占总案件数的 65.6%。随着试点结束，案件数逐渐回落。2015—2018 年环境行政公益诉讼的具体情况如表 6 所示。

表 6　　　　　　　　**2015—2018 年环境行政公益诉讼案件省份统计**　　　　单位：件

序号	省份	2015 年	2016 年	2017 年	2018 年	总数
1	吉林		4	101	48	153
2	湖北		12	74	48	134

序号	省份	2015 年	2016 年	2017 年	2018 年	总数
3	云南		8	98	8	114
4	贵州	1	12	87	12	112
5	山东	1	1	43	53	98
6	陕西		8	50	16	74
7	甘肃		2	46	19	67
8	安徽		2	37	26	65
9	福建	1	1	48	14	64
10	内蒙古		3	31	16	50
11	广东		2	27	9	38
12	江苏		1	28	9	38
13	北京		1	9	4	14
14	河南			1	5	6
15	重庆			1	3	4
16	河北				4	4
17	浙江				1	1
18	湖南				1	1
19	四川				1	1
20	新疆				1	1
汇总		3	57	681	298	1039

检察机关通过大量的诉前程序,[22] 督促行政机关积极履职, 改正、消除违法或不作为情形, 对于少量仍未改正的, 则提起行政公益诉讼。试点前后, 检察机关均通过严格地把控, 因地制宜提起一批诉讼, 落实了检察公益诉讼的主要任务, 同时检察机关对案件类型的选择、被诉主体的遴选、胜诉率的关切等, 也导致了公益诉讼起诉对象的被选择性。

(3) 环境行政公益诉讼案件裁判方式统计分析

环境行政公益诉讼案件已结案件 868 件, 结案方式有撤诉和判决两种, 其中撤诉 14 件, 其余均为判决结案。撤诉的主要原因除去起诉错误外, 另外则为行政机关已积极履职、消除了不作为等违法状态。判决结案的案件, 和检察机关提起的环境民事公益诉讼一样, 检察机关的胜诉率接近 100%, 但随着检察公益诉讼的逐渐深入, 目前开始涌现出一批有代表

22　经最高检提供数据反馈, 2015 年 7 月至 2017 年 6 月试点期间检察机关共办理诉前程序案件 9053 件; 2017 年 7 月至 12 月, 检察机关立案 10565 件, 发出检察建议和发布公告 9497 件; 2018 年, 检察机关办理诉前程序案件 102975 件。

意义的个案，裁判结果开始出现驳回检察机关全部诉请或部分诉请的情况。[23] 对于具体的裁判方式，虽然法律规定有履行判决、确认违法判决、撤销或部分撤销判决、变更判决、驳回判决等形式，但从目前检察机关的诉请看，主要集中在要求确认违法和继续履职上，868 件案件中，绝大部分案件的判决结果均是确认行政行为违法，并判令继续履行。

以湖北省为例，对其 103 件已结环境行政公益诉讼案件进行分析，从案件类型来看，涉及国有土地使用权出让的案件有 38 件，涉及生态环境的有 20 件，涉及林地保护的有 22 件，涉及水库、防洪设施的有 5 件，涉及矿产开采的有 4 件，涉及农田保护的有 1 件，涉及土地出让金、排污费等国有财产的有 13 件。103 件案件中撤诉的有 3 件、判决的有 100 件。从判决方式来看，有 73 件案件系确认违法、并要求继续履职，占比 73%，有 21 件系判决确认违法、有 4 件系履行职责、有 2 件涉及撤销行政行为，暂未有变更判决和驳回判决这两种裁判方式。值得一提的是，21 件确认违法判决均系行政机关在诉讼中积极履职消除违法状态，检察机关撤回了继续履职的诉请。从案件的法律适用来看，程序法基本上适用的是《行政诉讼法》第 72 条、第 74 条，实体法则主要涉及《环境保护法》《中华人民共和国水法》《中华人民共和国水污染防治法》《中华人民共和国森林法》《中华人民共和国矿产资源法》等。

随着行政公益诉讼的深入推行，案件的裁判方式进一步规范，如在第二次全国法院环境资源审判工作会议上，时任最高法院环资庭副庭长、第三巡回法庭副庭长王旭光（现任最高法院环资庭庭长）在会上总结讲话时指出："依据《行政诉讼法》的规定，确认违法判决和继续履职判决的适用条件是不同的，在具备继续履职条件的情况下，人民法院不应在判决被诉行政机关继续履职的同时，判决确认被诉行政机关行为违法。"[24] 湖北省检察院第八检察部（公益诉讼部）也明确提出要规范诉请，确认违法与继续履职不再同时提起。[25]

23　如延边朝鲜族自治州中级人民法院审理的（2018）吉 24 行终第 114 号案件。

24　王旭光：《在第二次全国法院环境资源审判工作会议上的总结》，2018 年 11 月 23 日，会议汇编资料。

25　2019 年在湖北全省法院环境资源审判业务培训班上，湖北省检察院第八检察部负责人王朝阳作了"湖北省环境检察公益诉讼的概况"的交流，在讲话中其提出该意见。

二　环境公益诉讼案件审判存在的问题及原因分析

（一）环境公益诉讼案件审判存在的问题

1. 案件数少、类型单一，质量待提高

公益诉讼在大力推行，但就统计的案件数来看，并不理想。全国符合起诉条件的社会组织有 700 多家，但仅 32 家社会组织提起诉讼，该类主体提起公益诉讼的动力不足，案件数四年间也只有 228 件。检察公益诉讼现在是主力军，但所提诉讼现在主要转向刑事附带民事公益诉讼，案件类型也较为单一，主要集中在非法捕捞、非法占地，盗伐、滥伐林木等，普通环境民事公益诉讼统计虽涉及十类环境要素，[26] 但主要涉及的是水污染和土地污染，如湖北目前检察机关提起的普通环境民事公益诉讼主要系养殖废水污染。同时，从调研的情况来看，公益诉讼案件质量有待提高，一些环境民事公益诉讼的判决结果缺乏可操作性，实践中无法执行，如针对浓硫酸污染土壤案件，仅判决恢复原状等。此外，一些裁判文书的说理性不够，无法有效发挥公益诉讼的政策指引作用。[27]

2. 检察公益诉讼程序分歧较大

法检两家就检察公益诉讼的诉讼程序存在较多分歧，如检察机关的身份是"原告"还是"公益诉讼人"或"公益诉讼起诉人"、通知开庭使用传票还是出庭通知书、开庭时检察机关工作人员的身份是否需核实、不服一审判决是抗诉还是上诉、二审程序由哪一级检察机关启动或参加诉讼，等等。[28] 尽

26　通过对检察机关提起的普通环境民事公益诉讼案件涉及的环境要素进行统计，所涉环境要素包括：大气、水、土地、森林、野生生物、海洋、矿藏、草原、自然保护区、人文遗迹 10 个方面。其中涉土地污染和水污染的案件数最多，各占到 36% 左右，其次是大气污染，占总数的 12.62%，森林、野生生物破坏也有一定数量的案件。

27　同前注 23，江必新文。

28　检察公益诉讼中，检察机关一直要求以刑事公诉的模式来处理公益诉讼，所以对法院以原告对其进行定位持有异议，不同意法院下达开庭传票，不同意法院开庭时对其出庭人员身份进行核对，对一审判决不服要求提起抗诉，二审要求由上级检察机关出庭，刑事附带民事公益诉讼中原检察机关二审不愿意出庭等。

管《检察公益诉讼解释》的出台在一定程度上解决了这些问题，但是，《检察公益诉讼解释》中没有解决的问题或未能有效解决的问题目前仍困扰着司法审判。

3. 刑事附带民事公益诉讼案件范围模糊

由于审级低且起诉便利，自 2018 年 3 月后，检察机关将起诉重点转向刑事附带民事公益诉讼。但就目前实践来看，该类案件受案范围比较模糊，使得《最高人民法院关于适用〈中华人民共和国刑事诉讼法〉的解释》第 142 条规定的刑事附带民事诉讼[29]成为僵尸条款。[30] 此条规定与刑事附带民事公益诉讼案件如何衔接或区分，有待进一步明确。

4. 环境公益诉讼鉴定费过分高昂

较之其他鉴定，环境司法鉴定费用过高，占赔偿费用比例过重，有些甚至超过赔偿费用。如在汉江分院诉被告仙桃山红回收部等土壤污染责任纠纷环境公益诉讼案中，判决被告承担被污染的土壤修复费用为 101868.65 元，而评估费则高达 109915 元。

5. 赔偿款项使用管理缺乏规定

针对环境污染或生态破坏所判决的恢复性资金或损害赔偿金，目前有五种操作方式，但仅是解决了钱去哪里的问题，钱怎么支出、怎么监管没有明确规定，由各地自行探索。如将款项支付到财政专门账户，该账户的设立、使用和监管没有统一的管理办法，很有可能成为僵尸账户或无法有效实现生态修复目的。[31]

6. 诉讼目的未能有效实现

环境公益诉讼的目的在于保护生态、修复环境，但就调研情况来看，

29　《最高人民法院关于适用〈中华人民共和国刑事诉讼法〉的解释》第 142 条第 1 款、第 2 款规定：国家财产、集体财产遭受损失，受损失的单位未提起附带民事诉讼，人民检察院在提起公诉时提起附带民事诉讼的，人民法院应当受理。人民检察院提起附带民事诉讼的，应当列为附带民事诉讼原告人。

30　2019 年在湖北全省法院环境资源审判业务培训班上，湖北省检察院第八检察部负责人介绍，该院近两年未适用该条款提起过刑事附带民事诉讼。

31　在 2018 年 11 月召开的第二次全国法院环境资源审判工作会议上，各与会高院均提出赔偿款亟须统一管理规范。如福建高院提出："缺乏专项资金制度，修复资金的收取程序缺乏法律依据，目前全省有 2 个中院和 22 个基层法院已设立资金账户，由于财政部门对此有严格限制，已设立的资金账户随时可能被撤销，尚未设立账户的法院，存在无法收缴生态修复费用问题。"

诉讼目的未能有效实现。一则检察公益诉讼推行初期，有些做法偏离了该类诉讼本身应担负的使命，如为追求数量而对不属于受案范围的案件提起诉讼，诉讼目的完全实现的案件坚持要求判决，不同意调解或撤诉等。二则一些法院在实践中代行了行政机关的部分职责，因自身职能和专业所限，无法有效实现生态保护或修复目的。三则社会主体参与积极性不高，尚未形成环境公益的保护合力等。

（二）环境公益诉讼案件审判存在问题的原因分析

1. 立法不够完善

一是案件范围规定不明。环资案件的边界不够清晰，目前多用"涉及环境保护""涉及生态保护"等词汇，如最高法院环资庭将其受案范围规定为，"涉及大气、水、土壤等自然环境污染侵权纠纷民事案件，涉及地质矿产资源保护、开发有关权属争议……环境资源民事纠纷案件"，表述较为概括。

二是诉讼主体资格限定模糊。对于可以提起环境民事公益诉讼的社会组织，在立案标准上界定不够清晰，实践中存在把握不准的情况。目前，提起环境民事公益诉讼的社会组织占比不足 5%，如过分严格苛定社会组织提起诉讼的条件，势必有悖于公益诉讼制度设立的初衷。尽管最高法院通过腾格里沙漠案对实践有所指引，[32] 但仍存在大量问题有待解决。

三是诉讼程序规定不明。一方面，鉴定程序规定需进一步完善，目前专业鉴定机构数量少，且大多并未经过司法行政部门的认证，不具备司法鉴定资质，这些机构如何参与司法鉴定需要明确规范。另一方面，公益诉讼案件执行规定不明，公益诉讼执行款项的去处以及修复措施的采取等具体问题都是目前已结案件迫切需解决的难题。此外，刑事附带民事公益诉

---

[32] 最高法院在指导案例 75 号中指出：社会组织的章程虽未载明维护环境公共利益，但工作内容属于保护环境要素及生态系统的，应认定符合《最高人民法院关于审理环境民事公益诉讼案件运用法律若干问题的解释》（以下简称《环境民事公益诉讼解释》）第 4 条关于"社会组织章程确定的宗旨和主要业务范围是维护社会公共利益"的规定；《环境民事公益诉讼解释》第 4 条规定的"环境保护公益活动"，既包括直接改善生态环境的行为，也包括与环境保护相关的有利于完善环境治理体系、提高环境治理能力、促进全社会形成环境保护广泛共识的活动；社会组织起诉的事项与其宗旨和业务范围具有对应关系，或者与其所保护的环境要素及生态系统具有一定联系的，应认定符合《环境民事公益诉讼解释》第 4 条关于"与其宗旨和业务范围具有关联性"的规定。

讼案件中民事责任的积极履行对于量刑情节的影响也缺乏进一步规范。

　　2. 专门化力度不够

　　首先，机构体系不完善。一是尚有部分高院未设立环资庭。目前虽已有22个高院成立了环资庭，但还有部分省市尚未在高级法院一级设立环资庭。二是上下对口不一。目前全国仅有16个省份构建了三级环境资源审判组织体系，其他省份则多数在中级或基层法院设立了部分环资庭。由此带来的后果是环资案件范围一旦确定，设立环资庭的，则案件在环资庭审理，但很有可能在上诉或申诉时无对口庭室，而由其他庭承办；未设立环资庭的，则案件范围确立的目的落空，无法得到贯彻执行。机构体系的不完善，导致上级法院无法有效指导辖区案件审判，也给环资案件的调研以及数据统计带来不便。

　　其次，机构设置随意性较大。目前推行的跨区域管辖或集中管辖，虽有破除行政壁垒之考虑，但另一主要现实考虑是当前环境资源案件范围不明确，环资庭无案可审，将案件尤其是公益诉讼案件相对集中在少数几家法院，便于审判和统计。而集中的方式目前由各省市自行决定，科学性和可行性均有待考证。

　　最后，人员专业化欠缺。环境公益诉讼跨越刑事、民事、行政三大诉讼门类，牵涉错综复杂的深层次利益博弈，涉及实体法和程序法、基本法和单行法、国内法和国际公约、公共利益和个体利益、法律判断和技术判断等多个领域，对人民法院的司法能力和审判水平提出了更高的要求。而现有法官队伍环境司法理念亟待更新，司法能力和审判水平尚不能完全适应审判工作需要。特别是在员额制改革背景下，不少环资庭尚无法搭建一个完整的审判团队组成合议庭。[33]

　　3. 制度设计不完善

　　一是法院自身定位错位。《环境民事公益诉讼解释》的相关规定更强调法院在案件中的主动地位，如强调法院对原告诉讼请求的"指导"，强调法院在证据收集、鉴定、调解、执行等问题上的主动职能。过分强调法院在案件中的主动地位可能会造成以下后果："其一是法院在事实上对行政机关职能的超越，成为环境公共利益的第一顺位保护者，法院有越俎代庖之嫌；其二是可能引发行政机关的懒政与失位，将本应由行政机关承担

33　参见重庆高院课题组《长江经济带环境资源审判实证研究》，内部交流资料。

的职能交由法院，造成有限的环境司法资源的浪费；其三是在适用条件、环资庭的能动司法尺度方面均因缺乏更为细致和具体的规范而体现出一定的随意性，造成自由裁量范围的扩张，可能导致司法不公。"[34]

二是"N 合一"目的未能完全实现。如上文统计，多地法院实行"二合一""三合一"，甚至"四合一"，但从实际效果来看，制度设计的目的未能完全实现。其一，各地不同的立案标准带来了实践中的困境，即具有相同诉讼资格的主体，在不同的法院和不同的地区提起诉讼却面临不同的处理结果，这显然有损环境司法的公信力。其二，真正体现制度设计初衷的案件并不多，即真正因同一侵权行为同时引发的民、行、刑案件很少，更多的是各类案件的简单组合，但因审判人员储备不足，可能并不利于相关案件的处理。

三是诉讼费用承担成为社会组织提起环境民事公益诉讼的最大阻碍。环境公益诉讼需要调查取证、专家咨询、检验鉴定等大量费用，尤其是鉴定费用高昂，从目前实践来看，少则几万元、多则几十万元、几百万元，这些费用已成为公益诉讼的"拦路虎"。而相关费用又只有在胜诉后才有可能得到"报销"，而不是事先就给予补贴，这也导致社会组织提起公益诉讼的积极性不高。[35]

四是专家陪审员制度缺失。环境公益诉讼在我国尚属新生事物，被称为"技术型诉讼"，法院存在审判难、损害认定难的问题，在鉴定费用过于高昂的情况下，专家陪审员制度显得尤为重要。从目前的情况来看，虽然最近施行的《中华人民共和国人民陪审员法》规定了公益诉讼须实行 7 人合议庭，陪审员占有 4 个席位，但因陪审员来源于基层法院陪审员库，并未成立专门的环境资源专家陪审员库，目前公益诉讼陪审员制度无法实质性解决审判中遇到的技术性难题。

4. 衔接机制不完善

环境公益诉讼与生态环境损害赔偿诉讼衔接不完善。当前在施行环境公益诉讼的同时，也规定了省市政府及其指定部门可以提起生态环境损害赔偿诉讼。但是，对于两种诉讼的实质差异并未明确。同时，在诉讼程序

34　孙天文、董新辉：《环境公益诉讼中国样本的困境与出路》，载《深化司法改革与行政审判实践研究（上）——全国法院第 28 届学术论坛会获奖论文集 2017 年》，第 718 页。

35　检察机关有专门的办案财政经费，不存在这一问题。

上，生态环境损害赔偿诉讼优先于环境公益诉讼所遇到的各种操作障碍可能会影响环境公益的及时有效保护。

5. 协作机制不完善

（1）检察机关与社会组织协作不完善

环境公益诉讼案件涉及主体广泛，检察机关与社会组织均可以提起环境民事公益诉讼，但存在顺位问题，即社会组织先行。在社会组织提起诉讼时，检察机关可以选择支持起诉。实践中，检察机关往往不愿意这么做，如江苏的一起案件，在社会组织申请参加诉讼时，检察机关不愿转为支持起诉，而选择撤诉。

（2）法、检与行政机关协作不完善

行政机关掌握着大量被监管者的资料和信息，如行政处罚记录等，且行政机关也更容易发现违法行为，无论是在履职还是监管能力上，都更具优势。行政机关下达处理决定后相对人不履行的，可以申请人民法院强制执行，或将案件线索转交检察机关通过提起诉讼的方式来纠正行为人的违法行为。但从实践来看，法、检与行政机关的协作并不通畅，无法形成长效机制。而导致该问题的根源在于环境公益诉讼尤其是环境民事公益诉讼在侵权诉讼定位下，被认为与行政执法无关。现行法律未建立法、检与行政机关之间的执法衔接机制，也没有为监管部门设定诉讼权责，行政监管部门基本处于消极、被动的边缘化角色。[36]

6. 社会影响力不够

我国环境公益诉讼一直都有，但数量寥寥，1995—2014 年的 20 年，全国法院共受理环境民事公益诉讼案件 72 件，年均 3.6 件。[37] 因此，从实质意义上说，我国公益诉讼制度正式发挥保护环境的作用是从 2015 年以后开始的。无论是理论界还是实务界，对制度的确立叫好声不断，施行以来取得的成绩也是有目共睹的，但有"叫好不叫座"之嫌，如环境民事公益诉讼案件数量一直不多，环境行政公益诉讼案件数虽有，但有一部分仅为完成"试点任务"，现在案件数也在逐渐回落。同时，环境公益诉讼中公民的参与度不高，环境权受到侵害往往需要公民提供线索，或参与

36　参见巩固《环境民事公益诉讼性质定位省思》，载《法学研究》2019 年第 3 期。

37　吕忠梅等：《中国环境司法发展报告（2015—2017）》，人民法院出版社 2017 年版，第 169 页。

调解，但从目前几起案件调解公告的情况来看，无一人参与。

三　完善环境公益诉讼司法审判的建议

（一）完善立法

1. 完善实体法

现在公益诉讼尤其是检察公益诉讼问题的根源在于缺乏上位法的明确规定。因此，迫切需要提高《环境保护法》的地位，即制定环境保护基本法，将分散于其他各部门法中的规定进行集中，在基本法中将环境权利的范围、权利的基本内容及救济方式等予以明确。同时，对各单行环保法律法规进行全面清理，对明显不适应现实要求已基本不适用的规定予以废止；对有些法律法规中明显不适应生态文明建设要求的规定进行修改；对法律之间前后不一致、不衔接，并且适用《中华人民共和国立法法》规定的法律适用规则也难以解决的规定进行修改。

2. 完善程序性规定

第一，划定环境公益诉讼受案范围。最高法院正就环境资源案件范围起草司法解释，最近已在社会上征求意见。对于环境民事公益诉讼的案件范围，首先，最有实际司法价值的原则应具有三个必备要素：一是诉讼形式确定在民事诉讼领域；二是诉讼标的确定为一切环境要素，即涵盖大气、水、土地、矿藏、山林、野生生物、自然遗迹、人文遗迹、自然保护区、风景名胜区、城市和乡村生活区域等；三是审查标准确定在诉讼请求和诉讼主张方面。[38] 其次，则是对于"环境公益"进行界定，以列举的方式将主要类型予以明确。为此，方能不断扩大环境民事公益诉讼的领域，将一切损害环境、破坏生态的行为纳入可规制的范畴。环境行政公益诉讼案件则与此相对应，在上述范围中行使行政监管职责的行政主体即可作为行政公益诉讼的被告。

第二，完善环境公益诉讼案件案由。因目前环境公益诉讼案件案由确定具有较大的随意性，对此需对案由的规定进行明确。为便于操作，建议

38　参见王灿发、程多威《新〈环境保护法〉下环境公益诉讼面临的困境与破解》，载《法律适用》2014 年第 8 期。

对环境民事公益诉讼案件案由的确定以私益诉讼的案由作为基础，如涉及水污染的，则可定为水污染责任公益诉讼。当然具体的设定还可再行斟酌，但目前有些法院将案由定为二级案由和三级案由的做法不妥当，没有概括出案件的法律关系，未能准确定性。如涉及几个环境要素时，则可以定为其共同的上一级案由，至于后缀的表述，因前面已经表述有环境要素、侵权形态，故此"环境""民事"等字样可以省略。对于环境行政公益诉讼案件的案由，则同样以私益诉讼的案由作为基础，后缀加以公益诉讼即可。如此既简明，又与普通的私益诉讼相区分。

第三，明确检察机关的诉讼地位。从公益诉讼实践以及《检察公益诉讼解释》均可看出，检察公益诉讼的症结在于检察机关的诉讼地位之争。即检察机关在公益诉讼中是法律监督机关还是诉讼程序启动者即案件原告。检察机关提起公益诉讼，作为一方当事人，其并不具有高于普通原告的诉讼地位和权利，应遵循当事人地位平等的诉讼原则。否则，如认可检察机关既以原告身份提起诉讼，又以法律监督机关的身份监督审判活动，则会损及以审判为中心的诉讼制度，也会损及法官与双方当事人之间基本的诉讼构造。[39] 因此，应将检察机关的两重身份进行区分，公益诉讼的原告和法律监督机关这两项职责不能在同一案件中同时行使。在诉讼法中应进一步明确检察机关提起公益诉讼时原告的身份，依据《民事诉讼法》和《行政诉讼法》享有相关诉讼权利和义务，在诉讼中应遵循法院审理民、行案件的基本规则。

第四，完善环境公益诉讼执行程序。生效裁判的执行关系到环境公共利益能否得到及时维护，关乎环境法律政策和人民法院的公信力。环境公益诉讼案件应遵循恢复性司法理念，落实以生态环境修复为中心的损害救济制度。一方面，灵活运用多种修复方式。探索补种复绿、增殖放流、限期修复、劳务代偿等生态环境修复责任承担方式及履行方式。完善代履行方式，法院在选择执行裁判的代履行者时，如果法律及法规有相关的资格规定的，应当优先考虑具备资质条件的机构或人员；还可使用招标的方法来确定执行裁判义务的代履行人。[40] 另一方面，建立公益诉讼专门基金。

39　同前注37，吕忠梅等书，第287页。

40　参见岳红红《环境民事公益诉讼执行问题研究》，硕士学位论文，河北经贸大学，2018年。

如上文所述，环境公益诉讼裁判的赔偿费去处是现在的难题，可尝试建立我国统一、专门的官方公益基金，促使公益诉讼资金的保障及使用规范化、制度化。[41] 该基金主要筹资方式包括政府财政拨款、公益诉讼裁判、社会公益捐款及罚款罚金等，并设置管理人员、评审委员会及严格的审计监管制度以此规范基金运作。

（二）加大环境司法专门化力度

最高法院 2015 年年底对环境司法专门化进行了官方诠释，即环境司法专门化是指环境审判机构、环境审判机制、环境审判程序、环境审判理论和环境审判团队"五位一体"的专门化。我国环境司法专门化发端于各地环境审判机构的建设。[42] 截至 2018 年 12 月，各地先后已设立 397 个专门的环资庭。[43] 环资审判机构是环境司法专门化的组织保障，建立专门的审判机构以适应环境案件审理的需要已经成为必要。环境案件尤其是公益诉讼案件，多涉及技术标准、环境科学等专业知识，专业性强，社会影响大，尽管不要求法官必须是环境科学方面的专家，但是，具备一定的环境科学素养却是法官作出科学与合理判断的必然要求。在目前我国法院的机构设置框架内，"如果没有组织权力、人员编制、财政支持，将很难实现案件审理的高质量"[44]。

此外，环境公益诉讼还有着区别于传统诉讼的审判机制和审判程序。"不论是哪种形式的环保法庭，大都在审判机制上多少修正了传统的当事人主义审判模式，而适度地强调职权主义，也即诉讼追求环境公共利益，强调法官在调查取证、释明、判决执行等方面的主导权和主动权，以此来

41　参见吕忠梅《关于建立环境诉讼资金管理制度的建议》，http：//www.ctzrzz.com/a/index/1687.html，最后访问日期：2019 年 1 月 13 日。同时吕忠梅在建议中表示，应完善基金监督制度。建立基金使用申请专家审查制度，委托专家进行独立评审并对结果负责；建立基金使用绩效审计制度，保证基金合规合理使用；建立基金使用公开制度，确保信息透明、运行规范、公众参与、富有公信。

42　参见张忠民《环境司法专门化发展的实证检视：以环境审判机构和环境审判机制为中心》，载《中国法学》2016 年第 6 期。

43　因内设机构改革，截至 2019 年 6 月，各地环资庭数量调整为 368 个。

44　宋宗宇、郭金虎：《环境司法专门化的构成要素与实现路径》，载《法学杂志》2017 年第 7 期。

应对当事人主义中对于个人利益关切较多、公共利益淡漠的情形。"[45] 亦即由于环境公益诉讼的公益性、专业性，在诉讼制度安排上，作出了有别于传统诉讼的规定。[46] 专门环资审判机构的设立，既是环境司法专门化的重要内容，也有利于推动专门环境公益诉讼审判机制的规范化运行，有利于环境公益的维护。

1. 加强审判机构专门化建设

一是加强环资审判庭的建设。环资庭的建设一般是先进行专门立法，然后依据法律规定设立专门的环境审判机构。如新西兰先在基本环境法《资源管理法》中做了规定，根据这一规定建立新西兰环境法庭；澳大利亚新南威尔士州则是直接针对环境审判机构的设置和运行在《土地与环境法院法》中做了规定。[47] 这些都体现了各国对环境司法专门化在立法方面的肯定，保证了环境审判机构的合法性、权威性和有效性，促进了环境司法改革的稳步前进。我国目前专门环资庭的建设应符合现实需要，就审判实践来看，已经设立专门机构的高级法院要调整充实审判力量，确保工作顺利开展。在高级法院层面，如果没有专门的机构，就无法有效统领全省生态环境审判工作。同时，要依据各省市的生态系统特征合理设置中、基层法院环资专门审判机构。因目前中基层法院法官员额有限，在部分基层法院传统的民、行、刑庭室开庭都无法凑成合议庭的情况下，强行要求设置环资庭不现实，可在综合考虑案件数等情况下，科学合理地推动具备条件的中、基层法院设立专门环资庭。

二是完善集中管辖。当前集中管辖制度由各地自行摸索，具有一定随意性和不可控性，为此可在当前实践的基础上，随着环资案件范围的确定，由最高法院进一步出台统一的原则性指导规则。集中管辖应注意便于当事人诉讼，如当事人所在地法院与集中管辖法院之间的立案衔接制度、[48] 环境民事公益诉讼案件可以在污染行为所在地的基层法院开展巡回

45　同前注 42，张忠民文。

46　如《环境民事公益诉讼解释》第 9 条规定：人民法院认为原告提出的诉讼请求不足以保护社会公共利益的，可以向其释明变更或者增加停止侵害、恢复原状等诉讼请求；第 32 条规定：发生法律效力的环境民事公益诉讼案件的裁判，需要采取强制执行措施的，应当移送执行。

47　参见向琪《我国环境法庭司法实践的困境及对策研究》，硕士学位论文，西南政法大学，2016 年。

48　现在逐渐推行的网上立案制度可以有效解决衔接问题。

开庭的方式审理案件等。

三是探索环境专门法院。虽然目前大力推广的"N 合一"模式不失为走出"三审分立"旧模式困境的可供选择的一条现实路径，但是"N 合一"模式仍然面临着种种挑战和危机，还不足以圆满应对和彻底解决环境资源审判司法尺度不统一的问题。当前司法改革的一个重要方面就是要建立与行政区划适当分离的司法管辖制度，破除影响独立审判和公正司法的制度性障碍。[49] 从改革成本的角度考虑，目前可以试点由矿区法院、林区法院、铁路法院集中审理环境资源案件。

2. 大力推进人员专业化

除打造高素质的环境司法审判队伍外，应建立环境公益诉讼案件审判专家库或引入技术辅助官。在人员的组成上，要优先考虑有过民事和行政两类案件审判经验的复合型人才、环保法专业的专业型人才以及环境科学方面的专家学者等专家型人才。这些专家或技术辅助官的引入，有利于辅助法官查清专门的技术性事实。在审理重大疑难案件、研讨疑难专业问题、制定规范性文件时，法官应当充分听取专家意见。

（三）完善环境公益诉讼审判制度

1. 法院作为审判机关的准确定位

司法在环境保护中要发挥其应有的作用，但还要看到环境保护更应采取行政监管手段，司法不应冲到最前面。因为与环境行政权相比，"环境司法权具有天然的局限性，具体表现为：一是行政权的处理效果更为直接，范围更为广泛。而环境司法权的直接效果往往仅能体现在所涉的个案当中，其所引发的社会效果与示范意义也与行政权不具有可比性；二是环境问题对自然科学水平要求较高，环境行政机关由于在所涉领域知识储备、人员储备、经验储备的专业性优势，有着法院所不具备的处理、认定和解决环境科学问题的能力"[50]。因此，让行政权在处理环境问题中走到台前是最为合理的解决路径。

2. "N 合一"模式的完善

环资审判领域因一个环境侵权行为，同时引发两个或三个诉讼法律关

49　参见重庆高院课题组《长江经济带环境资源审判实证研究》，内部交流资料。

50　同前注 34，孙天文、董新辉文，第 722 页。

系的案件并不多见。与之相关的是现在开始的刑事附带民事公益诉讼案件，但这些案件数量也有限。其他案件完全可以通过刑民交叉等现有理论解决案件审理的先后顺序及证据认定等问题。因此，从现实角度出发，亦为统一司法，环境资源审判可以打造四级法院统一的"二合一"审判管理机制，即民行合一。一是行政诉讼相较于刑事诉讼在审判理念等方面与民事更为接近，二者合一有利于对环境诉讼类案件的整体把握和环境公共利益的整体保护；二是这种模式也能更好地与现有机构设置对接，如最高法院将民事和行政作为一大类案件成立的"最高人民法院审判委员会民事行政审判专业委员会"等；三是刑事案件与民事、行政案件在审判理念、证据认定标准等方面存在本质上的差别，"'三合一'的审判管理机制无法实现三种程序深层次的整合，与其只是简单地合并不如放弃'三合一'的做法。""而'审执合一'的案件审理机制显然有悖于审执分离的发展趋势。"[51]

3. 专家陪审员制度的建立

为解决环境技术性难题和鉴定难的问题，环境公益诉讼领域引入专家陪审员具有必要性。"有些专家陪审员在一些案件处理上以专业能力赢得尊重，被视为陪审功能作用发挥的一个亮点。"[52] 专家陪审员与法官分工合作、互相监督，体现在合议制方面，专家陪审员可以在很大程度上减轻法官的工作压力。环境公益诉讼案件的科学性质决定了专家陪审员必须具备高知识技能，在选任上其资格应不低于鉴定人，因为专家陪审员要审查鉴定意见书、当庭询问鉴定人等。所以在选任条件上应当考虑：一是经过专业专项培训；二是在其所属的学科上通过职业资格考试；三是无违法犯罪及学术造假等不良记录。[53] 各地可根据实际情况建立专家陪审员制度，如湖北的专家陪审员库可由法院与生态环境主管部门对接，在现有的损害鉴定专家库基础上产生。

（四）完善与其他案件的衔接机制

1. 完善民刑案件的衔接

一个环境侵权行为可能促使检察机关提起刑事公诉，也可能提起民事公益诉讼。就目前实践来看，检察机关提起的普通环境民事公益诉讼线索

51　同前注 34，孙天文、董新辉文，第 721—722 页。

52　颜运秋：《中国环境公益诉讼专家陪审制度的确立与完善》，载《法治研究》2017 年第 5 期。

53　同前注 52，颜运秋文。

多来源于刑事公诉，从效果而言，值得商榷。原因在于刑事案件已经审结，当事人多在刑期当中，无力支付赔偿费，也无法履行修复义务，同时刑事责任已认定，行为人也缺乏履行民事公益诉讼判决的动力。而刑事附带民事公益诉讼虽被认为突破了刑事附带民事诉讼的原则，合法性遭到质疑，但从实践来看它对环境公共权益的维护有积极促进作用。为充分发挥该类诉讼的作用，检察机关在提起诉讼时，应注重生态环境的有效恢复，将保护环境公益与惩治环境违法犯罪结合起来，法院在裁判时可将积极履行生态修复义务作为刑事犯罪酌定量刑情节。

2. 完善与生态环境损害赔偿诉讼的衔接

人民法院在审判工作中，应积极探索生态环境损害赔偿诉讼规则，充分发挥环境权益救济、公共权力制约、矛盾纠纷终结和公共政策形成功能，不断完善审判程序。根据最新规定，生态环境损害赔偿诉讼的顺位排在环境公益诉讼之前。[54] 在生态环境损害赔偿诉讼没有全面追索的情况下，环境公益诉讼起诉主体可以根据具体情况，将（剩余的）生态环境损害赔偿列入其提起的环境公益诉讼的诉讼请求范围。但若环境公益诉讼提起在前，不论审理状态如何是否应一律中止审理，等待生态环境损害赔偿诉讼审结，在实践中还有待进一步探索。

（五）完善协作制度

一是探索建立生态环境保护协调联动机制。生态环境主管部门代表国家行使环境管理职能，其执法工具丰富，执法手段多样，因此，在环境违法信息的掌握、相关证据的收集和分析等方面，具有无可比拟的优势。法院应在准确把握司法权边界的前提下积极与相关政府部门建立协调机制，共享经验，分享成果。逐步建立信息查询协作、生态环保信息大数据共享、内部期刊交流、业务性文件动态通报、网站友情链接交换平台等信息共享机制。

二是对社会组织等原告平时多"支援"，诉中少"指导"。"一方面，

54　《最高人民法院关于审理生态环境损害赔偿案件的若干规定（试行）》第17条规定：人民法院受理因同一损害生态环境行为提起的生态环境损害赔偿诉讼案件和民事公益诉讼案件，应先中止民事公益诉讼案件的审理，待生态环境损害赔偿诉讼案件审理完毕后，就民事公益诉讼案件未被涵盖的诉讼请求依法作出裁判。

法院应放弃在诉讼程序中的'指导'。法院在环境公益诉讼原告起诉时对诉讼请求作出'指导'的规定不符合当事人主义的发展趋势和法院的中立原则，应把这部分职责交由相关行政机关履行。"[55] 另一方面，法院可加强平时的"指导"。即法院可以通过与社会组织建立长效沟通机制，定期举办座谈、培训等活动，充分发挥法院案例资源丰富优势，通过发布典型案例等形式加强宣传，同时联合相关机关共同提升社会组织环境问题分析处理的专业水平。[56]

三是引导检察机关与社会组织的沟通协作。环境的保护不能脱离社会的力量。环境民事公益诉讼的提起，也不能缺少社会组织的积极参与。社会组织掌握着大量的社会和民间线索，而检察机关则拥有调查取证等方面的优势。应充分发挥检察机关与社会组织各自在公益诉讼中的优势，建立线索共享机制和沟通机制，进一步明确社会组织参与环境民事公益诉讼的程序，完善检察机关支持起诉的相关规定，包括启动程序、适用范围、支持内容和方式、证据审查和认定、法律后果等。

（六）加强对新型案件的研究与应对

2015 年以来，公益诉讼案件数每年呈几何级数增长，但由于发展时间尚短，研究对象尚模糊，相关理论研究与规则设计也不成熟，实践经验也较欠缺，目前尚未对"何为公益诉讼"以及"为何公益诉讼"达成最低限度的共识。[57] 如在刚刚宣判的一起案件中，行为人因盗窃矿产被提起刑事附带环境民事公益诉讼，法院最后认定被告人的行为"侵害了国家矿产资源的所有权，造成了国家矿产资源的灭失，破坏了生态环境"，支持了环境公益诉讼赔偿损失的请求。在本案中，对如何理解"公益"便存在着争议，如有评论认为该案的处理超出了公益的认定范围。[58] 现行公益诉讼的规则制定、实践试点、理论探索中存在的难点在很大程度上仍是延续着此前早已存在的理论争议与实践分歧。这就要求我们一方面要加强

55　同前注 34，孙天文、董新辉文，第 722 页。

56　同注 55。

57　参见黄忠顺《中国民事公益诉讼年度观察报告（2016）》，http：//www.iolaw.org.cn/showArticle.aspx？id=5527，最后访问日期：2019 年 1 月 14 日。

58　《附带民事公益诉讼中的"公益"究竟是啥》，微信公众号"环境诉讼研习社"2018 年9 月 6 日，最后访问日期：2019 年 1 月 14 日。

理论探讨，将环境公益诉讼引向深入，另一方面更要加强对环境公益诉讼案件的研判，尤其是新型环境公益诉讼案件的研究与应对。如广受关注的甘肃"弃风弃光"环境公益诉讼，自然之友诉国网甘肃电力公司环境污染责任纠纷一案，日前，该案经兰州中院认定国网甘肃电力公司并非发电企业，其本身没有实施污染环境、破坏生态的行为，故裁定驳回自然之友的起诉。放弃干净清洁能源而选择燃煤发电，其行为是否侵害了环境公共利益？与之类似的还有石油公司拒收生物柴油事件等。这些新类型案件的不断涌现，对法院提出了更高要求，依法审理的同时，要更加注重对生态环境的有效保护。

（责任编辑　王敏）

环境公益诉讼的理论省思与推进方向[*]

宋福敏[**]

内容摘要： 现今，环境公益诉讼制度的运行存在以下问题：第一，对我国是否已经建立了环境公益诉讼制度，学界存在明显认识上的分歧。第二，对我国已经发生的与环境有关、被贴了环境公益标签的诉讼，学界给予的学术评价褒贬迥异。第三，原告主体力量悬殊差别大。针对上述问题，从理论研究层面探究其症结所在包括：对建立环境公益诉讼制度的最初判断有失偏颇、环境公益诉讼最本质的核心问题未达成共识、制度借鉴存在缺陷等。针对环境公益诉讼在制度运行、理论研究层面存在的问题，本文将从辨析真正的环境公益诉讼、明确环境公益诉讼的目的、摒弃在民事诉讼法体系内构建环境公益诉讼、明确环境公益诉讼未来发展的着眼点、建构专门的环境公益诉讼程序机制五方面进行制度革新。

关键词： 环境公益诉讼；环境利益；美国环境公民诉讼

环境公益诉讼制度对于我国来说，是在环境污染日益严重、环境问题日益突出的背景下，学者们从西方"舶来"的。如果以"环境公益诉讼"首先出现在我国国家层面的文件中为标志，我国的环境公益诉讼制度建设开始于 2005 年 12 月 3 日国务院发布的《关于落实科学发展观加强环境保护的决定》[以下简称《决定》（2005）]，《决定》（2005）首次明确提出"推动环境公益诉讼"。在环境公益诉讼构建的 15 年间，国家和地方立法机关出台了一系列涉及环境公益诉讼的规范性文件、相继设置环保法庭、探索环境公益诉讼审判制度，以及出现了一批典型案例等。整体而

---

* 基金项目：山东省教育厅高校人文社科项目"检察机关提起环境行政公益诉讼研究"阶段性成果（项目编号：J18RA027）。

** 曲阜师范大学法学院讲师，硕士研究生导师，法学博士。

言，我国在构建环境公益诉讼制度的进程中取得了一定的成果，但依旧存在问题。对此，本文一方面从理论研究层面探究原因，另一方面从制度本身出发寻求困境破解之策，以期对环境公益诉讼制度的完善有所裨益。

一 环境公益诉讼制度面临的现实困境

我国环境公益诉讼制度在运行过程中主要面临以下问题：

（一）学界对是否已经建立环境公益诉讼制度存在分歧

在环境公益诉讼制度构建的 15 年间，以《民事诉讼法》（2012）的实施为界，大致可以分为两个阶段：在《民事诉讼法》（2012）正式实施以前，"由于环境公益诉讼制度在法律上尚未正式建立，属于'摸着石头过河'的探索阶段，各地法院主要依靠地方司法政策进行灵活探索，相对多元、丰富"[1]。《民事诉讼法》（2012）正式实施之后，环境公益诉讼进入了"依法实施"的规范阶段[2]，《民事诉讼法》（2012）、《环境保护法》（2014）和《最高人民法院关于审理环境民事公益诉讼案件适用法律若干问题的解释》以及全国人大常委会《关于授权最高人民检察院在部分地区开展公益诉讼试点工作的决定》以及 2017 年 6 月修改《民事诉讼法》（2017））、《行政诉讼法》（2017）等成为实践的主要法律依据。

现今，对于我国是否已经建立了环境公益诉讼制度这个问题，学术界有两个判断。大部分学者如王灿发教授[3]、孙佑海教授[4]等认为自《民事诉讼法》（2012）新增第 55 条之后，我国已经建立了环境公益诉讼制度，

1　黄成：《环境民事公益诉讼十年回顾、反思与建议》，载《环境法评论》（第二辑），中国社会科学出版社 2019 年版，第 259 页。

2　同前注 1，黄成文。

3　相关论述见王灿发《环境公益诉讼是公众有序参与环境保护的一种途径》，《中国建材报》2016 年 2 月 19 日第（003）版；王灿发、程多威《新〈环境保护法〉下环境公益诉讼面临的困境及其破解》，载《法律适用》2014 年第 8 期；沈立《环境公益诉讼离我们还有多远？——访中国政法大学教授王灿发》，载《环境》2014 年第 10 期；等等。

4　相关论述见孙佑海《制度破冰 环境公益诉讼师出有名》，《中国环境报》2012 年 9 月 6 日第 3 版；孙佑海《对修改后的〈民事诉讼法〉中公益诉讼制度的理解》，载《法学杂志》2012 年第 12 期；等等。

只是此制度还不完美，亟待完善（以下简称"判断一"）。现今，此判断在整个环境法学界、实务界占据压倒性优势成为主流观点。但另有一少数学者认为我国根本就没有建立起环境公益诉讼制度（以下简称"判断二"），持这一观点的学者以徐祥民教授[5]为代表，他认为无论是《民事诉讼法》（2012）第55条还是《环境保护法》（2014）第58条规定的都不是真正的环境公益诉讼，而是社会公共利益诉讼，没有实现环境公益诉讼"入法"。[6] 相较于"判断一"已成为主流观点，持"判断二"的学者不仅少而且没有明显的话语权，提出的许多观点并没有引起共鸣。

（二）真伪的环境公益诉讼案件

现已有许多由社会组织、人民检察院等提起并被贴上环境公益诉讼标签的案件，但学界给予的学术评价褒贬迥异，对此，我们应辩证地进行分析。在实践中，确实出现了一些真正为保护环境而提起的诉讼，这些诉讼的提起救济并修复了部分已受到损害的环境，这显然是我国在构建环境公益诉讼制度进程中取得的一大进步，但是这种类型的案件出现的概率极低，大多数案件虽冠以环境公益诉讼之名但实乃环境侵权诉讼这一属于侵权法范畴内的诉讼类型。虽然这一诉讼类型的提起能在一定程度上改善部分环境污染、生态破坏问题，但离真正的环境公益诉讼相差甚远。

以"重庆市绿色志愿者联合会诉湖北恩施自治州建始磺厂坪矿业有限责任公司水库污染案"为例，此案虽被贴上了民事公益诉讼的标签，但实质其只是一件普通的民事诉讼案件。通过此案的判决，可知，被告的违法生产行为虽造成了千丈岩水库污染等环境问题，但最直接的结果是影响了周边居民正常的生活饮用水供应，损害的是周边众多居民的利益，而不是环境利益。虽然通过起诉磺厂坪矿业有限责任公司使其停止违法行为会在一定程度上缓解或者恢复水库的环境污染等问题，但并没有真正解决此公司可能再次造成环境污染的问题。再以"泰州天价环境公益诉讼案"

5　相关论述见徐祥民、张明君《建立我国环境公益诉讼制度的便捷路径》，载《河北法学》2014年第6期；徐祥民、王丹《笑迎环境公益诉讼制度——对新〈环境法〉的"积极"解释》，载《中国环境法治》2014年第1期；赵卫民《环境公益诉讼高端研讨会综述》，载《中国环境法治》2013年（上）；等。

6　参见徐祥民《2012修订的〈民事诉讼法〉没有实现环境公益诉讼"入法"》，载《清华法学》2019年第3期。

为例，虽然最初审理该案的泰州中级人民法院认可泰州市环保联合会有提起该案的诉讼资格，但泰州中院做出判决所依据的法律为《侵权责任法》第 15 条第 1 款第 6 项、第 65 条和《固体废物污染环境防治法》第 85 条。当该案上诉到江苏省高级人民法院时，其做出的终审判决所依据的是《水污染防治法》第 29 条第 1 款，《侵权责任法》第 65 条、第 66 条，《民事诉讼法》第 170 条。上述这些法律依据所要解决的都是环境侵权问题，《侵权责任法》虽专设第八章"环境污染责任"，但此章的规定并没有解决环境保护中的实质问题。其只能帮助环境污染受害者获得救助，"却无法使被污染的环境或处在被污染威胁中的环境得到救助，防治污染保护环境还得寄希望于环境法"[7]。环境法要调整的是引发环境侵权的环境损害如何防治的社会关系，不是环境侵权双方或多方之间关系的。环境公益诉讼是处理引发环境侵权的环境损害如何防治这类纠纷的诉讼，而非处理环境侵权双方或多方利益关系的诉讼。而环境侵权诉讼恰恰是与环境公益诉讼相反的私益诉讼。像美国 1972 年的赛拉俱乐部诉莫顿案，地球之友以及后来加入的公民地方环境行动网络和塞拉俱乐部等环境团体诉雷德劳环境服务公司案，1997 年发生的为保护海龟生存环境依据《濒危物种法》提起的请求禁止联邦紧急事态管理局在一海岛修建居住设施案等才是为保护环境而提起的名副其实的环境公益诉讼案件。

（三）原告主体力量悬殊差别大

在《民事诉讼法》（2012）正式实施以前，"由于环境公益诉讼制度在法律上尚未正式建立，属于'摸着石头过河'的探索阶段，各地法院主要依靠地方司法政策进行灵活探索"[8]，"在探索过程中对原告未作太多的限制，涵盖了社会组织、检察机关和行政机关甚至还有个人"[9]。在《民事诉讼法》（2012）正式实施以后，中华环保联合会、绿发会、自然之友等社会组织一度成为提起环境民事公益诉讼的绝对主力。但随着检察机关提起公益诉讼的试点工作的开展并正式被赋予起诉资格以来，检察机

7　徐祥民：《环境污染责任解析——兼谈〈侵权责任法〉与环境法的关系》，载《法学论坛》2010 年第 2 期。

8　同前注 1，黄成文，第 259 页。

9　同注 8。

关在提起环境公益诉讼领域异军突起，根据最高人民法院相继发布的《中国环境资源审判》（白皮书）显示，检察机关现已成为提起环境公益诉讼的主力，社会组织开展环境公益诉讼的弱化趋势明显（见表1），且按照法律的规定，社会组织只能提起环境民事公益诉讼，但检察机关既可以提起环境民事公益诉讼也可以提起环境行政公益诉讼，且是提起环境行政公益诉讼的唯一主体。

表1　　2016—2019年各级法院受理社会组织和检察机关提起环境民事公益诉讼案件数量简况

起诉主体 白皮书	社会组织	检察机关
《中国环境资源审判（2016—2017）》（白皮书）	受理社会组织提起的环境民事公益诉讼案件57件	受理检察机关提起环境民事公益诉讼案件791件
《中国环境资源审判（2017—2018）》（白皮书）	受理社会组织提起环境的民事公益诉讼案件65件	受理检察机关提起的环境民事公益诉讼案件1737件
《中国环境资源审判（2018—2019）》（白皮书）	受理社会组织提起的环境民事公益诉讼案件179件	受理检察机关提起的环境民事公益诉讼案件2309件

此外，2015年12月，中共中央办公厅、国务院办公厅印发的《生态环境损害赔偿制度改革试点方案》赋予了省级等政府赔偿权利人的身份，由此，省级等政府提起的生态环境损害赔偿磋商、诉讼的案例也逐渐增多。但针对生态环境损害赔偿诉讼而言，其法律地位、性质尚不清晰，因与环境民事公益诉讼"高度契合的适用范围、同一的制度目的和程序监督功能"[10]，如何处理两者的关系，实现良好的衔接，也没有确定的方案。

二　环境公益诉讼制度的理论省思

针对环境公益诉讼制度在运行中存在的上述问题，本文将从理论研究层面进行探究症结所在。自1981年，马骧聪先生等在《法学研究》第5期发表的《违反环境保护法规的法律责任》一文首次提及我国环境公益诉讼制度的原型——"美国环境公民诉讼"至今，我国环境公益诉讼制

---

[10]　王世进、张维娅：《论生态环境损害赔偿诉讼与环境民事公益诉讼的衔接》，载《时代法学》2020年第2期。

度理论研究已走过了近 40 个年头了，在这近 40 年的时间里，学界关于环境公益诉讼制度的理论研究确实取得了一定的成果，从表面上看，呈现出一片蒸蒸日上的繁华景象。但实质上，我国环境公益诉讼制度在理论研究层面存在一系列问题。

（一） 对建立环境公益诉讼制度的最初判断有失偏颇

在环境公益诉讼的理论准备阶段[11]，最初评价美国环境公民诉讼制度和与环境公益诉讼相关的其他外国制度的学者，无疑都是把那些制度当成学习对象的。这些研究者无例外地希望把他们评价的制度引进我国。不管是这些最早的评价者，还是后来希望我国建立环境公益诉讼制度的专家，都需要回答一个问题，即建立这项制度有必要吗，或者更准确些说，我国建立这项制度有必要吗？部分学者在论作中提及了为什么要借鉴美国公民诉讼来构建我国的环境公益诉讼制度，如巫玉芳把环境公益诉讼制度看作一项公民"自力救济"制度，认为这项制度的运用对防治"具有公害性和不可恢复性"的"环境破坏"，对"环境保护法的贯彻与执行"都"具有重要的作用"。[12] 张明华则以"中国环境问题的严峻性和'行政万能论'的失效"来说明建立我国的环境公益诉讼制度的"必要性"，[13] 等等。除上述学者外，还有一部分学者对在我国建立环境公益诉讼制度的必要性没有当成一个问题来进行深入的讨论。他们认为我国法律中存在支持这种制度的精神甚至存在这种制度的雏形。如巫玉芳在其论文中明确指出"我国有关环境保护的基本法律中已经隐含了公民诉讼制度的规定"[14]。既然已经"隐含"，在我国建立环境公益诉讼制度就不再是严格意义上的"移植"或者引进了。既然已经"隐含"，就不需要讨论建立相关制度是

11　本文以"环境公益诉讼"首先出现在我国国家层面的文件中为标志，认为我国的环境公益诉讼制度建设开始于 2005 年 12 月 3 日，当时国务院发布的《关于落实科学发展观加强环境保护的决定》［以下简称《决定》（2005）］首次明确提出"推动环境公益诉讼"，由此开启了我国环境公益诉讼制度的构建之路。以《决定》（2005）的出台为界，将《决定》（2005）出台前学界、实务界、政界对环境公益诉讼制度的探索称为我国环境公益诉讼制度的理论准备阶段，《决定》（2005）出台之后称为环境公益诉讼制度的制度建设阶段。

12　参见巫玉芳《美国联邦环境法的公民诉讼制度》，载《现代法学》2001 年第 6 期。

13　参见张明华《环境公益诉讼制度刍议》，载《法学论坛》2002 年第 6 期。

14　同前注 12，巫玉芳文。

否必要的问题了。李艳芳教授也持类似的看法。她在谈到美国《清洁水法》等法律中用以构建公民诉讼制度的规定时，她指出"我国现行的一些立法也有类似规定"，她相信我国法律"隐含着与公民诉讼相同的内容"，美中不足在于相关规定"所指向的具体含义不是十分明确"因而"其作用"被"大大限制"了。[15] 2006 年之后，即在制度建设阶段，仍然有部分学者们对这个问题进行了探究。如别涛提出环境民事诉讼并非于法无据，分别列举了宪法有关规定、民事法律规定、环境法律规定、诉讼法律规定、检察院组织法。[16] 2006 年，时任全国人大环境与资源保护委员会法案室主任孙佑海提出开展环境公益诉讼符合我国的立法精神，在我国宪法、民法通则、环境保护法、民事诉讼法中都可以找到相关的规定。[17]

正因多数学者们认为我国存在支持环境公益诉讼制度的精神甚至存在环境公益诉讼制度的雏形，所以，他们中的部分人预设的环境公益诉讼制度的理论研究任务或者说理论论证的重点就是将我国存在支持环境公益诉讼制度的精神发扬光大，或者将我国立法中存在的但不明确的环境公益诉讼加以明确规定，而忽略了环境公益诉讼的本质，甚至其他更为基础的理论研究。正因这些理论研究缺陷致使环境公益诉讼制度理论准备阶段未能为制度建设阶段打下一个牢固的基础，[18] 最初定下的主色调也就影响了后续的理论创新和突破。

（二）环境公益诉讼最基础的核心问题未达成共识

学者们虽然对建立环境公益诉讼制度的最初判断有失偏颇，但他们还是讨论了环境公益诉讼的概念，理论基础、原告资格以及环境公益诉讼的受案范围、举证责任分配、诉讼费用负担、受诉法院、培育原告和原告激励、环境鉴定、诉讼规则等在环境公益诉讼制度运行中的一些细节问题。这些细节问题的探讨显现了我国环境公益诉讼制度最初的结构体系，但不

15　参见李艳芳《美国的公民诉讼制度及其启示——关于建立我国公益诉讼制度的借鉴性思考》，载《中国人民大学学报》2003 年第 2 期。

16　参见别涛《环境公益诉讼的立法构想》，载《环境经济》2006 年第 Z1 期。

17　参见郄建荣《环境公益诉讼立法已初露端倪》，载《法制日报》2006 年 11 月 12 日第 3 版。

18　关于这方面的详细论述见徐祥民、宋福敏《建立中国环境公益诉讼制度的理论准备》，载《中国人口·资源与环境》2016 年第 7 期。

能为之津津乐道，因为学者们并没有真正解决何为"环境公益"这个在构建环境公益诉讼制度过程中最需要解决的基础性问题。部分学者只是简单提及环境公益是"环境公共利益"[19]、环境公益诉讼是"维护环境公共利益而向法院提起诉讼的制度"[20]，是"对侵犯环境公益的违法行为向法院提起诉讼"[21]，但并未解答到底什么是"环境公益"或"环境公共利益"，只有解答此问题，才能清晰地勾画出环境公益诉讼制度构建的路线图。其次，学者们也未厘清环境公益与社会公共利益、国家利益的区别，更没有梳理出为保护环境公益而提起的环境公益诉讼在社会组织提起的环境民事公益诉讼、人民检察院提起的环境公益诉讼，以及省级政府等提起的生态损害赔偿诉讼这三种诉讼中所占的比例多大。再次，现今，学者们虽已区别环境公益诉讼与普通民事损害赔偿诉讼、集团诉讼等的不同，但因学者们对"环境公益"解读的不一致，对是否已经建立环境公益诉讼制度是存在分歧的，也时常会混淆虽以环境公益诉讼命名，但本质上两种不同的诉讼，即"以维护多人环境权益为诉讼追求的诉讼和以实现共同环境利益为目的的诉讼"[22]，前者实质为环境侵权诉讼，后者才是真正的环境公益诉讼。最后，限于我国已建立了环境公益诉讼制度这种主流观点的束缚，学者们转移了理论研究的战地，不再追问钻研环境公益诉讼制度最基础性的问题，如什么是公益、什么是环境公益、什么是环境公益诉讼等，只为如何完善现今虽已建立但还不完美的环境公益诉讼制度进行探究。但在探究此问题的过程中，针对在环境公益诉讼制度运行中存在的其他一系列问题，如原告主体资格与顺位、诉讼程序规则、保障措施等方面也是众说纷纭，可以说，现今的理论研究缺乏环境公益诉讼制度有效运行所应有的共识状态。

（三）环境公益诉讼的制度借鉴存在缺陷

我国原有的诉讼概念中并不存在环境公益诉讼，是在环境污染日益严

19　参见史玉成《环境公益诉讼制度构建若干问题探析》，载《现代法学》2004 年第 3 期。

20　同前注 13，张明华文。

21　参见李放《试论我国环境公益诉讼制度的确立》，载《中国社会科学院研究生院学报》2004 年第 3 期。

22　参见徐祥民《环境公益诉讼研究——以制度建设为中心》，中国法制出版社 2009 年版，第 382 页。

重、环境问题日益突出的背景下，学者们学习借鉴了美国环境公民诉讼，在学习借鉴过程中，学者们发表了诸多理论研究作品，这些研究作品中不乏高水平的论作，在内容上也不乏真知灼见、理论创新。但总体来说，学者们对于引进美国环境公益诉讼的说辞、论述很空洞，重复性研究较多，有相当一部分学者的探讨"只是借来美国……法学、法律中的概念术语，硬生生置换到当下中国的语境，进而望文生义地理论演绎和制度构建"[23]，并没有真正地理解美国环境公民诉讼的本质，对于美国环境公民诉讼是否真正地适应我国也没有进行深入的研究。

此外，我国开始构建环境公益诉讼后，学者们除继续研究美国环境公民诉讼外，还出现另一个明显改变，就是借鉴国外环境公益诉讼制度模式的对象增加了，日本、印度、欧洲等都成为学习对象。因日本、印度、德国等国家的环境公益诉讼制度模式各有特点，学界学习的内容也就发生了变化，与最初学界学习的美国公民诉讼是有很大不同。比如被学界热衷研究的"日本水俣病诉讼"实质为"公害诉讼"，救济的是众多因环境受损而导致具体私益主体相关权益受损的情况，其乃环境侵权诉讼，与美国环境公民诉讼的本质，即以环境利益为目的大相径庭。印度的环境公益诉讼制度虽然是以美国公民诉讼为蓝本，但在实践中，印度结合自身特定的社会和经济背景形成了独具印度特色的环境公益诉讼制度，在某些方面与美国有着很大的区别。如印度的环境公民诉讼不能单独针对个人提起，而只能针对邦政府、中央政府和市政当局等国家机构提起，私人当事人仅可作为共同被告加入到公益诉讼之中。[24] 在原告资格认定方面，印度法院遵从的是充分利益标准。[25] 此外，还创立了针对启动程序的书信管辖权制度和旨在减轻原告举证负担的调查委员会制度。[26] 根据德国《行政法院程序法》[27] 以及 2012 年 11 月修订之前的德国《环境法律救济法》[28] 的规定，

---

[23]　侯佳儒：《环境公益诉讼的美国蓝本与中国借鉴》，载《交大法学》2015 年第 4 期。

[24]　同前注 22，徐祥民文，第 200 页。

[25]　同前注 22，徐祥民书，第 200—203 页。

[26]　同前注 22，徐祥民书，第 200—203 页。

[27]　德国《行政法院程序法》规定："除非法律另有规定，原告只有在认为其法律权利被一个行政行为、拒绝行政行为或不行为侵害时才能起诉。"

[28]　在 2012 年 11 月通过的新修改之后的《环境法律救济法》废除了有关提起诉讼应以个人权利受到侵害为条件的规定。

"环境团体提起环境行政诉讼还需满足'个人利益受损害'这一要件。即环境团体提起诉讼尽管无须主张环境团体本身的损害，但需要主张政府行为侵害了某些人的'个人利益'，否则法院不予受理"[29]。这种"奉行的只有权利受到侵害才可以提起诉讼的基本原则，把真正意义上的环境公益诉讼排除在法院门外"[30]，与美国公民诉讼"不要求原告与诉讼有直接利害关系"相差太多。学界既认可美国环境公民诉讼的模式又提出借鉴其他国家环境公益诉讼制度模式的做法影响了对真正环境公益诉讼的判断。致使随着时间的推移，来自美国的专门为保护环境而建立的公民诉讼逐渐被中国化的环境公益诉讼所掩盖，并脱离了其原有的本真，我国现今运行的环境民事公益诉讼实质上乃环境侵权诉讼，环境行政公益诉讼也不是以维护环境利益为全部目的的诉讼。

在环境公益诉讼构建的理论准备阶段，对建立环境公益诉讼制度的最初判断有失偏颇、环境公益诉讼最基础的核心问题未达成共识，以及环境公益诉讼的制度借鉴存在缺陷，自然不能为环境公益诉讼的运行提供切实可靠的理论研究支撑，偏离了正确的环境公益诉讼构建轨道，离我们最初构建环境公益诉讼制度的愿景越来越遥远，许多实践运行中存在的问题自然难以从学界寻求到答案。

三 环境公益诉讼的制度革新

针对环境公益诉讼在制度运行、理论研究层面存在的问题，本文提出以下建议：

（一）辨析真正的环境公益诉讼

自学者们最初引进并探究环境公益诉讼开始直到现在，学者们一直没有真正解决环境公益诉讼最基本的核心问题，即何为"环境公益"或

29　也就是说如果一项环境立法中没有规定个人的权利受到损害可寻求救济，立法目的是保护公共整体利益或自然利益，环境团体就不得针对未损害个人利益的政府违法行为提起诉讼，因为这缺乏"权利侵害"要件。参见陶建国《德国环境行政公益诉讼制度及其对我国的启示》，载《德国研究》2013年第2期。

30　徐祥民、石欣：《当前我国建立环境公益诉讼制度的制约因素分析》，载《中州学刊》2010年第1期。

"环境公共利益"。正因未解决此问题，造成了对环境公益诉讼认识上的混乱，言环境公益诉讼但并非真正的环境公益诉讼。如前所述，针对环境公益，多数学者给出的说法是这样的，环境公益是"环境公共利益"[31]、环境公益诉讼是"维护环境公共利益而向法院提起诉讼的制度"[32]，是"对侵犯环境公益的违法行为向法院提起诉讼"[33]，但什么是"环境公益"或"环境公共利益"呢？学界却没有对这个问题给出圆满的答案。有的学者还在公共、公众、社会大众等概念间辗转，有的学者以多个主体的个人利益为归宿，更有学者在公益和众益之间左右摇摆，模棱两可。[34] 根据吕霞[35]、徐祥民教授[36]等的分析，按照主体的构成，公益分为多人的利益和集体利益，简称众益和公益。前者是多个人分属的利益，之所以称为公益，是因为它是多个人的利益，其实为"虚拟"的公益，理论基础是私人权利。而后者是一种整体利益，是多数人组成的集体的不可分割的整体利益，是事实上的公益，其理论基础是国家利益或人类共同体利益，这显然是两种不同的利益类型，"对它们进行保护的法律诉讼途径应归于不同性质的诉讼法律制度"[37]，前者称为"环境众益诉讼"，后者称为"环境公益诉讼"。

环境公益诉讼制度的运行是为了"阻止、减缓环境品质下降或丧失，在环境品质已经下降甚至丧失的情况下恢复或提高环境品质"[38]，这样的一种由全人类集体享有的"存在于环境整体中或具有整体性的环境对象（环境单元）中"[39] 不可分割的整体利益，而非与环境相关的由"不特定

---

[31]　同前注 19，史玉成文。

[32]　同前注 13，张明华文。

[33]　同前注 21，李放文。

[34]　关于这方面的详细论述见徐祥民、宋福敏《建立中国环境公益诉讼制度的理论准备》，载《中国人口·资源与环境》2016 年第 7 期。

[35]　吕霞：《环境公益诉讼的性质和种类——从对"公益"的解剖入手》，载《中国人口·资源与环境》2009 年第 3 期。

[36]　同前注 22，徐祥民书，第 2—10 页。

[37]　刘卫先：《环境公益诉讼理论与实践中"环境公益"的类型范围》，载《中国海洋大学学报》（社会科学版）2009 年第 5 期。

[38]　徐祥民、辛帅：《民事救济的环保功能有限性——再论环境侵权与环境侵害的关系》，载《法律科学》（西北政法大学学报）2016 年第 4 期。

[39]　徐祥民：《论维护环境利益的法律机制》，载《法制与社会发展》2020 年第 2 期。

多数人的私益"所构成的可具体分割的社会公共利益。从立法目的来看，为解决受害事件影响的众人，由于无法将实体上的权利主体具体化和特定化而不能通过原有的诉讼程序获得司法救济，因而需要由法律授权、拟制一个代表受害众人利益的诉讼当事人，启动特定诉讼程序。这种诉讼程序的运行是为了救济因环境污染、生态破坏而导致的众多私人利益所遭受的损失，其完全可以借助现有民事诉讼法加以解决。而"真正意义上的环境公益诉讼"只是为"集体公益"的诉讼，不包括为"多人公益"而为的诉讼，需要在理论上和法制建设上为之努力的也只有以实现"集体公益"为目标的诉讼。

（二）　明确环境公益诉讼的目的——保护环境利益

学界在环境公益诉讼的目的方面有不同的见解，有学者指出环境公益诉讼的提起是为了救济受到侵犯的环境权。[40] 还有学者提出环境公益诉讼本质上是公众参与公共事务的一种方式。[41] 甚有学者提出"生态环境恶化而保护手段单一是构建生态环境保护公益诉讼机制的制度需求，生态环境人权的保障与实现是构建生态环境保护公益诉讼机制的权利哲学基础"[42]。但本文认为环境公益诉讼的目的在于保护环境利益。环境利益不是"由环境污染或破坏引起的人的利益损害中的利益"[43]，而是一种由全人类集体享有的"存在于环境整体中或具有整体性的环境对象（环境单元）中"[44] 不可分割的整体利益，是"以人类为尺度的环境状态或品质，是存在于'人的现实的自然界'中的有利品质"[45]。出于环境利益与经济利益的不同抉择，导致人们的环境观在本质上也存在差异。美国环境公民诉讼的提起就特别能说明这种利益的选择。在"塞拉俱乐部诉内政部长莫顿"

40　参见蔡守秋《从环境权到国家环境保护义务和环境公益诉讼》，载《现代法学》2013 年第 6 期。

41　参见王太高《环境公益诉讼制度的本质分析与立法借鉴——以〈环境保护法〉修改为契机》，载《社会科学辑刊》2013 年第 6 期。

42　颜运秋、余彦：《生态环境保护公益诉讼机制的存在基础及司法实践》，载《河北科技大学学报》（社会科学版）2014 年第 3 期。

43　徐祥民、朱雯文：《环境利益的本质特征》，载《法学论坛》2014 年第 6 期。

44　同前注 39，徐祥民文。

45　同前注 43，徐祥民、朱雯文文。

一案中，为防止施工时"会对该地区的美学价值和生态产生不利的改变"[46]，塞拉俱乐部在诉讼请求中要求法院颁布停工的禁止令。在"田纳西流域管理局诉希尔"一案中，原告关注的就是小鱼的生存环境，不考虑这个大坝的成本以及可能带来的可观效益，他们就是要保护小鱼这种可能面临失去家园，进而可能会濒临灭绝的境地。还有在"美国14个环保团体8个州政府诉美国电力公司案"中，环保组织提起诉讼的理由是阿迪朗达克山脉与自由女神像受到污染、遭受侵蚀，而不管其他方面。还有一个能说明的利益选择的例证"涉及阿拉斯加的石油开采和野生动物保护。一方面，开采石油会给贫困的因纽特人带来急需的经济发展，并且降低美国对于海外石油的依赖。现代科技已经可以做到以极小的污染代价来开采石油。另一方面，开采石油会威胁到北美驯鹿的生存，并且破坏美国一块重要的自然领地。法律如何协调这些冲突矛盾的观点？事实上，许多反对者从没去过阿拉斯加，将来也不会，他们为什么在乎这片遥远的土地？"[47] 是因为他们出于对环境利益的保护。当有人问美国"自然保护主义"（preservationist）派的代表人物是约翰·缪尔（John Muir）关于响尾蛇的价值时，缪尔给出了一个著名的答复——"响尾蛇的存在就是价值本身"[48]。正是这样环境观的存在，推动了美国环境公益诉讼的发展。而我们正在构建的环境公益诉讼制度也应以环境利益的保护为其运行的目的。

环境利益具有以下特征：第一，环境利益不同于众多消费者的权益。环境利益是一种集体不可分割的利益，而众多消费者的权益是可以分配到个人享有的私有利益。第二，环境利益不同于涉及环境的利益。涉及环境的利益，是指以环境承担媒介而产生的相邻权、景观权等私益权利。而环境利益的本质特征是环境品质。[49] 第三，环境利益与经济利益不是针锋相对的，如果能处理好两者的关系，找到一个合适的制衡界限，可以实现经济社会的可持续发展。第四，环境利益的保护只能寄希望于环境法。"既

---

[46] 汪劲、严厚福：《环境正义：丧钟为谁而鸣——美国联邦法院环境诉讼经典判例选》，北京大学出版社2006年版，第56页。

[47] ［美］詹姆斯·萨尔兹曼、巴顿·汤普森：《美国环境法》（第四版），徐卓然、胡幕云译，北京大学出版社2016年版，第2页。

[48] 同前注47，詹姆斯·萨尔兹曼、巴顿·汤普森书，第5页。

[49] 同前注43，徐祥民、朱雯文文。

然每个法律学科都会自称是'最重要的法律领域'，环境法也有资格这么自称"[50]，不可否定，其他科学对环境利益的保护会有一定的折射作用，但基于其他学科的学科定位以及学科的使命，它们的作用必定是存在很大局限的，[51] 环境利益的保护只能寄希望于环境法。第五，环境公益诉讼是保护环境利益的最优选择。保护环境利益的最后一道防线是提起环境公益诉讼，不管谁享有提起此诉讼的原告资格，只要能向人民法院提起相关诉讼，就能实现环境公益诉讼的目的，即保护环境利益。第六，环境利益应成为司法审判衡量的利益。司法审判虽"以事实为依据、以法律为准绳"，但基于环境损害的特殊性，需要将环境利益纳入司法审判衡量的考虑范围内。第七，环境利益与私人利益不是截然分开的。因为环境公益诉讼的提起会产生一定的折射作用，惠及私人的独有利益，且环境利益与私人利益的分界线不能明确划分，"搭便车现象"是不可避免的。第八，应有环境利益救济的特殊方式。环境利益的保护不能依赖于民法、行政法、刑法等传统法学学科的救济方式，而在考虑环境损害特殊性的情况下，环境法应该创设和完善自身的救济机制。

（三） 摒弃在民事诉讼法体系内构建环境公益诉讼

为保护环境利益而提起的环境公益诉讼如何构建这一问题，一部分学者提出在环境法的框架下建立环境公益诉讼制度。另一部分学者提出"环境公益诉讼是诉讼制度的重要组成部门，难以在环境法中规定，比较现实可行的途径，就是通过修改民事诉讼法加以解决"[52]，但《民事诉讼法》是不能承担此重任的。首先，从民事诉讼法所要保护的利益来看，民事诉讼法提起的"目的是保护人与人之间的私人利益，而且其范围局限于眼前的、直接的利益，更以经济利益为重"[53]，这些"权利或利益仅以个人所能支配的利益为限"[54]。但提起环境公益诉讼的目的在于保护环

---

50 同前注 47，詹姆斯·萨尔兹曼、巴顿·汤普森书，第 1 页。

51 参见徐祥民、辛帅《环境权在环境相关事务处理中的消解——以景观权为例》，载《郑州大学学报》（哲学社会科学版）2015 年第 1 期。

52 乔刚：《论环境民事公益诉讼的适格原告》，载《政法论丛》2013 年第 5 期。

53 刘益：《环境民事公益诉讼目的论——兼评最高法院〈关于审理环境民事公益诉讼案件适用法律若干问题的解释〉》，载《重庆理工大学学报》（社会科学版）2015 年第 2 期。

54 陈泉生：《环境侵害及其救济》，载《中国社会科学》1992 年第 4 期。

境利益，"环境利益是人类的利益，环境侵害造成的环境损害是对人类环境利益的损害，而人类并非与自然人、法人处于同位的概念，对救济自然人、法人的人身、财产利益损害有效的民事救济制度无法对人类这个利益主体提供救济"[55]。其次，从民事诉讼程序的启动来看，"民事救济程序的启动以民事权利主体'对自己的利益的关心'和'实现自己权利的意愿'为基本推动力。"[56] 而环境公益诉讼的提起需要"积极公民"[57] 的存在，突破传统诉讼"直接利害关系人"之狭隘的原告资格限制，为保护人类的环境利益而战。最后，从民事救济方式来看，因人类不科学的环境行为而产生的环境侵害后果包括环境侵权和环境损害。传统民事诉讼法的救济方式可以解决环境侵权问题。但针对环境损害而言，虽我国《民法总则》《环境保护法》等对其进行了原则性规定，但这些原则性规定难以得以执行。"环境损害是对自然环境造成的损害，这种损害就是对自然环境固有状貌的背离，是固有环境品质的下降或丧失。这是损害不属于任何人，也不由任何具体的个人承受"[58]，"民法无力阻止这种侵害结果"[59]，民事诉讼法更无法救济这种损害，而"要阻止人的利益损害之外的环境侵害结果的发生，制止或减缓造成这种结果的环境行为，只能寄希望于环境法"[60]。

总之，环境公益诉讼"有着与传统民事诉讼不同且不能被传统民事诉讼所包容的特性"[61]，"环境法学学习的最大特点就是复杂性（complexity）。环境法使得甲为了确定的侵权数额而起诉乙这种传统争议解决模式变得荒谬可笑"[62]，目前，我国《民事诉讼法》（2012）第 55 条建立的是社会公共利益诉讼，《环境保护法》（2014）第 58 条的贡献是给社会公共

---

[55] 同前注 51，徐祥民、辛帅文。

[56] 同注 55。

[57] 徐祥民、凌欣、陈阳：《环境公益诉讼的理论基础探究》，载《中国人口·资源与环境》2010 年第 1 期。

[58] 同前注 51，徐祥民、辛帅文。

[59] 徐祥民、邓一峰：《环境侵权与环境侵害——兼论环境法的使命》，载《法学论坛》2006 年第 2 期。

[60] 同前注 59，徐祥民、邓一峰文。

[61] 同前注 53，刘益文。

[62] 转引自张辉《美国环境法研究》，中国民主法制出版社 2015 年版，"引言"。

利益诉讼规定了原告。这些都不是真正地为保护环境利益而提起的环境公益诉讼或环境利益诉讼。因此，如果在民事诉讼法体系内构建环境公益诉讼，只会与真正的环境公益诉讼渐行渐远，我们需要另觅解决方案。

（四）　明确环境公益诉讼未来发展的着眼点

在我国的环境公益诉讼制度的建设过程中，学界一般将环境公益诉讼分为环境民事公益诉讼和环境行政公益诉讼，但环境民事公益诉讼实质上是环境侵权诉讼，而环境行政公益诉讼也不是以维护环境利益为全部目的的诉讼。也就是说，学者们倡导的环境公益诉讼走进法律的形态是社会公共利益诉讼，按照目前我国法律的规定，"生态环境和资源保护""国有资产保护""国有土地使用权出让""食品药品安全"等都属于社会公共利益保障的范畴，这些具体的社会公共利益来源于民法中的民事众益和行政法中的行政众益。为这两种利益而提起的诉讼分别为环境民事众益诉讼和环境行政众益诉讼。无论是社会组织还是人民检察院提起的环境民事众益诉讼，实质是救济损害"社会公共利益"这种行为的手段，不是真正的环境公益诉讼。关于人民检察院提起的环境行政众益诉讼，类似于民事众益诉讼，也是救济私人利益的诉讼类型，只有人民检察院为保护集体不可分割利益而提起的诉讼才是真正的环境行政公益诉讼，这种诉讼应成为环境公益诉讼制度建设的关键。未来，应从三方面进行发展，其一，扩展环境行政公益诉讼的受案范围；其二，人民检察院现是提起环境行政公益诉讼的唯一主体，但也应允许社会组织参与其中；其三，面对"在行政机关不积极作为、有可能造成公共利益严重受损的情况下"[63]，相对于救济本已受损的生态环境而言，预防性保护生态环境应优先于救济受损的生态环境，大力开展预防性公益诉讼应是环境行政公益诉讼未来的发展方向。

（五）　建构专门的环境公益诉讼程序机制

如前文所述，环境公益诉讼不能在民事诉讼法体系中构建，现《民

63　《全国人大代表黄超：检察机关可探索开展预防性环境公益诉讼》，中华人民共和国最高人民检察院，http://www.spp.gov.cn/spp/zdgz/201906/t20190603_420594.shtml，最后访问日期：2019年6月4日。

事诉讼法》（2017）所规定的"民事公益诉讼条款"是社会公共利益诉讼，并不是真正的环境公益诉讼。针对《行政诉讼法》（2017）所规定的"行政公益诉讼条款"而言，也并不是真正的环境公益诉讼，依据对"公益"的不同理解，可将环境行政公益诉讼分为"环境行政众益诉讼"与"环境行政公益诉讼"，这两种诉讼的目的是存在区别，环境行政众益诉讼所要保护的利益是"众益"，实质为私益诉讼。而环境行政公益诉讼所要保护的利益是一种整体利益，是多数人组成的集体的不可分割的整体利益，是事实上的公益，为保护此种利益而提起的诉讼，才是真正的环境行政公益诉讼。但其法律依据不成体系，致使法律基础非常薄弱。此外，从目前来说，环境公益诉讼与环境私益诉讼存在交叉与重叠，公益与私益没有清晰的界限。针对新型的生态环境损害赔偿诉讼而言，其与环境公益诉讼的衔接，也是一个亟待需要解决的难题。此外。各类型的环境公益诉讼案件在审理过程中一直面临调查取证难、案件管辖难、执行难等问题。对此，明确真正环境公益诉讼的法律地位，建构专门的环境公益诉讼程序机制，详细规定诉前程序和诉讼程序的各个环节的操作流程，对解决环境公益诉讼在运行过程中面临的诸多问题是一剂良策。

（责任编辑　马亮）

译文集萃

欧盟气候法中的污染者付费原则：
一项有效的诉讼工具？[*]

［爱尔兰］Suzanne Kingston[**]　著

周汉德[***]　译　朱俊强[****]　校

内容摘要：污染者付费原则在欧盟法中享有宪法性地位。《欧盟运行条约》（TFEU）第 191（2）条将其奉为欧盟环境政策的基本原则之一。本文讨论了污染者付费原则在欧盟法、欧盟法院（CJEU）判例法、欧盟政策和最近的《欧洲绿色新政》中的法律地位及其发展。本文进而评论了三组迄今为止污染者付费原则在其中发挥着最强影响力的气候诉讼案例：第一组是关于欧盟碳排放交易体系和碳排放的案例；第二组是关于欧盟能源法的案例；第三组是关于欧盟国家援助法的案例。本文的结论反思了污染者付费原则在其他诉讼领域的潜在作用，包括基于人权和环境权的气候案件，以及针对私人当事方的气候案件。

关键词：污染者付费原则；欧盟法；欧盟法院；绿色新政；国家援助；欧盟碳排放交易体系；人权；能源法

引　言

污染者付费原则通常被认为是一项统领性的或者指导性的原则，而非

---

[*]　原文载于 2020 年《气候法》（*Climate Law*）第 10 卷，第 1—27 页。［Suzanne Kingston，"The Polluter Pays Principle in EU Climate Law：An Effective Tool Before the Courts？"，*Climate Law*，2020，Volume10，Issue 1，March 2020，pp. 1–27.］

[**]　Suzanne Kingston，都柏林大学教授。

[***]　广州大学松田学院副教授，武汉大学法学院访问学者。

[****]　广州大学法学院教授。

一项具有可诉性的原则。[1] 虽然污染者付费原则在许多国际条约中以不同的方式起着重要作用，但它并未被公认为一项习惯国际法上的原则。更确切地说，正如仲裁庭在莱茵河氯化物（Rhine Chlorides）案中所评述的，尽管该原则在许多双边和多边法律文件中得到重要的体现，它"在不同的效力层次上起着作用"，但是当前它并不属于"一般国际法"的一部分。[2] 这反映出，在国际层面上对污染者付费原则的内涵和法律地位并没有形成统一的认识。例如，《里约宣言》（Rio Declaration）中原则16提出的"建议"，即"原则上污染者应当承担污染的费用，并适当考虑公共利益，同时不扭曲国际贸易和投资"，就可能与经济合作与发展组织（OECD）所确认的"污染者付费原则"构成成员国的"基本原则"形成对比。后者要求污染者"应当承担"成员国政府当局推行污染防控措施的"实施费用"，以"确保环境处在一个可接受的状态之中。换言之，这些措施的费用应当在其生产和/或消费环节产生污染的商品和服务的成本中得以体现"。[3]

污染者付费原则在欧盟法律中的地位是不同的。它享有宪法性的地位：《欧盟运行条约》（TFEU）第191（2）条将其奉为欧盟环境政策的基本原则之一。作为一个宪法性的概念，污染者付费原则最终会由欧盟法院（CJEU）决定其内涵和法律地位，而在诸如废物和水资源法等领域已经开始付诸实践了。在下文中可以看到，在塑造污染者付费原则以符合欧盟自己更宽泛的宪法价值理念和立法框架时，欧盟法院（CJEU）已经在许多案件中适用了该原则。

自2009年《里斯本条约》（Treaty of Lisbon）生效以来，这些宪法价

1　See Priscilla Schwartz, "The Polluter-pays Principle", in Ludwig Krämer and Emanuela Orlando (eds.), *Principles of Environmental Law* (Cheltenham: Elgar Encyclopedia of Environmental Law, 2018), Volume VI.

2　根据1991年9月25日的《保护莱茵河免受氯化物污染公约》（1976年12月3日）附加议定书对荷兰王国和法兰西共和国之间账目进行审计的案件，*Netherlands v. France*, Award, ICGI 374 (PCA 2004), 12 March 2004, Permanent Court of Arbitration. 关于污染者付费原则在国际法上的地位问题，see Philippe Sands and Jacqueline Peel, *Principles of International Environmental Law* (Cambridge: Cambridge University Press, 4th ed., 2012), at p. 240。

3　OECD Recommendation on the Implementation of the Polluter-Pays Principle C (74) 223 (1974).

值理念如今也明确授权欧盟推行国际措施以应对气候变化。[4] 随着欧盟应对气候变化政策对诸如欧盟碳排放交易体系和规制补贴规则（"国家援助"规则）之类的经济工具的依赖，人们日益要求欧盟法院（CJEU）对污染者付费原则在欧盟法中实际运作的关键方面进行裁决。在探讨了欧盟法中污染者付费原则的法律地位及其待遇之后，将接着评论迄今为止受污染者付费原则影响最大的三组气候诉讼案例：首先是关于欧盟碳排放交易体系和碳排放的案例；其次是关于欧盟能源法的案例；最后是关于欧盟国家援助法的案例。[5] 关于污染者付费原则在其他诉讼领域潜在作用的若干思考将在结论中涉及，包括基于人权和环境权的气候案件，以及针对私人当事方的气候案件。

一 "污染者付费原则" 在欧盟法的发展及其法律地位

早在污染者付费原则被写入 1987 年《欧共体条约》（*EEC Treaty*）之前，该原则就已经在欧盟环境政策中得到确认。[6] 欧盟委员会是污染者付费原则的早期采纳者，包括欧盟 1973 年的第一个《环境行动计划》，紧接着是来自德国的请求——详细列举了纳入欧盟环境政策的十项基本原则，当中包括许多如今已为人熟知的原则，如 "预防原则" "一体化原则" 以及 "污染者付费原则"。[7] 该行动计划引发了一份有关污染者付费原则的欧盟通报，随后，通报的内容在 1975 年的一份议案中被欧洲理事会通过。[8] 在该欧盟通报中，污染者付费原则的内涵被界定为：

---

4   Article 191（1）TFEU.

5   See further on this topic, the contribution of Nicolas de Sadeleer to this special edition.

6   See generally, Suzanne Kingston, Aleksandra Čavoški, and Veerle Heyvaert, *European Environmental Law* （Cambridge：Cambridge University Press，2017），at p. 100. See further, Nicolas de Sadeleer, "The Polluter-pays Principle in EU Law：Bold Case Law and Poor Harmonisation", in *Pro Natura：Festskift til H. -C. Bugge* （Oslo：Universiteitsforlaget，2012）405.

7   OJ 1973 C 112/1. See Ludwig Krämer, "The Genesis of EC Environmental Principles", *College of Europe*, *Research Papers in Law* 7/2003（2003）.

8   Council Recommendation 75/436/Euratom, ECSC, EEC regarding cost allocation and action by public authorities on environmental matters OJ 1975 L 194/1.

"对污染负有责任的由公法或者私法管辖的自然人或者法人必须支付消除或减少污染所必要的措施费用。采取此类措施旨在与能够促进质量目标达成的标准或者同等的措施保持一致，或者，如果没有此类目标，则应遵守政府当局制订的标准或同等的措施。因此，环境保护原则上不应该依赖基于援助和将防治污染的负担推给共同体的政策。"[9]

"应对污染的负担"指的是财政负担，它表明清理污染的费用在原则上不应当由欧盟自身的预算经费承担。欧盟自身的预算与其成员国的预算或那些产生污染的私营主体的资金是不同的。

这一立场也明确地体现在《欧盟运行条约》（TFEU）第 192（4）条上。该条规定，成员国应当在"不妨碍欧盟采取某些措施"的情况下，实施欧盟的环境政策，并提供相应的财政支持。《欧盟运行条约》（TFEU）第 192（5）条对该项原则添加了重大限制，即国家当局在面对"费用被认为是超出比例"时，它允许成员国克减其基于《欧盟运行条约》（TFEU）第 192（4）条的责任，或者从"欧盟团结基金"（the EU's Cohesion Fund）得到资金支持。这一规定明确了"不妨碍"污染者付费原则措施的要求，作为欧盟宪法性的法律问题，这意味着在成员国自己的主权管辖范围内，当这些费用"被认为"超过比例时，成员国将不会承担这些清理污染的费用。

这一立场符合欧盟法院的判例法，即欧盟法院将污染者付费原则视为欧盟法律中相称性一般原则的体现。在欧盟限制农民等排放的《硝酸盐指令》（*Nitrates Directive*）这一背景下适用污染者付费原则，欧盟法院认为，成员国必须：

"在实施欧盟硝酸盐指令的过程中考虑其他污染来源，并且，在已经考虑到环境因素后，那些对减轻污染而言不必要的费用不应由农民负担。从这个角度来看，污染者付费原则反映了相称性原则的要求。"[10]

在"欧盟团结基金"的背景下，这意味着欧盟相对贫穷的地区通过欧盟团结政策已获得了重要的资助以帮助其在各自管辖范围内清理污染。在气候背景下，这一方法在最近的《欧洲绿色新政投资计划》（*European*

9   Ibid. ，Annex，point 2.

10   Case C-293/97，*The Queen v. Secretary of State for the Environment and Ministry of Agriculture，Fisheries and Food，ex Parte H. A. Standley and Others* ECLI：EU：C：1999：215，para. 52.

Green Deal Investment Plan) 中得到了例证, 该计划由冯·德·莱恩委员会 (Von der Leyen Commission) 于 2020 年 1 月宣布, 下文将对此进行讨论。

考虑到污染者付费原则的宪法性地位, 从被写入《欧共体条约》(*EEC Treaty*) 以来, 它在欧盟的立法中已经产生了重要的影响。[11] 在欧盟一系列旨在对污染定价, 并在可能的情况下, 向那些造成污染的人转移价格负担的, 以市场为基础的经济环境政策工具中, 都可以清楚地看到它的影响。欧盟委员会 2007 年《关于服务于环境及相关政策目标市场工具绿皮书》[12] 清晰地发出了该信号。《关于服务于环境及相关政策目标市场工具绿皮书》注意到, 欧盟越来越多地倾向于使用经济的或者市场化的工具, 如间接税、有针对性的补贴、服务环境政策目标的可交易的排放权, 因为"它们为达成到既定的政策目标提供了一种灵活和有效的方式"。[13] 这反过来又反映了欧盟的第六个环境行动计划, 该计划规定了 2002—2012 年欧盟的环境政策框架, 其中一个关键部分是使用"包括市场化和经济手段在内的混合手段"以内化环境问题的负外部性, 通过改革"逐步取消"不利于环境保护的补贴, 推行可交易的许可证作为"通用的工具", 以及推广排放交易和环境税、环境激励措施。[14]

至于排放交易, 人们普遍认为欧盟碳排放交易体系的初始设计——在很大程度上通过祖父制 (grandfathering) 建立在免费分配配额的方式之上的——并没有确切地贯彻污染者付费原则。[15] 对欧盟碳排放交易体系第一阶段的主要批评是, 它通过批准免费的配额而非基于污染者付费原则的分配配额方式给大型的碳排放主体带来了意外的暴利。为应对产生暴利这一副作用, 国家的干预措施随之而至, 下文将论及其中一些被诉诸欧盟法院

---

11 1987 年生效的《单一欧洲法令》在当时被授权将该原则纳入《建立欧共体条约》。

12 Com (2007) 140.

13 Ibid. , at p. 1.

14 Decision No 1600/2002/EC of the European Parliament and of the Council of 22 July 2002 laying down the Sixth Community Environment Action Programme OJ 2002 L 242/1.

15 See, for instance, the argument of Jonathan Nash in "Too Much Market? Conflict between Tradable Pollution Allowances and the 'Polluter Pays' Principle", 24 (2) *Harvard Environmental Law Review* 1 (2000) . For a nuanced discussion, see Edwin Woerdman, Alessandra Arcuri, and Stefano Clò, "Emissions Trading and the Polluter-Pays Principle: Do Polluters Pay under Grandfathering?", 4 (2) *Review of Law and Economics* 565 (2008) .

的措施。显然，将拍卖作为分配配额的默认方式，并在碳排放交易体系的第三阶段和第四阶段逐步停止使用历史排放分配方法[16]，这已经显著地提高了碳排放交易体系和污染者付费原则的兼容度。正如欧盟委员会已经强调的，拍卖的配额分配方式"践行了污染者应当付费的原则"。[17] 2009 年碳排放交易体系的修正是重要的转变，电力行业全面建立的拍卖制被作为从 2013 年开始适用的"规则"，并在这领域取消碳捕集和封存的免费配额分配[18]。然而，碳排放交易体系仍存在不适用拍卖的例外情形，尤其是在那些根据《碳排放交易指令》（ETS Directive）第 10（a）条规定被欧盟委员会认为受碳泄漏影响的行业中。

迄今为止，在欧盟法院的判例法中，污染者付费原则对欧盟废物立法和《环境责任指令》（ELD）的影响是最为明确的。[19] 欧盟废物立法通过要求废物的生产者或者当时或之前的废物持有人承担污染处理费用纳入该原则。[20] 在这个背景下，欧盟法院已经采取多种方式适用污染者付费原则，并确认"产生废物"者应当承担处理的费用，"不论他们是该废物的持有人还是曾经的持有人，甚至是产生废物的产品的生产者"。[21] 在 1999 年布列塔尼（Brittany）海岸埃里卡（Erika）漏油灾难发生的梅斯凯（Mesquer）案中，欧盟法院认定，虽然国内法并不要求船东或承租人对清理费用承担责任（在该案件中，是基于国际条约排除此责任），但是污染者付费原则要求该费用由产品的生产者承担。[22] 然而，欧盟法院对此予

16　它们的期限分别是 2013—2020 年和 2021—2030 年。

17　European Commission, <https：//ec. europa. eu/clima/policies/ets/auctioning_ en>.

18　Directive 2009/29/EC OJ 2009 L140/63, Preamble, recital（19）and Article 10a.

19　污染者付费原则还被明确地纳入欧盟水法中，该法要求成员国根据污染者付费原则考虑"水服务成本回收"的原则。See Art. 9 of Directive 2000/60/EC of the European Parliament and of the Council establishing a framework for the Community action in the field of water policy, OJ 2000 L 327/1.

20　See the Waste Framework Directive 2008/98/EC Directive 2008/98/EC of the European Parliament and of the Council of 19 November 2008 on waste and repealing certain Directives OJ 2008 L 312/3, Art. 14（"In accordance with the polluter-pays principle, the costs of waste management shall be borne by the original waste producer or by the current or previous waste holders"）. Member states are, however, left with considerable discretion as to how to measure the costs of waste disposal：see Case C-254/08 *Futura Immobiliare* ECLI：EU：C：2009：479.

21　Case C-1/03 *Van de Walle* ECLI：EU：C：2004：490, para. 58.

22　Case C-188/07 *Commune de Mesquer* ECLI：EU：C：2008：359. See the case-note of Nicolas de Sadeleer at 21（2）*Journal of Environmental Law* 299（2009）.

以限制，认为依照污染者付费原则，"这样的生产者不应承担清理费用，除非其产品促成了由失事船舶直接引起的污染的发生"。[23] 在此类情况下，确定因果关系面临着客观的和证据上的困难，但这并没有妨碍欧盟法院在该案件中强调污染者付费原则的重要性。[24]

欧盟法院在基于《环境责任指令》（ELD）提起的诉讼案件中，也经常在如果经营者行为已经导致环境损害，或者引发此类损害发生的危险时，则应由其承担相应经济责任的原则之上解释和适用污染者付费原则。[25] 然而，《环境责任指令》（ELD）仅仅适用于特定的行为，诸如受欧盟工业许可证制度规制的大型工业设施，并且适用于受欧盟废物法规制的废物处理行为。[26] 在对违反欧盟环境法的行为实施民事制裁的问题上，国家政府当局处于中心地位，并负责确保受《环境责任指令》（ELD）规制的经营者在其管辖范围内根据相应情况预防或赔偿相关的环境损害。[27]

在 Raffinerie Mediterranée 案中，欧盟法院适用污染者付费原则认定，主管当局必须有"可信的证据"证明，经营者事实上已经导致了污染的发生。[28] 在 Fipa Group 案中，欧盟法院认为，在土地所有者没有导致污染，而且也不可能确定谁是污染者，或者无法要求确定的污染者赔偿污染损害的情形下，国内立法禁止政府主管当局责令土地所有者采取预防性和补救性措施的做法是符合污染者付费原则的。欧盟法院同时认为，政府主管当局可以要求确定的导致污染的土地所有者"在场地的市场价值内"补偿当局采取措施的费用。[29]

---

23 Ibid. , para. 82.

24 根据法国法律，石油公司 Total 最终被认定对其造成损害的行为（包括其造成生态损害的行为）负有刑事责任。See generally Patrick Thieffry（ed.）, *La Responsabilité du Producteur du Fait des Déchets*（Brussels：Bruylant, 2012）.

25 Directive 2004/35/EC on environmental liability with regard to the prevention and remedying of environmental damage OJ 2004 L 143/56.

26 Ibid. , Annex iii.

27 《环境责任指令》第 3（3）条凸显了该指令的公法性质，该条规定私人当事方不能因环境损害或者此种损害的紧迫威胁获得赔偿的任何权利。

28 Case C-379/08 *Raffinerie Mediterranée* ECLI：EU：C：2010：127.

29 Case C-534/13 *Ministero dell'Ambiente e della Tutela del Territorio e del Mare and Others v. Fipa Group srl* ECLI：EU：C：2015：140.

在 Fipa 案中，欧盟法院认为，只有在欧盟立法有规定，并且该立法是基于欧盟条约中环境条款（在欧盟法律中《欧盟运行条约》的第 192 条被认为是环境条款的"法律基础"）而被制定通过的情况下，个人才可以依据《欧盟运行条约》第 191（2）条中的污染者付费原则起诉欧盟成员国。[30] 然而，这并不意味着污染者付费原则在欧盟法院是不具可诉性的：判决已经确认，如果根据《欧盟运行条约》第 192 条的规定通过了可适用的法律，则可以依据污染者付费原则起诉欧盟机构。这在评估污染者付费原则与欧盟气候法的相关性问题方面显然很重要，因为许多落实欧盟气候政策的立法是立足《欧盟运行条约》的环境法律基础之上做出并被通过的。[31] 但是，应该指出，并非所有的与环境相关的立法都是基于《欧盟运行条约》第 192 条做出的：特别是，最近的基于《里斯本条约》的《欧盟运行条约修订案》就能源立法增加了新的法律基础，即《欧盟运行条约》第 194 条。此外，尽管在欧盟立法没有特别规定的情况下，不能依据污染者付费原则而排除成员国法律的适用，但只要成员国或者欧盟有调整此领域的立法，那么该原则就可以被用以作为解释相应规则的辅助工具。

在其他情况下，既有的欧盟立法并没有体现出对污染者付费原则的足够重视。例如，《栖息地指令》（*Habitats Directive*）规定，污染者付费原则"只能在有关自然保护的特定案件中得到有限的适用"，以证明某些成

30　"《欧盟运行条约》第 191（2）条规定欧盟的环境政策目标是实现高水平的环境保护，并且除其他外环境政策还以'污染者付费'原则为基础。因此，这项规定只是界定了欧盟的一般性环境目标，因为《欧盟运行条约》第 192 条赋予欧洲议会和欧盟理事会按照普通立法程序决定为实现那些目标应当采取什么行动的职责……因此，由于确立了'污染者付费'原则的《欧盟运行条约》第 191（2）条旨在欧盟层面采取行动，在环境政策领域并没有依据《欧盟运行条约》第 192 条制定并通过的欧盟立法时，个人不能依据该规定以排除在环境政策领域适用诸如有关主要诉讼中争议问题规定的国内法。……同样地，在没有任何国内法律依据的情况下，环境主管当局也不能依据《欧盟运行条约》第 192 条采取预防和补救措施。"Ibid. , paras. 39–41.

31　值得注意的是，尽管《环境责任指令》并没有具体提及污染者付费原则，但欧盟法院在 Fipa 案关于污染者付费原则法律地位的评述中，并未要求有关的欧盟立法必须明确提及该原则才能使得污染者付费原则具有相关性。下文讨论的欧盟碳排放交易体系判例法证实了污染者付费原则与所有欧盟环境立法都是相关的。

员国在履行指令规定的特定义务时可以获得欧盟财政援助的原则是合法的。[32] 这一例外的立场是西班牙和德国就一项指令是否应当提供欧盟资金以履行该指令规定的义务这一问题存在根深蒂固的争议时做出的妥协。该争议几乎导致历经三年多谈判的《栖息地指令》提案被撤回。[33] 因此，污染者付费原则在自然保护领域的作用被削弱，这可以被视为产生于《栖息地指令》谈判这一独特事件的反常现象。

在 2019 年，冯德莱恩委员会（Von der Leyen Commission）推出《欧洲绿色新政》（EGD）——它在绿色经济领域最为重要的政策。从表面上看，污染者付费原则在新政中的角色是模糊的。《欧洲绿色新政》的一个重要内容是《欧洲绿色新政投资计划》，它被冯德莱恩委员会称为欧盟应对"当代气候变化和环境挑战的确定性任务"。[34] 相应地，该计划的一个重要内容是"公平转型机制"。该机制将提供超过 1000 亿欧元的投资基金，为那些旨在"确保领先地位"的，有助于 2050 年之前实现欧盟气候中和目标的投资提供资金支持。[35] 这将是 2030 年之前，超过 10000 亿欧元的更大规模投资的一部分。[36] "公平转型机制"的一个核心特点是，对在煤炭、褐煤、页岩油和泥煤生产领域有着高就业密度的地区，以及有温室气体排放密集型行业的地区提供财政资助。[37] 冯德莱恩委员会进一步指出，向低碳经济的转型可能需要额外的投资，到 2040 年这一投资总额最高可达 GDP 的 2%，并且到 2030 年这一数字本身可能需要增加。[38]

有观点认为，《欧洲绿色新政投资计划》可能意味着污染者付费原则作为欧盟环境法一项原则的重要性正在消退。可以说，面对气候变化带来的通常的和异常的威胁时，欧盟正在免除那些对更高排放负有责任的成员

---

[32] Directive 92/42/EEC on the conservation of natural habitats and of wild fauna and flora OJ 1992 L 206/7, Preamble.

[33] See Andrew Jackson, *Conserving Europe's Wildlife: Law and Policy of the Natura* 2000 *Network of Protected Areas* (Abingdon: Routledge, 2018), Ch. 9.

[34] Communication from the Commission 'Sustainable European Investment Plan: European Green Deal Investment Plan' com (2020) 21, at p. 1.

[35] Ibid., at p. 2.

[36] Ibid., at p. 5.

[37] Ibid., at p. 19.

[38] Ibid., at p. 4.

国和那些从事排放密集型行业私营企业的"付费"责任。然而，该计划的实施取决于其独特的内部视角，即确定"污染者"，以及谁或什么，应当对气候变化造成的损害"付费"及避免此类损害。从外部和全球的视角来看，该计划可以被认为是欧盟（作为一个集团），对其至少负担部分应对气候变化成本的集体责任的承认，而应对气候变化是欧盟及其成员国担负的重要责任。[39] 在此意义上，该计划也许不能被认为是对污染者付费原则的放弃，而应该是在国际层面上适用污染者付费原则的一个（不完善的）表述。

尽管如此，该计划在某些方面与前述提及的在传统上被接受的污染者付费原则概念不完全相符。其中一个例子是，该计划通过宣布对欧盟《环境和能源国家援助指南》（*Environmental and Energy State Aid Guidelines*）的修订，鼓励"可持续的投资"，这将给予成员国更大的权限去为企业提供补贴，以便促进气候友好型投资和行动。[40] 该修订将在 2021年开始。[41] 这种为了改善环境而提供补贴的意见，从一开始就被认为是违反污染者付费原则的。但是，自 1994 年[42]欧盟第一个与环境保护有关的国家援助指南公布以来，在 25 年的时间里，它已经成为欧盟环境政策的重要组成部分。该指南承认，环境补贴"在污染者付费原则——它要求将所有的环境成本'内部化'，也就是说，吸收进企业的生产成本中——在迄今为止仍未被完全适用的情况下，是次优的选择"。[43] 指南的最新版本在国家援助的场合，对污染者付费原则的范围作了明显的限制，它

---

[39]　See, for instance, Marcia Rocha, Mario Krapp, Johannes Guetschow, Louise Jeffery, Bill Hare, and Michiel Schaeffer, "Historical Responsibility for Climate Change: From Countries Emissions to Contribution to Temperature Increase" (2015), <https://climateanalytics.org/media/historical_ responsibility_ report_ nov_ 2015. pdf>，他们表明，1850—2012 年，欧盟 28 国的京都温室气体排放量占世界总量的 17% 左右；see also Olga Alcaraz, Pablo Buenestado, Beatriz Escribano, Bárbara Sureda, Albert Turon, and Josep Xercavins, "Distributing the Global Carbon Budget with Climate Justice Criteria", 149 *Climatic Change* 131 (2018)，他们指出欧盟在 1971—2010 年累计的排放量占同期全球排放总量的 18.7%。

[40]　Supra note 33, at p. 12.

[41]　宣布修订的现实重要性是有限的，因为无论如何修订后的指南都应在 2021 年出台。

[42]　OJ 1994 C 72/3.

[43]　Ibid., para. 1. 4. 在过渡期间，指南修订版从 6 页增加到约 49 页，其中包括一章有关气候援助的实体规定。

指出：

"尊重……污染者付费原则……通过环境立法在原则上确保与负外部性相关的市场失灵被纠正。因此，国家援助并非恰当的工具，而且国家援助的受益人在根据现行欧盟或者成员国的立法可承担责任的情况下，就不应给予援助。"[44]

《欧洲绿色新政投资计划》重新强调国家援助的重要性，这清楚地表明，尽管只是"次优"的选择，但是国家援助作为欧盟政策组合的重要部分将继续存在。因此，欧盟的国家援助政策说明，欧盟环境法目前并不完全地执行污染者付费原则。在许多情况下，社会作为一个整体最终负担了由一部分人口造成的污染成本。例如，根据欧盟的指南，只要符合《欧盟运行条约》第 107 条规定的条件，则仍然允许国家补贴企业的废物处理，甚至允许国家对破坏环境的行为提供补贴。[45]

二 污染者付费原则：一项在欧盟环境诉讼中的潜在工具？

在此背景下，我们进一步探讨污染者付费原则在气候诉讼中的作用和远景。当前的分析是在广义气候诉讼概念的基础上展开的，它包括涉及欧盟气候相关法律的诉讼。迄今为止，许多气候诉讼的文献都将其主要集中在比较狭窄的诉讼子类别中，也就是说，那些由非政府组织或者个人提起的旨在使国家或其他实体为气候变化承担法律责任或要求其就气候变化采取更大行动的诉讼。[46] 考虑到此类诉讼至关重要，作者在污染者付费原则的背景下尝试做更广泛的讨论。截至目前，受污染者付费原则影响最明显

44　Commission Communication, Guidelines on State aid for environmental protection and energy 2014–2020 OJ 2014 C 200/1, at（44）, emphasis added.

45　Commission Communication, Guidelines on State aid for environmental protection and energy 2014–2020, OJ 2014, C 200/1, paras. 6 and 158–159（namely para. 156 noting the polluter pays principle）.

46　正如 Setzer and Vanhala 已经指出的，实际上大部分气候诉讼活动不属于这个诉讼子类别，而是属于许多其他气候相关事项（如碳排放交易体系）的"普通"案件。Joana Setzer and Lisa C. Vanhala, "Climate Change Litigation: A Review of Research on Courts and Litigants in Climate Governance", 10: e580 *WIRES Climate Change*（2019）, at p. 3.

的并不是基于权利的气候诉讼案件，而是涉及欧盟碳排放交易体系和碳排放立法、欧盟能源法和欧盟国家援助法的案件。

（一）欧盟碳排放交易体系和碳排放相关诉讼

现在许多欧盟法院的案件涉及欧盟碳排放交易体系，这当中有相当大比例的案件是与污染者付费原则有关的。与欧盟碳排放交易体系有关的第一代案件包括成员国反对欧盟委员会对它们第Ⅰ阶段和第Ⅱ阶段国家分配计划（NAPs）的决定。尽管这些案件对于第Ⅱ阶段后的监管框架而言缺乏直接的现实影响，因为该阶段的配额分配实行集中化（自上而下）的方式，但是欧盟法院显示出在诸如同等对待和说明理由的义务等欧盟法一般原则的基础上对欧盟委员会的个别审核决议进行司法干预的意愿。[47]

在阿塞洛公司（Arcelor）案中，为了确认《碳排放交易指令》（2003年）的正当性，欧盟法院提到，该指南组成了欧盟环境立法的一部分，而这些立法的基础之一是污染者付费原则。[48] 仅仅将某些行业纳入碳排放交易体系（如原告所在的钢铁行业）的事实，并不违背同等对待原则，因为指南是建立在"渐进"的路径之上的，并且欧盟立法机关的初衷是"不在初始阶段涉及过多的参与者，以免破坏对配额交易体系进行行政管理的现实可行性"，正是基于这一考虑才对指南的适用范围予以限制。[49] 因此，在该案中，欧盟法院承认，创设一种诸如碳排放交易体系那样的新的经济工具，并且结合同等对待原则，限制性地适用污染者付费原则是有现实意义的。它反对以全有或全无的极端态度对待碳排放交易体系的适用范围。

污染者付费原则也已经出现在与第Ⅲ阶段监管框架有关的案件中。其中第一个是欧盟普通法院就 2013 年波兰诉欧盟委员会案做出的判决。在该案中，波兰未能成功地推翻欧盟委员会根据《碳排放交易指令》第 10

47　See, e. g., Case T-183/07 *Poland v Commission* ECLI：EU：T：2009：350（Commission reduction of industry emission caps by 26. 7 per cent annulled—appeal to CJEU dismissed March 2012 in Case C-504/09 P；）Case T-263/07 *Estonia v Commission* ECLI：EU：T：2009：351（Commission reduction of industry emission caps by 47. 8 per cent annulled—appeal to CJEU dismissed March 2012 in Case C-505/09 P）.

48　Case C-127/07 *Arcelor* ECLI：EU：C：2008：728, para. 30.

49　Ibid., para. 71.

（a）条作出的，旨在协调免费配额分配的过渡性措施。[50] 波兰主张，欧盟委员会并没有充分地考虑成员国和地区的差异（尤其是波兰对煤炭资源的依赖），并且认为，欧盟委员会的措施已经超出了实现指南目标的必要限度。欧盟普通法院对第 I 阶段和第 II 阶段做了区分，认为在那些阶段中，成员国实施欧盟碳排放交易体系指南的自由裁量权要大得多，并且据此驳回了波兰的主张。[51]

同样地，在伊维尔德罗拉（Iberdrola）案[52]中，欧盟法院认为，西班牙旨在限制电力生产商暴利的法律是符合《碳排放交易指令》（2003 年）规定的。如前文所述，依据该指令免费分配配额是常态的做法。在得出该结论的过程中，欧盟法院强调，配额免费分配的概念与碳排放交易体系的环境目标之间不具有直接关联性，而且西班牙的规则并没有影响配额市场，只是电力生产商的利润水平受到了影响，也没有违反碳排放交易体系的环境目标要求。[53] 电力生产商则声称，西班牙方案的实施在某些情况下的确导致对降低温室气体排放的激励减少了，欧盟法院对此予以确认，但是它认为，只要该方案没有"完全取消激励"，就不能认为西班牙方案违反了《碳排放交易指令》。[54] 因此，这表明欧盟法院承认环境市场的运行并不总是完善的，同时也认为，西班牙寻求减少配额免费分配扭曲效应的努力（因此更好地实现污染者付费原则），与碳排放交易体系的整体环境目标并不矛盾。

然而，在 šKO-ENERGO 案[55]中，欧盟法院认为，成员国可以合法地采取可能会使免费分配配额的成本更高的措施，但是，此类措施不能使当时应适用的配额免费分配的基本原则失效或者损害指令的目标。在该案件中，捷克法律对免费分配排放配额的行为课以赠与税，但光伏发电站除外。欧盟法院认为，这在原则上违背了指令的规定，因为它违反了基本原则（尽管这最终是由国内法院裁决的）。

---

50 Case T-370/11 *Poland v Commission* ECLI：EU：T：2013：113.

51 Ibid. , paras. 52-53.

52 Case C-566/11 ECLI：EU：C：2013：660.

53 Op. cit. , paras. 35-58.

54 Ibid. , para. 58.

55 Case C-43/14 ECLI：EU：C：2015：120.

在 Billerud 案[56]中，原告在《碳排放交易指令》规定的日期内未能清缴其配额，因此要遭受处罚。但是原告辩称，污染者付费原则应当适用于该案。这意味着不应当被处以任何惩罚，因为尽管原告违反了准时清缴的义务，但实际上，原告持有规定数量的配额，所以原告并没有任何超额排放行为。欧盟法院驳回了原告的主张，它再次提到，碳排放交易体系是建立在严格的会计制度之上的，该制度涉及配额的发行、持有、转让和注销。在污染者付费原则中，"污染者"的概念必须根据指令的宗旨来解释，因为："它的目标和效果并不是要惩罚一般意义上的'污染者'，而是那些截至当年度 4 月 30 日，其上一年度排放量超过了在已清缴配额列表部分所列配额数量的经营者。该配额被认定为他们的设施设备在那一年的排放额度。经营者依据第 2216/2004 号条例第 52 条规定，报告给成员国，由成员国集中登记处予以登记。这在本质上不是超额排放的问题，而是如何解释'超额排放'概念的问题。"[57]

因此，Billerud 公司承认，欧盟会在恰当的监管背景中对污染者付费原则的含义进行解释，并且这也没有全然划一的方式。此外，原告以相称性为由主张成员国法院可以调整一次性罚款的金额（当时是每吨二氧化碳当量 40 欧元），但是欧盟法院驳回了该主张。法院的理由是，欧盟立法机关已经将一次性罚款视为实现碳排放交易体系高效运行这一立法目标所必要的手段，它在避免人为操控或规避方面也尤其重要。事实上，绝大部分的配额在第 I 阶段已经被免费分配了，考虑到这一点，欧盟法院对此立法意图予以尊重。因此，实际上，在对不按期清缴行为进行惩罚的案件中，欧盟法院优先考虑的是碳排放交易体系的有效性，而不是相称性原则（如前文所述，它是污染者付费原则的基础）。

与欧盟碳排放交易体系相关的最大一个案件是美国航空运输协会（ATAA）案[58]。这个由美国航空运输协会和数家美国航空公司提起的反对将第三国航空公司列入碳排放交易体系的案件，以原告败诉告终。欧盟法院认为，欧盟碳排放交易体系对第三国航空公司适用的做法是符合国际法的，尤其是考虑到，交易体系仅对起降成员国境内的商业航班适用，它也

---

[56]　Case C-203/12 ECLI：EU：C：2013：664.

[57]　Ibid. , para. 28.

[58]　Case C-366/10 *ATAA* ECLI：EU：C：2011：864.

符合属地原则。[59] 当欧盟碳排放交易体系适用于航空器的全部航程时（它并不只发生在欧盟领土上），考虑到《欧盟运行条约》第 191（2）条规定的实现高水平环境保护的目标要求和欧盟作为《联合国气候变化框架公约》缔约方的地位，欧盟法院认为，这也是符合属地原则的。[60]辅佐法官 Kokott 在她给出的意见中提道："在欧盟碳排放交易体系的背景下，某一特定的航班在起降欧洲机场时，距离目的地越远，可能需要清缴的碳排放配额会更高。它考虑了整个航程，归根结底，体现了相称性原则，是环境法上'污染者付费'原则的反映。"[61]

欧盟法院的判决极具争议性，并引发国际民航组织内部的分歧，进而催生了欧盟的 2013 年"停表"决议及 2017 年决议。2013 年决议停止将在欧盟成员国机场和第三国之间飞行的航班纳入碳排放交易体系，而 2017 年决议则将碳排放交易体系对航空业的适用限定在欧洲经济区内飞行的航班，一直到 2024 年为止[62]。它的依据是国际民航组织 2016 年作出的旨在解决至 2021 年[63]的国际航空温室气体排放问题的全球市场措施的决议，和国际民航组织提议并通过的碳抵消机制，即国际航空全球碳抵消和减排机制（CORSIA）。美国航空运输协会案的判决表明，在全球气候背景下法官和诉讼适用污染者付费原则的局限性，同时，在某种意义上，这对欧盟立法者来说是一场代价高昂、得不偿失的胜利。然而，该判决为欧盟在航空业方面应对全球气候变化的努力提供了某种形式的法律支持。

在欧盟碳排放交易体系的背景之外，波兰在 2019 年诉欧盟委员会案[64]中，试图宣告欧盟关于特定大气污染物（包括二氧化硫、氮氧化物和

59　Case C-366/10 *ATAA* ECLI：EU：C：2011，para. 127.

60　Ibid.，para. 128.

61　Para. 153，emphasis added.

62　欧洲议会和欧盟理事会在 2017 年 12 月 13 日通过（EU）2017/2392 条例对 2003/87/EC 指令进行修订，以继续对航空活动范围予以限制，并实施源自 2021 OJ 2017 L 350/7 的全球市场措施。

63　ICAO Assembly，Report of the Executive Committee on Agenda Item 22，A. 39 - WP/530（2016）.

64　Case C-128/17 *Poland v. Commission* ECLI：EU：C：2019：194.

非甲烷挥发性有机化合物等）的国家减排指令无效。[65] 该指令规定了到
2030 年为止的人为排放前述气体的国家最高限值，并且规定了健康、气
候和更普遍的环境目标。波兰在匈牙利与罗马尼亚的支持下，对国家排放
限值的规定方式提出异议，同时诉称，国家减排指令没有适当地将它们国
家减排的经济成本考虑进去。波兰进一步辩称，它实现国家限额的任务比
其他成员国的更为艰巨，这是违背相称性原则的。欧盟法院驳回了这些主
张，并指出，详细的影响评估已经考虑了限制排放的经济成本。法院接受
了欧盟机构的辩解，即它们所依赖的系统（包括为委员会提供支持的国
际应用系统分析研究所的收益系统）已经使得它"可以通过再现尽可能
多的历史排放数据，去检验符合成本效益原则的排放控制策略，并且在此
基础上，为每个国家确定特定大气污染物的排放计划。为此目的使用的数
据，取自国际能源和工业统计数据、排放清单和由相关国家自己提供的数
据"[66]。

　　欧盟法院进一步指出成员国是可以获得被使用的数据的，可以据此识
别出根据它们自身情况做出的具体假定。同样地，欧盟法院认为，欧洲议
会和欧洲理事会在行使指令赋予的裁量权以规定恰当的排放限值时，已经
正确地考虑了现有的科学数据和信息。[67] 此外，欧盟法院认为，排放限值
的制定程序是公开透明的，因为波兰有权获得作为"基本事实"所依赖
的整套文件资料，欧盟立法机构已经考虑到了这点。[68] 但是，法院认为，
成员国的此项权利并非毫无限制，以至于它"在任何情况下"都能要求
获得被声明遗失文件以便阻挠立法进程。[69]

　　最后，关于波兰提出的实体主张，即它被要求实现的高减排目标是不
相称的，欧盟法院认为，该要求并没有违反相称性原则，因为从影响评估

65　Directive（EU）2016/2284 of the European Parliament and of the Council of 14 December 2016
on the reduction of national emissions of certain atmospheric pollutants，amending Directive 2003/35/EC
and repealing Directive 2001/81/EC OJ 2016 L 344/1. 欧洲议会和欧盟理事会在 2016 年 12 月 14 日
通过关于减少特定大气污染国家排放的（EU）2016/2284 对 2003/35/EC 指令进行修订，并废
止了 2001/81/EC OJ 2016 L 344/1 指令。

66　Ibid.，para. 35.

67　Ibid.，para. 45.

68　Ibid.，para. 73.

69　Ibid.，para. 74.

可以明显地看出，"成员国之间的减排分担并没有明显地不平衡"。尽管瑞典要求降低投资额的 GDP 占比以便达标，但这"反映了欧盟内部 GDP 的不同水平，和一些成员国已经做出的减排努力。在这方面，欧洲理事会正确地指出，历史排放水平和该指令要求的努力水平之间的联系始终都是符合污染者付费原则的"。[70]

欧盟法院也驳回了波兰的这个观点，即没有充分考虑到污染的跨境性，也就是说，波兰认为一些污染是乌克兰和白俄罗斯造成的，而非波兰，与非成员国接壤的欧盟国家受到了不平等对待，这不符合污染者付费原则。[71] 欧盟法院驳回了该观点，因为欧盟立法机构已证明，其考虑了"大量的数据，包括每个成员国实施指令的成本等，在争议指令通过的时候都考虑到了。欧盟立法机构也在若干方案之间作了比对，以便选出能够产生最大净效益的方案。此外，正如已经指出的……欧盟立法机构，适当地考虑了每个成员国的减排潜力，并寻求一个在它们之间保持平衡的分配方案"。[72]

因此，欧盟法院认为，欧盟立法机构已经履行了其在《欧盟运行条约》的义务，在现有科学和技术数据的基础上，它已经考虑到了欧盟及其地区的平衡发展，尤其是考虑到了每个成员国实施指令的成本和可能的收益。相应地，欧盟法院驳回了波兰的全部诉求。

该判决具有重要意义。因为它表明，尽管欧盟法院听取以碳排放法规规定的污染者付费原则为基础的意见，但它并不会质疑欧盟立法机构具体的成本收益考虑。相反，欧盟法院将会查明，当事人提交的证据是否表明立法机关的决定是基于最有说服力的科学证据做出的。值得注意的是，在支持成员国不同的环境目标时，欧盟法院考虑了污染者付费原则，以及不同国家应对环境问题的努力。这表明，将来在其他气候诉讼中，当欧盟法院面临基于差别责任的争议时，将可能采取类似的处理方式。

70　Ibid. , para. 113, emphasis added. 此外，波兰在其主张中没有充分考虑到该措施的利益，也没有履行其举证责任以证明根据案涉指令的目标要求，这些承诺超出了必要的限度，或者本来可以通过不太艰巨的承诺便可实现这些目标。

71　Ibid. , para. 123.

72　Ibid. , paras. 136-138.

（二）能源诉讼

污染者付费原则的作用，也体现在许多欧盟能源法方面的重要气候案件中。在 2019 年西班牙电力工业联合会案[73]中，欧盟法院分析了污染者付费原则与《欧盟电力指令》（2009 年）（*Electricity Directive*）的相互影响，以及该指令第 3（1）条非歧视条款在何种程度上，可以认为是适用于国家绿色税收措施的。该条规定："4. 成员国应当确保依据本指令做出的任何措施是符合非歧视原则的，并且对包括市场新进者和市场份额较小的公司在内的市场参与者，不施加不合理负担。"

在 2012 年，西班牙对核设施中乏燃料和放射性废料的生产以及核心设施的存储征税，以抵消社会必然承担的成本。在诉讼中，原告是通过核能等生产电力的公司。它们向西班牙高等法院提起诉讼以反对征税，认为这相当于对核能生产商征收特别税，这是歧视性的，而且违反了西班牙宪法性法律和欧盟法。具体来说，原告认为在环境方面征税没有任何被一致认可的正当理由，因为其他类型的电力生产商和那些依靠核能发电的企业一样都有污染行为，并且它没有将征税取得的收入限定用于环境保护的目的。原告也指出，核工业已经以民事责任的方式承担了高达 12 亿欧元的责任。

最终，该案件被上诉到西班牙最高法院，最高法院根据《欧盟运行条约》第 267 条规定的初步裁决程序，将案件提交给欧盟法院。西班牙法院咨询了欧盟法院许多涉及污染者付费原则的问题，包括在适用《电力指令》第 3（1）条时，污染者付费原则和非歧视、平等原则是否排斥单独对使用核能发电的电力生产商征税。该税收的主要目的并非环境保护，而是增加来自电力生产的基金。

通过适用在前文讨论的 Fipa 案判决背景下的原则，欧盟法院认为，不能直接引用污染者付费原则去质疑西班牙的征税行为，因为《电力指令》并非建立在根植于条约（《欧盟运行条约》第 192 条）的环境法基础之上，而是建立在不同的，旨在实现欧盟内部市场的条约法律基础上（《欧盟运行条约》第 114 条）。从这个意义上讲，西班牙法院提出的问题并不在受理范围内。此外，欧盟法院认为，《电力指令》第 3 条并没有适

73　Joined Cases C-80/18 to C-83/18 ECLI：EU：C：2019：934.

用于税收措施（作为欧盟法律事项，它的通过需要欧洲理事会一致投票决定），因此《电力指令》没有排除西班牙法律的适用，而且西班牙法院也没有阐明该税如何能够落入欧盟法适用范围的理由。因此，案件被退回，由西班牙法院适用国内法裁决。

因此，西班牙电力工业联合会案表明，当面临一项国内措施是否符合一部非环境相关的欧盟指令的问题时，不能依据污染者付费原则向成员国提出异议。值得注意的是，欧盟法院在其判决中得出了与辅佐法官 Hogan 不同的观点，后者可能考虑了案件的可受理性，并提出意见认为："在环境保护方面，由于涉及特殊的健康和安全风险，尤其是在核废物的处置和贮藏方面，使得核能与其他电力来源并不处在同等的地位。"[74] 他继而"严重质疑"旨在筹集资金，而非环境保护的核能征税在客观上的合理性。[75]

在其他案件中，虽然没有明确地提到污染者付费原则，但是欧盟法院已经以一种明确的以相称性为基础的方式处理涉及旨在推广绿色能源的国家能源措施问题，特别是在协调此类措施与欧盟条约其他基本原则（包括商品的自由流动和同等对待原则）的关系时。

在 Vindkraft 案[76]中，欧盟法院被请求审查瑞典执行《欧盟可再生能源指令》（2009 年）（RES）的行为是否符合基于《欧盟运行条约》的商品自由流动条款的要求。[77]《欧盟可再生能源指令》（2009 年）是《欧盟气候和能源一揽子方案》（2009 年）的重要组成部分，它为成员国规定了强制性国家目标，以期到 2020 年全欧盟可再生能源占到 20%，同时，在运输行业，为每个成员国规定 10% 的强制性国家目标。[78] 可再生能源强制性国家目标在欧盟 2030 年气候和能源政策目标中已经被撤销。

Vindkraft 案中原告是位于芬兰的一个风电场企业，它为其生产的电

74　Joined Cases C-80/18 to C-83/18 ECLI：EU：C：2019，Para. 55.

75　Para. 61.

76　Case C-573/12 ecli：EU：C：2014：2037.

77　Directive 2009/28/EC on the promotion of the use of energy from renewable sources OJ 2009 L 140/16.

78　Ibid.，Article 3. See also，Article 7d（6）of the Fuel Quality Directive，Directive 2009/30/EC OJ 2009 L 140/88，它们提出了到 2020 年公路运输和非公路机动机器所使用燃料排放的温室气体强度降低 6% 的强制性目标。

力向瑞典能源局申请绿色电力证书，但是被拒绝。原告以瑞典能源局违反《欧盟运行条约》关于商品自由流动的第 34 条为由，向瑞典法院对瑞典能源局拒绝颁证行为提起诉讼，认为瑞典的方案在效果上等同于将该国电力市场 18%的份额（亦即受配额限制的部分），保留给瑞典电力生产商。欧盟法院已经考虑到如下事实：《可再生能源指令》规定，成员国可以通过"支持计划"［《可再生能源指令》第 3（3）条］履行它们的强制性可再生能源义务，这些计划包括任何可以促进可再生能源使用的工具，其中就有绿色证书计划，同时，该指令也规定，"在不违背《欧盟运行条约》第 107 条和第 108 条的情况下，成员国有权依据指令第 5—11 条的规定，决定在何种程度上支持在其他成员国生产的可再生能源"。而且，《可再生能源指令》第 15 条要求成员国确保能源供应商的能源组合中，可再生能源必须"根据客观性、透明度和非歧视性标准"通过原产地保证证明。

在判决中，欧盟法院首次提到，虽然《可再生能源指令》规定成员国有权决定在何种程度上对产自其他成员国的绿色能源予以支持，但是因其排除《欧盟运行条约》第 34 条的适用，所以它并没能完全协调国家支持计划。[79] 欧盟法院进一步认为，虽然瑞典的规定构成与数量限制同等效果的措施，因此表面上看是违反了第 34 条规定，但是推广利用可再生能源生产电力是一个合法的目标，这在原则上能够使对商品自由流动的限制具有正当性。最后，判决提到了此类属地限制的相称性问题。欧盟法院认为，瑞典计划"按当前欧盟法律标准"是符合相称性原则的。[80] 同时，尽管事实上《可再生能源指令》规定对可再生能源以原产地保证（第 15 条），但是在分配和消费阶段，对绿色电力的"系统识别"仍然是"难以付诸实践的"。[81] 而且，各国对绿色电力的支持计划还没有完全一致[82]，不同成员国有不同的可再生能源目标和不同的可再生能源潜力（和成本）。

欧盟法院仍然将瑞典立法的相称性问题，尤其是使用市场机制实现瑞

79　*Vindkraft*, paras. 61–63.

80　Ibid. , para. 105.

81　Ibid. , paras. 90, 96.

82　Ibid. , para. 94.

典环境和能源目标的问题，作为一个整体来考虑。法院认为，为了符合相称性要求，必须证明此类市场的运行是有效和公正的，以便受可再生能源责任约束的市场参与者能够在事实上，"依据公平的条款有效地获得证书"。[83] 为了达到这个目标，重要的是：

"建立的机制必须确保创建真实的市场，市场中供应能满足需求，并达到某种平衡，以便在实际上，能够为有关的供应商和使用者在公平条款下获得证书。"

欧盟法院进一步补充，对不遵守配额的处罚方法和处罚数额不得超出激励遵守规则所必要的范围，并且不得"过度"。[84] 因此，Vindkraft 案表明，欧盟法院有条件地对成员国利用市场化机制实现环境目标的行为予以确认，尤其表明它具有对提供给市场参与者的条件在事实上是否"公平"进行审查的意愿。欧盟法院对于不遵守国家计划的处罚方式（适用基于相称性的原则），可能与它驳回声称依据碳排放交易体系对未清缴行为的处罚应当符合相称性的理由（如上述讨论的 Billerud 案）不同。[85] 欧盟法院支持瑞典的制度，经该制度，绿色电力证书的颁发被保留给位于瑞典的电力生产设施。

Vindkraft 案涉及国家绿色激励措施与欧盟内部市场法律之间的兼容性问题。在 Industrie du Bois 案[86]中，欧盟法院被请求审查此类措施与欧盟法上同等对待原则的兼容性问题。在该案中，原告起诉质疑比利时瓦隆地区对颁发绿色证书给以木材为动力的热电联产工厂的限制（特别是，与木材之外的生物质相反），其理由是那些限制违反了欧盟法上的同等对待原则以及《欧盟基本权利宪章》。欧盟法院驳回了该主张，认为在当前欧盟法律背景下，成员国在热电联产和可再生能源生产领域推行国家支持计划时，有权向主要利用生物质而非木材或木材废料的热电联产工厂提供强化的支持措施。[87] 因此，正如前文讨论的碳排放交易体系判决那样，欧盟法院的做法是承认在过渡时期国家支持计划可能是必要的，绝对主义的方式

83　*Vindkraft*，para. 113.

84　Ibid.，para. 116.

85　See similarly, Case C-492/14 *Essent Belgium* ECLI：EU：C：2016：732.

86　Case C-195/12 ECLI：EU：C：2013：598.

87　*Industrie du Bois*，paras. 53f.

是不适合的。

（三）国家援助诉讼

根据欧盟国家援助规则，成员国给予国家援助[88]在原则上是不合法的，除非它已将援助申报欧盟委员会。因此，欧盟委员会在欧盟的国家援助政策中扮演了核心的角色，同时，前文论及的《环境和能源国家援助指南》向成员国表明了从欧盟委员会的立场上看，何种类型和水平的国家环境援助是符合条约规定的。然而，只有欧盟法院能够最终解释"援助"的概念，继而决定构成《欧盟运行条约》第107（1）条规定的可申报"援助"的要素。

污染者付费原则在欧盟委员会和欧盟法院的某些国家援助案中的影响是明显的，尤其是在国家援助概念的界定方面。[89]正如辅佐法官 Jacobs 在 GEMO 案[90]中确定是否存在符合《欧盟运行条约》第107（1）条的"援助"时，他所注意到的："该原则被用作一项分析工具，根据经济标准为案涉污染造成的损害分配责任。如果某项措施使得那些依据污染者付费原则需要承担的主要赔偿责任被免除，那么它就构成国家援助。"

他将这和在确定是否应当由欧盟委员会审查"援助"是否符合《欧盟运行条约》第107（3）条规定的问题时，污染者付费原则所具有的重要意义做了比较，在那里："它被作为一项政策标准，以规定的方式来进行对比使用。它被用以主张，作为良好环境和国家援助政策问题的环境保护费用，最终应当由污染者自己而非国家来承担。"[91]

在 Vent de Colère 案[92]中，欧盟法院审查法国要求电力经销商以高于

88　除非它在实质上是最低限度的，或者属于欧盟委员会所谓的"集体豁免"条例之一，从而免除成员国的申报义务。

89　例如，在企业已经污染了某一特定场地的情况下，如果国家为清理污染提供补助，则根据污染者付费原则，该行为构成国家援助，除非该清理费用将来可以从污染者那得到弥补。See for example Commission Decision 1999/272/EC *Kiener Deponie Bachmanning* OJ 1999 L 109/51 and Commission Decision N 856/97 *Schmid Schraubenwerke*, OJ 1998 C 409/5, and see Suzanne Kingston, *Greening EU Competition Law and Policy*（Cambridge：Cambridge University Press，2012），Ch. 12.

90　Case C-126/01 ECLI：EU：C：2003：622, paras. 68-70.

91　Ibid.

92　Case C-262/12 ECLI：EU：C：2013：851.

正常市场价格购买风能电力的规定是否构成《欧盟运行条约》第 107 (1) 条规定的国家援助（并因此，应该已经在授予之前向欧盟委员会做了申报），在此种情形下，由电力生产商、电力供应商和经销商出资设立的公共基金补偿购买义务产生的费用，最终通过统一和普遍适用的收费将费用转嫁给消费者。

欧盟法院断定，法国的这个制度构成"利用国家资源的干预"，这是评估此项法律是否构成国家援助的关键性问题。在其推理过程中，欧盟法院将 PreussenElektra 案中已经被认定没有利用国家资源的德国上网电价补贴政策与该案的争议区别开来。其理由是，旨在补偿法国购买义务的费用源自法国的终端电力消费者，并由法国的国家公共机构信托局管理。[93] 并且，法国能源部长有权决定此项收费的金额，同时，法国法律对不支付该项费用的行为规定了行政处罚。与电力企业购买义务产生的额外费用相抵后，已收取费用总额的缺口部分由法国政府保证弥补。欧盟法院的判决使得自 2000 年开始实施的法国风能促进计划被认定构成非法的国家援助，这意味着该费用及其利息在原则上应当返还。虽然此判决将会对相关经济活动参与者产生严重的财务影响，但是在就此进行辩论后，欧盟法院拒绝减少判决的暂时性影响。[94]

相反，在 Kernkraftwerke Lippe-Ems 案中，欧盟法院认为，在《欧盟运行条约》第 107 (1) 条的意义上，德国对用于商业性电力生产的核燃料征税并不构成国家援助。[95] 在评估征税是否构成援助时，关键的问题是，它在适用时是否具有"选择性"，也就是说，它是否支持特定的企业或者特定商品的生产，继而以区别对待的方式适用。欧盟法院认为，该征税并非选择性的，因此不符合界定"援助"的四个实质性标准中的任何一个。[96] 在此认定基础上，欧盟法院驳回了原告的主张，即该征税并非限定在对核燃料征税，因为该措施的最终目的是提高"收入，尤其是在财政统一的背景下，以符合污染者付费原则"的方式，减少德国财政部的

93　Ibid. ，para. 22.

94　Ibid. ，para. 44.

95　Case C-5/14 ECLI：EU：C：2015：354.

96　界定国家援助的其他要素要求存在国家或者通过国家资源进行干预的行为，它给接受方带来优势，扭曲竞争或者使竞争有被扭曲的危险，并且影响成员国之间的贸易。

负担，为修复存放核原料使用过程中产生的放射性废物的特定场地提供资金。[97] 相应地，欧盟法院认为，依据德国该规定所追求的目标，在事实和法律的层面上，非核的电力生产方式和基于核燃料的电力生产方式的地位，都是不能等同的，因为只有基于核燃料的电力生产方式在使用此类燃料的过程会产生放射性废物。在得出结论的过程中，欧盟法院认为德国的措施和欧盟 2003 年关于能源税的指令并不冲突，因为核燃料并不属于已经被欧盟豁免能源税的少数几种产品之一。

Kernkraftwerke Lippe-Ems 案表明了欧盟国家援助法中污染者付费原则的重要性，且欧盟法院将对案件争议措施适用该原则。在该案中，基于核燃料的电力生产方式在使用此类燃料的过程中产生的污染可能造成更低的碳排放，这个事实本身并不能成为要求同等对待其他污染者的理由，除非案涉国家措施有具体的气候法上的理由（而在该案中，这并不存在）。

三　结论：污染者付费原则在气候诉讼中的前景

法官在欧盟气候政策中已经发挥了非常重要的作用，且该作用必将日益增强。借由《欧洲绿色新政》，冯德莱恩委员会（Von der Leyen Commission）已经发出信号，即气候政策是顶级的优先事项，并且为了"明确规定有效和公平的转型条件，为投资者提供可预测性，并确保该转型不可逆转"，它打算将欧盟 2050 年实现碳中和的目标写入《欧洲气候法》（EU Climate Law）。[98] 委员会希望，新的《欧洲气候法》确保"所有的欧盟政策都有助于实现气候中和的目标，同时发挥各部门的作用"。[99]

污染者付费原则是欧盟环境政策宪法框架的重要组成部分，同时，随着软法强化为制定法和有约束力的目标，法官将则会被要求回应污染者付费原则的内涵等棘手问题。迄今为止，欧盟法院判例法已经在具体的案件

---

[97]　Ibid., para. 78.

[98]　See European Commission, "Roadmap on Climate Law", announcing a legislative proposal by first quarter 2020, Ares (2020) 119545, available at <https://ec.europa.eu/info/law/better-regulation/initiatives/ares 2020-119545>.

[99]　Ibid..

（Arcelor 案）中表现出一种相当谦逊和务实的方式，给欧盟立法机构留下了较大余地，并且主要核查立法机关在评估如何界定污染者以及污染者应支付多少费用时，是否考虑了适当的数据并遵守了透明度要求（Billerud 案和 2019 年波兰诉欧盟委员会案）。欧盟法院在很大程度上支持了欧盟立法机构通过旨在应对气候变化法案的努力，即便所达成的立法解决方案并不理想或者不完全统一时（Arcelor 案和 ATAA 案）亦是如此。对于成员国而言，欧盟法院在没有任何欧盟立法规定的情况下，已经避免直接依据污染者付费原则判定成员国承担具体的法律责任（Fipa 案和 UNESA 案），尽管它已经向成员国表明，它们显然有权利选择通过立法去更好地执行污染者付费原则（Iberdrola 案、Vindkraft 案、Industrie du Bois 案和 Kernkraftwerke Lippe-Ems 案）。

虽然污染者付费原则在涉及经济工具的案件中已经得到很大程度的体现，但是在欧盟基于权利的或者所谓"损失和损害"的案件中，它的作用仍未被充分地探讨。在 2019 年 12 月的 Urgenda 案[100]中，作为迄今为止同类型案中最为重要和最受瞩目的案件，荷兰最高法院认为，依据《欧洲人权公约》（*European Convention on Human Rights*，ECHR）第 2 条和第 8 条的规定，荷兰负有积极义务在 2020 年之前减少至少 25% 的碳排放量（较 1990 年水平）。尽管法院并没有明确地依赖污染者付费原则，但是基于污染者付费原则的方法的影响是显而易见的。特别是，荷兰最高法院认为，"尽管这是一个全球性的问题，但依据《欧洲人权公约》第 2 条和第 8 条，为了防止危险的气候变化，荷兰应尽'其义务'"，因为《联合国气候变化框架公约》是基于"所有国家都必须采取必要行动"的共识，以及"部分"责任（非法行为"仅是损害原因的一部分"时，应承担"部分责任"）的原则而缔结的。[101] 相应地，"部分过错"也为"部分责任"提供了合理依据，它和联合国《国家对国际不法行为的责任条款草案》规定一致，[102] 并且这不是辩护，荷兰最高法院认为，不能将其他国家并没有尽到其义务作为推脱的理由，尤其是在所有的温室气体减排都带来

100　*Urgenda Foundation v. The State of the Netherlands* ECLI：NL：HR：2019：2007.

101　Ibid.，paragraphs 5.7.1-5.7.6.

102　*Yearbook of the International Law Commission*，2001，vol. Ⅱ，Part Two.

不同影响的情况下。[103] 在最高法院的判决中，它遵循了这个原则，即《欧洲人权公约》的所有缔约方都有责任"尽'其义务'去应对"气候变化引发的危险。[104] 就荷兰而言，它的"义务"是由"高度的国际共识"表明的，即附件Ⅰ国家需要在1990—2020年减少25%—40%的碳排放量。这些国家包括荷兰，且不提欧盟在气候背景下也已经行使管理权这个事实。[105] 最后，最高法院判定，上诉法院的判决应当维持，要求荷兰在2020年年底之前，将其温室气体排放量较1990年减少至少25%。

因此，Urgenda案表明了法院愿意通过对荷兰强加积极义务的方式确保污染者支付费用，而不管因果关系和集体责任在适用上的困难。气候变化部分责任原则的适用影响深远，毫无疑问地，它将影响欧盟其他司法管辖区正在审理的和即将提起的同类型案件。[106] 此外，作为一项基于适用欧洲共同法律（《欧洲人权公约》）的判决，其他国家法官并不能轻易地辨识它，因为它仅仅代表荷兰国内法的适用而已（与本案的一审判决一样，该判决适用的是《荷兰侵权法》）。因此，可以说Urgenda案判决在其他《欧洲人权公约》缔约国具有相当的说服力，如果其他国家的法官得出不同的结论，那么至少他们也可据此为自己论证和辩解。

最后，污染者付费原则的影响，可能还会体现在新兴的欧盟针对企业发起的气候诉讼中，这些诉讼意图使最大型的碳排放污染者付出代价。德国正在审理的Lliuya诉RWE AG案[107]就是目前此类案件中最新的一件，其原告是一名秘鲁农民，他起诉德国能源公司RWE AG，认为该公司应当对他家附近一座高山冰川的融化负部分责任。在该案中，原告主张RWE AG公司对争论中的损害承担0.47%的责任，该责任与RWE AG公司占全球温室气体排放量的份额相称。他在地区法院（District Court）败诉了，因为地区法院依据德国法，不愿在叠加因果关系的案件中把部分责任归咎到单个的碳排放者。然而，该索赔案已经跨过了上诉阶段的初步障碍，同

103　*Urgenda*，note 100 supra, paras. 5. 7. 6-5. 7. 7.

104　Ibid.，para. 5. 8.

105　Ibid.，para. 7. 3. 3.

106　例如，参见爱尔兰环境之友诉爱尔兰政府一案。该案件尚未审结，原告在一审诉讼中未获得支持（参见［2019］IEHC 747判决），但目前正在上诉当中。

107　No. 2 O 285/15 Essen Regional Court; currently on appeal to the Higher Regional Court, Hamm.

时，上诉法院已经下令收集证据，当前程序仍在推进中。虽然针对私营企业的诉讼在欧洲仍然处于初期阶段，[108] 毫无疑问地，证据和证明的难题也会出现，但这将是污染者付费原则在欧洲气候诉讼的下一个前沿领域。

（责任编辑　马亮）

---

[108]　为了解此类诉讼的全球趋势，参见 Geetanjali Ganguly，Joana Setzer，and Veerle Heyvaert，'If at First you Don't Succeed：Suing Corporations for Climate Change'，38（4）*Oxford Journal of Legal Studies* 841（2018）。

亚太地区国际环境法：区域性进展图景[*]

［澳］Ben Boer 著[**] 马 亮[***] 译 区树添[****] 校

内容摘要：自环境问题纳入国际法的规制以来，作为国际环境法重要组成部分的亚太地区区域环境法呈现出蓬勃的发展态势。系统梳理了亚太地区的区域性国际环境法的进展、重点介绍了亚太地区各次区域的环境法律文书以及典型的环境合作机制及其运行模式等，帮助呈现了当代亚太地区环境治理的清晰图景。同时，从气候变化、区域空气污染、生物多样性保护、海洋生态环境、区域人权法与环境等具体环境法律挑战切入，进而描述了亚太地区各次区域环境治理的现状，从经济、政治、历史、文化等制约因素的视角分析了亚太区域环境法律问题存在的深刻原因并提出新的展望。

关键词：国际环境法；亚太环境法；亚太次区域；法律挑战；可持续发展目标

导　言

在全球范围促进生态可持续之需求的持续争论背景下，本章重点讨论整个亚太地区各次区域与环境和自然资源有关的国际和区域文书（也称

* 项目基金：高校人文社会科学重点研究基地重大项目"国际环境法发展与生态文明建设：中国的应对与引领"（项目编号：16JJD820012）；本译文受国家留基委资助。原文载于 2018 年《牛津大学亚太国际法手册》（*The Oxford Handbook of International Law in Asia and the Pacific*）第 8 章：国际环境法，第 170—204 页。［Ben Boer, Chapter 8 "International Environmental Law" of The Oxford Handbook of International Law in Asia and the Pacific edited by Simon Chesterman, Hisashi Owada, and Ben Saul, pp. 170-204, Oxford Publishing Limited, 12 September 2019.］

** 武汉大学环境法研究所特聘教授、悉尼大学环境法学院名誉教授。

*** 武汉大学环境法研究所博士生、马斯特里赫特大学法学院联合培养博士生。

**** 武汉大学环境法研究所博士生。

为多边环境协定，MEAs）以及政策的制定和实施。自 20 世纪 70 年代以来，许多这样的文书和政策开始塑造该地区各国环境法的应对路径。最近两个非常重要的文书——《巴黎气候变化协定》（*Paris Agreement on Climate Change*）[1] 和《2030 可持续发展议程》[2]（*Sustainable Development Goals*，SDGs），及其相关的可持续发展目标均在 2015 年缔结。本章内容还包括对是否需要制定一部在全球范围内适用的环境公约的争论以及联合国大会对此的回应。

本章中涉及的六个次区域分别是：中亚、南亚、东北亚、东南亚、湄公河流域（与东南亚部分重叠）和太平洋发展中岛国。澳大利亚和新西兰是太平洋次区域的一部分。对于每个亚太次区域，本章探讨了与环境管理有关的较为重要的区域性机构的职能，以及与之相关的法律框架和软法文书。鉴于环境法的范围很广阔，因此只在众多紧迫的实质性环境问题中选择解决一小部分。这些包括：气候变化的影响、跨界空气污染、生物多样性下降和森林砍伐以及海洋和海岸环境问题。本章的另一个着重点是国际、区域和国家层面日益趋向承认环境法与人权之间的联系，特别是促进享有安全、清洁、健康和可持续环境的权利。

本章研究表明，在采用和执行与环境保护和保育有关的国际和区域文书方面，次区域之间以及各次区域内的国家之间存在重大差异。基本主题是南方和北方国家之间持续性的差距，亚太地区的大多数国家都属于前者。这种差距影响了区域和国家两级环境政策和法律的发展。另一个更为基本的主题是从国际法和国内法二级分立式且碎片化的机制过渡到国际法、区域法和国内法三级分立式且更加碎片化的分散体系。[3]

在亚太地区，当前主要的挑战之一是如何应对联合国大会在《变革我们的世界：2030 可持续发展议程》（*Transforming our World：the 2030 A-*

1　Paris Agreement （adopted 12 December 2015, entered into force 4 November 2016） adopted under the UN Framework Convention on Climate Change （adopted 4 June 1992, entered into force 21 March 1994） 31 ILM 849. 《气候公约》和《巴黎协定》在亚太地区拥有普遍的成员。

2　UNGA resolution70 /1 （25 September 2015）："Transforming our World：The 2030 Agenda for Sustainable Development and the Sustainable Development Goals"。

3　对国际化和区域化的早期分析，see Ben Boer，"The Rise of Environmental Law in the Asian Region"（1999）32 Richmond Law Review 1503，1508-1511。

genda for Sustainable Development） 中所表达的新的可持续发展议程。[4] 该
议程包括 17 个可持续发展目标（Goals） 和与之相关的具体目标
（Targets）。有几项可持续发展目标与执行国际和区域环境法直接相关。
它们包括：第 12 个目标（确保可持续的消费和生产方式）、第 13 个目标
（应对气候变化及其影响）、第 14 个目标（海洋和海环境）、第 15 个目标
（陆地环境） 和第 17 个目标（加强执行手段）。这里所分析的各次区域都
已开始努力解决怎样实现可持续发展目标的问题。这些努力都将会在特定
的次区域内做简要的论述。

一　国际和区域环境法的发展

自 20 世纪 70 年代以来，国际环境法在世界范围内呈指数级增长，很
大程度上是由于 1972 年斯德哥尔摩会议（Stockholm Conference） 后建立
起来的政府间组织日益活跃和成熟的结果。由此产生的《斯德哥尔摩宣
言》（Stockholm Declaration）[5] 被视为现代国际环境法的先驱。[6] 发展中国
家在国际环境法进展中的参与和影响早已举足轻重。这源于南方国家的崛
起（摆脱了殖民统治）[7]，以及承认其对自然资源的永久主权。[8] 包括亚
洲国家在内的发展中国家，在国际环境法和政策进一步发展中的参与一直
持续到当今。[9]

4　UNGA, "Transforming our World" (n 2).

5　Stockholm Declaration of the UN Conference on the Human Environment (adopted 16 June 1972) 11 ILM 1416.

6　Representative of Canada, "Report of the Stockholm Conference on the Human Environment" (16 June 1972) A/CONF. 48/14/Rev. 1, 74: "the Declaration was more than an inspirational message or an educational tool: it represented the first essential step in developing international environmental law".

7　See UNGA resolution 1514 (XV) (14 December 1960): "Declaration on the Granting of Independence to Colonial Countries and Peoples".

8　See UNGA resolution 1803 (XVII) (14 December 1962): "Declaration on the Permanent Sovereignty over Natural Resources".

9　See Parvez Hassan, "Role of the South in International Environmental Law" (2017) 1Chinese Journal of Environmental Law 133; Karin Mickelson, "The Stockholm Conference and the Creation of the South-North Divide in International Environmental Law and Policy" in Shawkat Alam, Sumudu Atapattu, Carmen Gonzalez, and Jona Razzaque (eds.), International Environmental Law and the Global South (Cambridge 2015) 109.

　　同样，在同一时期，作为"新区域主义浪潮"的一部分，全球范围内出现了区域法律制度，这使得区域合作扩展到了诸如环境和人权领域。[10] 在亚太地区，值得注意的是，东南亚[11]和太平洋岛屿[12]次区域会定期派代表参加许多重要的多边环境协定缔约方会议。但是，例如，将亚太地区与欧盟进行比较时[13]，这些制度仍处于早期的发展阶段。就涉及环境和自然资源的区域性文书的谈判而言，特别是在这些有着强烈的主权观念以及不干涉邻国内政原则持续发挥作用的区域，提出法律规定、政策和标准的最低共同标准以达成协商一致的意见，这也许是不可避免的。[14]

　　国际和区域环境法律制度的有效性就其在全球和区域范围内的实施必须加以理解，它们最直接的影响是在国家层面衡量的。[15] 正如联合国环境署所指出的那样，现在人们广泛认识到必须在整个亚太地区加强环境治

10　Werner Scholtz and Jonathan Verschuuren, *Regional Environmental Law: Transregional Comparative Lessons in Pursuit of Sustainable Development* (Edward Elgar 2015) 3; Louis Kotzé, *Global Environmental Governance: Law and Regulation in the 21st Century* (Edward Elgar 2012) 146-8, who discusses regional governance as an element of global governance: for an earlier analysis, see Ben Boer, Ross Ramsay, and Donald Rothwell, *International Environmental Law in the Asia Pacific* (Kluwer 1998) ch 3 ("Regional Environmental Issues and Responses") 47ff.

11　For example, ASEAN, "ASEAN Joint Statement on Climate Change to the 22nd Conference of the Parties (COP-22) to The UN Framework Convention on Climate Change (UNFCCC)" (6 September 2007) <http://asean.org/asean-joint-statement-on-climate-change-to-the-22nd-conference-of-the-partiescop-22-to-the-uited-nations-framework-convention-on-climate-change-unfccc/> accessed 4 December 2018; ASEAN, "ASEAN Joint Statement to the Thirteenth Meeting of the Conference of the Parties to the Convention on Biological Diversity (CBD COP 13)" (6 September 2016) <http://asean.org/asean-joint-statement-on-climate-change-to-the-22nd-conference-of-the-parties-cop-22-to-the-united-nations-framework-convention-on-climate-change-unfccc/> accessed 4 December 2018.

12　For example, SPREP, "Pacific Region United for Urgent Climate Action at UN Climate Conference" (1 November 2017) <http://www.sprep.org/news/pacific-region-united-urgent-climate-action-unclimate-conference> accessed 3 February 2017.

13　For example, Suzanne Kingston, Veerle Heyvaert, and Aleksandra Čavoški, *European Environmental Law* (CUP 2017) 1-16.

14　For ASEAN, see Ben Boer, "Introduction to ASEAN Regional Environmental Law" in Scholtz and Verschuuren (n 10) 259-67.

15　Regime effectiveness in Asia is dealt with in some detail by Simon Marsden, *Environmental Regimes in Asian Sub-regions: China and the Third Pole* (Edward Elgar 2017) 12, 14-18.

理，该地区许多国家的环境体制和机构仍然力不从心，这导致政策回应的不足、法律法规的执行不力以及对多边环境协定的遵守不强。[16] 就环境治理的改善而言，一个满怀希望的迹象便是最近这些年联合国环境署环境法和条约司对亚太地区的关注日益加强，[17] 这可能有助于解决该地区区域和国家层面的法律需求。[18]

尽管亚太地区的国家遵守了大多数全球性的环境公约，但是要实现连贯一致的、完善的和综合的环境法的区域性制度可能还需要一段时间。[19] 在过去的 30 年里，区域性环境文书已经取得了实质性的进展，除了一些例外，其中许多文书都是由无约束力的声明、决议和协定构成的。造成这种情况的原因包括区域政治敏锐性和历史冲突、经济压力、缺乏科学共识、缺乏技术专长以及国家层面的政治意愿。[20] 但是，在次区域层面有迹象表明，既需要并且正开始实现一致性更强的区域环境法律制度。在南亚、中亚和东北亚，经过多年缓慢的发展，区域性政府间组织在其项目的广度上和深度上开始有了起色，同时针对环境治理和管理方面也有更多的区域性条约、协定和宣言出现，如以下部分所述。

二　环境法的区域性制度框架

与国际法的其他领域一样，环境领域的主要法律渊源在很大程度上仍

16　UN Environment, *GEO-6 Regional Assessment for Asia and the Pacific* (2016) xix <http: // web. unep. org/geo/assessments/regional-assessments/regional-assessment-asia-and-pacific> accessed 23 January 2018.

17　UN Environment, "Division of Environmental Law and Conventions" <http: //web. unep. org/ divisions/delc/our-work/environmental-law> accessed 1 August 2018.

18　Andy Raine and Emeline Pluchon, "UN Environment—Advancing Environmental Rule of Law in Asia Pacific" (2019) 3 Chinese Journal of Environmental Law 1; Andy Raine and Luan Harford, "UN Environment and Environmental Law in the Asia Pacific" (2017) 1 Chinese Journal of Environmental Law 2, 257.

19　See Ed Couzens and Tim Stephens, "Editorial: The Prospects for a Truly Regional Asia Pacific Environmental Law?" (2017) 20 Asian Pacific Journal of Environmental Law 1, 1.

20　See Simon Marsden and Elizabeth Brandon, *Transboundary Environmental Governance in Asia: Practice and Prospects with the UNECE Agreements* (Edward Elgar 2015) 228, 230; see also Roda Mushkat, *International Environmental Law and Asian Values: Legal Norms and Cultural Influences* (UBC Press 2004) 127.

依靠各个国家。[21] 然而，国际法人格的概念在过去的几十年中得到了扩展，现在适用于一些国际组织，这些组织已经有能力为制定国际环境法做出贡献。[22] 在亚太地区，此类组织还包括一些区域性政府间机构，如下所述。自 20 世纪 80 年代以来，该地区更加重视经济一体化、自由贸易和投资方面的合作，这一点在建立亚太经济合作论坛（Asia Pacific Economic Cooperation forum，APEC）[23] 和起草自由贸易协定中得到了体现。[24] 中国"一带一路"倡议（China's Belt and Road Initiative）的兴起，对全球基础设施建设的巨额投资，无疑将引起一系列环境管理问题。[25] 这其中既包括在整个亚太次区域批准投资的决定和基础设施项目中环境影响评价标准的应用，[26] 也包括多边环境协定衍生出的环境义务，以及将怎样通过环境法解决这些问题。[27]

尽管在执行国际环境法方面加强合作的趋势以一种积极的方式影响了

---

[21] Thilo Marauhn, "Changing Role of the State" in Dan Bodansky, Jutta Brunnée, and Ellen Hey (eds.), *The Oxford Handbook of International Environmental Law* (Oxford University Press 2007) 733.

[22] Mark Drumbl, "Actors and Law-Making in International Environmental Law" in Malgosia Fitzmaurice, David Ong, and Panos Merkouris (eds.), *Research Handbook of International Environmental Law* (Edward Elgar 2010) 3-4; see Ben Boer, "International law-making" in Elisa Morgera and Kati Kulovesi (eds.), *Research Handbook on International Law and Natural Resources* (Edward Elgar 2016) 449-472.

[23] Asia Pacific Economic Cooperation, <https: //www. apec. org/> accessed 26 August 2017; 亚太经济合作组织的早期历史可参见 John Ravenhill, *APEC and the Construction of Pacific Rim Regionalism* (CUP 2001)。

[24] Asia Pacific Economic Cooperation, "Free Trade Agreements and Regional Trading Agreements" <http: //www. apec. org/Groups/Other-Groups/FTA_ RTA>accessed 26 August 2017.

[25] Brenda Goh and Cate Cadell, "China's Xi says Belt and Road must be green, sustainable" (Reuters, 25 April 2019) <https: //www. reuters. com/article/us-china-silkroad/chinas-xi-says-belt-and-road-must-be-green-sustainable-idUSKCN1S104I>accessed 4 May 2019.

[26] For example, Fernando Ascensão et al, "Environmental Challenges for the Belt and Road Initiative" (2018) 1 Nature Sustainability, 206-209.

[27] See Flavia Marisi, "Development Banks as Environmental Governance Actors: the AIIB's Power to Promote Green Growth" in Julien Chaisse and Jędrzej Górski (eds.), *The Belt and Road Initiative: Law, Economics, and Politics* (Brill 2019) 505; see also Ben Boer, "The Green Belt and Road: Challenges for Environmental Law" in *Belt and Road Initiative Legal Forum* (China Law Society, forthcoming).

区域性和一些次区域性的法律制度的发展，在一些次区域推动加强合作的努力中伴随着强有力的主权主张，正如后殖民国家（post-colonial states）宣称的那样，它们既独立于前殖民国家（former colonial powers），也在几个次区域存在的情况下，彼此独立。东南亚国家联盟（The Association of Southeast Asian Nations，ASEAN）的经验也许是这种趋势的最明显体现，尤其是经常（如果采用遗憾的表达）使用"东盟方式"（ASEAN Way）的概念来指代不干涉内政和尊重政治主权这样的政策。[28] 尽管这些特征在其他次区域并不明显，但南亚和东北亚的一些国家彼此之间已经处于争端状态并且将会持续冲突着。结果是，它们在诸如区域环境治理等问题上进行合作的政治能力受到影响，因此，它们的合作性制度构造需要更长的时间才能成熟。另外，在太平洋次区域内，岛屿国家摆脱了殖民时代和第二次世界大战海陆战争的肆虐，形成了整个亚太地区最强大的区域政治结构。

出于环境管理的目的，亚太地区分为六个次区域，每个次区域都产生了具有不同程度效力的合作性制度框架：南亚、中亚、东南亚、湄公河流域、东北亚和太平洋岛屿。

（一）南亚次区域

南亚由南亚区域合作联盟（South Asian Association for Regional Cooperation，SAARC）的八个国家组成：阿富汗、孟加拉国、不丹、印度、马尔代夫、尼泊尔、巴基斯坦和斯里兰卡。[29] 南亚合作环境规划署（The South Asia Cooperative Environment Programme，SACEP）与南亚区域合作联盟拥有相同的成员，并于 1982 年成立，通过谅解备忘录与南亚区域合作联盟保持着密切关系。[30] 南亚合作环境规划署称自己为"南亚地区政府

28　See Koh Kheng-Lian and Md Saiful Karim, "The Role of ASEAN in Shaping Regional Environmental Protection" in Philip Hirsch (ed.), *Routledge Handbook of the Environment in Southeast Asia* (Routledge 2017) ch 19; Ben Boer, "Environmental Law in Southeast Asia" in Hirsch (ed.) infra ch 8.

29　South Asian Association for Regional Cooperation <http: //www. saarc-sec. org> accessed 27 August 2017.

30　Memorandum of Understanding on Cooperation in the Field of Environment between the South Asian Association for Regional Cooperation (SAARC) and the South Asia Cooperative Environment Programme (SACEP) (2004).

间环境组织"。[31] 它通过一套联盟章程而成立。[32] 其职能是：在共同关心的优先环境领域促进合作活动；确保这些活动单独或共同为该区域成员国带来收益；通过在成员国之间交流现有的知识和专长以扩大所需要的支持；为实施项目和活动提供当地资源；并鼓励有兴趣的捐助国和其他来源提供最大的建设性和补充性支持。[33] 每个国家的环境部长定期举行会议，重点讨论与环境、自然灾害和气候变化有关的合作。南亚合作环境规划署拥有广泛的工作计划，包括关注跨界环境问题，例如，控制和预防空气污染及其可能产生的跨界影响。

南亚合作环境规划署还是主持和协调国际计划的区域机构。[34] 它是南亚海洋计划的秘书处，该计划是联合国环境署区域海洋计划的一部分。南亚海洋行动计划（The South Asian Seas Action Plan）[35] 包括五个拥有海洋海岸线的南盟国家：孟加拉国、印度、马尔代夫、巴基斯坦和斯里兰卡。该行动计划的目标是促进磋商和技术合作；强调海洋和沿海资源的经济和社会重要性，并建立区域合作活动网络。[36]

南亚合作环境规划署还发起了一系列与环境和保护有关的非约束性决议和声明。于 2008 年，商定了《关于打击野生动植物非法贸易的南亚倡议斋浦尔宣言》（*Jaipur Declaration on South Asia Initiative for Combating Illegal Trade in Wildlife*）。[37] 它支持建立南亚野生动物执法网络（South Asia

---

[31] SACEP, "What We Do" <http：//www. sacep. org/? page_ id = 781> accessed 1 August 2018.

[32] Articles of Association of the South Asia Cooperative Environment Programme < https：// iea. uoregon. edu/treaty-text/1981-southasiacooperativeenvironmentprogrammeentxt> accessed 4 May 2019.

[33] Ibid. , art. 1.

[34] The South Asian Seas Programme was adopted in 1995. SACEP, "South Asian Seas Programme：An Overview" <http：//www. sacep. org/? page_ id=2372> accessed 1 August 2018；see also Marsden (n 15) 196-197.

[35] UN Environment, "South Asian Seas Action Plan" < http：//www. unenvironment. org/ explore-topics/ oceans - seas/what - we - do/working - regional - seas/regional - seas - programmes/south - asian> accessed 1 August 2018.

[36] SACEP, "South Asia Seas Programme：Objectives" <http：//www. sacep. org/? p = 2616> accessed 1 August 2018.

[37] SACEP, "Jaipur Declaration on South Asia Initiative for Combating Illegal Trade in Wildlife" (22 May 2008) Annex XVII GC11 < http：//www. sacep. org/pdf/Declarations/03. Jaipur - Declaration - onSouth-Asia-Initiative-for-Combating-Illegal-Trade-in-Wildlife-of-2008. pdf> accessed 1 August 2018.

Wildlife Enforcement Network，SAWEN），[38] 并反映了近年来野生动植物非法贸易[39]及其侦查[40]大量增加这一事实。重要的是，南亚野生动物执法网络的首要目标是采取主动行动，使得该次区域有关野生动植物保护的法律和政策达到协调化和标准化。[41]

从逐步执行国际环境法的角度来看，重要的一步是《2010 年以后南亚生物多样性的决议》（*Decision on South Asia's Biodiversity Beyond 2010*）。[42] 这敦促南亚各国政府和利益攸关方执行《生物多样性公约》缔约方大会的各项决议，遏制生物多样性的持续丧失，并加强履行该公约义务的能力，包括支持更新国家生物多样性战略和行动计划。

在 2010 年，《南亚联盟环境合作公约》（*SAARC Convention on Cooperation on Environment*）达成。其目标是"在考虑到每个成员国的主要政策和立法的基础上，在平等、互惠和互利的前提下促进缔约方在环境与可持续发展领域的合作"。[43] 治理理事会由每个成员国的环境部长组成，并规定每年将举行高级官员会议。[44]《南亚联盟环境合作公约》指出，该公约在广泛的范围内扩展了"交流最佳实践和知识、能力建设和环保技术的转让"，涉及的广泛议题包括污染、气候变化、生物多样性、森林、海岸带管理、土地退化、荒漠化、山区生态系统、冰川、废物管理、野生动植物保护以及非法野生动植物贸易。尽管《南亚联盟环境合作公约》鼓励

38　"南亚野生动物执法网络"为其成员国提供了一个合作平台，共同打击日益猖狂的野生动植物犯罪。它着重于政策和法律的协调；加强机构能力；在成员国之间分享知识，经验和技术；并促进与国家、地区和国际合作伙伴的合作，以加强该地区的野生动植物执法。"欢迎来到南亚野生动物执法网络"<http：//www. sawen. org/>accessed 1 August 2018。

39　See South Asia Wildlife Enforcement Network（SAWEN），"Retrospective Report 2011-2014"（2014）<http：//www. sawen. org/publication/details/sawen-retrospective-report-20112014> accessed 1 August 2018.

40　SAWEN，"The SAWEN Bulletin"（2017）Vol. 20 <http：//www. sawen. org/publication/details/sawen-bulletin-vol-20> accessed 1 August 2018.

41　SAWEN（n 39）10.

42　Twelfth Meeting of the Governing Council of SACEP，Decision No. 11 South Asia's Biodiversity Beyond 2010 <http：//www. sacep. org/？page_ id = 2682> or <http：//www. sacep. org/pdf/Declarations/01. Resolution-on-"South-Asia"s-Biodiversity-beyond-2010. pdf> accessed 5 May 2019.

43　SAARC Convention on Cooperation on Environment（adopted 29 April 2010，entered into force 23 October 2013）.

44　Ibid.，art. V（1）-（2）.

强有力的合作，要求理事会有义务"确保各缔约方充分和有效地执行《南亚联盟环境合作公约》，但它没有任何有关环境质量标准或实施机制的实质性法律义务。"[45]

南亚次区域唯一的跨界污染协定是《控制和预防空气污染马累宣言》(*Malé Declaration on Control and Prevention of Air Pollution*)。[46] 虽然不具约束力，但它承认跨界空气污染可能会增加，并且对所需要的地方和区域性空气污染的来源、原因、性质、程度和影响进行评估和分析。[47]

在2014年中，南亚合作环境规划署制作了《南亚环境展望》(*South Asia Environment Outlook*) 报告，其中提供的确凿的证据表明，由于气候变化、空气污染和其他环境威胁，南亚的粮食安全、水安全和人民的生计受到威胁。[48] 它还指出一个持续存在的问题是环境法律、行动计划和项目的执行不奏效。[49] 此外，在期待联合国可持续发展目标起草的同时，[50] 南亚合作环境规划署制定了自己的《后2015南亚发展议程》(*Post-2015 South Asia Development Agenda*)。[51] 2014年《南亚环境展望》和《后2015南亚发展议程》实际上相当于南亚的"环境状况报告"。上一次记录的全地区环境状况报告在2001年，同时也有六份单独的国家报告。[52]《后2015南亚发展议程》认识到"南亚联盟国家为可持续发展……已经制定了政策和立法框架。弱点在于这些政策的执行、对计划的监测和评估、发展计

45　Ibid. art. V (4); see further Marsden (n 15) ch 5.

46　Malé Declaration on Control and Prevention of Air Pollution and its Likely Transboundary Effects for South Asia (adopted 22 April 1998, entered into force 23 October 2013). See further Marsden and Brandon (n 20) 228 and Marsden (n15) 194.

47　参见4.2节，关于越境空气污染。

48　SAARC, UNEP, and Development Alternatives, "South Asia Environment Outlook 2014" (2014).

49　Ibid., 155.

50　UN, "UN Sustainable Development Goals" < http：//www. un. org/sustainabledevelopment/sustainable-development-goals/> accessed 1 August 2018.

51　SACEP, "Post 2015 Sustainable Development Agenda" < http：//www. sacep. org/pdf/post 2015_ sada. pdf> accessed 1 August 2018.

52　SACEP Technical Reports, South Asia State of Environment Report, and individual reports for Bangladesh, Bhutan, India, Nepal, and Sri Lanka in 2001 and for the Maldives in 2002：see < http：//www. sacep. org/? page_ id=216> accessed 1 August 2018.

划的治理以及可持续发展计划的部际协调。"[53]

总之，虽然近些年制定了各种各样的文书和政策文件，以及南亚野生动植物网络（South Asian Wildlife Network）呼吁有关动植物的政策和法律的协调化和标准化，[54] 然而，南亚次区域作为一个整体尚不能说推行了有效的环境管理制度。

（二）中亚次区域

中亚包括哈萨克斯坦、吉尔吉斯斯坦、塔吉克斯坦、土库曼斯坦和乌兹别克斯坦。该次区域面临着一系列严峻的环境挑战，一部分原因归结于它们曾经是苏联的成员国，而苏联在 1989 年解体了。这些挑战包括：数条主要河流改道而造成的水资源短缺；采矿业和其他工业活动（特别是和咸海有关）造成的土地和水污染；气候变化的影响。[55] 与其他次区域有所不同，由欧盟赞助的中亚区域环境署（Regional Environment Programme for Central Asia）[56] 仍处于初期的构建阶段。《环境基本状况报告》（State of the Environment Report）于 2015 年编制。[57] 中亚区域环境中心（Regional Environmental Centre for Central Asia，CAREC）[58] 已在所有的五个成员国中建立了国家代表处。《环境保护可持续发展框架公约》（A Framework Convention on Environmental Protection for Sustainable Development）在 2006 年开

53　SACEP（n 51）40.

54　Convention on Biological Diversity（adopted 5 June 1992，entered into force 29 December 1993，1760 UNTS 79）.

55　Rajat Nag, Johannes Linn, and Harinder Kohli（eds），*Central Asia* 2050：*Unleashing the Region's Potential*（Sage 2017）；see also Uuriintuya Batsaikha and Marek Dabrowski，"Central Asia：Twenty-five Years after the Breakup of the USSR"（2017）3 Russian Journal of Economics 296，298；Marsden（n15）81.

56　Known as EURECA < https：//ec. europa. eu/europeaid/regions/central - asia/eus - development-cooperation-central-asia-environment_ en> accessed 27 November 2017.

57　FLERMONECA, Regional Environmental Centre for Central Asia, Environmental Agency of Austria, and Zoï Environment Network，"The State of the Environment in Central Asia：Illustrations of Selected Environmental Themes and Indicators"（2015）< https：//issuu. com/zoienvironment/docs/soe-regional-eng> accessed 27 November 2017.

58　CAREC <https：//www. carececo. org/en/> > accessed 3 February 2018.

放签署，[59] 但尚未生效。这项综合性公约的宗旨是确保中亚可持续发展中环境的有效保护。[60] 该公约的规定与其他国际和区域文书中的现代环境原则相一致。它包括一系列一般义务，涉及环境保护和可持续发展、监测和影响评估、空气污染、水资源的保护和可持续利用、土地资源的保护和合理利用、废物管理、山区生态系统的保护以及生物多样性。[61]

在与联合国环境署的合作中，于2009年拟定了中亚次区域可持续发展战略（A Sub-regional Sustainable Development Strategy for Central Asia）。它指出，其目的是为中亚国家之间的建设性对话创造适当条件；为国家机构和民间社会（地方自治政府机构、社会组织等机构）提供联系的渠道；让某些私营部门的企业家参与到有关经济平衡发展和环境条件改善诸问题的决策过程之中。[62] 尽管制定了该战略，但由于《环境保护可持续发展框架公约》尚未生效，并且缺乏适当的制度性安排，因此，中亚的环境管理机制还尚不能说已经存在。

（三）东南亚次区域

东南亚包括十个东盟国家：文莱、缅甸、柬埔寨、印度尼西亚、老挝、马来西亚、菲律宾、新加坡、泰国和越南。东帝汶打算在适当时候加入东盟。[63] 1967年，6个国家通过《东盟宣言》（*ASEAN Declaration*）建立了东南亚联盟。[64] 东盟秘书处设在雅加达。[65] 直到2007年为止，东盟过

59　Framework Convention on Environmental Protection for Sustainable Development in Central Asia（adopted 22 November 2006）．

60　Ibid. , art. 3.

61　Ibid. , arts 4–13; see further Marsden and Brandon（n 20）246–247 and Marsden（n 15）110.

62　Subregional Sustainable Development Strategy for Central Asia <http：//www. rrcap. ait. asia/Publications/SSDS%20CA. pdf>.

63　Ganewati Wuryandari, "East Timor's Membership of ASEAN：Prospects and Challenges" <http：// www. aseancenter. org. tw/upload/files/OUTLOOK_ 003_ 02. pdf> accessed 4 December 2018; Claire Carter, "East Timor's Accession to ASEAN"（ASEAN Today, 31 August 2017）<http：//www. aseantoday. com/2017/08/east-timors-accession-to-asean/>accessed 3 February 2018.

64　The ASEAN Declaration（8 August 1967）（Bangkok Declaration）．

65　See ASEAN <https：//asean. org/asean/asean-secretariat/> accessed 5 May 2019.

去都是一个非正式的区域集团。[66] 《东盟宪章》（ASEAN Charter）赋予了该组织法律人格，从而赋予该组织在此区域内和区域外更多的权限。[67]

东盟拥有一个环境合作的体制框架，其中最重要的要素是东盟环境问题高级官员会议（the ASEAN Senior Officials on the Environment），这是一个每年都召开会议的国家代表机构。

东盟已经产生了数个区域性条约。在 1985 年，它缔结了一份名为《东盟自然与自然资源保护协定》（ASEAN Agreement on the Conservation of Nature and Natural Resources）的综合环境文书。[68] 但是，该文书尚未获得足够成员国的批准而并未生效。[69] 尽管如此，它还是国际环境法发展的一部分，被视为《生物多样性公约》的先驱[70]，并且在东盟国家中视为国家级环境法律和政策。[71]

第一个具有约束力的条约是 1995 年的《东南亚无核武器区条约》（Southeast Asia Nuclear-Weapon Free Zone Treaty），[72] 其要求缔约方不得开发、制造或以其他方式获得、占有或控制核武器、基地核武器；不得测试或使用核武器或从事相关活动。第二个是 2002 年的《东盟跨境雾霾污染协定》（ASEAN Agreement on Transboundary Haze Pollution 2002），[73] 其起草的主要目的是解决自 1990 年以来印度尼西亚的森林大火对许多东南亚国家造成的大气灾害（atmospheric havoc）。尽管该协定于 2003 年生效，而印度尼西亚直到 2014 年才将其批准。该协定的目标是"预防和监测

66　See Koh and Karim（n 28）316.

67　ASEAN, "Charter of the Southeast Asian Nations"（2007）art. III.

68　ASEAN Agreement on the Conservation of Nature and Natural Resources（adopted 9 July 1985, not yet in force）.

69　原因是缺少足够数量的批准，参见 Koh Kheng-Lian, "Asian Environmental Protection in Natural Resources and Sustainable Development: Convergence versus Divergence?"（2007）4 Macquarie Journal of International and Comparative Environmental Law 43; see also Barbara Lausche, *Weaving a Web of Environmental Law*（Schmidt 2008）191。

70　Convention on Biological Diversity（n54）.

71　See Lausche（n 69）191-192.

72　Southeast Asia Nuclear-Weapon Free Zone Treaty（adopted 15 December 1995, entered into force 28 March 1997, 1981 UNTS 129）.

73　ASEAN Agreement on Transboundary Haze Pollution（adopted 10 June 2002, entered into force 25 November 2003）（Haze Agreement）.

因土地和/或森林火灾造成的跨界雾霾污染——应通过国家间共同的努力以及深度的区域和国际合作来减缓"（第 2 条）。该协定采用了与1992 年《环境与发展里约宣言》（*1992 Rio Declaration on Environment and Development*）第 2 条原则相同的原则：[74] "根据《联合国宪章》和国际法原则，各缔约方在开发他们自己的资源时享有主权，根据其自身的环境和发展政策，并有义务确保其管辖或控制范围内的活动不会对国家管辖区为界限以外的其他国家或区域的环境造成损害以及对人的健康造成伤害。"[75] 该协定强调联合紧急援助、[76] 技术合作和科学研究。[77] 尽管有正式的用语，但该协定在可执行性方面并不稳健："各缔约方之间就本协定或其任何议定书的解释、适用或遵守发生的任何争议，应通过协商或谈判友好解决。"[78]

第三个文书是 2005 年的《东盟生物多样性中心协定》（*ASEAN Centre for Biodiversity Agreement 2005*），[79] 该协定得到所有东盟成员国的批准。它旨在促进保护生物多样性以及在东盟国家公平、公正地分享生物多样性惠益方面的合作。该中心被赋予了法律人格，可以以自己的名义提起诉讼，[80] 但从可执行的角度来看，该协定则不能视为具有法律约束力的文书；根据"东盟方式"以及《东盟跨境雾霾污染协定》的处理方法，它规定"与该协定的解释或执行有关的任何争议均应通过协商或谈判友好解决"。[81]

尽管东盟尚未建立起强有力的区域环性境法律制度，但它已就环境和自然资源问题达成了一系列软法文书（soft law instruments）。尽管实际上它们没有约束力，但在塑造东盟国家法律与政策时，许多文书仍发挥了一

---

[74]　Rio Declaration on Environment and Development （1992）31 ILM 874.

[75]　Haze Agreement （n73）art. 3. 1.

[76]　Ibid. , arts 12–15.

[77]　Ibid. , arts 16 and 17.

[78]　Ibid. , art. 27.

[79]　Agreement on the Establishment of the ASEAN Centre for Biodiversity （signed April 2005, entered into force 23 July 2009）; for analysis see Marsden （n 15）155–156.

[80]　Ibid. , art. 9.

[81]　Ibid. , art. 12.

定作用。[82] 近年来，东盟还在国际舞台上为气候变化谈判做出了更加积极的贡献，例如，在缔约方大会上向第 21 届缔约方会议提交了《关于气候变化的联合声明》，进而诞生了 2015 年《气候变化巴黎协定》。[83]

对于可持续发展目标（SDGs）的实施，东盟国家政府首脑通过的《东盟 2015 后环境可持续性和气候变化议程宣言》（*ASEAN Post-2015 Environmental Sustainability and Climate Change Agenda*）[84] 认识到对解决全球和跨界环境问题这一日益增长的需求。它同样也提到东盟国家的义务，即确保环境的可持续性以及实现可持续发展。它承诺东盟各国通过《2030 发展议程》（*2030 Development Agenda*）和可持续发展目标（SDGs）加强国际合作。该宣言使得东盟国家有义务在经济增长、社会发展和环境可持续性之间取得平衡，并加强东盟对《2015 年发展议程》（*2015 Development Agenda*）和可持续发展目标的承诺。

2017 年，东盟诸环境部长制定了新版的《东盟环境高级官员及其工作组职权范围》（*Terms of Reference for the ASEAN Senior Officials on the Environment*，ASOEN），旨在与《东盟共同体愿景 2015》（*ASEAN Community Vision 2015*）一道促进更好的区域性合作。还制定了《东盟环境战略计划 2016—2025》（*ASEAN Strategic Plan on Environment 2015–2025*），其中包括解决战略性环境优先事项的行动计划。作为东盟合作的全面指南，该计划旨在以前所未有的方式加强区域环境框架。[85] 部长们还通过了《中国—东盟环境合作战略 2016—2020》（*ASEAN-China Strategy on Environmental*

---

[82] 作为"立法过程中的半步阶段"，软法在全球环境法领域中变得越来越重要：Patricia Birnie, Alan Boyle, and Catherine Redgwell, *International Law and the Environment*（3rd edn OUP 2012）34. 东盟倾向于制定有关环境和自然资源的宣言、宪章和其他软法律文书的趋势是该过程的一个众所周知的例子，尽管在没有发展成更加坚实的法律特征的情况下，东盟经常被视为"半途而废"。有关这些工具的完整列表，see Koh Kheng-Lian（ed.），*ASEAN Environmental Law, Policy and Governance：Selected Documents*，vols I and II（World Scientific 2013）。

[83] ASEAN Joint Statement on Climate Change to the 21st Session of the Conference of the Parties to the UN Framework Convention on Climate Change（COP21）（2015）.

[84] 2015 年 11 月 21 日在吉隆坡举行的第 27 届东盟峰会达成。

[85] Brunei Darussalam, "Press Release：14th ASEAN Ministerial Meeting on the Environment and the 13th Meeting of the Conference of the Parties to the ASEAN Agreement on Transboundary Haze Pollution Environment Division"（ASEAN Cooperation on Environment, 14 September 2017）.

Cooperation 2016-2020) [86] 和《东盟—联合国环境与气候变化行动计划》(*ASEAN-UN Action Plan on Environment and Climate Change*)。[87]

2007 年发布的第五次《东盟环境状况报告》折射出对区域性环境管理日益精细化的要求。[88] 它承认诸如饮用水、非法捕鱼和化学品等各类环境领域的法律缺陷，并建议采取有助于将新政策和倡议付诸实践的各种区域性或国家级的法律框架。[89]

（四）湄公河流域次区域

湄公河流域次区域是亚洲独特的法律和政策场域，与东盟次区域有一部分重叠。湄公河沿岸的六个国家分别是柬埔寨、中国、老挝、缅甸、泰国和越南。除中国外，其他国家均为东盟成员。柬埔寨、老挝、泰国和越南通常被称湄公河国家下游流域国家。湄公河下游每个国家和缅甸都致力于实现可持续发展目标，并制定了地方性战略来监测其实施。[90] 柬埔寨、老挝、泰国和越南是 1995 年《湄公河流域可持续发展合作协定》(*Cooperation for the Sustainable Development of the Mekong River Basin 1995*) 的成员国，[91] 然而中国和缅甸是"对话伙伴"并参加湄公河委员会（Mekong River Commission's，MRC's）的会议。该协定附属的议定书将湄公河委员会确立为实施该协定的机构框架。但是，鉴于具有广泛的关注焦点和不可

86　See <http：//environment. asean. org/wp-content/uploads/2017/02/ASEAN-China-Strategy-on-En-vironmental-Cooperation-2016-2020. pdf> accessed 4 December 2018.

87　ASEAN Secretariat，"An Overview of ASEAN-UN Cooperation"（August 2017）<http：//asean. org/storage/2012/05/Overview-of-ASEAN-UN-Cooperation-As-of-1-August-2017-clean. pdf> accessed 5 February 2018.

88　ASEAN Secretariat，"Fifth ASEAN State of the Environment Report"（2017）<https：//environment. asean. org/soer5/> accessed 23 January 2018.

89　For example，with respect to biota and ecosystems，see Ibid.，p. 227.；for coasts and oceans and marine litter，see Ibid.，p. 228.

90　Open Development Mekong，"Sustainable Development Goals"（*Open Development Mekong*，27 April 2018）<https：//opendevelopmentmekong. net/topics/sustainable-development-goals/>accessed 5 February 2018.

91　Agreement on the Cooperation for the Sustainable Development of the Mekong River Basin（adopted 5 April 1995，entered into force 5 April 1995）< http：//www. ecolex. org/details/treaty/agreement-on-the-cooperation-for-the-sustainable-development-of-the-mekong-river-basin-tre-001223> accessed 29 January 2018.

执行的性质，除了在有限意义上促进科学技术合作以及为诸如水电开发等重大项目的环境评估提供机构支持以外，该协定及其议定书不能视为环境管理体制。

湄公河委员会已与其他次区域和国家建立了各种联系，包括湄公河委员会和中国之间于 2002 年起草的谅解备忘录（2013 年更新），它规定需要中国云南省每日的河流流量和降雨量数据，以帮助预测汛期月份湄公河的下游水位。[92] 湄公河委员会和东盟秘书处之间的谅解备忘录于 2010 年达成，[93] 其目的是提供一个框架：以发展和维持两个秘书处在共同利益领域的合作，并确保密切性的协调；更好地利用资源，以在区域合作方面取得有效成果，进而促进湄公河流域的可持续发展。[94]

在湄公河流域，与水资源分配和使用有关的跨界问题（特别是与水力发电和水坝建设）中的合作与冲突由来已久。[95] 非约束性程序[96]——由《湄公河协定》缔约方就湄公河流域水电开发的通知、事前协商和协议等事宜而制定的，在主干流水坝的规划、建设和运营方面，证明这种做法基本上是无效的。[97] 它们也没有任何具体的公众参与要求。[98]

---

[92]　Mekong River Commission, "Upstream Partners" <http：//www. mrcmekong. org/about－mrc/upstream－partners/> accessed 29 January 2018.

[93]　Memorandum of Understanding between the Mekong River Commission Secretariat and the ASEAN Secretariat （adopted 4 March 2010） <http：//www. mrcmekong. org/assets/Publications/agreements/MOU－ASEAN. pdf> accessed 27 August 2017.

[94]　Ibid. , art. 15.

[95]　Ben Boer, Philip Hirsch, Fleur Johns, Ben Saul, and Natalia Scurrah, *The Mekong*：*A Socio-Legal Approach to River Basin Development* （Routledge 2016） ch 3.

[96]　Guidelines on Implementation of the Procedures for Notification, Prior Consultation and Agreement （adopted 31 August 2005） < http：//www. mrcmekong. org/assets/Publications/policies/Guidelineson－implementation－of－the－PNPCA. pdf>accessed 29 January 2018. 正在尝试修订这些准则，但其目的是继续不具有约束力。Alessandro Sassoon：《湄公河委员会修订大坝准则》（《金边邮报》2018 年 2 月 2 日）。另见湄公河委员会《湄公河水合作社 MRC 程序规则简介》（2018 年），其中包括有关数据共享、水使用监测、水使用合作、流量维护和水质的相关技术指南；这不是技术文档，而是用于公共信息的目的。

[97]　Philip Hirsch, Kurt Morck Jensen, Ben Boer, Naomi Carrard, Stephen FitzGerald, and Rosemary Lyster, 'National Interests and Transboundary Water Governance in the Mekong', Australian Mekong Resource Centre Report, May 2006, ch 3.

[98]　See Marsden （n 15） 143.

国际法院（International Court of Justice）已经认识到根据一般国际法，对拟议的可能对跨界尤其是共享资源产生重大不利影响的工业活动，进行的环境影响评估可以视为一种要求，[99] 然而该判例尚未在湄公河地区产生实质性影响。[100] 自 2004 年以来，湄公河委员会一直在努力完成一套有关跨界环境影响评估的准则，2017 年的版本是最全面的。[101] 真相是，湄公河下游国家具有强烈的主权意识，根本没有使这些准则更加有力或在任何意义上可以执行的想法，正如其意向声明中明确记录的那样："本准则不是国际条约，不包含国际法规制的权利和义务。"鉴于这一声明的力度，湄公河下游国家都没有签署 1991 年《越境环境影响评价公约》（Environmental Impact Assessment in a Transboundary Context 1991）［又称《埃斯波公约》（Espoo Convention）］[102] 或其 2013 年的《战略环境评价议定书》（Protocol on Strategic Environmental Assessment 2013）就不足为奇了。[103] 尽管如此，还是同意进行有关水电开发的战略环境评估（strategic environmental assessment，SEA），[104] 以"为干流发展带来更加综合的、知情的和预防的方法"。尽管有强烈的建议将这类决议推迟 10 年，以便更好地理解"潜在的深远影响"，但一些国家仍将湄公河上游的大型水坝推向前进，

99　*Pulp Mills on the River Uruguay*（*Argentina v Uruguay*）（Judgment）［2010］ICJ Reports 14，73.

100　See also Earth Rights International，"Environmental Impact Assessment in the Mekong"（2016）126-134.

101　Mekong River Commission CEO，"Guidelines for Transboundary Environmental Impact Assessment in the Lower Mekong Basin"（2016）MRC Draft Paper 2017-08<http：//www. mrcmekong. org/assets/Uploads/Guidelines-for-Transboundary-Environmental-Impact-Assessment-in-the-Lower-Mekong-Basin-Draft-11-August-17-3. pdf> accessed 31 January 2018.

102　Convention on Environmental Impact Assessment in a Transboundary Context（adopted 25 February 1991，entered into force 10 September 1997，1989 UNTS 309）. Since 2014，any UN member is able to accede to the Convention；see also Marsden and Brandon（n 20）105.

103　Protocol on Strategic Environmental Assessment to the Convention on Environmental Impact Assessment in a Transboundary Context（adopted 21 May 2003，entered into force 11 July 2010，2685 UNTS 140）.

104　International Centre for Environmental Management，"Strategic Environmental Assessment of Mainstream Dams"（Mekong River Commission，October 2010）<http：//www. mrcmekong. org/about-mrc/completion-of-strategic-cycle-2011-2015/initiative-on-sustainable-hydropower/strategic-environmental-assessment-of-mainstream-dams/>accessed 2 August 2018.

因此，战略环评仅仅被认为是部分成功的。[105]

湄公河下游诸国家和缅甸将继续是东盟的重要成员，由中国和其他五个湄公河国家组成的大湄公河次区域（Greater Mekong Sub-region，GMS）将来可能会成为进一步开发协议的基础，如同大湄公河子区域项目（GMS Programme）预示的那样。[106] 如同在 2011 年《中国参与大湄公河次区域合作》国家报告阐述的一样："环境合作是大湄公河次区域合作的重要组成部分，中国高度重视与其他大湄公河次区域国家的环境交流与合作。"[107] 随着中国"一带一路"倡议越来越重要，大湄公河次区域中这类合作可能会变得更加紧密。[108]

（五）东北亚次区域

东北亚环境合作高级官员会议（North-East Asian Sub-regional Programme for Environmental Cooperation，NEASPEC）[109] 包括中国、日本、蒙古、朝鲜、俄罗斯联邦和韩国。与南亚、东南亚和太平洋次区域相比，该区域尚未形成统一的区域性政治组织。出于务实的政治原因，1993 年东北亚环境合作高级官员会议在总部设在曼谷的联合国亚洲及太平洋经济社

105　See Jeremy Carew-Reid，"The Mekong：Environmental Assessment of Mainstream Hydropower Development in an International River Basin" in Hirsch（ed.）（n 28）334；see also Boer et al.（n 95）ch 5.

106　The GMS Programme began in 2002. See Naohiro Kitano，"The Impact of Economic Cooperation on Asian Countries：Focus on the Mekong Region and Central Asia" in Yasutami Shimomura and Hideo Ohashi（eds.），*A Study of China's Foreign Aid：An Asian Perspective*（Palgrave Macmillan 2013）171.

107　"Country Report on China's Participation in Greater Mekong Sub-region Cooperation"（*China Daily*，16 December 2011）< http：//usa. chinadaily. com. cn/china/2011 - 12/16/content _ 14279772. htm> accessed 5 May 2019；see also National Development Reform Commission，"Country Report on China's Participation in Greater Mekong Subregion Cooperation" <http：//en. ndrc. gov. cn/news-release/200804/ t120080430_ 208063. html> accessed 5 May 2019.

108　参见例如，中国外交部部长王毅在第六届大湄公河次区域峰会上说："大湄公河次区域曾经是古代海上丝绸之路的重要地区，现在已成为丝绸之路经济带与 21 世纪海上丝绸之路的连接点。这使大湄公河次区域国家在'一带一路'合作中处于坚实而独特的地位。"王毅《共同努力书写次区域合作的新篇章》（中国外交部，2018 年 3 月 31 日）<http：//www. fmprc. gov. cn/mfa_ eng/zxxx_ 662805/t1547074. shtml>accessed 2 August 2018。

109　See North-East Asian Sub-Regional Programme for Environmental Cooperation（NEASPEC）< http：//www. neaspec. org/> accessed 27 August 2017.

会委员会东亚和东北亚次区域办事处的帮助下成立。该次区域办事处充当东北亚环境合作高级官员会议秘书处。与东盟环境高级官员会议类似，东北亚环境合作高级官员会议成立了一个每年召开一次会议的高级官员小组，其被视为东北亚环境合作高级官员会议的管理机构。

经过多年缓慢的发展后，东北亚环境合作高级官员会议最近在整个次区域变得更加活跃。它将自己描述为"应对东北亚环境挑战的全面综合性的政府间合作框架"。[110] 在共识、能力建设、信息共享、技术转让和合作融资的基础上，就次区域性合作，它促进了切实可行的做法。它为政府、国家、次区域和国际机构、私营部门和民间社会提供了一个多边合作的平台，以减轻环境的影响。它还旨在加强国家层面的技术和管理能力，并努力确定成员国的共同政策方针和目标。在本章中，重要的是它还旨在将国家战略与次区域和全球倡议联系起来。[111] 东北亚环境合作高级官员会议已针对 2016—2020 年制定了一项《战略规划》，其关注重点是跨界空气污染、生物多样性和自然保护、海洋保护区、低碳城市、荒漠化和土地退化。[112]

耐人寻味的是，该规划明确将这些项目中的每个领域中的一个或多个与可持续发展目标联系起来。[113] 其中还包括监视和评估该整个次区域内已批准的活动。鉴于其示意性，该规划仅提及国家法律机制。与其他次区域相比，该区域范围内的任何环境文书都欠缺沉思。毫无疑问，这是由于东北亚多个国家之间的冲突和敌意的历史所致。现存唯一的跨界协议是一项针对图们江的有限协议，涉及中国、俄罗斯和朝鲜，仅部分涉及环境治理。[114] 就区域环境法律制度而言，尽管东北亚在次区域方面仍然是发展

110　See NEASPEC, "About NEASPEC" <http：//www. neaspec. org/about－neaspec> accessed 27 August 2017.

111　NEASPEC, "Background and Objectives" < http：//www. neaspec. org/about－neaspec > accessed 28 August 2017.

112　UN Economic and Social Commission for Asia and the Pacific, "Review of the Strategic Plan of NEASPEC：NEASPEC Strategic Plan（2016－2020）"（2016）2 <http：//www. neaspec. org/sites/default/files/6. %20SOM20%20NEASPEC%20Strategic%20Plan. pdf> accessed 28 January 2018.

113　Ibid. , pp. 3－4.

114　Agreement on the Establishment of the Tumen River Area Development Coordination Committee（adopted 30 May 1995）<https：//nautilus. org/aprenet/agreement－on－the－establishment－of－the－tumen－river－area－development－coordination－committee－1994/> accessed 4 December 2018；see also Marsden（n 15）203－212.

最慢的，但它在近年来表现出了更大的决心以促进其环境项目之间的合作。

（六）太平洋岛屿次区域

太平洋岛屿次区域由多个关注环境的区域性组织提供服务。太平洋共同体秘书处（Secretariat of the Pacific Community，SPC）[115] 于 1947 年成立，由 22 个太平洋岛国、领地[116]以及五个"都市"国家[117]组成。太平洋共同体秘书处处理的区域问题很广泛，包括人权、公共卫生、地球科学、农业、林业、水资源、灾害管理、渔业、教育、统计、运输、能源、性别、青年和文化，以协助太平洋岛屿居民实现可持续发展。

与环境有关的最重要的政府间组织是太平洋区域环境署秘书处（Secretariat of the Pacific Regional Environment Programme，SPREP）。它是太平洋共同体秘书处的合作伙伴机构之一，成员相同。太平洋区域环境署秘书处的重点则在"区域环境的保护和可持续发展"。[118]太平洋区域环境署秘书处是亚太地区所有区域环境署中最活跃的，其实施了广泛的陆地和海洋保护项目，并高度重视气候变化。太平洋区域环境署秘书处始于 1982 年，但赋予其合法地位的协议在 1993 年完成。[119] 太平洋区域环境署秘书处的目的是促进太平洋地区的合作并提供援助以保护和改善环境，并确保当代和未来的代际的可持续发展。[120] 太平洋区域环境署秘书处的四个关键性优先领域是生物多样性和生态系统管理、气候变化、环境监测和治理以及废

115　该组织于 1997 年更名为南太平洋委员会，以反映其在整个太平洋地区的成员资格。

116　美属萨摩亚（美国领土）、库克群岛（与新西兰自由联盟）、密克罗尼西亚联邦、斐济、法属波利尼西亚（法国海外部）、关岛（美国领土）、基里巴斯、马绍尔群岛、瑙鲁、新喀里多尼亚、纽埃、北马里亚纳群岛（美国领土）、巴布亚新几内亚、帕劳、皮特凯恩群岛（英国海外领土）、萨摩亚、所罗门群岛、汤加、托克劳、图瓦卢、瓦努阿图以及瓦利斯和富图纳群岛（法国海外团体）。

117　澳大利亚、法国、新西兰、英国和美国。

118　SPREP, "SPREP Strategic Plan 2017-2026"（2017）2 <http：//www. sprep. org/attachments/ Publications/Corporate_ Documents/strategic-plan-2017-2026. pdf>accessed 30 January 2018.

119　Agreement Establishing the South Pacific Regional Environment Programme as an Intergovernmental Organization（adopted 16 June 1993, entered into force 31 August 1995, ［1995］Australian Treaty Series 24）.

120　Ibid. , art. 2（1）.

物管理和污染。[121]

太平洋次区域拥有数项具有约束力的区域性环境条约。主要的文件是1986 年的《南太平洋地区自然资源和环境保护公约》（*Protection of the Natural Resources and Environment of the South Pacific Region 1986*）［又称《努美阿公约》（*Noumea Convention*）］。[122] 另一项实际上已被《努美阿公约》取代的文书是 1976 年的《南太平洋自然保护区公约》（*Conservation of Nature in the South Pacific*）。[123]

在 20 世纪 80 年代，美国与太平洋小岛国之间就获得高度洄游的鱼类发生争执。[124] 这导致某些太平洋岛屿国家与美国政府于 1987 年签署了《渔业条约》（*Treaty on Fisheries*）。[125] 其他一些规制渔业资源的多边协定是通过论坛渔业局[126]完成谈判的，包括 1990 年的《南太平洋禁止长流网捕鱼的惠灵顿公约》（*Wellington Convention for the Prohibition of Fishing with Long Driftnets in the South Pacific 1990*）[127]《南太平洋地区进行渔业监管和执法合作的纽埃条约》（*Niue Treaty on Cooperation in Fisheries Surveillance and*

121　SPREP，"SPREP Annual Report 2017"（2018）3<https：//www. sprep. org/publications/sprep-annual-report-2017> accessed 5 May 2019.

122　Convention for the Protection of the Natural Resources and Environment of the South Pacific Region（adopted 24 November 1986，entered into force 22 August 1990，（1987）26 ILM 38）（Noumea Convention）. See also Protocol concerning Cooperation on Combatting Pollution Emergencies in the South Pacific Region（adopted 25 November 1986，entered into force 22 August（1990）26 ILM 59）and Protocol for the Prevention of Pollution of the South Pacific Region by Dumping（adopted 25 November 1986，entered into force 22 August 1900（1987）26 ILM 65）.

123　Convention on Conservation of Nature in the South Pacific（adopted 12 June 1976，entered into force 26 June 1990［1990］Australian Treaty Series 41，suspended in 2008）.

124　See Martin Tsamenyi，"The South Pacific States，the USA and Sovereignty over Highly Migratory Species"（1986）10 Marine Policy 1，29-41；Martin Tsamenyi，"*The Jeanette Diana* Dispute"（1986）16 ODIL 353-367.

125　Certain Pacific Island States - United States：Treaty on Fisheries（adopted 2 April 1987，entered into force 15 June 1988，（1987）26 ILM 1048）.

126　The Forum Fisheries Agency was formally established by the South Pacific Forum Fisheries Agency Convention 1979（adopted 10 July 1979，entered into force 9 August 1979［1979］Australian Treaty Series 16）.

127　Convention for the Prohibition of Fishing with Long Driftnets in the South Pacific（adopted 29 November 1989，entered into force 17 May 1991（1990）29 ILM 1449）；for other fishing treaties and agreements in the Pacific see Forum Fisheries Agency，"Treaties & Agreements" <http：//www. ffa. int/treaties_ agreements> accessed 5 February 2018.

Law Enforcement），[128] 以及 2014 年的《管理南太平洋长鳍金枪鱼渔业的托克劳安排》（*Tokelau Arrangement for the Management of the South Pacific Albacore Fishery 2014*）。[129]

根据 1968 年的《核武器不扩散条约》（*South Pacific Nuclear Free Zone Treaty 1968*）[130] 第七条而谈判的 1985 年《南太平洋无核武器区条约》（*Non-Proliferation Treaty 1985*），[131] 侧重于不扩散并确保"该区域免受放射性废物和其他放射性物质造成的环境污染"。[132] 源自法国 20 世纪 70 年代的大气核试验，[133] 该条约的出台与 20 世纪 90 年代中期法国重新开始在 Mururoa 和 Fangataufa 环礁进行地下试验的背景直接相关。[134]

1995 年的《威加尼危险废物公约》（*Waigani Convention on Hazardous Wastes 1995*，简称《威加尼公约》）[135] 是根据《巴塞尔公约》（*Basel Convention*）第 11 条制定的一项协议。[136] 它由位于太平洋区域环境署秘书处联合执行《巴塞尔公约》和《威加尼公约》的太平洋区域中心负责管理。该中心的设立是为了"通过更好地整合区域战略和相关公约，以协调的方式促进废物的无害环境管理"[137]。

---

[128]　Niue Treaty on Cooperation in Fisheries Surveillance and Law Enforcement in the South Pacific Region（adopted 9 July 1992, entered into force 20 May 1993, 1974 UNTS 45）.

[129]　Tokelau Arrangement for the Management of the South Pacific Albacore Fishery（signed 22 October 2014, in force 14 December 2014）.

[130]　South Pacific Nuclear Free Zone Treaty（adopted 6 August 1985, entered into force 11 December 1986, 1445 UNTS 177）.

[131]　Treaty on the Non-Proliferation of Nuclear Weapons（adopted 1 July 1968, entered into force 5 March 1970, 7 UNTS 161）.

[132]　Ibid., pp. 169-171.

[133]　Nuclear Test（*Australia v France*）[1974] ICJ Reports 253.

[134]　*Nuclear Test*（*New Zealand v France*）[1995] ICJ Reports 288.

[135]　Convention to Ban the Importation into Forum Island Countries of Hazardous and Radioactive Wastes and to Control the Transboundary Movement and Management of Hazardous Wastes within the South Pacific（adopted 16 September 1995, entered into force 21 October, 2161 UNTS 91）。

[136]　Convention on the Control of Transboundary Movements of Hazardous Wastes and their Disposal（adopted 22 March 1989, entered into force 5 May 1992, 1673 UNTS 57）.

[137]　SPREP Pacific Regional Centre, "Pacific Regional Centre for the Joint Implementation of the Basel and Waigani Conventions" < http：//www. sprep. org/att/publication/000447_ 2005_ 09PRC. pdf> accessed 30 January 2018.

太平洋岛屿次区域虽然是整个亚太地区人口最少的地区，也是最大的地理区域之一，但其环境法律制度可以说是最完整的，即便该区域各种国际和区域多边环境协议的切实执行面临着诸多挑战，准确来说是因为该区域人口数量少、面积大、发展水平低以及有限的自然资源导致的。

三　亚太地区主要的环境法律挑战

亚太地区与世界上大多数其他地缘政治地区都面临许多相同的环境问题，但是该区域某些问题尤为突出。其中，包括人为的气候变化、空气污染以及陆地和海洋生物多样性枯竭的影响。以下将分析这些问题，以及对环境权承认的新兴问题。

（一）气候变化

在整个亚太地区，气候变化的影响加剧了脆弱性，海平面上升影响了环境和低洼海岸线和低洼岛国的人口，而山地地区越来越受制于不充足的降雪，随之而来的是夏季融化量的缺乏，因此导致河水流量不足。气候变化对环境的各个方面都产生不利影响：糟糕的大气（伴随日益增加的极端天气事件）；水资源短缺；洪水；环礁岛上的淡水镜面被海水污染；退化的土地和土壤；生物多样性特别是森林生态系统的枯竭；海洋酸化以及由于海平面上升而致使海岸线缩小。所有这些都以多种方式对人类和社区产生影响，特别是被迫移民、农业挑战以及粮食和饮用水安全。所有这些影响都与各种人权相关联，如财产、住所、生计、食物和饮用水的权利。

根据《全球环境展望6》（GEO-6）的数据，到2050年世界上所有受海平面上升影响的国家中，有7/10的最脆弱的国家位于亚太地区。[138] 预计气候变化对太平洋、南亚和东南亚等次区域的影响最大。

---

[138]　印度将有近4000万人（排名第一），孟加拉国（第2名）将超过2500万人，中国（第3名）和印度尼西亚（第4名）将超过2000万人，菲律宾（第5名）将近1500万人，越南（第7名）和日本（第8名）则有近1000万人。前20名中的其他亚洲国家/地区包括大韩民国（第12名），缅甸（第13名），马来西亚（第16名）和泰国（第20名）。参见联合国环境署《全球环境展望6：亚太地区评估》。

就减缓和适应战略而言，每个亚太次区域都广泛关注气候变化现象。一些国家已经建立了立法机制，以促进清洁能源和适应战略的贯彻。[139] 然而，没有一个次区域在区域层面采取具体的法律步骤来促进其战略。鉴于可持续发展目标（关于气候变化的）和更一般性的气候变化产生的各种义务，为了解决气候变化的影响，则需要进行确定性的区域性和国家层面的法律改革。

东盟在 2007 年制定了《气候变化、能源与环境的新加坡宣言》（Singapore Declaration on Climate Change, Energy and Environment）。[140] 该宣言要求采取广泛的行动来减缓和适应气候变化的影响，包括在提高能效和使用清洁能源（如来自可再生能源和替代性能源）方面的持续合作。太平洋次区域在区域气候变化战略方面一直是最活跃的。由于许多太平洋岛国的脆弱性，特别是由于其地势低洼，太平洋区域环境署秘书处将气候变化视为其"主要关注点"。2009 年，为了应对气候变化的威胁，太平洋区域环境署秘书处制定了《太平洋适应气候变化计划》。这是一个由 14 个太平洋岛屿国家组成的伙伴关系，目的是提高岛屿社区对气候变化影响的恢复力（resilience）。[141] 太平洋区域环境署秘书处的一项研究表明，可以将针对气候变化问题的议定书添加到《南太平洋地区自然资源和环境保护公约》；[142] 这样的议定书可以鼓励整个太平洋地区的国家

139　For South Asia see SACEP, "Adaptation to Climate Change" <http：//www. sacep. org/? p = 3111 >; for Central Asia see ENVSEC "Climate Change and Security in Central Asia" < http：// www. osce. org/secretariat/355471? download = true> accessed 4 December 2018; for Northeast Asia see NEASPEC, "Strategic Plan 2016 – 2020" < http：//www. neaspec. org/sites/default/files/NEASPEC% 20Strategic%20Plan_ after%20SOM20. pdf> accessed 4 December 2018; for ASEAN see "ASEAN Co-operation on Climate Change" <https：//environment. asean. org/asean – working – group – on – climate – change/> accessed 4 December 2018; ASEAN, "Plan of Action to Implement the Joint Declaration on Comprehensive Partnership between ASEAN and the United Nations (2016-2020)" (2016) <http：// asean. org/storage/2012/05/ASEAN–UNPOA–FINAL–AS–OF–5–SEP–2016. pdf> accessed 4 December 2018; for the Pacific see SPREP, "Pacific Adaptation to Climate Change" <http：//www. sprep. org/ pacc> accessed 4 December 2018.

140　Singapore Declaration on Climate Change, Energy and Environment (adopted 21 November 2007) <http：//asean. org/? static_ post = singapore – declaration – on – climate – change – energy – and – theΩenvironment> accessed 1 August 2018.

141　Pacific Adaptation to Climate Change (n 139).

142　Noumea Convention (n 122).

层面对气候变化的总体影响以及特别是对基于生态系统的适应性采取更加一致的方法。[143]

（二）区域空气污染

亚太各地区的一个主要问题便是来自工业活动、运输以及森林和泥炭地燃烧造成的跨境空气污染。空气污染物每年导致全球数百万人过早死亡，其中约 2/3 遍布亚洲工业化次区域。[144] 尽管问题的规模非常大，但该区域在制定和实施关于空气污染类的约束性文书仍处于初期阶段。

在南亚，《控制和预防空气污染及可能的跨境影响马累宣言》（*Malé Declaration on Control and Prevention of Air Pollution and its Likely Transboundary Effects for South Asia*）由南亚合作环境规划署所有成员国缔结，并被描述为"南亚第一项通过区域合作解决跨界空气污染的区域环境协议"。[145] 它认识到南亚合作环境规划署国家有必要在南亚的每个国家开展有关空气污染的研究和计划。它还促进改善国家报告系统，并加强科学和学术方面的努力，以了解和应对该地区的空气污染。《马累宣言报告》表明，正在开展的监测、建模以及其他科学分析、培训和会议使得该文书开始付诸实践，所收集的数据为进一步促进区域性合作奠定了基础。[146] 然而，目前尚无迹象显示将以该宣言为基础，在南亚合作环境规划署的国家间促进国家

143　Ben Boer and Pepe Clarke, "Legal Frameworks for Ecosystem – Based Adaptation to Climate Change in the Pacific Islands" (SPREP/PROE/Australian Aid 2012) 11, see also ibid 45. <http://www. eldis. org/document/A62935>accessed 2 August 2018.

144　World Health Organization, "One Third of Global Air Pollution Deaths in Asia Pacific" (WHO, 2 May 2018) < http://www. wpro. who. int/mediacentre/releases/2018/20180502/en/> accessed 2 August 2018.

145　Regional Resource Centre for Asia and the Pacific, "Malé Declaration on Control and Prevention of Air Pollution and its Likely Transboundary Effects for South Asia" <https://thimaaveshi. files. word-press. com/2009/10/male–declaration_ 98. pdf> accessed 12 February 2018.

146　See SACEP, Malé Declaration Reports <http://www. sacep. org/? page_ id=5586> accessed 4 December 2018. The latest report is SACEP, "Malé Declaration 1998–2013: A Synthesis–Progress and Opportunities" (September 2013) < http://www. sacep. org/pdf/Male – Declaration – Publications/2013. 09–Male – Declaration – Progress – & – Opportunities – Synthesis – Report. pdf> accessed 22 January 2018.

层面的立法行动。[147]

在东南亚地区，自 20 世纪 90 年代以来，跨界空气污染一直是一个反复出现的问题。污染的主要来源是通过燃烧转化为棕榈油种植园而砍伐森林所产生的二氧化碳排放。泥炭地的浪费和燃烧也是清除过程的一部分，其释放的二氧化碳比森林本身的燃烧释放的还要多。[148] 这不仅给人类健康造成严重问题，而且影响飞机和船舶运输的能见度。虽然这些问题在 1985 年《东盟自然与自然资源保护协定》（*ASEAN Agreement on the Conservation of Nature and Natural Resources 1985*）中一笔带过，[149] 但是，该地区国家在 2002 年的《东盟跨境雾霾污染协定》（*ASEAN Agreement on Transboundary Haze Pollution*）中直接解决了该问题。[150] 然而，印度尼西亚——一个对砍伐森林和火灾造成的空气污染负有最大责任的国家——直到 2014 年才批准《东盟跨境雾霾污染协定》。[151] 该协定的目的是防止以及监测因土地和/或森林火灾造成的跨界雾霾污染，要求通过国家间的共同努力以及加强区域性和国际合作来减轻这些压力。这应在可持续发展的总体背景下并按照本协定的规定（第 2 条）进行这一工作。在早期倡议的基础之上，东盟跨境雾霾污染控制协调中心已经在印度尼西亚成立。[152] 该协定（第 11 条）规定签署国应"确保采取适当的立法、行政和财务措施"。

---

[147]　2012 年，有人建议根据《马累宣言》制定具有法律约束力的减少空气污染协定；see Parvez Hassan，"From Pakistan" in Asian Development Bank，"South Asia Conference on Environmental Justice"（2012）11 < https：//www. adb. org/sites/default/files/publication/30433/ south-asia-conference-environmental-justice. pdf> accessed 2 August 2018.

[148]　Koh Kheng-Lian，"A Survey of ASEAN Instruments Relating to Peatlands，Mangroves and Other Wetlands：The Redd+ Context"（2013 Special Edition）International Journal of Rural Law and Policy 1；"Stop Burning Rain Forests for Palm Oil"（*Scientific American*，1 December 2012）<http：// www. scienti-ficamerican. com/article/stop-burning-rain-forests-for-palm-oil/>accessed 5 May 2918.

[149]　ASEAN Agreement on the Conservation of Nature and Natural Resources（n 68）.

[150]　Haze Agreement（n 73）.

[151]　See further Koh and Karim（n 28）323-332；Boer（n 27）120-121.

[152]　ASEAN Secretariat，"14 th ASEAN Ministerial Meeting on the Environment and the 13th Meeting of the Conference of the Parties to the ASEAN Agreement on Transboundary Haze Pollution"（ASEAN，13 September 2017）<http：//asean. org/14th-asean-ministerial-meeting-environment- 13th-meeting-conference-parties-asean-agreement-transboundary-haze-pollution/> accessed 4 December 2018.

印度尼西亚尚未开始认真遵守该协定有关于国家立法规定的条款。[153] 在 2017 年早些时候，尽管通过了一项旨在减少泥炭燃烧的法规，[154] 但该法规于同年晚些时候被印度尼西亚最高法院废除了。[155]

在东北亚，东北亚环境合作高级官员会议直到最近才解决了持续不断的跨界空气污染问题，尤其是俄罗斯、中国和日本之间的空气污染问题。作为一个自愿性的次区域框架，东北亚清洁空气伙伴关系（North‐East Asia Clean Air Partnership，NEACAP）于 2014 年成立。其目的是解决该次区域保护环境和人类健康免受空气污染的问题。它旨在补充东北亚的远程跨界空气污染物机制和东亚酸沉降监测网络，并专注于以科学为基础、以政策为导向的新合作。[156]

东北亚清洁空气伙伴关系（NEACAP）已启动了广泛的研究工作和能力建设工作。其核心计划包括：信息和数据交换；通过现有方案和框架进行空气污染监测；国家和区域空气污染输移和沉积模拟；提出潜在的技术和政策措施；根据综合评估模型和预测而制定共同的技术和政策方案；交流有关新兴技术的信息以及减轻污染的技术合作潜力；对良好国家环境实践的信息分享。[157] 然而，它强调了在建立新的次区域框架方面在促进自愿参与以及贡献的灵活性，并提请注意其"法律和政治性质"。[158]

---

[153] Dio Herdiawan Tobing, "Indonesia Drags Its Feet on ASEAN Haze Treaty" (*The Conversation*, 8 September 2017) <https: //theconversation. com/indonesia‐drags‐its‐feet‐on‐asean‐haze‐treaty‐81779> accessed 31 January 2018. For further discussion see Roda Mushkat, "Creating Regional Environmental Governance Regimes: Implications of Southeast Asian Responses to Transboundary Haze Pollution" (2013) 4 Washington and Lee Journal of Energy, Climate and Environment 103, 137ff; see also Marsden (n 15) 157‐168.

[154] Minister of Environment and Forestry Republic of Indonesia, Regulation Amending Regulation Number P. 12/Menlhk‐Ii/2015 concerning Development of Industry Plantation Forests, PermenLHK No 17/2017.

[155] Hans Nicholas Jong and Lusia Arumingtyas, "Indonesian Supreme Court Strikes Down Regulation on Peat Protection" (*Mongabay*, 2 November 2017) <https: //news. mongabay. com/2017/11/indonesian‐supreme‐court‐strikes‐down‐regulation‐on‐peat‐protection/> accessed 9 July 2018.

[156] NEASPEC, "Transboundary Air Pollution" <http: //www. neaspec. org/our‐work/transboundaryair‐pollution> accessed 22 January 2018.

[157] NEASPEC, "Transboundary Air Pollution in North‐East Asia" (6 March 2017) NEASPEC/SOM (21) /1, 14‐16.

[158] Ibid. , p. 6.

（三）生物多样性保护

随着官方机构和非政府组织定期发布的报告所记录的物种和栖息地的减少，生物多样性的保护在全球范围日益受到关注。亚太地区的生物多样性非常丰富，世界上 17 个"超级生物多样性"国家中亚太地区就拥有 7个。[159] 它们分别是澳大利亚、中国、印度、印度尼西亚、马来西亚、巴布亚新几内亚和菲律宾。

具有独立地位的生物多样性和生态服务政府间科学政策平台（Intergovernmental Science-Policy Platform on Biodiversity and Ecosystem Services，IPBES）在 2019 年的全球评估报告中声明：体现生物多样性、生态系统功能和服务的自然及其对人类的重要贡献正在全球范围内恶化。[160] 它记录了 75% 的陆地环境和 66% 的海洋环境，迄今为止这些都被人类活动"严重改变"（severely altered）。[161] 该报告敦促："与生物多样性有关的可持续发展目标和《生物多样性 2050 年愿景》（*2050 Vision for Biodiversity*）在没有变革的情况下是无法实现的。"一项专门针对亚太地区的生物多样性和生态服务政府间科学政策平台（IPBES）评估报告显示，虽然该区域实现了经济的高速增长，但是也正经历着世界上最高比率的城市化和农业扩张。这造成了高昂的环境代价，导致了生物多样性的退化和丧失。[162]

陆地生物多样性保护的一个核心方面是对森林的可持续管理。尤其是

---

159 这 17 个国家占据了世界 2/3 的已知生命形式（热带雨林、珊瑚礁的大部分以及其他优先体系）。澳大利亚环境与能源部：《超级多样性国家》<http://www.environment.gov.au/biodiversity/conservation/hot-spots> accessed 22 January 2018；also Russell Mittermeier et al（eds.），*Megadiversity: Earth's Biologically Wealthiest Nations*（Cemex 1997）。

160 IPBES，*Summary for Policymakers of the Global Assessment Report on Biodiversity and Ecosystem Services* < https://www.dropbox.com/sh/yd8l2v0u4jqptp3/AACpraYjOYWpTxAFv5H - 2vrKa/1% 20Global% 20Assessment% 20Summary% 20for% 20Policymakers? dl = 0&preview = Summary + for813þPolicymakers+IPBES + Global + Assessment. pdf&subfolder_ nav _ tracking = 1 > accessed 5 May 2019.

161 IPBES，Media Release < https://www.ipbes.net/news/Media - Release - Global - Assessment#_ Scale_ of_ Loss>，accessed 6 May 2019.

162 IPBES，*The Regional Assessment Report on Biodiversity and Ecosystem Services for Asia and the Pacific*（2018）xii<https://www.ipbes.net/assessment-reports/asia-pacific>.

亚太地区的热带森林，对于维护生物多样性和全球气候都很重要。[163] 事实上，东南亚次区域"拥有世界上仅次于亚马孙和刚果盆地的第三大热带森林，是陆地生物多样性的宝库"。[164] 东南亚也是世界上鸟类和哺乳动物特有率最高的地区，还是维管植物物种特有率高居第二的地区。然而，这个地方也是毁林率最高的区域之一。[165] 整个区域内，因转变为棕榈油种植园引起的森林面积枯竭的情况非常严重，印度尼西亚和马来西亚的森林丧失量中有超过50%与这种做法有关。东南亚其他受到影响的国家是菲律宾和泰国。[166] 木材采伐的速度超过了其他热带地区，如非洲和拉丁美洲的热带地区，[167] 而且大部分土地转换是非法的。[168] 在太平洋岛屿地区，雨林砍伐也是一个主要问题，特别是在斐济、巴布亚新几内亚、所罗门群岛和瓦努阿图等高海拔岛屿国家。[169]

　　尽管由于人为气候变化的迫切性已提出了一系列治理战略，以应对森林砍伐问题，包括 REDD + （减少因森林砍伐和森林退化而引起的排放，Reducing Emissions from Deforestation and Forest Degradation），[170] 但迄今为止引入国际手段来应对森林保护的尝试仍未成功。当前具有软法性质的协议定是《联合国森林文书》（*UN Forest Instrument*），2016 年又重新命名。[171]

163　Asia Pacific Forests and Forestry to 2020, "Forest Policy Brief 01: Forests for a Greener Future" <http: //www. fao. org/fileadmin/templates/rap/files/NRE/Forestry_ Group/1_ Forests_ for_ a_ greener_ future. pdf> accessed 4 December 2018; FAO, "State of the World's Forests 2016: Forests and Agriculture: Land - Use Challenges and Opportunities" （2016） < http: //www. fao. org/3/a - i5588e. pdf> accessed 22 January 2018.

164　Frances Seymour and Peter Kanowski, "Forests and Biodiversity" in Hirsch （ed. ） （n 28） 159. .

165　Ibid. , 160-162.

166　Varsha Vijay et al. , "The Impacts of Oil Palm on Recent Deforestation and Biodiversity Loss" （2016） 11 （7） PLOS ONE 1, 2.

167　ASEAN Secretariat, "Fifth ASEAN State of the Environment Report" （2017） 82.

168　Ibid. , p. 88.

169　See for example "Sustainable Management of Tropical Forests in the Pacific ACP States", July-August 2002 *The Courier ACP-EU*<http: //ec. europa. eu/development/body/publications/courier/courier193/en/en_ 030. pdf>accessed 22 January 2018.

170　Seymour and Kanowski （n 164） 169-173.

171　UNGA resolution 70/199 （22 December 2015）: "United Nations Forest Instrument". Previously this scheme was named the Non-Legally Binding Instrument on All Types of Forests 2007.

该文书"在国际和国家层面阐明了一系列商定的政策和措施，以加强森林治理、技术和机构能力、政策和法律框架、森林部门投资和利益相关者的参与"。[172] 但是，在可预见的将来，如果缺乏具有法律约束力的具体方法，那么该文书在很大程度上将仍然保持无效状态。

在国际层面，生物多样性保护有一个方面没有像其他环境问题那样引起人们的广泛关注，那就是土地退化。然而，现在人们有一种更广泛的理解，即土地及其基本要素（土壤），就其性质而言是自然界中陆地生物多样性的基本内容。在过去的 40 年中全球约有 1/3 的耕地因土壤腐蚀或污染而无法恢复，[173] 并且人们越来越了解土壤腐蚀和土地污染对人类和其他环境的影响，更加意识到需要制定与土地退化有关的强有力的法律和政策。粮食和饮用水安全与食品人权之间的联系也正在实现。[174]

由于土地和土壤与气候变化存在的关系，土地和土壤退化也成为一个更重要的议题。土壤区域是仅次于世界海洋的第二大碳库。它们具有天然碳汇的重要功能，也能向大气中释放二氧化碳。由于农业和放牧活动的不可持续性，土地退化正在成为全球[175]和区域[176]气候变化政策的重要因素。世界上大多数地区都遭受土地退化的困扰，[177] 近几十年来亚太地区的土地退化问题也日益严重。

这些原因包括水土流失、盐碱化、荒漠化、森林砍伐、森林大

172　UNGA resolution 70/199（22 December 2015）："United Nations Forest Instrument". Previously this scheme was named the Non-Legally Binding Instrument on All Types of Forests 2007.

173　D. Cameron, C. Osborne, C. Horton, and M. Sinclair, "A Sustainable Model for Intensive Agriculture", Grantham Centre Briefing Note（December 2015）2 <https: //www. manitobacooperator. ca/news-opinion/news/developing-a-sustainable-model-for-intensive-agriculture/>accessed 5 May 2019.

174　See Ben Boer, Harald Ginsky, and Irene L Heuser, "International Soil Protection Law: History, AQ2 Concepts, and Latest Developments" in Ginsky et al. （eds.）, *International Yearbook of Soil Law and Policy* 50.

175　Charlotte Streck and Agustina Gay, "The Role of Soils in International Climate Change Policy" in Harald Ginsky et al. （eds.）, *International Yearbook of Soil Law and Policy* 2016（Springer 2017）105.

176　J. Verschuuren, "Towards an EU Regulatory Framework for Climate-Smart Agriculture: The Example of Soil Carbon Sequestration" （2018）1 Transnational Environmental Law at doi: 10. 1017/S2047102517000395.

177　See generally, Secretariat of the United Nations Convention to Combat Desertification, *GlobalLand Outlook*（UNCCD 2017）.

火、低效的灌溉做法、过度放牧、资源过度开发以及不受控制的采矿活动。[178]

大多数国家没有通过充足的立法来处理涉及土地退化过程中的广泛问题。许多全球性倡议在建立国际规则方面都发挥了重要作用，这些规则一旦转化为国家层面的立法，便可以直接用于控制和预防土地退化。与土地退化控制领域有关的多边文书中，最突出的是《联合国关于在发生严重干旱和/或荒漠化的国家特别是在非洲防治荒漠化的公约》（*United Nations Convention to Combat Desertification in Countries Experiencing Serious Drought and/or Desertification，Particularly in Africa*）。[179] 然而，《联合国关于在发生严重干旱和/或荒漠化的国家特别是在非洲防治荒漠化的公约》在地理上仅限于世界干旱、半干旱和干旱的半湿热地区。该公约包含针对非洲、亚洲、拉丁美洲和加勒比、地中海北部以及中欧和东欧地区的区域性附件。这些附件详细说明了如何在每个区域内实施该公约，并规定了区域和次区域行动方案。然而，与许多环境问题一样，大多数保护和养护活动必须在国家层面进行。[180] 自 2000 年年初以来，就已经呼吁制定一项国际文书，以解决普遍性的土地退化问题，而不仅仅是荒漠化问题。建立这样一种制度的进展依然很缓慢。[181]

生物多样性保护的关键机制之一是合理地在国家层面建立保护区。这是由《生物多样性公约》第 8（a）条[182]和《拉姆萨尔公约》（*Ramsar Convention*）湿地清单直接促进的，[183] 而不是由《世界遗产公约》（*World*

178　UN Environment，GEO - 6：*Global Environment Outlook：Regional Assessment for Africa* (2016) < https：//www. unenvironment. org/resources/report/geo - 6 - global - environment - outlook - regional-assess-ment-africa> 45.

179　United Nations Convention to Combat Desertification (UNCCD) 33 ILM 1328 (1994).

180　UN，"The role of regions under the UNCCD" <https：//www. unccd. int/convention/regions>.

181　Ben Boer and Ian Hannam，"Developing a Global Soil Regime" (2015) *International Journal of Rural Law and Policy*，Special Edition 1 "Soil Governance"；see also Ben Boer and Ian Hannam，"Land Degradation" in Emma Lees and Jorge E. Viñuales (eds)，*The Oxford Handbook of Comparative Environmental Law* (OUP 2019) 438.

182　Convention on Biological Diversity (n 54).

183　Convention on Wetlands of International Importance Especially as Waterfowl Habitat (adopted 2 February 1971，entered into force 21 December 1975，996 UNTS 245).

Heritage Convention）的自然遗产清单直接促进的。[184] 亚太陆地和海洋保护区的数量和覆盖范围已大大改善，[185] 但在可持续管理方面仍存在许多问题。[186]

作为生物多样性保护的一部分并由《野生动物迁徙物种公约》（*Convention on Migratory Species of Wild Animals*，CMS）考虑解决的迁徙物种这一问题[187]在每个次区域也很重要。亚太国家/地区是《野生动物迁徙物种公约》谅解备忘录（Memoranda of Understanding，MOUs）的签署国，具体取决于它们是否属于特定动物物种范围的国家。尽管存在政治界限，但是，谅解备忘录反映了针对物种管理的综合生态系统方法。例如，有一个与亚太地区诸国家有关的海洋物种谅解备忘录，包括鲨鱼、[188] 鲸类、[189] 儒艮[190]和海龟。[191]

野生动植物的贩运仍然是全世界范围内生物多样性保护的主要威胁，濒危动植物物种中的非法贸易在亚太地区尤其严重。稀有动物在外来宠物贸易和动物部件（主要用于"传统"药物）上的市场需求仍然持续存在[192]——特别是来源于印度尼西亚、马来西亚和缅甸——这导致了物种多样性的枯竭。因此，《濒危物种国际贸易公约》（*Convention on Internation-*

184　Convention for the Protection of the World Cultural and Natural Heritage（adopted 16 November 1972，entered into force 17 December 1975，1037 UNTS 151）.

185　UN Environment（n 16）124.

186　Ibid.，125.

187　Convention on Migratory Species of Wild Animals（adopted 23 June 1979，entered into force 1 November 1983，1651 UNTS 333）.亚太地区大多数国家不是该公约的缔约国。

188　UNEP/CMS Secretariat，"MOU on the Conservation of Migratory Sharks：Signatories and Range States"＜http：//www. cms. int/en/legalinstrument/sharks-mou＞accessed 1 February 2018.

189　UNEP/CMS Secretariat，"MOU for the Conservation of Cetaceans and their Habitats in the Pacific Islands Regions：Signatories and Range States"＜http：//www. cms. int/en/legalinstrument/pacific-islands-cetaceans＞accessed 1 February 2018.

190　UNEP/CMA Secretariat，"MOU Dugong Signatories and Range States"＜http：//cms. int/dugong/ en/signatories-range-states＞accessed 1 February 2018.

191　UNEP/CMS Secretariat，"Convention on Migratory Species Memoranda of Understanding"＜http：//www. cms. int/en/cms-instruments/mou＞accessed 31 January 2018.

192　Worldwide Fund for Nature，"Facts about the Exotic Pet Trade"＜http：//www. animalplanet. com/tv-shows/fatal-attractions/lists/facts-exotic-pet-trade/＞accessed 5 May 2019.

al Trade in Endangered Species，CITES)[193] 在该地区具有特殊的意义。尽管许多亚太国家是《濒危物种国际贸易公约》的签署国，但《全球环境展望6》认为"对国际需求和非法贸易的无效控制"是一个持续而重大的威胁，并敦促通过森林覆盖的保持和保存自然保护地来预防栖息地的丧失。[194] 在该整个区域，许多机构正在调查和监视亚洲非法动物和动物部件交易市场。[195]

（四）海洋和沿海环境

就海洋环境的管理而言，"联合国环境署区域海洋计划"现在在世界18个区域内发挥作用。在亚太地区，这些计划涵盖东亚海洋、太平洋、南亚海洋和东南太平洋。[196] 该全球计划侧重于可持续发展目标的实施。[197]

亚太地区拥有漫长的海岸线，并包含一系列群岛国家。因此，它的海洋和沿海环境对于整个地区的渔业和水产养殖具有重要意义。保护这些海洋和沿海地区对获取充足的营养和解决食品安全问题[198]来说非常关键。海洋食品为亚太地区很大一部分人提供蛋白质来源。[199] 作为促进经济发展和

193　Convention on International Trade in Endangered Species（adopted 3 March 1973，entered into force 1 July 1975，995 UNTS 243）. Most Asian States are members，while around half of the Pacific Island states are not.

194　UN Environment（n 16）125.

195　For example，UNODC-CITES Asia Wildlife Enforcement and Demand Management Project<https：//www. unodc. org/brussels/en/unodc - cites - asia - wildlife - enforcement - and - demand - management-project. html> accessed 5 May 2018.

196　Only the East Asian Regional Seas Programme is directly administered by UN Environment；the others are administered by their regional organizations：UN Environment，"Why Does Working with Regional Seas Matter?"<http：//www. unenvironment. org/explore-topics/oceans-seas/what-we-do/work-ing-regional-seas/why-does-working-regional-seas-matter>accessed 14 February 2018；see also Marsden（n 15）215.

197　UN Environment，"Moving to Strategy and Action：Regional Seas Outlook for the implementation AQ3 of the Sustainable Development Goals"（2017）Regional Seas Reports and Studies No 200 <http：//hdl. handle. net/20. 500. 11822/20866> accessed 13 February 2018.

198　粮农组织估计，在亚太地区，饮食能量供应不足的人数为4.861亿。FAO，*Asia and the Pacific Regional Overview of Food Security and Nutrition* 2018-*Accelerating progress towards the SDGs*（Bangkok，2018）.

199　依靠海鲜获取蛋白质的人口比例范围从柬埔寨的37%到印度的2%：Steve Needham and Simon Funge-Smith，"The Consumption of Fish and Fish Products in the Asia Pacific Region Based on Household Surveys"（2015）12 FAO RAP Publication 87ff.

保护国家与地方文化和自然遗产的一部分，对海洋和沿海地区进行充分的环境管理对于交通运输的连通性和旅游业也很重要。

全球对非法、不报告和不受管制（illegal, unreported and unregulated, IUU）的捕鱼的关注也与亚太地区的沿海国家有关，并引发了法律和政策的具体回应。尽管达成了各种协议，但在亚太地区和世界各地仍发生了大量非法、不报告和不管制渔业捕捞[200]活动，[201] 估计每年造成的损失约为1.5亿美元。[202] 在太平洋次区域，[203] 1982 年《联合国海洋法公约》[204] 宣告的广袤的专属经济区规定了可从与远洋渔业国缔结的渔业协定中获得收益。这种剥削是通过太平洋岛国论坛渔业局（Pacific Islands Forum Fisheries Agency）管控的捕鱼协议来管理的。[205] 例如，2005 年专门针对金枪鱼达成了一项具体的次区域协议，并在次区域协议中规定了金枪鱼围网捕捞许可的期限和条件。[206] 作为广泛研究的结果，对于非法、不报告和不受管制的捕鱼来说，其非常重要的范围开始被人们所理解。[207]

---

[200] Food and Agriculture Organization, "Illegal, Unreported and Unregulated Fishing" (2016) < http: // www. fao. org/3/a-i6069e. pdf> accessed 9 July 2018.

[201] 据称在东南亚的肇事者是来自中国、泰国和越南的船只；see Peter Chalk, "Illegal Fishing in Southeast Asia: A Multibillion-Dollar Trade with Catastrophic Consequences" (*The Strategist*, 17 July 2017) <http: //www. aspistrategist. org. au/illegal-fishing-southeast-asia-multibillion-dollar-trade-catastrophic-consequences/>accessed 9 July 2018.

[202] Pacific Islands Forum Fisheries Agency, "Annual Report 2016-2017" (2017) 4.

[203] For example, the Convention for the Prohibition of Fishing with Long Driftnets in the South Pacific (n 127).

[204] UN Convention on the Law of the Sea (UNCLOS) (adopted 10 December 1982, entered into force 16 November 1994, 1833 UNTS 397) Part V.

[205] 论坛渔业局设在所罗门群岛的霍尼亚拉：Pacific Islands Forum Fisheries Agency <http: // www. ffa. int/> accessed 20 December 2017。

[206] 成员是：密克罗尼西亚联邦、基里巴斯、马绍尔群岛、瑙鲁、帕劳、巴布亚新几内亚、所罗门群岛和图瓦卢。See A Third Arrangement Implementing the Nauru Agreement setting forth Additional Terms and Conditions of Access to the Fisheries Zones of the Parties (adopted 16 May 2008, entered into force 15 June 2008).

[207] See MRAG Asia Pacific "Towards the Quantification of Illegal, Unreported and Unregulated (IUU) Fishing in the Pacific Islands Region" (2016) < http: //www. ffa. int/files/FFA% 20Quantifying%20IUU%20Report%20-%20Final. pdf>accessed 31 January 2018.

此外，1986 年 "暂停商业捕鲸"[208] 继续引起所谓 "科学捕鲸" 概念的紧张性，[209] 尤其是在南大洋导致了严重的不良结果，即国际法院在审理日本在执行捕鲸计划时违反了其在《国际捕鲸公约》（*International Whaling Convention*）规定的国际义务。[210]

伴随同时来自陆地和船舶货源造成的严重的海洋和海岸污染，海洋污染也是亚太地区持续关注的污染问题。[211] 陆地污染源占所有海洋污染的70%。[212] 这在亚太部分地区是一个特别严重的问题，缘由是：工业发展导致许多沿海社区的迅速扩张；农业径流（agricultural run-off）；一些南亚和东亚国家在沿海的拆船业以及新型旅游业的发展。[213] 在整个亚太地区，污染对特别敏感的海洋环境（如礁石）的影响十分严重。

当前的主要挑战之一是塑料污染，据估计全球每年倾倒在海洋中的塑料约有 800 万吨。[214] 联合国环境大会于 2016 年通过了一项有关海洋塑料垃圾和微塑料污染的决议。它强调了预防和最小化战略、对环境无害的废物管理系统以及清理行动。[215] 联合国环境署随后编写了一份关于淘汰一次性

208　International Whaling Commission，"Commercial Whaling" <https：//iwc. int/commercial>accessed 31 January 2018.

209　International Convention for the Regulation of Whaling（adopted 2 December 1946，entered into force 10 November 1948，161 UNTS 361）art. VIII.

210　*Whaling in the Antarctic*（*Australia v Japan*：*New Zealand Intervening*）（Judgment）［2014］ICJReports 226.

211　For Southeast Asia Peter Todd，Xueyuan Ong，and LM Chou，"Impacts of Pollution on Marine Life in Southeast Asia"（2010）19 Biodiversity and Conservation 1063；and generally on marine environmental protection，see Donald Rothwell and Tim Stephens，*The International Law of the Sea*（2nd edn Hart 2015）ch 15.

212　Rothwell and Stephens，ibid.，529；see also UN Conference on Environment and Development，*Agenda* 21：*Programme of Action for Sustainable Development*（UN 1993）ch 17 para. 18.

213　Gaudioso C. Sosmena，"Marine Health Hazards in South-East Asia"（1994）18 Marine Policy 175.

214　See UN Environment，"UN Declares War on Ocean Plastic" < http：//web. unep. org/unepmap/un-declares-war-ocean-plastic>4 December 2018.

215　联合国环境大会认识到 "海洋环境中塑料垃圾和微塑料的存在是一个全球日益关注的严重问题，对此需要采取的紧急的全球应对措施要考虑产品生命周期方法，并认识到海洋塑料垃圾和微塑料的数量和来源以及解决该问题的可用资源可能因地区而异，并且需要采取措施以及根据当地/国家和地区的情况进行适当调整"。UN Environment Assembly，"2/11 Marine Plastic Litter and Microplastic"（2016）<http：//wedocs. unep. org/handle/20. 500. 11822/11186？show=full>accessed 2 August 2018.

塑料的报告。[216] 此外,《巴塞尔公约》缔约方大会在其"2018—2019 工作计划"中也将重点放在海洋塑料垃圾和微塑料上。[217] 是否需要一项针对塑料污染问题的新国际文书的讨论已经开始了,但迄今为止尚未提出明确的议案。[218]

研究表明,亚太地区有超过半数的塑料物质来自五个国家:中国、印度尼西亚、菲律宾、泰国和越南。[219] 东盟已经加入了针对塑料污染的运动之中,该次区域中的许多国家正采取具体的法律措施予以应对。[220]

(五) 区域人权法与环境问题

近些年环境权 (environmental right) 问题在全世界引起了相当多的关注。联合国人权与环境问题特别报告员 (2011 年首次任命) 实施的研究,[221] 对于增加这一关注点至关重要。2018 年年初,特别报告员发布了一套 16 项框架原则,重点关注国家在享有安全、清洁、健康和可持续环境方面的主要人权义务。[222] 在最终版的报告中,他建议在一项全球文书中承认享有

216　UN Environment, "Single-Use Plastics: A Roadmap For Sustainability" (2018) <https://www.un-environment.org/resources/report/single-use-plastics-roadmap-sustainability> accessed 2 August 2018.

217　See < http://www.basel.int/Implementation/MarinePlasticLitterandMicroplastics/Overview/tabid/6068/Default.aspx> accessed 4 December 2018 (under the Basel Convention on the Control of Transboundary Movements of Hazardous Wastes and Their Disposal (adopted 22 March 1989, entered into force 5 May 1992, 1673 UNTS 57)).

218　Giulia Carlini and Konstantin Kleine, "Advancing the International Regulation of Plastic Pollution AQ4 Beyond the United Nations Environment Assembly Resolution on Marine Litter and Microplastics" 27 (3) RECIEL 234-244.

219　Ocean Conservancy and McKinsey Center for Business and Environment, "Stemming the Tide: Land-Based Strategies for a Plastic-Free Ocea" (2015) <https://oceanconservancy.org/wp-content/up-loads/2017/04/full-report-stemming-the.pdf> accessed 14 October 2018.

220　ASEAN Secretariat, "ASEAN Joins Movement to Beat Plastic Pollution" (ASEAN, 2 July 2018) <http://asean.org/asean-joins-movement-beat-plastic-pollution/>accessed 2 August 2018.

221　UN Office of the High Commissioner on Human Rights (OHCHR), "Special Rapporteur on Human Rights and Environment" <http://www.ohchr.org/en/Issues/environment/SRenvironment/Pages/SRenvironmentIndex.aspx> accessed 1 August 2018.

222　OHCHR, "Framework Principles on Human Rights and the Environment", UN Doc A/HRC/37/59 (2018) < http://www.ohchr.org/EN/Issues/Environment/SREnvironment/Pages/Framework PrinciplesReport.aspx> accessed 14 October 2018.

健康环境的人权。2018 年 3 月，联合国人权理事会决定授权特别报告员
额外三年的时间。[223] 在另一个独立的进展中，联合国大会同意以法国法学家
俱乐部（French Club des Juristes）的倡议为基础，成立一个工作组讨论进
一步的措施以通过一项《世界环境公约》（*Global Pact for the Environment*）。[224]
对所提议的《世界环境公约》审议中，部分审议的结果是来自联合国秘书长
的一份标题为"国际环境法和环境相关文件的差距：迈向世界环境公约"的
报告。该报告在以下方面检视了国际规制机制的差距：大气保护、生物多样
性保护、土壤保护、淡水资源、海洋和近海、有害物质、废物和活动。该报
告也讨论了环境相关文书的差距，包括贸易、投资、知识产权和人权。该报
告还讨论了国际环境法的治理结构、实施和有效性。提议的《世界环境公约》
也被视为"全球环境治理演进中合乎逻辑的下一步"。采用对原则总体声明的
做法与国际法的许多其他领域的实践保持一致。[225]

在整个亚太地区，以多种方式体现了承认环境权的趋势。许多国家都
已通过各种不同的方式将环境权纳入国家宪法之中。[226] 在所有亚太地区

223　HRC resolution 37/8, "Human Rights and the Environment"（22 March 2018）<https：//
documents－dds－ny. un. org/doc/UNDOC/GEN/G18/099/17/pdf/G1809917. pdf？OpenElement＞
accessed 5 May 2019；see further John Knox, "The United Nations Mandate on Human Rights and the
Environment"（2018）2 Chinese Journal of Environmental Law 83.

224　UNGA resolution 72/277（10 May 2018）："Towards a Global Pact for the Environment". See
also IUCN, "Global Pact for the Environment"＜https：//www. iucn. org/commissions/world－
commission-environmental-law/our-work/global-pact-environment＞accessed 1 August 2018.

225　See further, Yann Aguila and Jorge E. Viñuales, "A Global Pact for the Environment：Conceptual
Foundations"（2019）28 RECIEL 3-12；Christina Voigt, "How a 'Global Pact for the Environment' Could
Add Value to International Environmental Law"（2019）28 RECIEL 13-24；Duncan French and Louis
J. Kotzé, "Towards a Global Pact for the Environment：International Environmental Law's Factual, Technical
and（Unmentionable）Normative Gaps" RECIEL 2019：28：25-32；John H. Knox, "The Global Pact for the
Environment：At the Crossroads of Human Rights and the Environment"（2019）28 RECIEL 40-47；and Ben
Boer, "Environmental Principles and the Right to a Quality Environment" in Ludwig Kramer and Emanuela Or-
lando（eds. ）, *Principles of Environmental Law*（Edward Elgar 2018）52-76.

226　Ben Boer, "Environmental Law and Human Rights in the Asia Pacific" in Ben Boer（ed. ）, *Environ-
mental Law Dimensions of Human Rights*（Oxford University Press 2015）166-171. For a global list of national con-
stitutions that include some form of environmental rights, see James May and Erin Daly, *Environmental Constitu-
tionalism*（Cambridge University Press 2016）281-292；also see Erin Daly et al. （eds. ）, *New Frontiers in Envi-
ronmental Constitutionalism*（UN Environment 2017）；David Boyd, *The Environmental Rights Revolution：A
Global Study of Constitutions, Human Rights and the Environ-ment*（UBC Press 2012）164, 299.

中，东南亚是唯一一个拥有人权文书的区域，即 2012 年的《东南亚人权宣言》。[227] 虽然《东南亚人权宣言》符合 1948 年《人权宣言》[228] 和 1966年公约[229]中规定的绝大部分国际标准，但是该文书的实施仍处于较低水平。主要原因在于该宣言缺乏适当的实施和执行的规定。[230] 尽管如此，它包含了与环境相关的权利的条款，以及具体的环境权（environmental right）。第 28 条（a）款到（e）款包含了以下几项权利：适当的生活水准、充足的和负担得起的食品、免于饥饿、可获得安全和有营养的食品、充足和负担得起的住房、安全的饮用水和公共卫生；第 28 条（f）款直接承认了安全、清洁和可持续发展的权利。该宣言的环境条款与联合国持续关注的高质量的环境相符，[231] 如上文讨论。

最后，就环境权而言，亚太地区许多国家[232]通过的 2007 年《土著居民权利联合国宣言》[233] 承认"尊重土著居民的知识、促进可持续和公平发展的文化和实践、对环境进行适当的管理"，[234] 以及"土著居民对其土地、领地以及资源的环境和生产能力有保育与保护的权利"。[235]

随着人们日益认识到人权和环境退化之间的联系，这些进展有可能对亚太地区产生各种不同的间接影响，即能够在次区域层面增加缔结其他带有环境要素的区域性人权文书的可能性。[236]

227　ASEAN Human Rights Declaration（adopted 18 November 2012）；see also Boer（ed.），Environmental Law Dimensions of Human Rights，ibid. 138.

228　UNGA resolution 3/217（1948）："Universal Declaration of Human Rights" para. 71.

229　International Covenant on Economic，Social and Cultural Rights（adopted 16 December 1966，entered into force 3 January 1976，993 UNTS 3）；International Covenant on Civil and Political Rights（adopted 16 December 1966，entered in force 23 March 1976，999 UNTS 171）.

230　Catherine Renshaw，"The ASEAN Human Rights Declaration 2012"（2013）13 Human Rights Law Review 3，557.

231　See also Boer "Environmental principles and the right to a quality environment"（n 228）60.

232　UNGA resolution 61/295（2007）："United Nations Declaration on the Rights of Indigenous Peoples".

233　Ibid..

234　Ibid.，preamble.

235　Ibid.，art. 29.

236　例如，在太平洋岛屿地区，制定一项区域人权文书的可能性已经讨论了若干年。See Boer，"Environmental Law and Human Rights in the Asia Pacific"（n 229）156.

结　　论

由于各次区域之间在执行国际环境条约以及在该地存在的区域性环境条约方面存在着悬殊，所以亚太地区国际和区域性环境法的制定和实施在不同的次区域之间的差异相当大。这些差异是由于不同的经济状况、政治历史、文化态度以及每个区域集团内部挥之不去的殖民影响所致。次区域之间和次区域内部的许多差异反映了法律和政策方法的分散性，其结果是整个亚太地区的环境法律和政策制度仍然不完整。但是，在过去的二十年中，有一种更强烈的趋势，即为次区域层面的环境管理制定更加统一和连贯一致的法律框架。

联合国环境署《2016 年亚太地区全球环境展望》的主要结论和政策信息就是有必要加强环境治理，以实现"多尺度上有效的政策扩散"。[237]它认为，"需要评估和振兴授权、操作性安排和国家机构的能力，以便使它们能够有效地履行其当前的职责，并可在将来回应来自可持续发展目标（SDGs）的日益增加的要求，这要求政府采取有力和果断的环境行动"。[238]问题是怎样才能最好地实现这种转变。

大学里更加重视环境法律教育是该问题的其中一个方面，有些国家已经在整个辖区内使得环境法的研习成为必修课。[239]此外，例如，自然保护联盟环境法学院与亚洲开发银行联合开展的"培训培训师"（training-the-trainer）项目，是法学院对环境教育的高度重视的重要标志。[240]在许多国家，专门法院的发展也得到了更多的关注[241]，并且对环境法领域的专

---

[237] UN Environment（n 16）xix.

[238] Ibid..

[239] 例如，中国、印度尼西亚和印度。

[240] RobFowler，"The Role of the IUCNA cademy of Environmental Law in Promotingthe Teaching of Environmental Law"（2017）8 IUCN Academy of Environmental Law eJournal 32 ＜ https：//www. iucnael. org/en/e-journal/previous-issues/86-journal/issue/640-issue-2017#＞ accessed 5 May 2019.

[241] 例如，在中国、泰国和马来西亚建立了专门法院，并在印度尼西亚引入了专门法官的认证体系。See generally George Pring and Catherine Pring，*Environmental Courts & Tribunals：A Guide for Policy Makers*（UN Environment 2016 Programme）1 ＜ http：//wedocs. unep. org/bitstream/handle/20. 500. 11822/10001/environmental-courts-tribunals. pdf？ sequence＝1&isAllowed＝y＞.

业法官进行培训。[242] 在这种背景下，重要的是还必须注意到该地区的法院正在其判决中纳入各种国际环境法原则。[243] 另一个进展是成立了全球环境司法研究所（Global Judicial Institute on the Environment），该研究所吸引了来自世界各地的成员，在亚太地区具有很强的代表性。[244]

　　毫无疑问，就国际和区域性环境法制度的进一步发展和实施而言，亚太地区将继续是一个充满活力的区域。随着人们对加强区域环境管理计划的关注度日益增强，国家环境法律制度应继续得到强化。然而，在整个亚太地区，需要做大量的工作来确保包括可持续发展目标（SDGs）在内的全球和区域环境政策的规定得到充分实施，从而使该区域面临的众多严重环境问题在国际、区域、次区域和国家层面通过环境法更加迅速地化解。

（责任编辑　王敏）

242　See Asian Judges Network on Environment and Asian Development Bank < https：// www. ajne. org/ about/ asian-judges-network-environment> accessed 5 May 2019.

243　Some brief examples include：India：*Vellore Citizens Welfare Forum v. Union of India AIR* 1996 SC 2715（adoption of the precautionary principle as part of national law）；Pakistan：*Shehla Zia v. WAPDA* PLD 1994 SC 6（right to a healthy environment，application of precautionary principle）；*Maple Leaf Cement Factory Ltd. v Environmental Protection Agency*［Lahore High Court］Case No. 115949/ 2017（application of the principle "in dubio pro natura" —if in doubt，decide for nature）.

244　IUCN，"World Commission on Environmental law：Global Judicial Institute on the Environment" <http：//www. iucn. org/commissions/world-commission-environmental-law/our-work/ global-judicial-institute-environment> accessed 5 May 2019.

作为一项全球性法律规范和一般法律原则的环境影响评价义务[*]

[美] 杨泽铭[**] 著　杨未名[***] 译

内容摘要：半个多世纪前，鲁道夫·施莱辛格（Rudolf Schlesinger）在《美国国际法杂志》上宣布要对法律原则进行一项全球调查。该调查旨在确定各国法律规范的"共同核心"，最终产生一种类似于全球法律重述的成果。此种尝试的目的在于梳理出全球性的法律原则，并最终赋予《国际法院规约》第38条中的一般法律原则某种实质性内涵。尽管人们最初对这个项目充满热情，但始终没能实现其最终目标。50年后的今天，本文中所开展的聚焦于环境法的调查项目有望取得更为丰硕的成果。本文认为，全球化及其他趋势使得环境影响评估义务（对可能产生重大环境影响的项目进行环境影响评估的义务）成为一项全球公认的准则。对197个司法管辖区的调查发现，这项义务几乎已被全球普遍采纳。本文认为，环境影响评估义务时至今日可被视为"文明各国所承认的一般法律原则"，并在这个意义上成为国际公法的一部分。最后，调查结果还表明，尽管在国际环境法领域，条约谈判烦琐、习惯法发展缓慢，但我们可以通过比较法研究方法有效识别出新产生的国际环境法律规范。

关键词[1]：环境影响评价；一般法律原则；全球环境法

＊ 原文标题为"The Emergence of the Environmental Impact Assessment Duty as a Global Legal Norm and General Principle of Law"，发表在 Hastings Law Journal，vol. 70，2019。原文发表信息如下：Tseming Yang, The Emergence of the Environmental Impact Assessment Duty as a Global Legal Norm and General Principle of Law, 70 Hastings Law Journal525（2019）.

＊＊ 圣克拉拉大学法学院教授。

＊＊＊ 中国政法大学中欧学院比较法硕士。特别感谢上海海事大学法学院王慧老师对本文校对提出的修改意见。

1　关键词系译者补充。

引　言

多年来，有一种观点认为，最早的现代环境法规范——在从事可能对环境产生重大影响的项目之前进行环境影响评价（以下简称环评）的义务——已经得到了全球认可。至今，这一观点尚未得到证实，也没有研究表明环评没有获得普遍认可。本文针对全球 197 个国家或地区的环评立法调查[2]为以下观点提供了实证支持，即实施环评的义务已不再是对良好行为规范（good practice）的劝勉告诫或是对其是否适用的自主决定权，而是在事实上已成为一项全球公认的法律规范。具言之，目前至少有 183 个国家或地区将环评义务作为其环境治理体系的一部分，约占调查样本的 93%。[3]

这项调查取有三大发现。第一，各司法管辖区对环评规范的广泛共识在实证上确认了环评程序是一种被广泛认可的环境管理工具。第二，广泛的共识也证实了全球环境法律规范的出现，这是罗伯特·珀西瓦尔（Robert Percival）教授和我先前提出的，环评义务就是这样一种全球性规范。第三，调查还论证了，由于环评义务的普遍采用，它已成为一项国际法上的"一般法律原则"，因为它符合了作为国际公法三个主要渊源之一的"一般法律原则"（下文有时简称为"一般原则"）的构成要求。[4] 换言之，环评义务已成为一项具有约束力的法律规范，是国际公法的一部分。

如果环评规范是一项国际法一般原则这一观点被国际法律共同体接受，这将有助于推动被普遍忽视的比较法分析方法在识别国际环境法方面

　2　调查对象包括 193 个联合国会员国、欧盟、教廷（梵蒂冈）、巴勒斯坦和中国台湾地区。

　3　这个数字包括欧盟，调查者将其视为一个独立于其成员国的司法管辖区。

　4　See, e. g., Statute of the International Court of Justice art. 38, ¶ 1, June 26, 1945, 59 Stat. 1031, 1055, 33 U. N. T. S. 993 [hereinafter ICJ Statute]（列出国际公法的三个主要渊源——国际公约、国际习惯法和文明国家公认的一般法律原则）；Restatement（3rd）Foregin Relations Law of the United States § 102（c）（Am. Law. Inst. 1987）；see also Rome Statute of the International Criminal Court art. 21, ¶ 1（c）, July 17, 1998, 2187 U. N. T. S. 90（"法院应适用：［作为补充］来源于世界各国法律体系的一般法律原则"）. 更多阐述请见下文三（三）部分。

的复兴。[5] 尽管这种识别国际公法规范的研究方法在 20 世纪 50 年代和 60 年代广受欢迎，但囿于实证研究的挑战，近来它被束之高阁。

内嵌于国际法一般原则中的规范不同且独立于创设它的条约和习惯法。然而，它们也是国际公法的组成部分。这些法律原则依赖于国际组织的实践，并在国际法院的裁判以及世界贸易组织、《海洋法公约》、国际人权机构和其他仲裁庭的争端解决中发挥着重要的填补漏洞的作用。同时，它们也是美国国内法院适用的国际公法体系的一部分。因此，这项调查的潜在实践意义十分重大。

本文第一部分介绍环评规范的价值，以及环境专业人士之间的普遍共识，即环评要求代表了良好的公共政策，是有效的环境规划和治理的基础。第二部分分享了调查结果，表明环评义务已在世界各地通行，已成为全球公认的法律规范。第三部分阐述了作为国际公法渊源的一般法律原则，并探讨了这些原则对国际环境法发展的可能影响。基于调查结论，即环评规范已在全球范围内被普遍采用，我认为它应该被视为国际法的一般原则。第四部分探讨了承认环评规范作为一般法律原则的现实意义。

首先，有两个问题值得注意。第一个问题是术语。本文中的"国家环境政策法程序"一词是指 1969 年美国国会颁布的《国家环境政策法》（以下简称 NEPA）所提出的具体要求和环境评估程序。NEPA 是世界各地环境影响评估程序的原始模型。相较而言，本文提到的"环评"或"环评程序"是指一般普遍意义上的影响评估程序，而不是特指 NEPA 或任何特定法律体系中的某一程序。

第二个问题是我决定适用《国际法院规约》的"一般原则"（"文明各国所承认的一般法律原则"）作为本文的主要参照框架。美国《对外关系法重述（第三次）》提供了另一种表述方式，即"世界主要法律体系所共有的一般原则"。虽然两者措辞不同，但在内容上国际法院的提法

5　近年来，通过比较法方法来研究环境法越发普遍，尤其是《欧洲共同体评论》和《国际环境法》等法律期刊的创刊就证明了这一点。See Elisa Morgera, Global Environmental Law and Comparative Legal Methods, 24 Rev. EUR. Community & Int'l Envtl. L. 254（2015）（讨论了比较法分析方法与世界环境法发展的关系）。

实质上类似于（或至少包括）《对外关系法重述（第三次）》中的表述。[6] 我选择使用国际法院的提法展开以下讨论，部分是因为这种提法似乎在文献和司法意见中得到了更广泛的使用。

最后，我需要说明的是，本文并不试图描述或者具体界定这一原则的适用范围，也不涉及其在国际法中的规范展开，我想把这些问题留待以后研究。

一　环评规范：环境规划和治理中的一种良好行为规范

（一）环评是什么

从本质上讲，环评是在采取行动前考虑环境后果的一项义务，这一程序要求在项目或行动进行之前对其环境影响进行调查和评估。国际影响评估协会将其定义为"在作出重大决定和承诺之前，确定、预测、评估和减轻发展计划所可能导致的生物、物理、社会和其他相关影响的过程"。[7] 因此，通常要求政府机构编制一份"可公开查阅、反映所要求的项目内部分析的实物文件"，确保"政府机构对其提议行动的环境影响后果及其合理替代方案进行了'详尽考量'"。[8] 一般而言，环评程序包括信息收集和文件审查中的公众参与。

虽然环评规范在概念上很简单，但其为一个囊括诸多具体义务的伞形原则。这些附属性规范包括要求形成特定类型的环境影响信息、决策者对环境信息的实质考量、政府的信息公开程度和问责机制，以及公众参与的

6　See Restatement（3rd）Foregin Relations Law of the United States § 102 Reporter's Note 7（Am. Law. Inst. 1987）（"很明显，［国际法院对一般原则的表述］是指世界各主要法律体系所共有的一般法律原则"）. 对不同措辞的阐述见下文三（三）部分和注释177。

7　Int'l Ass'n for Impact Assessment, What is Impact Assessment? 1（2009）, http：//www. iaia. org/uploads/pdf/What_ is_ IA_ web. pdf（internal quotation marks omitted）; see also John Glasson et al. , Introduction to Environmental Impact Assessment 3－4（4th ed. 2012）; Christopher Wood, Environmental Impact Assessment：A Comparative Review（2d ed. 2003）.

8　Zygmunt J. B. Plater et al. , Environmental Law and Policy：Nature, Law, and Society 320（4th ed. 2010）.

要求。不同的司法管辖区在其法律或规章中选择了不同方式来表述这些附属性规范。[9]

具言之，环评规范的操作过程如下：当某一项目提案触发环评义务时，行政机关首先进行"筛选"（Screening），以确定项目是否有潜在重大影响。如果确定项目没有任何重大影响，通常会生成一份简短的评估文件［NEPA 中的"环境评估"（Environmental Assessment）］，环评程序就此结束。相反，如果认定影响可能是重大的，则将启动全面的环境影响评估。接着，进入"定界"（Scoping）阶段，确定将产生何种影响，包括累积和间接影响，以及项目备选方案。一旦收集和分析了相关信息，机构决策者将编制一份书面的影响评价文件［NEPA 中的"环境影响报告"（Environmental Impact Statement）］，以供审查。公众通常在信息收集阶段和文件草案审查中参与评估过程。根据环境影响评价文件，决策者再决定是继续执行拟议项目还是采取替代方案。

随着 1969 年 NEPA 的颁布，美国首创环评制度。[10] 即便在其早期，NEPA 同时受到了赞扬和抨击。一些人将其描述为从根本上改变了环境规划和监管，而另一些人则指责它几乎无助于阻止现代社会带来的环境破坏浪潮。[11] 尽管其存在缺陷，[12] 环境保护主义者、规划者和监管者已普遍将其作为现代环境监管体系的关键和基础组成。[13] 同样重要的是，环评也有

9　例如，NEPA 中环评条文较少，环评实施的大部分细节（包括此类附属规范）主要在实施条例中规定。Id. at 319. 相比之下，例如，澳大利亚 1999 年的《环境保护和生物多样性保护法》对环评机制规定了更多的细节。See Environment Protection and Biodiversity Conservation Act 1999（Cth）ss 80-105（Austl.）。

10　《美国国家环境政策法案》（1969）§ 101，42 U. S. C. § 4331（2012）。

11　See, e. g., Joseph L. Sax, The（Unhappy）Truth About NEPA, 26 OKLA. L. REV. 239（1973）.

12　参见下文一（三）部分。

13　See, e. g., Int'l Union for Conservation of Nature, World Comm'n on Envtl. Law, Draft Project：Global Pact for the Environment, art. 5, at 3（2017），https：//www. iucn. org/sites/dev/files/content/documents/draft-project-of-the-global-pact-for-the-environment. pdf；U. N. Conference on Environment and Development, Rio Declaration on Environment and Development, U. N. Doc. A/CONF. 151/26（Vol. 1），annex 1, princ. 17（Aug. 12, 1992）［hereinafter Rio Declaration on Environment and Development］.

助于确立公众在环境监管中的关键作用、实现其合理关切。[14]

我们可以将 NEPA 中的影响评估要求视为立法的偶然产物和"事后想法",它产生于印第安纳大学林顿·考德威尔(Lynton Caldwell)教授在参议院听证会上的发言。[15] 正如评论者所指出的,"议会是否理解其立法,以及(是否)预期将环境影响报告书作为环境审查的主要工具,尚不清楚"[16]。参众两院待决法案(草案)旨在成立环境质量委员会,而考德威尔则在其论证中要求联邦机构提供环境影响调查结果(Findings)。[17]最终的条文表述变成了要求"详细陈述"(Detailed Statement),即所有联邦机构在提出联邦重大行动的建议时都必须提交环境影响报告(Environmental Impact Statement)。[18] 随后,这种"详细陈述"的表述成为重大判例以及《国家环境政策法实施条例》(CEQ 条例,规定了行政机关遵守NEPA 的具体要求)的渊源。

实践表明,NEPA 和更普遍意义上的环评程序在两大方面影响了政府行为。首先,它使得政府"在作出损害环境的决策和采取行动之前审慎思考"[19]。因此,霍克(Houck)教授指出,NEPA 的可取之处在于其创设了环境影响报告程序:

> 报告说了什么并不重要。它的意义在于为了做出评价,行政机关

---

[14] 在美国,许多州已将环境影响评价程序纳入其自身的环境监管计划,如加利福尼亚州环境质量法(CEQA)。根据卡特总统第 12114 号行政命令,一些不受 NEPA 约束的行政部门行动也要遵守了环境影响评价的要求,该命令要求美国在国外和全球范围内的一些活动都要有环境影响评价程序。Exec. Order No. 12,114,44 Fed. Reg. 1957(Jan. 4,1979)。

[15] National Environmental Policy Act of 1969:Hearings on S. 1075,S. 237 & S. 1752 Before the S. Comm. on Interior & Insular Affairs,91st Cong. 116(1969);see also Daniel R. Mandelker et al.,NEPA Law and Litigation,2D,§ 2.2(2018).

[16] Mandelker et al.,supra note 14,§ 2.4.

[17] Id. § 2.2.

[18] NEPA 第 102(C)条要求:"在提出每一个对人类环境质量有重大影响的立法和其他主要联邦行动时,负责官员应就拟议行动的环境影响、如果实施该提案而无法避免的任何不利环境影响,拟议行动的替代方案、短期使用人类环境(资源)与长期维持和提高生产力之间的关系,以及如果拟议行动得到执行,将涉及的任何不可逆转和不可挽回的资源投入制定一份详细的说明。"

[19] Plater et al.,supra note 7,at 319.

必须调查、学习和听取意见，在于它们应当对其他机构和环境团体、媒体和复审法院有所忌惮，在于在它们必须每天都要进行回应和调整。[20]

其次，许多学者指出，NEPA 最为重要的一项积极影响在于"因为预期会受到 NEPA 的审查，成千上万个不知名的破坏性项目在一开始就被撤回或打消了念头"，而这样的积极影响很大程度上是不可估量且是无法得知的。[21]

因此，根据 NEPA 的规定，大量信息被统计、公开披露，政府本身或公民社会和媒体可以使用这些信息向各行政机关施加压力、提起诉讼或以其他方式实现政治问责。在美国，这一制度赋予了环保人士特殊的"战略筹码"："公民可以在法庭上提出诉讼，要求宣告环境影响报告无效（如果行政机关未能充分披露拟议项目或行动的负面影响的话），并在行政机关完全遵守 NEPA 程序规定之前，中止其行动。"[22] 简言之，环评程序所包含的信息公开披露要求践行了"信息就是力量"这句格言。[23]

多年来，NEPA 判例解决了一些问题，如能否因未经环评而停止一个项目（是的），在什么情况下需要环评以及什么样的环评（一种环境评估或环境影响报告），环评必须包含的问题和影响，以及是否最终必须选择最佳环保替代方案（不是）。[24]

自美国 NEPA 颁布 45 年来，环评要求已遍及世界各地，成为国际公法[25]以及几乎所有国家国内法的一部分。它体现在 1992 年《关于环境与

20　Oliver A. Houck，Is That All? A Review of The National Environmental Policy Act，An Agenda for the Future，by Lynton Keith Caldwell，11 Duke Envtl. L. & Pol'y F. 173，190–191（2000）（book review）.

21　Plater et al.，supra note 7，at 320. 最后，应当牢记的是，环评程序从来都不是环境保护的唯一工具，而是更大的环境治理体系的一部分，但其是重要部分。

22　Ibid..

23　Ibid.，at 319.

24　See Mandelker et al.，supra note 14，§ § 4：54–4；62，10：43，12：22.

25　See generally Neil Craik，The International Law of Environmental Impact Assessment：Process，Substance and Intergration（2008）（讨论了环评在国际条约和组织中的传播和采用）；Alexander Gillespie，Environmental Impact Assessments in International Law，17 Rev. EUR. Community & Int'l Envtl. L. 221，222（2008）.

发展的里约宣言》的原则 17，《联合国海洋法公约》第 206 条，以及《生物多样性公约》第 14 条之中。[26] 环评要求被纳入了世界银行和其他多边开发银行的业务政策和程序中，[27] 适用于这些机构在全球范围内提供金融资助的所有项目。它还在世界各国国内环境法律体系中得到展开，如法国1977 年制定的环境法，[28] 中国 1979 年制定的《环境保护法（试行）》，[29] 巴西 1981 年制定的环境法，[30] 欧盟 1985 年制定的指令，[31] 印度 1986 年制定的环境法，[32] 墨西哥 1988 年制定的环境法[33]和俄罗斯联邦 1995 年制定的环境法。[34] 1991 年，环评成为《关于跨界环境影响评价的埃斯波公约》的焦点内容。[35] 2010 年，国际法院在乌拉圭河纸浆厂（阿根廷诉乌拉圭）

---

[26] 关于含有环评承诺的国际文书列表参见 Craik, supra note 24, at 283 app. 1。

[27] World Bank, Operational Manual: OP 4.01—Environmental Assessment (2013), https://policies.worldbank.org/sites/ppf3/PPFDocuments/090224b0822f7384.pdf [hereinafter OP 4.01]; World Bank, Operational Manual: BP 4.01—Environmental Assessment, https://policies.worldbank.org/sites/ppf3/PPFDocuments/090224b0822fe860.pdf [hereinafter BP 4.01].

[28] Décret 77-1141 du 12 octobre 1977 pris pour l'application de l'article 2 de la loi 76-629 du 10 juillet 1976 relative à la protection de la nature [General Implementation Decree No. 77-1141, 1977], Journal Officiel De La République Française [J.O.] [Official Gazette Of France], Oct. 13, 1977, p. 4948 (Fr.).

[29] Zhonghua Renmin Gongheguo Huanjing Baohu Fa (Shixing) (中华人民共和国环境保护法 [试行]) (promulgated by the Standing Comm. Nat'l People's Cong., Sept. 13, 1979), art. 13 (China)。

[30] Lei No. 6.938, de 31 de Agosto de 1981, Diário Oficial Da União [D.O.U.] (Braz.); Resolução Conama No. 1, de 23 de Janeiro de 1986, Diário Oficial Da Uni O [D.O.U.] de 11.02.1986 (Braz.).

[31] Directive 85/337/EEC, of the European Parliament and Council of 27 June 1985 on the Assessment of the Effects of Certain Public and Private Projects on the Environment, 1985 O.J. (L175) 40.

[32] The Environment (Protection) Act, No. 29 of 1986, India Code (1986).

[33] Ley General del Equilibrio Ecológico y la Protección al Ambiente [General Law of Ecological Equilibrium and Environmental Protection], Diario Oficial de la Federación [DOF] 28-1-1988, última reforma DOF 5-6-2018 (Mex.).

[34] Federal'nyi Zakon Rossiyskoy Federatsii ob Ekologicheskoy Ekspertize [Federal Law of the Russian Federation on Ecological Expertise], Rossiiskaia Gazeta [Ros. Gaz.] Nov. 23, 1995 (amended Apr. 15, 1998).

[35] U. N. Convention on Environmental Impact Assessment in a Transboundary Context, Feb. 25, 1991, 30 I. L. M. 800 (1991).

案中宣布，跨界环评已成为一项有约束力的国际法规范。[36]

随着环评在国际条约、国际组织操作规则以及各国国家和地方性法律中的采用，它已成为诸如国际影响评估协会、美国国家环境专业人士协会和加州环境专业人士协会等诸多专业协会的首要关注问题，而这些专业协会都拥有数千名会员。[37]

（二）作为良好公共政策和行为实践的环评规范

环评程序受到了环境监管机构和专业人士的广泛欢迎，一定程度上源于它是第一个现代意义上的环境监管工具。具体而言，它从四个方面增强了环境决策程序：（1）合理性；（2）对环境问题的敏锐性；（3）信息公开；（4）环境决策的问责。

环评通过要求（相对人）收集关键环境信息、向决策者报告，来确保此类环境信息的可得性。在此过程中，环评明确将环境价值和环境考量引入决策，并将它们作为环评的重要环节从而提高决策的公开程度，因为收集的信息必须向公众披露。反过来，公众也可以更积极地、有效地参与环境决策。最后，信息公开又加强了对影响公共福利的一般决策尤其是环境决策的问责。

在一些环境法律和规章制度刚起步、仍处于向政府和公民社会过渡阶

36　Pulp Mills on the River Uruguay （Arg. v. Uru. ）, Judgment, 2010 I. C. J. Rep. 14, ¶ 204 （Apr. 20）; see also Alan Boyle, Developments in the International Law of Environmental Impact Assessments and Their Relation to the Espoo Convention, 20 Rev. EUR. Community & Int'l Envtl. L. 227, 227 （2011）（"这项调查结果将跨界环评视为国际法中一项独特而独立的义务"）. 国际法协会 2004 年关于水资源的《柏林规则》也在第 29 条中规定：当可能 "对水环境或水的可持续发展产生重大影响" 时，必须进行环评. Int'L Law Ass'N Water Res. Comm., Berlin Conference on Water Resources Law, Fourth Report 31 （2004）, https: //www. unece. org/fileadmin/DAM/env/water/ meetings/ legal_ board/2010/annexes_ groundwater_ paper/Annex_ IV_ Berlin_ Rules_ on_ Water_ Resources_ ILA. pdf. 然而，它在评注中也承认，虽然环评义务 "已具化为一种习惯性国际法规则，但至少就跨界影响而言国际法律机构较少直接支持它为［一种更广义的义务］". Ibid., at 31-32.

37　国际影响评估协会有来自 120 个国家的 1700 多名成员。About Iaia, Int'l Ass'n Impact Assessment, http: //www. iaia. org/about. php （last visited Jan. 19, 2019）. T 美国国家环境专业人士协会大概有 1000 名会员。About: NAEP Affiliation, Cal. Ass'n Envtl. Prof'ls, http: //califaep. org/a-bout-aep/naep （last visited Jan. 19, 2019）. 加州环境专业人士协会有超过 1700 名成员。About, Cal. Ass'n Envtl. Prof'ls, http: //califaep. org/about-aep （last visited Jan. 19, 2019）.

段的国家，环评规范通常是最早制定的一批环境法规范，其作为一种良好行为规范被普遍接受。[38] 对环评的常态化适用有助于监管者和其他公职人员内化对环境质量的关注，并有助于公民社会的成长。结果是不仅促进了环境目标的实现，如环境可持续性，还加强了法治、民主治理，并最终强化了人权，特别是与环境有关的人权。[39]

即使在法治不健全、公民社会仍然薄弱的国家，环评也能发挥作用。环评有助于加强国际社会环境治理的信息公开，使国际组织、发展机构和国际环境非政府组织能够更有效地利用其影响力和资源来改善环境。它们可以运用的杠杆包括延迟支付或者取消援助资金，通过有影响力的政府施加外交压力，以及动摇外国消费者的同理心和市场力量。[40] 换言之，即使（环境）信息公开没有使各国政府对本国人民更加负责，但毫无疑问它可以加强对国际社会的问责。最后，环评程序所预期的信息公开和公众参与最终可以演化为一种公民社会的组织机制，而环境问题则是社区和公众能够更深入地参与社会治理和政治决策的核心。

（三）对于环评规范的批评

将环评描述为"良好行为规范"意味着承认它并不完美。事实上，那些认为环评规范在保护环境方面做得不够充分的人，对于环境保护忧心

38　See, e.g., Org. For Econ. Cooperation & Dev., OECD Environmental Performance Reviews: Chile 2016, at 107（2016）（"环评由 1994 年《环境基本法》引入，[并且] 是智利最古老、最重要和最发达的环境监管工具"）；Org. For Econ. Cooperation & Dev., OECD Environmental Performance Reviews: Brazil 2015, at 116（2015）（"长期以来，环评是我国唯一大规模应用的环境管理工具"）；see also World Bank, Sustainable Dev. Dep'T, Latin Am. & The Caribbean Region, Republic of Ecuador Country Environmental Analysis: Environmental Quality and Natural Resource Management for Sustained Economic Growth and Poverty Allocation 17-18（2007）["由于缺乏有关污染控制、分区和水资源管理的法规，通过环评发放许可证已成为尽量减少或减轻对第三方的环境影响的主要（有时也是唯一的）管理工具"].

39　See, e.g., Joseph Foti et al., World Res. Inst., Voice and Choice: Opening the Door to Environmental Democracy 10-13（Greg Mock & Bob Livernash eds., 2008）, http://pdf.wri.org/voice_ and_ choice.pdf. 事实上，良好的环境治理、民主和法治是相互依存的，对其中任意一个因素的加强也会支持其他因素的发展。

40　虽然这种杠杆作用似乎没有系统地发生，但有一些引人注目的现实案例。See, e.g., Kate Kearins & Greg O'Malley, International Financial Institutions and the Three Gorges Hydroelectric Power Scheme, Greener Mgmt. Int'l, Autumn 1999, at 85.

忡忡。例如，最终成为 NEPA 支持者的约瑟夫·萨克斯（Joseph Sax）教授早期曾经写道，希望通过（信息）披露要求来实现对行政程序的改进，环评很大程度上是"一个一厢情愿的例子"，行政机关基本上不可能进行重大的自我改革。[41] 但他也认为，虽然 NEPA 只能"给法律评论家提供很少的例外素材，但它会为环境咨询（Environmental Consulting）这一新兴产业带来合同（商机）"[42]。萨克斯教授对于环评义务将催生环境咨询行业的观点是正确的。

尽管环评已经遍布全球，但对它的批评始终存在。开发商通常辩称，环保人士利用环评程序作为拖延策略，并增加了项目成本。在国际上，环评要求被指责为"反发展的、昂贵的"，而且在发展援助方面可能侵犯"受援国的主权或使援助管理复杂化"。[43] 然而，多边开发银行，如世界银行，在借款国本身的环评要求之外，还对贷款项目提出了自己的环评要求，将其作为资金支持的一个条件。[44] 对环评的批评通常集中在效率问题上，特别是有观点认为环评本身不足以实现环境保护。

这些批评至少可分为五大类：（1）程序问题；（2）环评目标的易被违背性；（3）与环评技术层面相关的实施问题；（4）公众参与环评的可能性；以及（5）其效果的实现依赖于一国的法治状况。[45]

41　Sax, supra note 10, at 239, 245.

42　Id. 马歇尔法官持不同意见，认为"这部措辞含糊的法规似乎只是致力于推动 NEPA '普通法'的发展"。Kleppe v. Sierra Club, 427 U. S. 390, 421（1976）（Marshall, J., 部分同意、部分反对）.

43　Nicholas A. Robinson, International Trends in Environmental Impact Assessment, 19 Bellagio Conf. Envtl. Aff. L. Rev. 591, 595（1992）. 当然，任何减缓或施加额外障碍的行为，无论对维护更广泛的公共利益有多大的必要性，都会因为相同理由受到批评。

44　See, e. g., Int'L Bank for Reconstruction & Dev., World Bank, Environmental and Social Framework 16, 17（2017），http：//documents. worldbank. org/curated/en/383011492423734099/pdf/114278-WP-REVISED-PUBLIC-Environmental-and-Social-Framework. pdf（环境和社会标准适用于世行通过投资融资所支持的所有项目。借款人将在整个项目周期内评估、管理和监控项目的环境、社会风险和影响，以便以银行可接受的方式和时间范围内满足若干环境和社会标准要求）。

45　在另一种表述方式中，巴里·萨德勒这样描述了现有环评的五个主要问题：（1）项目倡导者和政府机构的态度；（2）环境影响评价与决策过程的结构性整合；（3）体制问题；（4）环境影响评价实施过程中的程序缺陷，以及（5）技术问题。Barry Sadler, Ex-Post Evaluation of the Effectiveness of Environmental Assessment, in Environmental Methods Review：Retooling Impact Assessment for the New Century 30, 31（Alan L. Porter & John J. Fittipaldi eds., 1998）.

　　首先，NEPA 的批评者经常指出，"由于 NEPA 缺乏实质性的要求，这项法案只不过是联邦机构必须'钻过'的一个程序环"[46]。事实上，"诸多学者批评（在许多国家）环评缺乏与环境法一般性禁令的关联"，即环评通常不会阻止对环境有破坏性的项目。[47] 他们认为，有没有环评无所谓。[48] 实际上，即使在美国体系中，"即便在决策时考虑到行为所带来的不利环境影响，NEPA 本身也不会禁止这些行为"[49]。

　　对于 NEPA 实质性要求的缺乏，还存在着第二种批评：其与实质性决策程序的不充分融合，使得环评程序的目标极易被违背。[50] 在这种情况下，由于政府将 NEPA 的要求视为一种骚扰工具，行政机关倾向于编制"防御性"的环境影响报告书，以免引发诉讼。政府机构狭隘地专注于满足技术法律要求，在编制环境影响报告文件时只是走一个过场，而不是"客观"地看待环境影响。[51] 其结果是行政机关在决策过程中以一种更宽松的视角看待其环境职责。[52] 奥利弗·霍克（Oliver Houck）甚至将现有的 NEPA 程序描述为："一种精心设计的、在开始工作之前需要多年拖延和文书准备的问答机制，而其在考虑环境影响时通常是无关紧要的，总是自我推进的，有时还完全是骗人的。"[53]

　　第三个关注点在于环评技术层面的具体实施问题。通常，"（影响评估）的范围在界定或适用中过于狭窄，以至于社会因素、健康因素和累

　　46　Mark W. Anderson, National Environmental Policy Act, in Berkshire Encyclopedia of Sustainability: The Law and Politics of Sustainability 393, 393（2010）.

　　47　John H. Knox, The Myth and Reality of Transboundary Environmental Impact Assessment, 96 AM. J. Int'l L. 291, 316-317（2002）.

　　48　Id., at 317.

　　49　Anderson, supra note 45, at 394.

　　50　Sadler, supra note 44, at 31.

　　51　See Eugene Bardach & Lucian Pugliaresi, The Environmental－Impact Statement vs. the Real World, 49 PUB. INT. 22, 24（1977）（"当行政机关的分析被引导和动员用于防御时，行政机关就不可能有洞察力或创造力"）.

　　52　Mandelker et al., supra note 14, § 11.2.

　　53　Houck, supra note 19, at 176. 此外，"NEPA 的一个可悲的教训是，鉴于联邦发展机构和环境质量委员会有限的监督权，当公民团体无法参与执行时，环评将会夭折。"Oliver A. Houck, Worst Case and the Deepwater Horizon Blowout: There Ought to Be a Law, 40 Envtl. L. Rep. 11033, 11038（2010）.

积影响没有得到充分考虑。"[54] 巴里·萨德勒（Barry Sadler）还指出，这些要求的技术性太强，以至于"环境影响报告的质量、环境影响预测的准确性以及减缓措施的适当性经常是不确定的，即使在相对成熟、先进的环评制度中亦是如此"[55]。

第四种批评与报告的技术复杂性直接相关。尽管公众参与和公众评论是整个程序的一部分，但公众无法获知环评报告。在这方面，萨克斯教授指出："尽管我们接受了公众参与原则，但我们并没有建立相应机制来确保公众拥有相关专业资源，作为博学和见多识广的参与者参与进来。"[56]

最后一个问题是环评有赖于强有力的法治来实现其有效性，对于这方面的研究较少。为了发挥环评程序在促进信息公开和加强问责方面的作用，必须建立纠正机制。换言之，强有力的法律和规章制度是确保环评有效的先决条件；还必须要建立司法机制以向政府官员施压，包括有效的法律程序和法院。然而，在没有健全的法治和法律机构的国家，特别是在许多发展中国家，这些工具和法院设置往往很薄弱或者根本不存在的。

毫无疑问，许多批评意见都有其可取之处，环评程序远非完美。环评机制本身不足以构成一个全面的环境保护体系。[57] 然而，关于环评程序薄弱、不充分、应该加强的总体结论，并不能否认它们确实为决策者提供了有价值的信息，将环境价值观引入治理之中，并有了实质性的环境改善成效。此外，即使环评的技术复杂性意味着其质量参差不齐，普通公众难以理解，但无可争辩的是，环评文件对官员和环保倡导者来说非常有用，特别是在美国，它们被有效地用来挑战政府行为。而对大多数发展中国家来说，这些批评不是说环评的替代制度是更好的或更有效的监管机制，而是（对这些国家来说最大的问题是）根本没有环评要求。在许多发展中国家的法律体系中，监管机制和法治都很薄弱。如果在这些法律体系中，备选

54　Sadler, supra note 44, at 31.

55　Ibid. .

56　Sax, supra note 10, at 246.

57　World Bank, Sustainable Dev. Dep't, supra note 37, at 17–18.

方案是既无环评要求也没有其他有效的监管框架，那么环评即便是不完善的，（对它们来说）也是价值巨大的。

二　作为全球环境法律规范的环评义务

（一）全球对环评的接受状况

基于对环境理性的诉求，NEPA 和环评规范要求：政府在采取行动前对不利环境影响进行调查和仔细考量，这使得环评规范作为一种审慎的环境管理和规划措施获得了国际社会的广泛接受。环评规范如此迅速地融入良好环境治理的当代认知中，以至于许多人都认为相关要求已在世界范围内被普遍采纳。

我个人对这种观点的记忆可追溯至 20 世纪 90 年代中期（NEPA 颁布后不到 25 年）的各种非正式讨论的经历。当时，环评已在诸多有代表性的国际文件和立法中采纳。欧洲经济共同体于 1985 年发布了第 85/335 号指令，要求所有成员国在其环境监管体系内实施环评义务。[58] 1992 年《里约环境与发展宣言》原则 17 呼吁各国将环评 "作为一项国家工具……适用于可能对环境产生重大不利影响的拟议活动"[59]。环评程序已被纳入多边开发银行的业务实践中。[60] 甚至国际仲裁庭、包括国际法院，也都提到

58　Directive 85/337/EEC, supra note 30, art. 2, at 41.

59　Rio Declaration on Environment and Development, supra note 12, 原则 17。地区环境协定中也要求开展环评，例如 the North American Agreement on Environmental Cooperation arts. 2 (1) (e), 10 (7), Sept. 14, 1993, 107 Stat. 2164, 32 I. L. M. 1480 以及全球多边环境条约, 如 U. N. Convention on Biological Diversity art. 14, opened for signature June 4, 1993, 1760 U. N. T. S. 79, 虽然法律上不要求，它确实成为一项欧洲区域协定的重点，使环境影响评估对越境影响具有强制性，如 the U. N. ECE's Espoo Convention. U. N. Convention on Environmental Impact Assessment in a Transboundary Context, supra note 34。在 1997 年《埃斯波公约》生效后，缔约方对公约进行了修订，允许任一联合国会员国加入。U. N. Convention on Environmental Impact Assessment in a Transboundary Context, annex XIV, Decision II/14, Amendment to the Espoo Convention (Feb. 27, 2001).

60　在世界银行内部，环评义务已成为其业务规程的组成部分，包括其贷款业务，它还包括了一些其他可能导致银行检查小组提出索赔的义务。OP 4.01, supra note 26.

了环评义务。[61] 这些发展使得人们有理由相信（对环评规范）全球认可的存在。

　　然而，早在 1992 年，NEPA 颁布仅 20 年之后，尼古拉斯·罗宾孙（Nicholas Robinson）教授就对世界各地的环评立法进行了调查，发现除了一些具有环评条款的条约和组织外，只有 39 个国家设定了环评要求。[62] 随后的调查发现，越来越多的国家采纳了环评义务，包括联合国环境规划署 20 世纪 90 年代的一份报告[63]、国际影响评估协会 1996 年的研究报告[64]，以及国际环境与发展研究所 1998 年对当时环评条例和准则的研究。[65] 到目前为止，1998 年的环评目录是可知的最新出版的研究报告，它分析了 108 个国家环评义务的立法规定。[66]

　　在许多方面，考虑到全球化和其他趋势，我们并不惊讶于环评的迅速传播。罗伯特·珀西瓦尔（Robert Percival）教授和我之前曾提过，这种

61　例如，新西兰在 Nuclear Tests case. Nuclear Tests（N. Z. v. Fr.），Judgment，1995 I. C. J. Rep. 288，290（Sept. 22）一案中坚持认为，编制环评是预防原则的必然要求，也是法国进行核试验活动的先决条件。2010 年，国际法院在乌拉圭河纸浆厂案中宣布，在跨界活动中进行环评的义务是 "一项一般国际法要求……如果拟议的工业活动可能产生严重的跨界不利影响，尤其是影响到双方共享资源。" Pulp Mills on the River Uruguay（Arg. v. Uru.），Judgment，2010 I. C. J. Rep. 14，¶ 83（Apr. 20）. 由于在裁判意见中被称为 "一种近年来得到各国广泛认可的做法"，该声明一般被解释为对一项国际习惯法规则的发现。

62　Robinson，supra note 42，apps. 1-2（按国别分列出各国的环评法规和国际环评规定）.

63　Marceil Yeater & Lal Kurukulasuriya，Environmental Impact Assessment Legislation in Developing Countries，in UNEP's New Way Forward：Environmental Law and Sustainable Development 257，260-261（Sun Lin & Lal Kurukulasuriya eds.，1995）；see also Peigi Wilson，Bondi Ogolla，Raúl Brañes & Lal Kurukulasuriya，Emerging Trends in National Environmental Legislation in Developing Countries，in UNEP's New Way Forward：Environmental Law and Sustainable Development 185，216（Sun Lin & Lal Kurukulasuriya eds.，1995）（发现了 70 多个发展中国家和经济体在环评法律法规上的转变）.

64　Barry Sadler，Int'l Ass'n for Impact Assessment，Environmental Assessment of A Changing World：Evaluating Practice to Improve Performance（1996），https：//www. ceaa. gc. ca/Content/2/B/7/2B7834CA-7D9A-410B-A4ED-FF78AB625BDB/iaia8_ e. pdf.

65　Annie Donnelly et al.，Int'l Inst. for Env't & Dev.，A Directory of Impact Assessment Guidelines（2d ed. 1998）.

66　圣克拉拉大学法学院律师研究员 Devani Adams 致圣克拉拉法学院法学教授 Tseming Yang 的电子邮件（Sept. 11，2015，11：26 AM PST）（和作者一并存档）（1998 年 Donnelly 研究中记载了环评立法）.

趋势意味着我们所称的"全球环境法"的出现，即得到各司法管辖区普遍承认和接受的环境法规范。[67] 这些规范不仅在国家和地方的环境法与环境治理体系中出现，还出现在包括多边环境协定和包括国际组织在内的区域和全球（治理）体系中。这并不表明环评规范的表述与实施在不同法律背景和历史中是一致的。但是对环评规范的实质适用和对其作为法律义务的承认并不会因特定的法律传统或文化背景而有所不同。

法律移植、法律融合以及法律的一体化/协调促进了全球环境法律的诞生。正如我们先前所述，环评规范一直是环境法"移植"的主要议题，即："一个国家有意大比例地复制和改编另一个国家的法规或特定法律学说。"[68]（这样的"移植"）既可以是官方的，也可以是非官方的。这一方面最典型的例子是由政府、政府间组织以及非政府组织和学术界所共同推动与支持的环境治理能力建设和法律改革项目。[69] 在这些（项目的）倡议中，最常被提及的环境治理和监管机制就是环评。[70] 我本人过去曾参与过此类活动，包括领导了环境法治能力建设计划，对政府服务监督的技术援助以及以环境法为重点的种种合作努力。[71]

法律移植很少仅依靠外部力量来推动。它在（移植）接受国的支持通常来源于那些"法律制度不太发达的国家［将其视为一种工具］以'追赶'其他已较为健全法律体系"的愿望。[72] 事实上，没有对这种尝试的内在接受，法律移植就不会持久。最为重要的是，由于"全世界环境

67　See generally Tseming Yang & Robert V. Percival, The Emergence of Global Environmental Law, 36 Ecology L. Q. 615 (2009).

68　See generally Tseming Yang & Robert V. Percival, The Emergence of Global Environmental Law, 36 Ecology L. Q. 626 (2009).

69　联合国粮食及农业组织关于这类能力建设、培训和法律改革援助的讨论。参见 Morgera, supra note 4, at 260–261; and Tseming Yang, The Emerging Practice of Global Environmental Law, 1 Transnat'l Envtl. L. 53, 60 (2012)（探讨了环境保护署的能力建设活动）。

70　另一个关于环境法移植的有趣例子算是英国的城镇和乡村规划法，该法已在英联邦世界通过。See Winston Anderson, Principles of Caribbean Environmental Law 174 (2012).

71　这包括我过去担任美中环境法伙伴关系（美国国际开发署和国务院资助的佛蒙特法学院能力建设项目）主任和美国环保署国际环境法副法律顾问。这些努力通常包括培训讲习，对起草立法、监管或政策文件的技术性和评论帮助，以及描述其他司法管辖区法律、法规和政策备忘录。这些活动往往是专门用来帮助行政官员、法官、执业律师和法律学者的。

72　Yang & Percival, supra note 66, at 626.

监管的目标在很大程度上是相同的——都致力于保护人类健康和环境公共利益",[73] 因此对其他已取得成功的监管方案的采用、借鉴通常是有效和明智的。

相比之下，法律规范的融合不是那般刻意、有目的性的结果。它是不同法律体系对"类似的外部压力，特别是环境压力"采取相同或类似的反应所带来的结果。[74] 最后，法律的一体化和协调"是指多国在法律合作和标准化方面所作的共同努力，最终产生了类似的法律路径"[75]。各国政府也会通过正式的国际组织和条约，就共同的法律、法规问题提高一致性或协调性，这种做法的目的性强于法律融合。[76]（对此）气候变化是一个尤为相关的例子，应对气候变化的国际机制引发了国家和地方层面采取类似行动，以促进共同国际目标的实现。

全球化所带来的意外结果，和有关发展援助、法律改革和促进法治这些预期目标一起，不仅对环境问题也对其他法律领域产生了影响。然而，由于环境和自然资源法领域自身特有的原因，上述影响在该领域尤为明显。例如，气候变化等全球性环境挑战对工业化国家和发展中国家都造成了影响。当今的环境条约表明国际社会认识到环境问题的重要性并通过制定新的国际法来加以应对。反过来，执行和遵守这些条约承诺的压力又推动了国家和地方各级法律规范的整合与统一。[77]

在上述背景下，关于环评义务已成为一项全球性环境法规范的看法一点也不奇怪。在世界银行、联合国环境规划署和各国发展机构所推动的法律移植过程中，环评规范得到了广泛采纳。[78] 然而，除了少数例外，过去一直缺乏对环评实际适用范围及其实施影响的系统性调查。尽管环评程序

73　Ibid. , at 652.

74　Ibid. , at 627.

75　Ibid. .

76　Ibid. .

77　这些考量也回答了一个有关全球环境法律规范的"问题"：这些规范是否具有相同的实质性内容，或只是同名？从不同司法管辖区的起草者和应用者具有相同环境目的的角度来看，这似乎不是一个问题。事实上，频繁召开的国际会议，各种国际文书以及国际组织（对相关规范）的适用对诸如环评义务等原则起到了法律协调的作用。

78　佐证的坊间证据包括我自己的个人经历，尽管很难从正规出版物中对环评（法律）移植的广泛性进行评估，特别是相关培训材料通常不会出版。

是法律和政策学者学术著作中最受欢迎的话题，但由于缺乏上述系统调查和实证资料，其重要性在不熟悉环境法律和政策工具的人群中未得到认可。国际法院只在几个跨界环境问题案件中提到了环评，其并没有作为一项有约束力的常态化要求列入环境条约。约翰·诺克斯（John Knox）教授甚至在 2002 年的一篇文章中认为，跨界问题中的特定法律规范，即跨界环评义务，是一个神话。[79]

虽然当前（有关环评）的国家行为和国际规范可能尚不足以满足习惯性国际法对国家实践和法律确信的要求，但环评规范的普及性确实提出了一个问题，即它是否在更广泛的意义上与国际法相关。在第三部分讨论这个问题之前，我将在下一部分先展示调查的结果。

（二）当代普遍性：调查与结果

此前，最近一次对全球环评规范的调查研究发表于近 20 年前，（通过调查）发现即便不是所有的体系都设定了（环评）法律义务，（当时）已有 120 多个法律体系采纳了某种环评机制。这表明，即便是在当时，环评规范已被广泛采纳，监管机构、社会活动家和法官也经常在适用这些规范。[80] 开展本文研究的目的在于确定自那时以来，环评是否在各国法律体系中得到了进一步的广泛采用。

本研究尤其关注有关环评强制执行的法律或规章。仅仅使用或建议但没有强制要求实施环评的法律体系未包含在本研究之内。同样重要的是，本调查总体上并不关注环评规范是否得到了有效执行。[81] 本调查将各司法管辖区整体上分为三类：设定了环评义务（"是"），未设定环评义务（"否"），"不清楚"是否设定了环评义务。以下是对调查步骤和分类方法以及结果的介绍，附录 1 中列出了调查结果的图表总结。

1. 范围

调查的范围包括联合国所有成员国，以及长期以来被认为对其领域拥有独立监管权的几个民族和司法管辖区域。由于环评对基础设施融资的重

79　Knox，supra note 47，at 291.

80　See generally Donnelly et al.，supra note 64. Donnelly 研究是对当时全球环评实践的全面回顾。

81　见下文三（三）部分第 2 点。

要性以及其实施地域的广泛性，调查还审查了主要多边开发银行和若干国家发展援助机构的环评政策。

本研究的实质重点在于（环评）整体伞形规范，即对可能对环境产生重大影响的项目或活动进行环评的义务。由于时间和资源的原因，调查将不再对诸如范围、环评内容或公众参与等附属性要求进行分类。

2. 调查步骤和方法

为了对各司法管辖区进行分类，本调查既依赖于第二手资料，也依赖于我和两名研究人员收集的一手资料。有关环评国家立法和法规的信息来自在线数据库，如 Ecolex、FAOLex、E-Law、地区法律信息机构和国家政府网站。收集的二手资料包括政府官方声明、国际组织的报告、影响评估报告、司法意见以及学者和专家的评论和评估。

这项调查主要针对以英语为官方语言的资料和官方翻译，但我们也使用了非官方翻译（如果我们基于其来源认为这些翻译是可靠的）。我的研究人员具有良好的法语和西班牙语阅读能力，并在调查中运用了这些语言技能。因此，当立法或法规资料只有西班牙文或法文版本时，我的研究人员会审查这些资料的原始立法或法规文本。更重要的是，为了尽量减少法律误解的可能性，特别是当立法或法规文本、含义模糊不清时，而主要（素材）来源只有非英语语言时，我们总是通过二手资料来确认我们的分类。对于一手资料没有英文、法文或西班牙文版本的司法管辖区，调查必须完全依靠二手资料（论文、学术评论或机构评估）来确定相关管辖区是否有环评义务。

如果我们发现一手资料与二手资料之间存在分歧，或者没有二手资料可用于确认该司法管辖区（是否）具有强制性环评，则该管辖区被归入"不清楚"一类。我检查了所有的分类。[82]

在审查确认性资料时，我们尽可能查阅政府的官方信息，如各国提交的有关《生物多样性公约》和《关于跨界环境影响评价的欧洲环境保护组织公约》的国家报告，以及在政府网站上对该国环评体系的介绍。我们还很大程度上依赖了机构的评估，例如经济合作与发展组织、欧洲经委会、

---

[82]　作为调查过程的一部分，我们整合了一个详细的数据库。See Global Environment Impact Assessment Norm Survey Part 1—Survey, Citizen Yang（Oct. 4, 2018），https：//citizenyang. com/ 2018/10/04/global-environmental-impact-assessment-norm-survey-part-1-survey/. 数据图表总结参见附录 1 。

各多边开发银行（世界银行、亚洲开发银行、非洲开发银行、美洲开发银行）和荷兰环境评估委员会编写的国家环境评价。我们认为这些官方文件和二手资料是最可靠的，因为它们代表了政府和各机构的官方观点，是由各国专家单独或合作编写的，而且通常要经过各国政府的审查。[83]

此外，我们还利用了诸如世界银行等多边开发银行就具体项目编写的学术出版物和环境评估。多边开发银行编写的环境评估中通常有一章，来讨论项目融资申请国的环境监管体系，有时还会明确讨论该管辖区是否有要求环评的法律。

在几乎所有的分类认定中，我们至少寻找了两个或两个以上的确认性二手资料，尽管在少数情况下，我们只能找到一个确认性二手资料。有一个例外，就是当相关管辖区域地处欧盟境内时，我们就只找了一个确认性资料，因为在法律上欧盟环评指令明确为各成员国设定了环评义务。

为了确定环评义务是否具有法律强制性，我们查阅了施加该义务的具体法律或法规。在这一过程中，我们还查找了该条例颁布或立法制定的年份。由于我们调查的重点是每个司法管辖区目前是否有强制性环评规定，所以我们的调查首要考虑的不是准确确定最先设定环评义务的法律或法规。然而，我们在调查中常常能获知这些信息。因此，如果我们找到了在该管辖区设定强制性环评义务的法律或法规的前身，我们将在数据库中标明这一日期。[84] 值得注意的是，在某些司法管辖区，环评的立法与行政机关对环评的执法不一致（环评规范执行的偏离）。这些国家中，许多直到多年后才制定了强制（要求）项目进行环评的实施条例。[85]

反之，只有极少数研究表明环评法律或法规之后会被修订。然而，在

83　对于22个资料来源列表，包括使用最多的组织、文章和网站，请参见附录2。

84　See supra note 81. 同样，我们也没有积极去确定环评在该管辖区具有强制性的最初日期。此外，我认为，对于一些司法管辖区域来说，确定环评义务确切确立年份的调查将是困难的，因为许多国家都将试验性立法或部门立法作为建立环境影响评价制度的早期尝试。

85　例如，马来西亚在1974年首次制定了环境影响评价授权立法，但直到1987年才通过规章制度规定其具有强制性。See Environmental Quality Act 1974, Act 127, art. 34A (Malaysia), http://extwprlegs1. fao. org/docs/pdf/mal13278. pdf; Environmental Quality (Prescribed Activities) (Environmental Impact Assessment) Order 1987, http://extwprlegs1. fao. org/docs/pdf/mal13290. pdf; see also Peter King & Simon Hoiberg Olsen, Quick Study of EIA Practices in Some Asia-Pacific Countries and Beyond: Lessons for the Phillipines?, Institute for Global Envtl. Strategies, at 6 (June 4, 2013), https://www. aecen. org/sites/default/files/eia_ quick_ study_ olsen_ king_ 0. pdf.

我们的研究中，从未发现有政府采取了非常措施、在其管辖范围内废除了环评义务。

同样值得注意的是，新加坡是一个没有普遍环评要求的司法管辖区，因此在分类时它被列为"未设定环评义务"。然而，该国在具体情境中似乎又确实进行了某种影响评估。[86]

3. 调查结果

调查结果表明，要求项目在可能产生重大环境影响时进行环境影响评价的环评规范，几乎已在全球普遍适用。目前，该规范至少已在183个国家和司法管辖区适用。[87] 这包括新兴经济体和发展中国家（如中国、印度和巴西）、非洲最不发达国家以及俄罗斯联邦[88]等前共产主义国家开展的法典编纂。朝鲜[89]和古巴[90]，也制定了环评法律。在欧盟及其成员国内，关于环评的第85/337[91]号指令和关于战略环评的第2001/42号指令[92]规定

86　See U. S. Agency Int'l Dev. , Asian Envtl. Compliance & Enf't Network, Building Capacity for Effective Implementation of Environmental Impact Assessments in Asia: Rapid Assessment for Identifying Capacity Challenges and Programming Opportunities 4 (2009), https: //www. aecen. org/sites/default/files/AECEN% 20Rapid%20Assessment%20on%20Regional%20EIA%20Best%20Practices%20--%2012-09. pdf.

87　这一数字包括联合国所有成员国、欧盟、巴勒斯坦和中国台湾地区。See sources cited supra note81.

88　Fedal'nyi Zakon RF o Grazhadanstve Rossiiskoi Federatsii [Federal Law of the Russian Federation on Environmental Protection], Rossiiskaia Gazeta [ROS. GAZ.] Jan. 10, 2002 (Russ.); Fedal'nyi Zakon RF o Grazhadanstve Rossiiskoi [Federal Law of the Russian Federation on Ecological Expertise], Sobranie Zakonodatel'Stva Rossiiskoi Federatsii [SZ RF] [Russian Federation Collection of Legislation] 1995, No. 65, Item 3.

89　The Law on Environmental Impact Assessment (adopted by Decree No. 1367 of the Presidium of the Supreme People's Assembly on Nov. 9, 2005) (North Korea) .

90　Law No. 81 of the Environment, June 11, 1997 (Cuba) .

91　Directive 85/337/EEC, supra note 30. The directive was most recently amended in 2014. See Directive 2014/52/EU, of the European Parliament and of the Council of 16 Apr. 2014 Amending Directive 2011/92/EU on the Assessment of the Effects of Certain Public and Private Projects on the Environment, 2014 O. J. (L 124) 1, 18. For a general overview of the EU directive, see Environmental Impact Assessment—EIA, EUR. COMMISSION, http: //ec. europa. eu/environment/eia/eia-legalcontext. htm (last visited Jan. 19, 2019) .

92　Directive 2001/42/EC, of the European Parliament and of the Council of 27 June 2001 on the Assessment of the Effects of Certain Plans and Programmes on the Environment, 2001 O. J. (L 197) 30, 37.

了环评具有强制性。因此，自 1998 年 Donnelly 研究[93]以来，具有强制性环评规范的司法管辖区数量增加了 50 多个。

我们的调查还确定了六个没有环评要求的国家（南苏丹、索马里、厄立特里亚、苏里南、新加坡和瑙鲁），但我们无法很有底气地确定其他八个国家（中非共和国、教廷梵蒂冈、圣马力诺、摩纳哥、圣文森特和格林纳丁斯、圣卢西亚、圣基茨和尼维斯、巴巴多斯）的状况。

（三）全球趋势

正如环评规范在世界各地出现的那样，它是一个经常会被精确表述的法律和法规概念。它被广泛承认促进了可持续发展，因为"没有这些评估，项目会违背可持续发展的原则"。[94] 环评"是可持续发展规划中一个非常重要的动态因素"，[95]"它确保了考量过的发展选择是无害于环境并且是可持续的。"[96] 尽管对环评法律和法规进行详细和充分的分析超出了本文的范围，但这些坊间观察可能有助于我们了解全球版图和趋势。

对调查的研究和统计使我们留下了这样的印象：全世界的环评程序与 1998 年 Donnelly 研究中所做的总结大体一致。一般来说，环评程序分为五个不同的阶段。首先是"筛选"（Screening）阶段，探究是否有必要进行影响评估。这一阶段旨在剔除与环境无关的项目和活动。筛选可避免浪费全面（实施）环评所需的时间、资源和人力，反过来也有助于确定需要进一步详细审查的项目和问题。[97] 如果初步筛查未能确定项目是否会产生重大影响，则进入第二阶段初步评估（Preliminary Assessment）。[98] 在第三阶段"定界"中，环评试图去确定需要调查的影响、问题和备选方案。

---

[93]　See generally Donnelly et al. , supra note 64.

[94]　Rodgers Muema Nzioka v. Tiomin Kenya Ltd. （2001）2001 K. L. R. 97 （H. C. K. ）（Kenya）.

[95]　Advocates Coalition for Dev. & Env't （ACODE）v. Attorney General, Case No. 0100 of 2004 （July 13, 2005, High Court of Uganda at Kampala）（Uganda）.

[96]　Mundy v. Cent. Envtl. Auth. , SC Appeal 58/2003 （Jan. 20, 2004, The Supreme Court of the Democratic Socialist Republic of Sri Lanka）（Sri Lanka）.

[97]　See Donnelly et al. , supra note 64, at 9–11 （筛选有助于将资源集中在那些最有可能产生重大影响的项目上）.

[98]　Ibid. , at 10.

通常，这一阶段也是受影响社区参与的阶段，以确保公众能尽早加入这一进程。[99]

环评研究的第四阶段包括收集、分析实体事实和编制环评文件。也正是在这一阶段，在既有信息的基础上对相关影响进行预测，并综合考量法律要求、政策目标和公众意见等因素之后进行评估。[100] 最后一个阶段是，在向相关决策者提交环评文件之后（根据收集的实体事实和评估得出结论之后），还要进行诸如项目后续监管、后续审计等环节。[101] 尽管此类评价具有可溯及性，它的最终目标是收集可用于将来改进环评程序的信息，并确保对相关条件的遵守。

除上述一般步骤外，很难在所有的司法管辖区适用同一套、统一的环评程序。一个典型的例外是欧盟成员国，它们必须遵守欧盟关于环评的指令（以及后来的修正案）。

绝大多数国家都有关于环评的一般法律规定，普遍适用于所有或大部分可能产生重大环境影响的活动或项目。然而，包括安道尔和刚果民主共和国在内的一小部分司法管辖区仅在特定领域适用环评程序，如采矿业、土地开发、基础设施项目或者其他特定经济领域。[102]

环评义务最常见的触发机制分为两大类。一些司法管辖区采用一般法律标准来审查一项活动或项目是否具有产生重大不利环境影响的风险。例如，美国就属于这一类，它要求证明对某一行动（是否）"对人类环境质量产生重大影响"。[103] 实践中，美国法律中的环评要求要根据（行政）机关制定的具体条例来细化执行，（具体条例规定了启动）环评程序的（项目、活动和行为）清单以及兜底要求。

第二种方法主要依赖于一份清单，它列出了要接受进一步评估审查的

99　Ibid. .

100　Ibid. , at 10-13.

101　Ibid. , at 14.

102　Laura Davis（Attorney Research Fellow, Santa Clara University School of Law）写给 Anna Moles Mariné（Head of Landscape Unit, Biodiversity and Environmental Assessment, Andorra Department of Sustainability and Environment）的邮件（May 19, 2017, 8：35 AM PST）（on file with author）；Dev. Bank of S. Africa, Sadc Environmental Legislation Handbook 2012, at 103-104（4th ed. ）, https：//irp-cdn. multiscreensite. com/2eb50196/files/uploaded/SADC%20Handbook. pdf.

103　42 U. S. C. 4332（C）（2012）.

项目和活动。[104] 这一种方法通常旨在引导监管者去关注那些经常带来重大环境影响的项目和活动。例如，乌干达 1995 年《国家环境法》第 20 条规定：任何"本法附表三所述项目"都必须向政府机构提交信息，使政府能够确定项目的潜在影响及其环境后果，并在此基础上适时启动环境审查。[105] 除水坝、交通基础设施和采矿等建设项目外，该表还包括"与周围环境不符的"活动、"其规模与周围环境不符的"建筑物以及"土地利用的重大变化"。[106] 采用清单方法的另一个司法管辖区是欧盟。[107]

　　各地采取了不同的方式来表述环评义务的附属规范（如对环评各阶段的要求、公众参与、环评文件的公开以及其对决策的影响等）。然而，就相关评估是否足够充分，各司法管辖区所做的不同司法裁决也反映了美国环境律师所熟悉的诸多问题。例如，对项目影响大小的判定要结合具体情境（分析），不能"仅根据项目规模，而不考虑其性质和位置"，因为：

　　　　如果一个项目发生在一个诸环境要素（如动植物、土壤、水、气候或文化遗产等）对环境变化很敏感的地方，那么，即使是一个小规模的项目也会对环境产生重大影响。

　　　　同样，当一个项目因为其性质具有诱发环境因素发生重大或不可逆转变化的风险时，无论其规模大小，它都可能带来重大影响。[108]

　　其他经常遇到的问题包括对可行、合理备选方案的充足分析、[109] 为了

---

[104]　National Environment Statute, 1995（Statute No. 4 of 1995）art. 20（1）（Uganda）.

[105]　Ibid. .

[106]　Ibid. , at Schedules, sect. 20, art. 1.

[107]　Directive 2011/92/EU, of The European Parliament and of the Council of 13 Dec. 2011 on the Assessment of the Effects of Certain Public and Private Projects on the Environment, art. 2, 2012 O. J.（L 26）1, 21（成员国应采取一切必要措施，确保在批准（环评）之前，对基于其性质、规模或位置等原因可能对环境产生重大影响的项目，须经开发许可并对其影响进行评估。这些项目的名录规定在第 4 条）.

[108]　Commission v. Ireland［1999］, Case C-392/96, 1999 E. C. R. I-5901, ¶¶ 66-67（Ir. ）

[109]　Save Historic Newmarket Ltd. v. Forest Heath District Council［2011］EWHC 606（Admin）［17］（Eng. ）（应当向项目和规划的批准机关、咨询机关以及公众提供一张图，用以说明有何其他替代方案以及为什么它们不是最优选择）.

避免引发重大影响而对项目进行不恰当的分割或划界,[110] 以及在分析时要考虑累积影响的要求。[111] 可以通过（减轻重大环境影响的）减缓措施来避免进行全面的环评分析,[112] 这在美国被称为“变相的 FONSI”（Finding of No Significant Impact，未发现重大影响）。最后，许多司法管辖区，如利比里亚和肯尼亚，明确规定项目的批准条件是被授予了环评证书，而该证只有在经过了环评程序之后才会颁发。[113]

　　法院判决也表明，在对环评文件进行充分性审查时，（司法机关）对行政机关的判断抱有极大的尊重、对是否要进行事后评价而犹豫不决,[114] 但（司法机关）也有实施或完成环评程序的意愿，即使在项目已获批准

110　Ecologistas en Acción-CODA v. Ayuntamiento de Madrid, Case C-142/07, 2008 E. C. R. I-6097, ¶¶ 20, 44（Spain）（发现“马德里城市议会［决定］将一个较大的“Madrid calle 30”项目分解成 15 个独立的子项目分别处理，如果将它们放在一起，很可能会对环境产生重大影响，则无法避免进行影响评价）.

111　Minister for the Environment and Heritage v. Queensland Conservation Council Inc. ［2004］FCAFC 190（Austl.）［得出结论：在水坝建设和运营的审批过程中，忽视从大坝中取水的人（其本身不是项目发起人）的影响是不恰当的］.

112　Tim Busienei, Dr. v. Dir. Gen. —Nat'l Env't Mgmt. Auth. （NEMA）（2007）, National Environmental Tribunal Appeal No. 10（Kenya）（认定：金属制造车间的有效隔音减轻了噪声污染影响，因此对环境没有不利影响）; MiningWatch Can. v. Canada（Fisheries and Oceans）,［2010］1 S. C. R. 6（Can.）（项目划界的不当）; T. Murugandam & Ors. v. Union of India & Ors. 23,（2012）National Green Tribunal Appeal No. 50/2012（India）（在考虑燃煤电厂提案时需要对累积影响进行分析）; 一些法院还试图要求在环境影响分析中涵盖气候变化影响, Gray v. The Minister for Planning and Ors. ［2006］NSWLEC 720（Austl.）, 但有一次在一个环境正义诉讼中, 所要求的环评分析范围缩小了, Jamii Bora Charitable Tr. v. Dir. Gen. Nat'l Env't Mgmt. Auth. （2005）National Environmental Tribunal Appeal No. NET/02/03/2005（Kenya）。

113　An Act Adopting the Environment Protection and Management Law of the Republic of Liberia, § § 6, 23（2002）, http：//extwprlegs1.fao.org/docs/pdf/lbr53038.pdf; Environmental Management and Co-ordination Act（rev.ed.2012）Cap.387 § § 58, 63（Kenya）, http：//extwprlegs1.fao.org/docs/pdf/ken41653.pdf

114　Belize All. of Conservation Non-Governmental Orgs. v. Dep't of the Env't & Belize Electric Co. Ltd. ［2004］UKPC 6（Belize）（尽管存在错误, 但拒绝推翻对水坝的批准）; see also Danielle Andrade et al. , Citizen Enforcement of Procedural Rights in the Environmental Impact Assessment Process in Belize and Jamaica 430（2011）; Supreme Court［S. Ct. ］, 2006Du330, Mar. 26, 2006（S. Kor.）; Sutton v. Canterbury Reg'l Council, ［2015］NZHC 313（N. Z. ）.

和已开始施工之后。[115] 一些案例表明法院对公众参与环评给予了很大的支持，即使行政机关并不总是为公众参与提供便利。[116] 还有一些司法意见表明，有很多方法来确定环评之诉（挑战环评程序）的管辖法院。尽管一些司法管辖区（如日本[117]）对地域管辖有着相当严格的限制，其他许多地方都对此有着更为自由（灵活）的规定。

战略环评是全球正在普及的环评程序的最新发展，如欧盟第 2001/42/EC 号指令。虽然 NEPA 并未规定这一术语，但它本质上是将环评不仅适用于具体项目，而且适用于广泛的政府建设和规划，即"规划性"的影响评估。由于法院将 NEPA 中的"重大联邦行动"解释为既包括具体项目，也包括政府规划，[118] 因此此类战略环评一般也要符合 NEPA 的既有要求。

三　作为《国际法院规约》第 38 条一般原则的环评义务

这项调查除了证明世界各国对环评规范的普遍外，对国际公法也具有重要意义。尽管环评义务并不是国际条约的固定组成部分，[119] 学者们也质疑它是不是国际习惯法的一部分，[120] 但对这一规范的广泛认可意味着可将它作为一般法律原则纳入国际公法。

在国际法中，"一般法律原则"这一概念探讨的是，某些法律原则是

115　Friends of the Oldman River Soc'y v. Canada（Minister of Transport），［1992］1 S. C. R. 3（Can. ）；Magaliesberg Prot. Ass'n v. MEC：Dep't of Agriculture & Ors. 2013（563/2012）［2013］ZASCA 80（May 30）（S. Afr. ）；Sarstoon-Temash Inst. for Indigenous Mgmt.（SATIIM）v. Forest Dep't，Ministry of Nat. Res. & Env't，Sept. 26，2006，Claim No. 212 of 2006（Belize）.

116　See，e. g. ，Adivasi Majdoor Kisan Ekta Sangthan & Ors. v. Ministry of Env't & Forests，(2011) National Green Tribunal Appeal No. 3/2011（India）. 在阿迪瓦西，公众听证会在受影响公众难以到达的地方举行，环评草案摘要没有发布在网站上，也没有向公众通报项目环评报告的内容。事实上，一场公开的混战爆发，导致警方介入才得以继续开会。

117　Saikō-Saibansho［Sup. Ct. ］Dec. 7，2005，GyoHi no. 114，59 Saikō Saibansho Minji Harnreishu［MINSHŪ］（Japan）［只能对政府指定的"相关区域"内的居民进行管辖，尽管反对人士指出（项目）已实际为相关政府所承认］.

118　See，e. g. ，Mandelker et al. ，supra note 14，§§ 9：01-9：09.

119　But see Gillespie，supra note 24（描述了适用环评程序的众多国际机构）.

120　See generally Knox，supra note 47.

否形成了跨国共识，而得以在任何地方，包括在国际体系中，都被视为具有法律约束力。因此，这些法律原则不仅适用于国家层面和地方各级法律体系，而且作为国际法适用于国与国之间。

（一）《国际法院规约》第 38 条——"文明各国所承认的一般法律原则"

随着环境法在世界各国法律体系中的传播，它在国际法中也不断发展。国际法的三个主要渊源在这一演变过程中都具有举足轻重的地位。《国际法院规约》第 38 条是对这三个渊源的最经典的表述之一，条文如下：

> a. 不论普通或特别国际协约，确立诉讼当事国明白承认之规则者；
>
> b. 国际习惯，作为通例之证明而经接受为法律者；
>
> c. 一般法律原则为文明各国所承认者。[121]

在这三者中，国际条约无疑在国际环境法的演变中是最重要的，特别是体现在《联合国气候变化框架公约》等标志性全球公约中。尽管国际习惯法的作用往往不那么明显，但其确立了特雷尔冶炼厂规则[122]——不得在本国领土范围内造成跨界环境损害（领土无害使用原则），这表明它的影响也不小。[123]

---

[121]　ICJ Statute, supra note 3, art. 38.《国际法院规约》第 38 条还表明，司法判例和学术著作可作为确定国际法渊源的辅助手段。《对外关系法重述（第三次）》规定了表述如下：

（1）国际法的规则是已经被国际社会所接受的规则，且

（a）以习惯法的形式；

（b）在国际条约中；

（c）衍生于世界主要法律体系中常见的一般法律原则。

（2）国际习惯法来源于一般的、持续的国家实践且国家对实践的遵守形成了法律确信。

（3）国际条约为条约缔约国之间创设法律，当条约以国家的普遍遵循为目的并且在事实上已经被广泛地接受时，则可能引起国际习惯法的产生。

（4）主要法律体系中常见的一般法律原则，即使没有包含在或没有反映在国家习惯法或国际条约中，合适的情形下也可以被援引为国际法的补充规则。Restatement (3rd) Foreign Relations Law of the United States § 102 (Am. Law Inst. 1987).

[122]　Trail Smelter Case (U. S. v. Can.), 3 R. I. A. A. 1905 (1938); see also Trail Smelter Case (U. S. v. Can.), 3 R. I. A. A. 1938 (1941) (further proceedings).

[123]　关于这些问题的详细介绍，见下文三（二）部分的讨论。

　　反之，"一般法律原则"是最不为人所知的一种国际法渊源，在国际环境法中一般很少受到关注。[124] 国际法院的特里达德（Trindade）法官将一般原则描述为超越"实在国际法规则"的"普遍指导原则"。[125] 它们"包含了各国国内法律体系和国际法中的共同原则"，是"国内法律体系和国际法所共同遵循的法律前提"。[126] 马克·贾尼斯（Mark Janis）明确指出，"法律原则指的是几乎存在于每一个法律体系中的基本法律主张。"[127]

　　被视为普遍有效的基本法律规范包括违反约定进行赔偿的义务、[128] 禁止反言、[129] 一事不再理、[130] 权利行使的诚信原则、[131] 过错责任原则，[132] 以及

　　124　最著名的例外是 Weeramantry 法官在 Gabcicovo-Nagymoros 一案和 Trindade 法官在 Pulp Mills 一案中的司法意见。The most prominent work surveying the host of general principles remains Bin Cheng's 1987 work, General Principles of Law as Applied by International Courts and Tribunals. See generally Bin Cheng, General Principles of Law as Applied by International Courts and Tribunals (1987).

　　125　Pulp Mills on the River Uruguay (Arg. v. Uru.), 2010 I. C. J Rep. 14, 135, ¶ 39 (Apr. 20) (separate opinion by Trindade, J.).

　　126　Ibid. ¶ 40 (quoting G. I. Tunkin, "General Principles of Law" in International Law, in Internationale Festschrift Für Alfred Verdross 526, 531 (René Marcic et al eds., 1971) (Ger.)).

　　127　Mark W. Janis, An Introduction to International Law 56 (4th ed. 2003). For other scholarly definitions of "General Principles," see M. Cherif Bassiouni, A Functional Approach to "General Principles of International Law," 11 MICH. J. INT'L L. 768, 770-771 (1990).

　　128　Cheng, supra note 123, at 233; see also Factory at Chorzow (Ger. v. Pol.), Judgment, 1928 P. C. I. J. (ser. A) No. 17, ¶ 73 (Sept. 13) （"这是国际法的一项原则，甚至是一项普遍法律理念，即任何违反约定的行为都涉及作出赔偿的义务。赔偿是对未能适用公约的一种不可或缺的补充，无须在公约本身中再加以说明"）.

　　129　Cheng, supra note 123, at 141; see also Case Concerning the Temple of Preah Vihear (Cambodia v. Thai.), Judgment, 1962 I. C. J. Rep. 6, 31, 32, 39-51, 61-65 (June 15); Case Concerning the Arbitral Award Made by the King of Spain (Hond. v. Nicar.), Judgment, 1960 I. C. J. Rep. 192 (Nov. 18); Case Concerning the Payment of Various Serbian Loans Issued in France (Fr. v. Kingdom of the Serbs, Croats and Slovenes), Judgment, 1929 P. C. I. J., (ser. A), No. 20, at 38-39. (July 12).

　　130　Cheng, supra note 123, at 336; see also Effect of Awards of Compensation Made by the United Nations Administrative Tribunal, Advisory Opinion, 1954 I. C. J. Rep. 47 (July 13); Haya De La Torre Case (Colom. v. Peru) (1951), Judgment, 1951 I. C. J. Rep. 71, 77, 80, 82 (June 13); Societe Commerciale De Belgique (Belg. v. Greece), Judgment, 1939 P. C. I. J. (ser. A/B) No. 78, at 174 (June 15).

　　131　Cheng, supra note 123, at 121; see also Nuclear Tests Case (Austl. v Fr.), Judgment, 1974 I. C. J. Rep. 253 (Dec. 20).

　　132　Cheng, supra note 123, at 218.

两造（控辩）平等对抗原则。[133] 因此，可将违反约定进行赔偿的一般原则视为诸如合同法中关于赔偿、恢复原状或特定履行等具体规则的基础。

传统上，一般原则条款往往被用作填补空白的工具，当国际法院找不到任何可适用的条约或习惯法时可以援引一般原则。[134] 但是，它的地位在形式上与国际习惯法、国际条约相同。[135]

第38条一般原则的规定起源于"19世纪仲裁庭的妥协［规定］"[136]。一般原则最先被纳入1920年的国际联盟（国际常设法庭，当今国际法院的前身）的规约之中。[137]

负责起草1920年规约的法学家咨询委员会当时就对这项规定（一般原则）各执一词。来自比利时的委员会主席爱德华·德坎普斯（Edward Descamps）赞成当存在立法空白时引入自然法概念，而美国的伊莱休·鲁特（Elihu Root）则主张（在立法空白时，适用）来源于法律理念和国内司法的实在法规定。[138] 但是几无争议的是，如英国菲利莫尔（Phillimore）公爵所

---

[133] Ibid. at 290; see also Legal Status of Eastern Greenland（Den. v. Nor.），Judgment, 1933 P. C. I. J.（ser. A/B）No. 53, at 25-26（Sept. 5）；Factory at Chorzow, 1928 P. C. I. J., ¶ 8（"另一方当事人应当有机会对修改后的意见发表评论"）. 国际法院援引的其他原则包括民族自决原则、诚信原则等。See Pulp Mills on the River Uruguay（Arg. v. Uru.），Judgment, 2010 I. C. J. 14, 135, ¶¶ 23-24（Apr. 20）（separate opinion by Trindade, J.）.

[134] JANIS, supra note 126, at 56（"当条约和习惯国际法未能提供所需的国际规则时，可在比较法中进行搜索，以查明国内法律体系中是否存在着共同原则。如果找到了这样的共同原则，则应推定可使用这项原则以填补国际法的空白"）. see also Case 155/79, AM & S Europe Limited v. Commission of the European Communities, 1982 E. C. R. 1575.

[135] 《对外关系法重述（第三次）》指出，一般原则是："国际法的第二来源，在特殊情况下，是为发展国际法而诉诸的手段。" Restatement（3rd）Foreign Relations Law of The United States § 102（AM. LAW INST. 1987）.《对外关系法重述（第三次）》强调一般原则在性质上是填补空白的，因此，它不得优先于国际习惯或国际条约适用。《对外关系法重述（第三次）》没有规定当这些渊源存在实质性分歧时该如何解决。

[136] James Crawford, Brownlie'S Principles Of Public International Law 34（8th ed. 2012）; see also Rudiger Wolfrum, General International Law（Principles, Rules, and Standards），in Max Planck Encyclopedia of Pub. Int'l L. ¶¶ 23-24（2010），http：//opil. ouplaw. com/view/10. 1093/law：epil/9780199231690/law-9780199231690-e1408.

[137] Crawford, supra note 135, at 34.

[138] Pulp Mills on the River Uruguay, 2010 I. C. J. at 135, ¶ 11. See generally PCIJ/Advisory Committee of Jurists, Procès-verbaux of the Proceedings of the Committee（16 June-24 July 1920）with Annexes, The Hague, Van Langenhuysen Frères, 1920, point No. 3, p. 306, Ann. No. 3.

表述的那样，一般原则包括"各国国内法院所认可的",[139] 可适用于国际事务的原则。[140]（对于一般原则）的最终表述来自菲利莫尔和伊莱休・鲁特的联合提案，具体规定可参见《国际常设法庭规约》第 38（3）条和现行的《国际法院规约》第 38（1）（c）条（后者照搬了前者的有关条文）。[141]

（通过比较法分析所发现的）自然法和实在法这两种视角实则并不相互排斥，它们持续影响着人们对一般原则的理解。[142] 实践中，这两种视角要么产生于对国际法性质的探讨，要么来源于对地方/国家法律体系实体规则的探究。学术著作和司法意见中一般混合运用两种方法（自然法和实在法）来识别一般原则，甚至还经常通过"比较法"[143]来确定各国法律体系是否就某一原则达成共识。然而，实践中，通常无法分辨学者或者法庭依据的是二者中的哪一个而得出某规范是一般法律原则的结论。[144] 即便

139　Pulp Mills on the River Uruguay, 2010 I. C. J. at 135, ¶ 11.

140　See Crawford, supra note 135, at 35.

141　Bin Cheng suggests that Descamps' view incorporating natural law ideas won out. CHENG, supra note 123, at 233.

142　更简单地说，前者（自然法视角）可被描述为侧重于国际法的一般原则，而后者（实在法视角）可被描述为国内法的一般原则。然而，Oscar Schachter 教授甚至将"一般法律原则"分为五个不同的类别：（1）"文明国家承认的国内法原则"；（2）"源自国际社会特定属性的原则"；（3）"法律所固有的和所有法律体系基础性原则"；（4）"在社会的各种等级和关系协调中都有效的原则"；和（5）"在人是一种理性和社会动物的基础上建立的原则"。See Lori Fisler Damrosch et al., International Law: Cases and Materials 118 (4th ed. 2001). 另一种分类将一般原则分为三类：（1）处理和解释各种法律关系的原则；（2）程序公正的最低标准；（3）在世界主要法律体系中得到充分、广泛和坚定承认并被视为国际性的实质性法律原则。Wolfgang Friedmann, The Uses of "General Principles" in the Development of International Law, 57 AM. J. INT'L L. 279, 287 (1963). 最后，Wolfrum 教授进行了以下分类：源自国内法的原则；直接源于国际关系的原则；在各种法律关系中得到承认的原则，而不论它们属于哪一种法律秩序；法律逻辑原则，它决定了在大前提和小前提基础上得出的（结论）法律后果；［和］在某一特定条约制度中发展或形成的、可以为其他条约制度借用的原则。Wolfrum, supra note 135, ¶ 29.

143　JANIS, supra note 126, at 56.

144　See, e. g., Rudolf B. Schlesinger, Research on the General Principles of Law Recognized by Civilized Nations, 51 Am. J. Int'l L. 734 (1957). Wolfrum 教授进一步指出，过去人们担心进行系统的比较法分析有困难，而且"相关材料可能无法获得，研究无法完成"。Wolfrum, supra note 135, ¶ 31. In general, the ICJ has tended to "assert the existence of general principles intuitively." Id. 同样，已故的 Jonathan Charney 指出，法院倾向于"将（此类）规则视为公理，而不指明哪些国内法律体系（如果有的话）适用它们"。Jonathan I. Charney, Universal International Law, 87 Am. J. Int'l L. 529, 536 (1993).

在仲裁裁决中，（仲裁员）经常会从比较法的角度审视一般原则，也很少详细探讨该原则是否在国内法中得到了广泛、普遍遵守。[145]

在某些特定环境中，一般原则没有发挥多大作用。国际法学者和法学家在对这些原则进行深入研究后，倾向于把研究重点放在从国际体系中提炼一般原则以及研究这些概念的重要性或者必要性上，这与比较法分析路径相反。[146] 这种讨论一般不探讨相关法律规范是否存在于国内法律体系中。事实上，人们注意到：

> 人们普遍认可，对"文明各国所承认的一般法律原则"的提炼并不要求对世界所有法律体系进行全面调查，因为这实际上是不可能的，而且诉诸《国际法院规约》第 38 条第 1 款（c）项的国际法院或者其他国际法庭从来也没有这样要求过。[147]

比较法方法在 20 世纪 50 年代和 60 年代引起了学术界的特别关注。[148] 当时最著名的一项研究是由鲁道夫·施莱辛格（Rudolf Schlesinger）在《美国国际法杂志》上发起的。[149] 施莱辛格设想通过这个项目产生一种类似于全球法律重述的成果。他在全球 50 个地方展开了调查，得以

---

145 Damrosch et al. , supra note 141, at 126.

146 Accord Pierre-Marie Dupuy, Formation of Customary International Law and General Principles, in The Oxford Handbook of International Environmental Law 449, 461 – 462 (Daniel Bodansky et al. eds. , 2007); Wolfrum, supra note 135, ¶ ¶ 48 – 51; Pulp Mills on the River Uruguay (Arg. v. Uru.), Judgment, 2010 I. C. J. Rep. 14, 135, ¶ 11 (Apr. 20) (separate opinion by Trindade, J.).

147 Prosecutor v. Drazen Erdemovic, Case No. IT-96-22-A, Judgment, Joint Separate Opinion of Judges McDonald and Vohrah, ¶ 57 (Int'l Crim. Trib. for the Former Yugoslavia Oct. 7, 1997). 在国际刑事法庭上诉分庭处理前南斯拉夫问题时，McDonald 和 Vorah 法官确实对各种国家管辖权进行了调查，以确定胁迫是否可以作为对战争罪指控的辩护，但没有发现存在这样的原则。See generally Mark Weston Janis & John E. Noyes, International Law: Cases and Comments 159 (5th ed. 2014).

148 See John N. Hazard, The General Principles of Law, 52 Am. J. Int'l L. 91 (1958); see also Pulp Mills on the River Uruguay, 2010 I. C. J. ¶ 37 nn. 41-42.

149 Schlesinger, supra note 143, at 751. 相关的努力被称为尝试，如 Wilfred Jenks 和 Wolfgang Friedmann 教授曾试图去确认可用以解决人道、环境和经济问题的"人类共同法"。Damrosch et al. , supra note 141, at 119; C. Wilfred Jenks, The Common Law of Mankind (1958).

确认各国法律规范中具有某种"共同核心",[150] 也有人称为"世界共同法"。[151]

尽管施莱辛格的调查在当时吸引了众多学者关注,[152] 但仍有人对它提出了批评。[153] 鉴于这项调查的艰巨性和雄心壮志,尤其在当时仅是要收集和理解各国法律其本身就是一项严峻的挑战,事后来看,(通过)比较法来鉴别一般原则(的这项尝试)注定是一次令人沮丧的实践。事实上,学者们认为在其他情形下,这种比较分析实践似乎也是收效甚微的。[154]

最终,施莱辛格没有实现他的终极目标。[155] 尽管人们最初对该项目充满热情,但这项任务的艰巨性最终导致了该项目的显著缩水——仅在几个司法管辖区就合同成立问题展开了比较研究。调查的最终成果是一本花了

---

150 Rudolf B. Schlesinger, The Common Core of Legal Systems an Emerging Subject of Comparative Study, in XXth Century Comparative and Conflicts Law: Legal Essays in Honor of Hessel E. Yntema 65, 65 (Kurt H. Nadelmann et al. eds., 1961).

151 See Hazard, supra note 147, at 91 [quoting William G. Rice, Book Review, 10 J. Legal Educ. 122, 128 (1957) (reviewing Phillip C. Jessup, Transnational Law (1956)]; see also Damrosch et al., supra note 141, at 119.

152 Percy E. Corbett, The Search for General Principles of Law, 47 VA. L. REV. 811, 823–826 (1961). Wolfgang Friedmann 当时指出"比较法可以为许多正在发展中的国际法新领域提供宝贵和不可或缺的服务",帮助解释国家法律体系中的哪些法律原则可在国际上适用。Friedmann, supra note 141, at 290.

153 See, e. g., Frances T. Freeman Jalet, The Quest for the General Principles of Law Recognized by Civilized Nations—a Study, 10 UCLA L. REV. 1041, 1081–1083, 1085 (1963) (指出比较法的危险性); see also Jaye Ellis, General Principles and Comparative Law, 22 EUR. J. Int'l L. 949, 971 (2011) ("寻求一套全球共享的法律规则或概念可能是徒劳的").

154 Christopher A. Ford, Judicial Discretion in International Jurisprudence: Article 38 (1) (C) and "General Principles of Law," 5 Duke J. Comp. & Int'l L. 35, 67–71 (1994); Robert Y. Jennings, Book Review, 97 Am. J. Int'l L. 725, 727 (2003) [reviewing David J. Bederman, The Spirit Of International Law (2002)] ("我们很容易同意 Bederman 的观点,即所谓的一般法律原则在实践中并不重要,现在、可能永远都不重要").

155 V. D. Degan, Sources Of International Law 102 (1997) ("康奈尔法学院的比较法教授 Rudolf Schlesinger 在 1957 年发表的一篇文章中宣布了这样一个众所周知但从未完成的项目") (citing Schlesinger, supra note 143).

十年才写完的书，这本书具有相当重要的意义。[156]

（二）为什么认为对全球环境法而言一般原则是其前景所在

一些国际法学家已经明确承认了一般法律原则对国际环境法的重要性。在 Gabcikovo-Nagymaros 项目一案中，副主席维拉曼特（Weeramantry）在一份独立意见中提到：可持续发展应被视为法律的一般原则。[157] 在乌拉圭河纸浆厂一案中，特林达德（Trindade）法官发表了一份独立意见，充分探讨了环境领域的一般法律原则，并指出损害预防、风险预防和可持续发展即为此类原则。[158] 然而，对于一般原则在促进国际环境法发展方面的作用，一直缺乏更广泛的主流认可。

一般法律原则的最基本作用在于：在规范创设过程中，通过空白立法（Interstitial Law-making）来实现对条约和习惯法的补充，即法律空白的填补功能。[159] 只需简单回顾传统上是如何从习惯法和条约中发展出国际环境法规范，以及这一过程中所遭遇的重重挑战，便会明白一般原则在促进国际环境法发展方面所具有的前景意义。

156　See 1 Formations of Contracts: A Study of The Common Core of Legal Systems（Rudolf B. Schlesinger ed. , 1968）. 一些学者将这项工作描述为 Schlesinger 最杰出的成果。William C. Whitford, Book Review, Formation of Contracts: A Study of the Common Core of Legal Systems, 1970 WIS. L. REV. 234, 317 ［回顾了 Whitford 的书，并指出 Schlesinger 研究中的一些缺陷（例如，每个国家只邀请了一位受访者来讨论这个法律体系，这项研究花了很多年时间，它是否值得付出的代价？它应该包括对规则在每个国家实施效果的实践分析］；Bertram F. Willcox, Rudolf B. Schlesinger—World Lawyer, 60 Cornell L. Rev. 919, 922-923（1975）.

157　Case Concerning the Gab c íkovo - Nagumaros Project（Hung. v. Slovk. ）, Judgment, 1997 I. C. J. Rep. 7, 88（Sept. 25）（separate opinion of Weeramantry, V. P. ）.

158　Pulp Mills on the River Uruguay（Arg. v. Uru. ）, Judgment, 2010 I. C. J. Rep. 14, ¶ 204（Apr. 20）. 一些主要国际环境法教科书对各种原则进行了大量的介绍，例如代际公平、预防责任、预防措施等。See, e. g. , David Hunter et al. , International Environmental Law and Policy 433-500（5th ed. 2015）.

159　But see Bassiouni, supra note 126, at 769（提出一般原则将成为环境等国际紧迫问题的"最重要和最有影响力的国际法渊源"）. 随着当代技术的发展，比较法研究可能最终将产生"比任何人预期的数量多得多的非常详细、公认的法律原则"。Werner Lorenz, General Principles of Law: Their Elaboration in the Court of Justice of the European Communities, 13 Am. J. Comp. L. 1, 7-8（1964）.

众所周知，国际习惯法是有关"各国公认为法律的一般惯例"的法律规则。[160] 因此，相关法律规范必须符合两个基本特征：（1）国家实践；（2）法律确信。这两项标准也极大地限制了国际习惯法在创设国际环境法规范方面的能力。例如，对国家实践的论证要求证明广泛的一致性。而法律确信则要求一致性是基于以下内心确信而产生，即某一国家实践是法律所要求的。换言之，国家必须基于法律义务而不是出于道德承诺或者便利而从事有关行为。而找到能同时证成这两项标准的现实证据是一项严峻的挑战。

另一个问题是通常情况下习惯需要多长时间得以产生。虽然有人指出，习惯法规范在当今世界可以迅速形成，[161] 但大多数习惯法规范都经历了几个世纪的发展演变，出现在各国有着广泛和频繁互动的领域，如外交权利及其豁免和海上航行规则。鉴于环境法作为一个独立的国际公法领域在过去50年里才出现，因此对相关国家实践和法律确信的观察机会非常有限。[162] 历史最久、最著名的环境习惯法规范是不得造成跨界环境损害的义务，它在20世纪30年代特雷尔冶炼厂仲裁案中首次被提出。[163] 虽然国际法律共同体对这一规范的法律约束力达成了广泛共识，但对于其他环境规范很少达成如此一致的共识。

习惯法规范的形成需要一个长期的过程，而这对条约的缔结来说不是问题。尽管现在达成环境协议需要经过多年的谈判，但这个过程仍然要快

---

160 ICJ Statute, supra note 3, art. 38 (b).

161 See, e. g., Restatement (3rd) Foreign Relations Law of The United States § 102 reporter's note 2 (Am. Law. Inst. 1987) （"建立习惯法所需的实践可能是一个持续时间相对较短的过程"）.

162 事实上，就连对跨界环境损害禁令是否满足习惯法标准也遭受批评。例如，Daniel Bodansky 教授指出，尽管在规范上国际法禁止跨界污染，但在已经观察到的国家之间的相互行为中，这一规范几乎找不到支撑：如果火星人来到地球，他们是否能够通过观察国家的行为来归纳出这些规范? 简短的回答似乎是"不"。例如，防止跨界污染的义务，一般认为这是国际习惯环境法中最重要的准则之一。虽然我不知道是否有过对这个问题的系统性实证研究，但在国家关系中，跨界污染似乎更像是一种常态，而不是例外。污染物不断地通过空气、河流和洋流穿越大多数的国际边界。Daniel Bodansky, Customary (and not so Customary) International Environmental Law, 3 Ind. J. Global Legal Stud. 105, 110-111 (1995) (footnotes omitted).

163 Trail Smelter Case (U. S. v. Can.), 3 R. I. A. A. 1905 (1938); see also Trail Smelter Case (U. S. v. Can.), 3 R. I. A. A. 1938 (1941) （进一步的法律程序）. See generally John E. Read, The Trail Smelter Dispute, 1 Can. Y. B. Int'l L. 213 (1963) （对特雷尔冶炼厂仲裁的概述）.

得多。更重要的是，条约是一种有针对性的环境问题解决方案，它是基于政府间共识（新的国际环境法律规范是必要的）而达成，并且这种共识被明确表述在为各缔约国所接受的书面法律承诺之中。[164]

毫无疑问，环境条约使国际环境法有了突飞猛进的发展，它在许多领域都成功地搭建起支撑全球环境合作的体制结构。然而，环境条约的缔结本身也遭遇了诸多挑战。

例如，现代多边条约多按联合国模式开展谈判，很容易牵扯数百个国家和数以万计的对此感兴趣的非政府组织和企业参与其中，从而使整个过程变得极其烦琐、复杂并且花费颇多。

（国际条约）在创设新的具有约束力的法律规范方面取得的成功也很有限。通常，并非协议中所有的承诺都具有法律约束力，只有那些缔约方明确表示愿意受其约束的准则才具有法律约束力。[165] 这样的承诺需要经过仔细谈判，通常起草时规定得很严格，数量也有限。即便如此，它们还常常受制于其他条款、使其强制属性被削弱，如执法时赋予充分的自由裁量权或者在规定某项义务的违反情形时言辞模糊。[166]

一个众所周知的例子是 2015 年《巴黎气候协定》,[167] 该协定要求（缔约国）提交减少温室气体排放的国家承诺，作为其主要的具有法律约束力的保证。为了实现该条约的核心减排目标，每个国家都有法律义务提交一份文件、说明其意欲实现的国家自主承诺，即其减排目标的官方承诺。[168] 但是，这些承诺所包含的实质性减排目标本身并不具有法律约束力，只有提交国家自主承诺、相关报告和信息公开的这些要求才具有法律约束力。[169] 事实上，《巴黎气候协定》几乎不存在具有法律约束力的实质

164　环境协议具有契约和立法的双重特征，说它具有契约的特征是因为，承诺的约束力完全基于缔约当事方的同意；说它具有立法的特征是因为，因为这些承诺是由主权国家作出的，并且这些法律规范构成了国际法的一部分。

165　实际上，这通常意味着被认定为"shall"的承诺具有约束力，而被描述为"should"的承诺则是鼓励性的，并不具有约束力。

166　一个重要原因是，各国一直不愿制定具有法律约束力和可执行的准则，部分原因是担心自己无法遵守。

167　U. N. Framework Convention on Climate Change, Report of the Conference of the Parties on Its Twenty-First Session, U. N. Doc. FCCC/CP/2015/10/Add. 1 (Nov. 30-Dec. 15, 2015).

168　Ibid., art. 4 (2).

169　Ibid., art. 4 (8) – (13).

性内容。

　　最后，目前国际环境法领域主要通过条约和习惯法来创设规范，由此带来的问题值得关注，因为这与国家和地方层面环境立法的爆炸式增长（发展中国家环境法的迅速发展尤为明显）形成了鲜明对比。有人甚至提出，从条约和习惯法中发展出有约束力的国际环境法律规范这一进程远远落后于国内（环境法的发展）。

　　习惯法和条约当然仍旧是创设新国际法的两种主流模式，因此在可预见的未来它们仍是不可或缺的。然而，它们的缺陷和弱点表明，学者、外交官和社会活动家可以从诸如一般原则这样的（之前）未充分利用的补充性法律渊源中受益，以推动国际环境法的发展。鉴于科技发展和全球化有助于对迅速发展的各国环境法律体系展开比较法研究，上述选择（通过一般原则来发展国际法）现在是尤为有前景的。

（三）　环评规范是否有资格成为《国际法院规约》第38条下的一般法律原则

　　环评义务是否符合"文明各国所承认的一般法律原则"？[170] 根据调查，我的回答是肯定的。

　　《国际法院规约》第38条第1款设定了三项要求，如果有人认为某一规范是一般法律原则需要证成这三项要求：（1）将其认定为一项法律原则是妥当的；（2）被承认为法律；（3）为"文明各国"所接受。[171] 如上所述，有两种不同的方法来确定这三个标准是否被满足。首先，我们可以从自然法的角度来审视环评规范，并思考该原则是否是国际法的基础。Trindade 法官在乌拉圭河纸浆厂案中采用了这一方法做出了同意判决。另一种方法是采用比较法的视角评价规范——这正是本研究的逻辑基础。本文采用了第二种方法。

　　1. "一般法律原则"：具体规则和概念

　　第一项标准要求：一个法律规范可以被表述为一项法律普遍原则。对于这类原则应该具有何种程度的普遍性或者特定性并不明确，一些学者提出第38条的文本表述要求排除"具体规则"。他们认为，起草者的本意

170　ICJ Statute, supra note 3, art. 38 (1) (c).

171　ICJ Statute, supra note 3, art. 38 (1).

是只包含具有普遍适用性的规范。[172] 因此，提出一般法律原则的 Phillimore
公爵解释道：当使用这一概念时他所指的是那些"法律格言"（maxims of
law）。[173] 沃尔夫拉姆（Rüdiger Wolfrum）教授这样解释了这种区别，他说
一般原则是"通过抽象而非具体的术语描述的和可直接适用的义务"[174]。

当然，在极其笼统的层面上界定一项法律原则将导致其无法在实践中
适用。尽管笼统和抽象性使人们很容易证明（对其）认可的普遍性，但
也可能使该原则在解决具体法律问题时无法提供实质性指导。同时，在一
个过于特定的层面上定义一个规范，将会引发其不断的自我修正。这可能
会使该原则在极为狭窄的范围之外几乎无法适用，因此可广泛适用的
"法律格言"这样的表述也是没有价值的。

实际上，上述标准没有直击要害。如果就一项法律原则达成了"真
正的"普遍规范共识，对该原则过于特定的批评将不是致命的，不会推
翻背后的规范性共识。这个标准所强调的是，该规范可表述为一项更一般
和抽象的规范。[175] 换言之，以一种更一般的方式重新表述某一规范将自然
会引发其自我修正。

在我们的调查中，将上述标准适用于环评规范并不困难。毫无疑
问，实施环评义务的国家和国际（主要是多边开发银行）监管机制，
通常在环评文件内容、实施程序和公众参与等方面规定了诸多附属性规
范和义务。我们调查的总体水平不允许我们详细分析此类子规范在全球
各司法管辖区分布的广泛程度。然而，环评规范以多种形式和不同层次
的义务存在于各国规范体系和应用中，这一事实并未从根本上改变该规

172　Bin Cheng 已指出，"原则和规则是不同的"，因为"规则本质上是实用的，而且是有约
束力的；有艺术的规则也有政府的规则，而原则表达的是一个普遍的真理，它可以指导我们的行
动，是我们生活中各种行为的理论基础，将原则运用于现实会产生一定的结果"。Cheng, supra
note 123, at 24 （alteration in original）quoting Gentini Case （It. v. Venez.） 10 R. I. A. A. 551
（Perm. Ct. Arb. 1903）.

173　Ibid. , at 24.

174　Wolfrum, supra note 135, ¶ 6. 这一问题的语义表达显然引起了一些学术上的争论，尽管
没有具体阐述其实际意义。See, e. g. , Jalet, supra note 152, at 1046.

175　Michael Bogdan 似乎已经暗示过这个结论。Michael Bogdan, General Principles of Law and
the Problem of Lacunae in the Law of Nations, 46 Nordisk Tidsskrift Int'l Ret 37, 48-49 （1977）. 同
时，人们不能期待相反的情况，即一个规范被笼统地设定，而它又必须包含一项被普遍接受的具
体内容。

范的基础是一般原则这一点。事实上，这正符合人们对具体情形中如何实施一般原则的预期。这一概念的核心是，环评原则是对可能产生重大环境影响的活动或项目要求其进行评估的一项伞形规范。如果要对这一原则进行简化的话，那么可以将其核心描述为在采取行动之前调查和考虑环境影响的义务。[176]

最后，环评规范表述的抽象性或者特定性与其他公认的一般法律原则相似，例如"最终判决是对法律纠纷的最终处置"的既判力原则，"违约要赔偿"的赔偿义务。[177] 环评规范是具有一般性的，但对于指导具体问题来说同时又是足够具体和特定的。

2. 被承认为法律

一般原则条款的第二项标准要求：有关规范被承认为法律。调查结果显示，在197个调查对象中，至少有183个国家（约占93%），通过法律或者规章规定了环评义务，另有其他8个多边开发银行和国家发展援助机构要求将其作为其业务程序的一部分，包括贷款业务。只有6个司法管辖区没有明确将环评规范纳入其环境治理体系，而我们无法确定剩余8个司法管辖区的状况。绝大多数国家接受并将环评义务纳入其法律和/或规章，这表明环评义务在这些地方被视为法律。[178]

然而，调查结果无法解决一个更深层次的问题，即每个国家的法律体系是如何实施环评义务的？换言之，这一规范是否不仅在立法上是强制

---

[176]　为了进一步讨论一般原则的性质及其所服务的目标，参见 Robert Kolb, Good Faith in International Law 4-13 (2017). 我将另外更详细地讨论这些原则的具体轮廓和限制。

[177]　Cheng, supra note 123, at 233 (internal quotation marks omitted) [quoting Factory at Chorzow (Ger. v. Pol.), Judgment, 1928 P. C. I. J. (ser. A) No. 17, ¶ 29 (Sept. 13)]. 对其他一般原则抽象程度的说明，参见 1 L. Oppenheim, International Law: A Treatise 346 - 347 (H. Lauterpacht ed., 8th ed. 1955) [指出"使用自己财产时不得损害他人财产"的法律格言是根据《国际法院规约》第 38 条第 1 款第（3）项适用的一般法律原则之一]; Restatement (3rd) Foreign Relations Law of the United States § 712 reporter's note 2 (Am. Law. Inst. 1987)（规定了补偿标准的相关要求）; Am. Int'l Grp. v. Islamic Republic of Iran, 4 Iran - U. S. Cl. Trib. Rep. 96, 105, 109 (1987)（裁定按照"国际公法的一般原则"，外国国民有权享有"所占财产的价值"，并提到要确定财产的"持续经营或者公平市场价值"）。

[178]　Restatement (3rd) Foreign Relations Law of the United States § 102 (Am. Law. Inst. 1987)（被承认为法律，隐含在"一般原则普遍存在于'世界主要法律体系中'"这句话中）.

的，而且在实践中也得到了执行？[179] 这是一个现实问题，特别是在发展中国家和法治薄弱的国家。大多数司法管辖区赋予行政机关在执法时一定的自由度，因此在环评规范的适用中存在一定的自由裁量权，但在某些法律体系中，制定的法律（"纸面上的法律"）和适用的法律（"行动中的法律"）之间可能存在相当大的差距。政府的立法经常被藐视或者得不到执行，衍生出了这样的立法是否真的是法律的疑问。[180]

　　本文的调查没有试图确认那些未系统执行环评要求的法律体系。[181] 这种情况最有可能发生在最不发达国家。因此，如果读者采用更严格的标准来判断"被承认为法律"，则本调查结果无法提供符合该标准的信息。[182]

179　在 H. L. A. Hart 的法律认知框架中，这不是一个问题。缺乏执行本身并不等于不承认它是有效的法律规范。H. L. A. Hart, The Concept of Law 97-107（3d ed. 2012）. 事实上，由于资源不足和时间限制等原因，没有任何一个法律体系能百分之百地执行其法律规范。另一个问题是，对尚未废除但已无效的立法的弃置不用，如禁止跨种族婚姻的法律，以及一些州仍然保留的、美国最高法院裁定违宪的外来人土地法。

180　事实上，Tanaka 法官对国际法院在 Liberia v. S. Africa 一案裁决的异议中指出，外交官和其他政府官员在确定有效的法律规范方面应发挥作用：承认某一原则的表现不必局限于上述立法行为；对于国际联盟机构、联合国和其他组织采用规则的承认，可以通过会员国代表团在参与决议、宣言时所表明的态度来表达。South West Africa Cases（Liber. v. S. Afr.），Judgment, 1966 I. C. J. Rep. 6, 250, 300（July 18）（separate opinion of Tanaka, J., dissenting）. Tanaka 法官的意见意味着，如果负责执行某一法律规范的政府部门认为它不够重要或者不认为其在法律上有义务采取行动，那么它就不符合第 38 条第 1 款（c）项所说的"承认"。与司法裁决有关的一个问题是法官制定的法律。虽然普通法系规定司法裁决可以创设新的法律，但大陆法系否认法院拥有这种权力。当然，司法决策的现实情况很少如此简单，立法与法律澄清的界限在理论上远比在实践中容易确定。然而，即使司法意见的实质性作用仅限于法律适用，但它们仍有助于澄清或确认应适用的法律规范。在这种作用中，司法裁决可以作为证据协助确定适用的规范，即使这些司法意见本身并不具有权威性。

181　我们的调查发现：任何司法管辖区的专家和学者从未明确指出环评义务是完全被忽视的。在我们的研究中，最接近这一情形的是苏丹，联合国环境规划署指出："基本的环评和批准程序，并没有有效地适用于大多数项目，也根本未适用于上游石油项目。"U. N. Env't Programme, Sudan Post - Conflict Environmental Assessment 155（2007），https：//postconflict. unep. ch/publications/UNEP_ Sudan. pdf. 虽然环评义务从未被系统性地忽视过，与未有效执行环评（的普遍性）相反，这要求我们对之前从未有过深入研究或其他信息基础的事项进行判断（或说猜测）。然而，如前所述，这是一个值得进一步探讨的问题。

182　然而，应当注意，在许多这样的国家，世界银行很可能积极行动，因此其环评要求可能适用于许多重大项目。如上所述，世界银行的环评程序在适用时独立于任何国家要求。See sources cited and text accompanying supra note 42.

3. 谁对（一般法律）原则的承认算数？

根据《国际法院规约》第 38 条第 1 款（c）项，对该原则为法律的承认必须来自文明各国。[183] 学者认为，1920 年的法学家委员会无意通过这一术语来表达殖民主义内涵，因此所有国家都有资格满足这一条文。[184] 此外，国际学者以及美国《对外交关系法重述（第三次）》似乎一致认为，这一标准并不要求全世界所有国家百分之百地遵守。[185] 然而，有人提出应当有六大法系各代表国家的遵守，即普通法系、民法法系、社会主义法系、非洲法系、伊斯兰法系和东亚法系。[186]

调查结果显示，各国立法几乎普遍采纳了环评义务。在所有六个法系中都可以找到，包括阿拉伯国家的广泛适用。伊拉克、阿富汗、古巴、朝鲜的法律体系中，环评义务也被纳入了环境治理体系中。

国际机构，尤其是多边开发银行和其他政府间组织的环评要求和法律规范的遵守情况如何呢？例如，1989 年，世界银行开始将环评适用于其贷款支持的项目。[187] 违反环评操作指令和政策的行为将会引起世行检查小组的调查。这些要求适用于世界银行资助的项目，即使这些项目所在国可能没有自己的环评立法。换言之，多边开发银行将环评扩展适用于（本国）未规定环评义务或未能有效执行环评的国家。我们的调查结果

---

[183]　ICJ Statute, supra note 3, art. 38（1）（c）.

[184]　See, e. g., Cheng, supra note 123, at 25; Crawford, supra note 135, at 34 n. 88; Restatement（3rd）Foreign Relations Law of The United States § 102 reporter's note 7（AM. LAW INST. 1987）. 解释"文明国家"的一种方式是："世界上已经取得独立地位并为国际大家庭所接纳的国家，这些国家已经成为一个主权政治统一体，并且已经超越了原始民族的阶段。" Jalet, supra note 152, at 1044（footnote omitted）. 去探求专制、独裁或法治非常薄弱的国家是否符合（文明国家的概念）似乎是合理的。但是对于环评规范，这个问题没有实际意义。

[185]　See, e. g., H. C. Gutteridge, Comparative Law: An Introduction to the Comparative Method of Legal Study & Research 65（2d ed., Wiley & Sons Ltd. 1971）（1949）; see also South West Africa Cases（Liber. v. S. Afr.）, 1966 I. C. J. at 297; North Sea Continental Shelf Cases（Fed. Republic Ger. v. Den.; Fed. Republic Ger. v. Neth.）, Judgment, 1969 I. C. J. Rep. 3, 219, 229（Feb. 20）（separate opinion of Lachs, J., dissenting）. But see Jalet, supra note 152, at 1044 n. 20（主张需要普遍的接受，并引用了 Bin Cheng 的话）.

[186]　See, e. g., Bassiouni, supra note 158, at 812（确定了五大主要法系）; Bogdan, supra note 174, at 46.

[187]　See, e. g., Craik, supra note 24, at 109.

表明，至少有五家多边开发银行和三家国家发展援助机构采用了环评义务。

多边开发银行在促成环评规范全球性共识方面的作用吸引了我们的注意。这样的实体本身不是主权国家，因此不具有立法权。然而，与行政机关一样，它们是主权国家的产物，通常被赋予实现特定目标的权力。如果这些组织承认或者遵守特定的法律规范，则有助于就某一特定法律原则达成国际共识。实际上，这些组织还在那些本身没有规定环评制度的地方推行了环评要求。

可能产生重大环境影响的项目在开工之前要进行环评的义务，在很大程度上已近乎实现了全球普遍性，即便学术著作中，以及学者、外交官、国际组织的发言、声明中还未正式承认其是一项国际公法规范。根据本文调查，它在立法上的广泛采纳已符合"文明各国所承认的一般法律原则"的标准。

四　环评作为一般法律原则的现实意义

（一）将环评规范作为一般原则予以适用

如果环评规范已成为"文明各国所承认的一般法律原则"这一观点得到认同，它具有什么现实意义？对这些问题的充分探讨将超出本文的范围，但至少以下三种影响值得注意：（1）国际法院等作出的国际裁决；（2）世界银行等国际组织内部的业务实践；（3）包括美国在内的国内法。

首先，环评作为一项一般法律原则所带来的现实影响在国际法院、世界贸易组织以及其他仲裁法庭和人权机构的国际裁决程序中表现最为明显。《国际法院规约》第38条明确规定一般法律原则是国际法院可以依据的法律渊源之一。由于国际法院在乌拉圭河纸浆厂一案中的意见已宣布跨界环评有关规范是国际习惯法的一部分，而环评一般原则（EIA General Principle）则将规范的适用扩展至跨界争端以外的诸如全球公地问题和应该适用国际公法的其他情形。例如，公海捕鱼或者捕鲸活动以及南极研究站的废物处置活动可能对海洋和脆弱的极地环境产生重大影响，从而会引发环评义务。[188]

在世贸组织争端解决机制中，《争端解决谅解》第3.2条暗示了一般原则可用来填补空白，该条款被解释为总体上承认了可适用国际公法。[189]而这里的一般原则应包括环评原则。虽然在过去的世贸组织争端中似乎未出现环评问题，但可以想象（有人）对一国的环评程序提出挑战，理由是环评要求会带来额外成本和（时间）延误，因此，（环评）阻碍了贸易并违反了世贸组织规定的其他义务。[190]尽管根据世贸组织的例外条款、《关税及贸易总协定》第20条（b）款和（g）款，[191]许多环境法规都是合理的，但环评一般原则将提高（各国）对环评要求的接纳度。

在另一个重要的国际法庭——国际海洋法法庭中，（环评一般原则的）现实影响将更为有限。根据《联合国海洋法公约》，国际海洋法法庭裁决可适用的法律包括一般法律原则。[192]然而，《联合国海洋法公约》本

---

[188]　Accord Envtl. Def. Fund v. Massey, 986 F. 2d 528（1993）; Whaling in the Antarctic（Austl. v. Japan）, Judgment, 2014 I. C. J. Rep. 226（Mar. 31）.

[189]　第3.2条规定，"可根据国际公法解释的习惯规则对［世贸组织协定］的现有规定加以阐明。" Ibid. 根据世贸组织上诉机构的说法，这一条款"反映了一种认识指向，即不能脱离国际公法在实践中上孤立地解读总协定"。Appellate Body Report, United States—Standards for Reformulated and Conventional Gasoline, at 17, WTO Doc. WT/DS2/AB/R（adopted Apr. 29, 1996）; see also Joost Pauwelyn, The Role of Public International Law in the WTO: How Far Can We Go? 95 AM. J. INT'L L. 535, 543（2001）.

[190]　Pauwelyn 教授甚至提出了种假设，即可能需要 WTO 专家小组来决定，一项非 WTO 规则是否会因在 WTO 争端中被宣告无效而遭到侵犯。Pauwelyn, supra note 188, at 559.

[191]　1994 年世贸组织成立时，它完全合并了其前身——1947 年《关税及贸易总协定》（GATT）。因此，1947 年的关贸总协定在世贸组织成立后仍然有效，其中包括关贸总协定第20条的例外条款，该条规定某些类型的环境措施不受世贸组织要求的限制。第20条规定如下：本协定的规定不得解释为阻止缔约国家采用或实施以下措施；但对情况相同的各国，实施的措施不得构成武断的或不合理的差别待遇，或构成对国际贸易的变相限制：（b）为保障人民、动植物的生命或健康所需的措施；（g）与国内限制生产与消费的措施相配合，为有效保护可能用竭的天然资源的有关措施。General Agreement on Tariffs and Trade art. XX（b）-（g）, Oct. 30, 1947, 55 U. N. T. S. 194, 262.

[192]　可适用的法律包括《联合国海洋法公约》和与本公约不抵触的其他国际法规则。U. N. Convention on the Law of the Sea art. 293, opened for signature Dec. 10, 1982, 1833 U. N. T. S. 3, 397（entered into force Nov. 16, 1994）.

身通过第 206 条单独规定了环评要求。[193] 即便环评一般原则与第 206 条重复，它仍然可以为实践中应如何适用第 206 条提供解释。[194]

在其他情形中，例如在跨界水纠纷中，环评一般原则将加强现有的跨界环评义务。[195] 如果投资者以环评义务是一种征收（国际法上的政府没收财产）为由，而对一国的环评要求提出挑战的话，可通过环评一般原则来证明环评要求的合法性以回应这些挑战。[196]

第二，环评一般原则还会影响国际组织的业务实践。虽然对国际组织是否要受限于其未加入的条约存在认知分歧，但对国际组织要受习惯法和一般原则的约束则几乎没有争议。[197] 对于内部没有设定环评要求的国际组织来说，环评一般原则将创设一套新的业务职责。对于世界银行和其他多

---

[193]　Ibid., art. 206（"对活动潜在影响的评估：当各国有合理理由相信在其管辖或控制下的计划活动可能对海洋环境造成实质性污染或重大和有害的变化时，应在可行的范围内评估此类活动对海洋环境的潜在影响，并应按照第 205 条规定的方式通报此类评估结果的报告"）；see also In re S. China Sea Arbitration（Phil. v. China），PCA Case No. 2013 - 19，Award，¶¶ 987 - 991（Perm. Ct. Arb. 2016）；Responsibilities and Obligations of States Sponsoring Persons and Entities with Respect to Activities in the Area，Case No. 17，Advisory Opinion of Feb. 1，2011，2011 ITLOS Rep. 10，¶¶ 141-150.

[194]　例如，第 206 条模糊的条文表述可以通过这里的一般原则分析而部分解决。See, e. g., Maki Tanaka, Lessons from the Protracted Mox Plant Dispute: A Proposed Protocol on Marine Environmental Impact Assessment to the United Nations Convention on the Law of the Sea, 25 Mich. J. Int'l L. 337, 356（2004）.

[195]　In re Indus Waters Kishenganga Arbitration（Pak. v. India），31 R. I. A. A. 1，450（Perm. Ct. Arb. 2013）. 如果国际裁决程序中没有明确将一般原则作为准据法一部分的话，法官通常仍将这些原则作为相关背景原则来适用。See, e. g., Pauwelyn, supra note 188, at 541 & n. 44 ［citing A. D. Mcnair, The Law of Treaties 466（1961）］.

[196]　过去，征收源于实质性环境要求。然而，不难想象，由于可能给外国投资者带来的迟延和其他程序成本，这种制度性的"财产没收"（征收）给环评带来的挑战有多大。

[197]　See Interpretation of the Agreement of 25 Mar. 1951 Between the WHO and Egypt, Advisory Opinion, 1980 I. C. J. Rep. 73, ¶¶ 37-38（Dec. 20）（"国际组织是国际法的主体，因此，它们受国际法一般规则、其宪章或它们所加入的国际协定所规定的任何义务的约束"）。"一般国际法"一词通常用来指国际法的普遍适用规则，包括习惯法和一般原则，与国际协定中所包含的特定实施规则不同。See, e. g., Restatement（3rd）Foreign Relations Law Of The United States § 101（d）cmt. d（AM. LAW INST. 1987）［"除非另有说明，本重述中使用的'国际法'是指普遍适用于各国和各（政府间）国际组织的法律"］；Pauwelyn, supra note 188, at 536；see also Kristina Daugirdas, How and Why International Law Binds International Organizations, 57 Harv. Int'l L. J. 325, 327, 331, 380（2016）.

边开发银行来说，其在贷款操作中已规定要进行环评程序，则环评一般原则将为这种要求提供补充法律依据。（环评一般原则）增强了环评要求的合法性，这也有助于促使那些对环境问题漠不关心的国家借款人接受这一要求。

最后，环评一般原则还会影响一国的法律体系。在少数尚未设定环评义务的国家，其参与国际事务时可能需要适用新的法律规范。[198] 在已经规定了环评规范的国家，如美国，其影响可能有限但仍然是显著的。例如，由于 NEPA 被司法解释为仅适用于美国境内，[199] 在国外实施重大联邦行动时进行环境影响评估属于第 12114 号行政命令下的行政自由裁量。[200] 而根据环评一般原则，这种影响评估作为一项国际法事项，可能是必需的。[201]

（二）环评义务之外的其他一般原则

逻辑上还有一个问题：是否还有其他符合一般原则的环境法规范？是否有其他和环评义务一样长期存在并被广泛认可的环境规范，这目前还不明显。[202] 事实上可以说，环评的主要目的是加强决策过程，而不是施加实质性要求，这一点使它比具有实质性内容的规范更易为政府监管者所接受。在这个意义上，对环评缺乏强有力的实质性内容的批评，可能正是其具有普遍吸引力和取得广泛成功的原因。

然而，缺乏普遍认可本身不是取得一般原则地位所不可或缺的条

---

[198] 在这个意义上，环评规范已经实现了大多数习惯法和条约中国际环境法律规范所追求的目标，即在国家和地方层面积极推动法律规范的改变，而正是在这些层面发生了对环境危害最大的活动，并且法律规范必须在地方得到实施才能实现其效力。

[199] But see Envtl. Def. Fund v. Massey, 986 F. 2d 528 (1993) （介绍了涉及南极活动的著名例外）.

[200] Exec. Order No. 12114, 44 Fed. Reg. 1957 (Jan. 4, 1979). 由于第 12114 号命令的条文表述，该命令规定的行政义务在司法上不具有可执行性，见 3.1 节，且对于行政机关执行命令要求的一致性并没有一个系统性的文件说明。

[201] 这包括对美国在南极、在公海活动的环评，see Greenpeace USA v. Stone, 748 F. Supp. 749 (D. Haw. 1990)；和国外军事基地的环评，see NEPA Coalition of Japan v. Aspin, 837 F. Supp. 466 (D. D. C. 1993).

[202] 因此，学者和法官在运用比较法研究时仍可能遇到过去就存在的困难。See, e.g., Ford, supra note 153, at 67-71.

件。毕竟,"承认"(recognition) 只要求世界上主要法律体系的认可。[203]
适合作为一般原则的其他规范诸如《奥胡斯公约》中的公众参与和信
息公开。二者都主要是程序性规范。另一个有可能的并得到各国普遍支
持的规范是享有清洁环境的人权。最近的研究表明,这一规范已得到广
泛认可。[204]

(三) 一些最终的观察与思考

关于这项调查对国际环境法发展的现实意义,笔者最后还有一些话
想说。

第一,调查结果为评估环境法律规范在世界各法律体系中的普遍性提
供了重要的参考。环评规范在全球范围内的广泛采纳表明,各国对其寄予
希望、把它视为解决环境问题的工具。[205] 有意思的是我们可以看看其他环
境规范是否也能取得类似的普遍性。

第二,本文所采的调查方法提供了一个独特的视角,将国内环境法的
迅速发展与国际体系中环境法律规范发展联系起来。由于许多国内环境治
理体系中的环境法规范(发展)远远领先于国际体系,这种联系将有助
于推动滞后的国际规范(的发展),并促成有关清洁环境对人类健康、生
活质量具有重要意义的广泛共识。

第三,本文所使用的方法论,一定程度上有助于推翻传统国际环境治
理中"自上而下"式的立法和执行模式。在国际环境法中,超国家组织
在创设新的环境法规范中承担了绝大多数责任。某一规范只有被纳入条约
或者习惯法之后,才会被传递到国家和地方政府层面加以采纳和实施。相
比之下,与一般法律原则有关的国际法规范则是首先出现在国家法律体系
中,然后通过世界各主要法律体系的广泛认可,上升为超国家层面的一般
原则。从"自上而下"到"自下而上"的立法模式转变,将有助于缩小

203　见三 (三) 部分第 3 点的讨论。

204　See David R. Boyd, The Environmental Rights Revolution: A Global Study of Constitutions,
Human Rights, and the Environment (2012).

205　有人甚至认为,一个国家对自己和本国公民所采纳的监管规范不大会受到下列因素的影
响:(本国利益) 私利考量,装腔作势和其他各国在订立条约时相互讨价还价、对通过的条约承
诺和规范产生负面影响的谈判策略。国内规范及其立法模式最终可能更诚实和真诚地表达了各国
认为有效监管所必需的内容,以及此类规范应具有法律约束力的程度。

国际法律规范制定和实施之间的差距，因为（规范的）制定与实施都首先发生在国家层面。

　　第四，对环境规范的比较研究可以更好地理解国际环境法中一个反复出现的疑惑：在环境方面是否有或者应该有比当前国际社会承认（的法律规范）更有约束力的规范存在？这体现在国际环境法"软法"中，即那些被视为"还不是或者不仅仅是法律"的规范。[206] 皮埃尔-玛丽·杜普伊（Pierre-Marie Dupuy）等学者将"软法"解释为迈向"硬法"的先前或者中间阶段，是不具有约束力的规范在各种国际文书中长期、重复出现的结果。[207] 博丹斯基（Bodansky）教授将这一法律创设过程视为一种"声明法"。[208] 已故的乔纳森·查尼（Jonathan Charney）教授将其解释为一种"普遍国际法"。[209]

　　我们的调查进一步揭示了"软法"的属性：它是国家层面的法律规范在长期演变中上升至国际领域的表现。国际律师、外交官和学者初步形成了如下认知：相关环境规范构成了一项不仅适用于国内法，还适用于国际体系的法律原则。[210] 因此，软法可以成为沟通国内环境法和国际环境法发展的桥梁。正如自然物质世界中的"物物相关"，规制它们的法律也是如此。

　　最后，技术的发展，特别是互联网的发展，已经彻底改变了我们需要周游全球进行调查以便更好地了解法律规范发展的观点。当然，这项任务依旧很耗时。但是，作为回报，我们可以更为细致地理解国际环境法的起源和未来（趋势），并避免重复制定一国体系内已有的治理方案，因此这项付出也是值得的。

---

[206]　Hunter et al. , supra note 157, at 350.

[207]　Pierre-Marie Dupuy, Soft Law and the International Law of the Environment, 12 Mich. J. Int'l L. 420（1991）.

[208]　Bodansky, supra note 161, at 116.

[209]　Charney, supra note 143.

[210]　事实上，Wolfrum 教授充分表达了这一观点：（相关规范）在国际法院或仲裁庭的裁判中，在国际组织的决议中，在国际会议（如世界首脑会议）的政策声明中屡屡被认可，这使得其发展成为国际法层面的原则。同时还确立了（相关规范）是一项独立原则，且是国际法的渊源之一。Wolfrum, supra note 135, ¶ 55.

结　论

　　本文的调查表明，环评规范目前已在全球各司法管辖区内获得普遍适用。调查结果支持了环境规划和治理中环评是一种良好行为规范的普遍观念。调查所取得的发现还标志了一项几乎已为全球各司法管辖区普遍采纳的环境规范的出现。最后，调查结果还表明，环评规范已成为一项一般法律原则，是国际环境公法的一部分。

附录 1

全球环境影响评价国内立法概览表

联合国下的区域集团	环评（是）	环评（否）	环评（不清楚）	总数
非洲	50	3	1	54
亚太集团	54	2	—	56
东欧集团	23	—	—	23
拉丁美洲和加勒比集团	28	1	4	33
西欧集团及其他	28a	—	3	31
总数	183[a]	6b	8c	197
多边发展银行和对外援助机构	8	—	—	8

附录 2
对环评规范进行二次确认时所
依据的主要资料来源
（相关组织、文章和网站）

　　1. ECOLEX, https：//www. ecolex. org/（last visited Jan. 19, 2019）；

---

　　a 包括作为一个独立司法管辖区的欧盟。

　　b 南苏丹、索马里、厄立特里亚、苏里南、新加坡和瑙鲁。

　　c 中非共和国、教廷（梵蒂冈）、圣马力诺、摩纳哥、圣文森特和格林纳丁斯、圣卢西亚、圣基茨以及尼维斯和巴巴多斯。

FAOLEX, http: //www. fao. org/faolex/en/ (last visited Jan. 19, 2019).

2. Netherlands Commn for Envtl. Assessment, http: //www. eia. nl/en/ countries (last visited Jan. 19, 2019).

3. United Nations Environment Programme, Environmental Assessment in the WIO Region: An Overview of the Policy, Legal, Regulatory and Institutional Frameworks Related to Environmental Impact Assessment in the WIO Region (2010) (unpublished report, on file with author).

4. Dev. Bank of S. Africa, S. African Inst. for Env'T Assessment, Handbook on Environmental Assessment Legislation in the SADC Region (2007), http: //www. commissionoceanindien. org/fileadmin/ resources/RECOMAP% 20Manuals/Handbook%20on%20Environmental%20Assessment%20 Legislation_ SADC%20Region_ Nov%202007. pdf.

5. Dev. Bank of S. Africa, SADC Environmental Legislation Handbook 2012 (2012), https: //irp − cdn. multiscreensite. com/2eb50196/files/uploaded/ SADC%20Handbook. pdf.

6. Convention on Biological Diversity, National Reports and NBSAPs, https: //www. cbd. int/reports/search/ (last visited Jan. 19, 2019).

7. Dieudonné Bitondo et al. , Evolution of Environmental Impact Assessment Systems in Central Africa: The role of National Professional Associations, Secretariat for the Envtl. Assessment in Cent. Africa (2014), http: //api. commissiemer. nl/docs/mer/diversen/os _ evolution _ eia _ centralafrica _ 2014. pdf.

8. E-law, EIA Law Matrix, https: //www. elaw. org/elm (last visited Jan. 19, 2019).

9. Ernesto Sanchez-Triana & Santiago Enriquez, A Comparative Analysis of Environmental Impact Analysis Systems in Latin America (Apr. 6, 2007) (draft paper for the Annual Conference of the International Association for Impact Assessment), https: //www. ifc. org/wps/wcm/connect/ c688c7004c08ac00ae87be79803d5464/2_ EIA + in + LAC + IAIA + Seoul. pdf? MOD = AJPERES.

10. AECEN, https: //www. aecen. org/eia (last visited Jan. 19, 2019).

11. World Bank Group, Legal Framework of Environmental Impact Assessment in Latin America, http: //www. ifc. org/wps/wcm/connect/1069ce004c08ad23ae9cbe79803d5464/3_ eia + in + lac + poster. pdf? mod = ajperes (last visited Jan. 19, 2019).

12. Gunnar Baldwin, Approaches to Environmental Licensing and Compliance in Caribbean Countries (2016), https: //publications. iadb. org/bitstream/handle/11319/8083/Approaches – to – Environmental – Licensing – and – Compliance–in–Caribbean–Countries. pdf? sequence = 1.

13. Secretariat of the Pac. Reg'L Env'T Programme, Pacific Environment Information Network of Secretariat of the Pacific Regional Environment Programme, https: //www. sprep. org/pacific – environment – information – network–pein (last visited Jan. 19, 2019).

14. Institute for Glob. Envtl. Strategies, Strengthening EIA in Asia (2016), https: //www. aecen. org/sites/default/files/strengthening_ eia_ in_ asia. pdf.

15. Env'T & Soc. Dev. Unit of the E. Asia & Pac. Region of the World Bank, Environmental Impact Assessment Regulations and Strategic Environmental Assessment Requirements: Practices and Lessons Learned in East and Southeast Asia (2006), http: //documents. worldbank. org/curated/en/949001468167952773/pdf/408730PAPER0EI1onal1review01PUBLIC1. pdf.

16. U. N. Econ. Comm'N for Europe, Environmental Policy: Reviewed Countries, https: //www. unece. org/environmental – policy/environmental – performance–reviews/reviewed–countries. html (last visited Jan. 19, 2019).

17. Organisation for Econ. Co–operation & Dev. , Find an Environmental Country Review, http: //www. oecd. org/environment/ country–reviews/find–a–review. htm (last visited Jan. 19, 2019).

18. Envtl. L. All. Worldwide, Caribbean Environmental Law, https: //www. caribbeanenvirolaw. org/countrieslistings (last visited Jan. 19, 2019).

19. Marcelo Acerbi et al. , Environmental Impact Assessment Systems in Latin America and the Caribbean, Impact Assessment for Soc. & Econ. Dev. (2014): http: //conferences. iaia. org/2014/IAIA14 – final – papers/

Acerbi,%20Marcelo. %20%20EIA%20systems%20in%20Latin%20America%20and%20the%20Caribbean. pdf.

20. European Comm'N： Env'T, Country Reports and Common Challenges, http：//ec. europa. eu/environment/eir/country - reports/index2 _ en. htm (last visited Jan. 14, 2019).

21. U. N. Econ. Comm'n for Europe, Review of Implementation National Reporting, https：//www. unece. org/env/eia/implementation/review _ implementation. html (last visited Jan. 19, 2019).

22. Ana Luisa Gomes Lima et al. , Environmental Impact Assessment in South Asia, Impact Assessment for Soc. & Econ. Dev. (2015)： http：//conferences. iaia. org/2015/Final - Papers/Sanchez - Triana,% 20Ernesto%20 -% 20Environmental% 20Impact% 20Assessment% 20Systems% 20in% 20South% 20Asia. pdf.

The Emergence of the Environmental Impact Assessment Duty as a Global Legal Norm and General Principle of Law.

（责任编辑　何颖莹）

实务之声

浅议行政复议机制的功能拓展

——以"行政一体"原则在一宗环境影响评价行政诉讼中的适用为例

陈勇儒* 肖燕平**

内容摘要：我国当前在行政复议实践中普遍存在的一种错误观念即将原行政决定与复议决定割裂为两个完全独立的行政行为。行政复议机关应当坚持"行政一体"原则的立法理念，通过正确理解与规范适用这一原则，运用其在复议审查时具有的重新确认事实、重新适用法律的权力，也不因原行政行为适用法律无误而予以径行维持，还应当遵循从旧兼从轻的法律适用原则。"行政一体"原则的适用将拓展行政复议机制的监督、纠错功能，更好地实现行政复议机制应有的救济价值。

关键词：行政复议；行政一体；环境影响评价；从旧兼从轻原则

引 言

行政复议中上级机关对于下级机关的执法决定不作事实与法律实质审查，作出径行维持的复议决定，这种现象屡见不鲜且负面影响巨大。实际上，原行政决定是一个效力待定的行政行为，只是行政复议机制中的一个初始环节，其是否准确有待于复议决定的确认。从发现相对人违法至原行政决定作出，再至复议决定作出，最后至相对人履行复议决定确认（原行政行为确定）的义务，这就是行政复议机制的全过程。因此复议机关对违法事实的审查，准确适用法律所作的复议决定才是对行政相对人产生效力的行政行为。原行政决定与复议决定对行政相对人而言是一体中的两

---

* 北京市盈科（广州）律师事务所律师，广东省法学会环境资源法研究会常务理事。

** 北京市盈科（广州）律师事务所律师。

个环节，这就是"行政一体"原则。我国正值社会转型期，行政法律法规的制定与修改并不少见，在环境行政领域尤其明显。本案发生的 2017 年正是《"十三五"环境影响评价改革实施方案》实施期间，关于环境影响评价的审批条件进行了较大的变动。在这样的背景下，"行政一体"原则正在发挥出强大的影响力，拓展着行政复议机制的功能，强化着对于行政相对人权利的保护。

一　案情简介与相关争议焦点

案情简介：2017 年 3 月，广州市某区环保局对行政相对人广州市某物流有限公司所处的沙湾水道沙湾水厂饮用水水源保护区进行现场检查，认为行政相对人所经营的一个仓储项目位于该保护区的二级区内，且该仓储项目于 2011 年已投入使用，但未办理环保设施竣工验收手续。该项目产生生活污水、噪声等污染物，且未配套污染治理设施，生活污水经厂内废水处理池处理后便排入市政污水厂的集污管网，遂立案查处。

行政机关于 2017 年 7 月 18 日向相对人下达了《行政处罚决定书》：指明相对人的仓储项目需要配套建设的环境保护设施未经验收，主体工程正式投入使用，违反了《建设项目环境保护管理条例》（1998）第 23 条的规定；依据《建设项目环境保护管理条例》（1998）第 28 条和《广州市环境保护局规范行政自由裁量权规定》附件《环境违法行为行政处罚自由裁量适用标准》第 9 项的规定，决定作出责令停止该仓储项目的使用和罚款人民币 7 万元的行政处罚。行政相对人广州市某物流有限公司于 2017 年 9 月向广州市环境保护局提起行政复议。复议机关广州市环境保护局认为，广州市某区环保局有执法管辖权，申请人违法事实清楚，广州市某区环保局法律适用准确，处罚金额裁量得当，于 2017 年 11 月作出维持原环境行政处罚决定的复议决定。行政相对人不服，随后启动司法救济程序。一审法院判决不认可原告提出的事实与理由，驳回原告的全部诉求。上诉后，二审法院裁判认为《行政处罚决定书》明显不当，依法应予撤销；复议决定没有妥善考虑上述新旧法律规范更替情形，而是径行作出复议维持决定，确有不当，应予以撤销。

相关争议焦点：（1）《行政处罚决定书》的合法性与合理性，其中包括适用的法律是否正确和自由裁量是否合理；（2）行政复议决定的实体合法性，即行政复议机关是否已尽到复议监督职责的问题。

二　关于争议焦点的分析

（一）《行政处罚决定书》的合法性与合理性

1. 适用的法律是否正确

复议申请人认为，本案应当适用《环评分类管理名录》（环境保护部44号令）。理由是该《环评分类管理名录》已于 2017 年 6 月 29 日颁布，确定 9 月 1 日生效实施。原行政机关虽于 2017 年 3 月立案，但该名录实际上早在 2016 年年底已由生态环境部审议通过并向各级环保部门发文，其中规定的涉案仓储项目环评类型降级为环境影响登记表。对此，原行政机关广州市某区环保局在当年 7 月 18 日做出涉案行政处罚决定书之前，是明确知晓的。在此情况下，原行政机关为了查处案件而在新规范实施前依照旧法作出行政处罚，违背"行政合理性"原则，违背"教育与处罚相结合"的行政管理原则。

广州市某区环保局认为本案该局对申请人的行为查处时，新《环评分类管理名录》（环境保护部44号令）尚未生效，依照《环评分类管理名录》（环境保护部33号令）申请人应当依法编制环境影响报告表，涉案项目依法需要配套环境保护设施，并且须经验收合格后，方可投入生产使用。申请人在环保设施未经验收情况下即投产，其行为属于"未验先投"，违反了《建设项目环境保护管理条例》（1998）第23条的规定，应依据《建设项目环境保护管理条例》（1998）第28条的规定作出处罚。

二审法院认为，对于行政复议机关而言，其在行政处罚规范适用的问题上，应当在遵循法律不溯及既往原则的基础上，坚持有利于行政相对人的追溯原则，采取在新旧法之间从旧兼从轻原则，适用新法规、规章对本案作出处理。市环保局本应当按照新的规范和有利于相对人的原则，撤销原行政行为，使得行政复议决定更具合目的性、合理性和可接受性。

2. 自由裁量是否合理

复议申请人认为，尤其是在广州市某区环保局本身存在监管失职，多年来未就该项目的环境管理作出任何指导，即使立案后也未指明该项目具体需要配置何种污染防治设施的情况下，径直机械适用法律作出处罚，显然不当。且处罚数额属于《广州市环境保护局规范行政自由裁量权规定》附件《环境违法行为行政处罚自由裁量适用标准》中同类违法行为的顶格处罚额。广州市某区环保局引用上述处罚自由裁量标准时，未依照该标准细分的对应类型作出处罚，无任何法定从重处罚情由的情况下，从重处罚，不符合过罚相当准则。而该局辩称其依照《广州市环境保护局规范行政自由裁量权规定》附件《环境违法行为行政处罚自由裁量适用标准》，最终依法裁量处罚7万元。

（二）行政复议决定的实体合法性：行政复议机关是否已尽到复议监督职责

根据最高人民法院行政审判庭编著的《最高人民法院行政诉讼法司法解释理解与适用》中的理解，《最高人民法院关于适用〈中华人民共和国行政诉讼法〉的司法解释》（以下简称《行诉解释》）第135条第1款、第2款对《最高人民法院关于适用〈中华人民共和国行政诉讼法〉若干问题的解释》（以下简称《适用解释》）中第9条相应内容中的"程序"变为"决定"，"说明审查内容的全面性，既包括实体问题，也包括程序问题；既包括原行政行为，也包括复议行为，二者是'统一'的整体。复议决定的合法性应当包括三部分内容：一是实质上的原行政行为的合法性。由于原行政行为与复议维持决定之间存在密切联系，复议维持决定的合法性与原行政行为的合法性发生'重合'。二是复议机关改变原行政行为所认定的主要事实和证据、所适用的规范依据但未改变处理结果的，这些相应的事实、证据和适用规范已经成为原行政行为合法性不可分割的一部分，属于经复议决定修正后维持原行政行为的情形。三是复议程序自身的合法性，这部分与原行政行为的程序完全独立，应单独进行审查"。[1] 在举证责任分配上，对于经过复议维持的行政行为，合法性的举证责任应当由作出原行政行为的行政机关和复议机关共同承担。

《行诉解释》第135条第3款规定，明显是在2014年《行政诉讼法》的基础上进一步加大了复议机关的责任——将复议决定与原行政行为作为一个整体来认识，不仅在实体上如此，在程序上亦如此——复议机关只要

---

[1] 最高人民法院行政审判庭编著：《最高人民法院行政诉讼法司法解释理解与适用》，人民法院出版社2018年版，第629、630页。

没有改变原行政机关的处理结果，举凡改变事实、证据或适用规范依据，均属于对原行政行为的"治愈"、补正和维持，是对原行政行为的强化，复议机关改变这些事项已经成为"整体行政程序"的一个环节和步骤。[2] 而立法上作出将原行政行为机关和复议机关列为共同被告的制度安排，更是为了"一体监督"原行政行为机关和复议机关。[3]

本案二审法院广州铁路运输中级法院明确本案适用"行政一体"原则。其在《行政判决书》（〔2018〕粤71行终1892号）中"关于行政复议机关是否已尽到复议监督职责的问题"，认为"新《建设项目环境影响评价分类管理名录》（环境保护部令第44号）已于2017年9月1日施行。并且新《建设项目环境保护管理条例》（2017）也于同年10月1日起施行。新修改管理名录将仓储项目（其他）的环境影响评价等级从'环境影响报告表'下调为'环境影响登记表'类别。再结合《建设项目环境保护管理条例》（2017）第19条的规定，编制环境影响报告书、环境影响报告表的建设项目，其配套建设的环境保护设施经验收合格，方可投入生产或者使用；未经验收或者验收不合格的，不得投入生产或者使用。前款规定的建设项目投入生产或者使用后，应当按照国务院环境保护行政主管部门的规定开展环境影响后评价。也就是说，本案的仓储项目（其他）自2017年10月1日起，不属于环境影响报告表类型，除了建设前需要登记备案管理，其配套建设的环境保护设施不需要经过竣工验收，仓储项目（其他）即可投入生产或使用。适用该新条例的规定，仓储项目（其他）'未验先投'的，已经不具有可处罚性"。

而广州市环保局2017年11月14日作出被诉行政复议决定时，上述有利于相对人的新法新规均已施行。其本应依据《行政诉讼法》第26条第2款确立的，《行诉的解释》第135条进一步明确地将原行政行为与复议决定视为一个整体的"行政一体"原则，充分发挥行政复议机制的监督纠错功能，及时依法纠正违法或不当的原行政行为，使得对相对人的处罚在行政系统内部即变得合法合理，保障行政相对人的合法权益。但广州市环保局未意识到行政复议决定才是行政系统内部的最终决定，而是机械

2　同前注1，最高人民法院行政审判庭书，第631、632页。

3　江必新、邵长茂编著：《最高人民法院关于适用〈中华人民共和国行政诉讼法〉若干问题的解释辅导读本》，中国法制出版社2015年版，第87页。

地认为原行政决定适用当时生效的法律，作出决定并无不当，忽略复议期间生效实施的有利于相对人的新法新规，而径直维持原行政决定，未尽到复议监督纠错之职责，复议决定不当。

三 基于"行政一体"原则的分析

（一）具体规定与内涵

《行政诉讼法》第 26 条第 2 款[4] 和第 79 条[5]，以及《行诉解释》第 135 条[6]，确立了行政行为与复议决定的"行政一体"原则，以发挥行政复议机制的应有功能、价值。

修改前的《行政诉讼法》规定，复议机关决定维持原具体行政行为的，作出原具体行政行为的行政机关是被告。在 2014 年《行政诉讼法》修订过程中，针对实践中复议机关为了不当被告，维持原行政行为的现象比较普遍，导致行政复议制度未能很好发挥作用的状况，对原有制度进行了有针对性的改革，明确复议机关维持原行政行为的，与原行政机关作为共同被告。[7]

对于《行政诉讼法》新增加的第 79 条内容，全国人大常委会法制工作委员会行政法室编著的《中华人民共和国行政诉讼法解读》解释，修法前，原来的做法剥夺了复议机关维护自己主张的权利，因为维持复议决

---

4 2014 年修订的《行政诉讼法》第 26 条第 2 款规定："经复议的案件，复议机关决定维持原行政行为的，作出原行政行为的行政机关和复议机关是共同被告；复议机关改变原行政行为的，复议机关是被告。"

5 2017 年修订的《行政诉讼法》第 79 条规定，"复议机关与作出原行政行为的行政机关为共同被告的案件，人民法院应当对复议决定和原行政行为一并作出裁判。"

6 2018 年生效的《最高人民法院关于适用〈中华人民共和国行政诉讼法〉的司法解释》第 135 条规定，"复议机关决定维持原行政行为的，人民法院应当在审查原行政行为合法性的同时，一并审查复议决定的合法性"（第 1 款），"作出原行政行为的行政机关和复议机关对原行政行为合法性共同承担举证责任，可以由其中一个机关实施举证行为。复议机关对复议决定的合法性承担举证责任"（第 2 款），"复议机关作共同被告的案件，复议机关在复议程序中依法收集和补充的证据，可以作为人民法院认定复议决定和原行政行为合法的依据"（第 3 款）。

7 本书编委会编：《行政诉讼法及司法解释关联解释与适用》，中国法制出版社 2018 年版，第 203 页。

定是随着原行政行为而自然失效。修法后，维持复议决定与原行政行为在一个诉讼中一并审理，便于争议高效解决。在复议机关与原行政机关作共同被告的共同诉讼中，需要分别审查原行政行为和复议决定的合法性，应当在一个判决中对原行政行为和复议决定的合法性一并作出裁判。[8]

《行诉解释》第 135 条的第 1 款、第 2 款，是《适用解释》第 9 条规定的"一并审查复议程序的合法性"修改为"一并审查复议决定的合法性"，"复议机关对复议程序的合法性承担举证责任"修改为"复议机关对复议决定的合法性承担举证责任"；第三款则为新增内容。

所谓"行政一体"原则，根据耿宝建博士的定义，是指"将复议决定和原行政行为视为一个整体，将基于行政监督权能而形成的行政复议决定视为行政系统内部的最终行政处理意见，并由复议机关（或者其代表的政府）名义出面代表行政体系接受司法审查。行政决定和复议决定共同形成行政体系对证据采信、事实认定和法律适用的意见；行政决定与复议决定不一致的，以复议决定表述作为行政体系对外发生法律效力的认定，并接受司法审查"[9]。

（二） 外国法中的相似原则与比较

根据新《行政诉讼法》及《行诉解释》的规定，上述制度安排的思路来源于大陆法系的"原行政行为与复议决定的统一性原则"，同时又高于并区别于后者。"原行政行为与复议决定的统一性原则"（简称"统一性"原则），其定义也是指将复议决定和原行政行为视为一个整体，并统一到原行政行为，"充分地体现复议程序作为行政系统内部的、自我纠错和争议解决程序的功能特点，更加符合复议程序的制度定位"[10]。

在德国、法国、日本等行政复议制度比较成熟的国家，复议程序均被认为是行政系统内部的"自省程序""纠错程序"，因此从制度设计上均尽可能鼓励复议机关积极地查明事实、澄清法律关系，纠正原行政行为中

8　全国人大常委会法制工作委员会行政法室编著：《中华人民共和国行政诉讼法解读》，中国法制出版社 2014 年版，第 115—116 页。

9　参见耿宝建《行政复议法修改展望》，法律出版社 2016 年版，第 146—147 页。

10　赵大光、李广宇、龙非：《复议机关作共同被告案件中的审查对象问题研究》，载《法律适用》2015 年第 8 期。

的错误，使行政争议得到及时有效的处理。[11]《德国行政法院法》规定，"以下情况单独以复议决定作为审查对象：复议决定以不符合受理条件不予受理复议申请的决定；复议决定未考虑原行政行为作出后的事实或者法律关系变化；复议决定遗漏审查对象"[12]，其中明确复议决定应考虑原行政行为作出后的事实或者法律关系变化。因此，《德国行政法院法》确立了以复议决定为审查对象的原则，尤其是复议决定变更设定新的负担，以及对原行政行为的"构造"发生变化的情况下。[13]

在法国，在论证其"行政救济强制前置"制度时，法国最高行政法院明确了如下五项原则，以完善现有制度，这些原则与"行政一体"原则一脉相通："第一，行政救济作出的行政行为代替原争议行政行为的效力，因此若在法院提起该行政诉讼，原告不能以原行政行为为诉讼客体，而应该以行政救济机关作出的行政行为为客体；第二，行政机关实施行政救济时，不应该以原行为作出时的事实和法院情形为准，而就应该以此刻的事实和法律情形为准；第三，行政机关实施行政救济时有权改变原行政行为；第四，提起行政救济将导致行政诉讼的时效延长，所以并不剥夺当事人提起行政诉讼的权利；第五，当事人在诉讼中可以提出其没有在行政救济中提出的新理由。"[14]其中，第二项原则特别明确了行政机关实施行政救济时，应该以此刻的事实和法律情形为准，而不应以原行为作出时的事实和法院情形为准。

总之，2014年在修改《行政诉讼法》时，正是基于行政复议制度的行政化特征，复议决定作为行政行为的应受司法监督性，借鉴德国"原行政行为与复议决定的统一性原则"等，从鼓励和督促行政自我纠错、有效解决行政争议的角度出发，将复议行为悉数纳入诉讼范围，我国确立了共同被告制度。[15]

但是，虽然"行政一体"原则源于域外"行政统一性"原则，但又有明确区别。由于行政复议机关没有参与行政机关作出原行政行为的过

---

[11]　同前注3，江必新、邵长茂书，第86页。

[12]　同前注10，赵大光、李广宇、龙非文。

[13]　耿宝建：《行政复议法修改展望》，法律出版社2016年版，第146—147页。

[14]　陈天昊：《公开、效率与传统理念的交响曲——二十一世纪法国行政诉讼的改革之路》，载《清华法学》2013年第4期。

[15]　赵德关：《新时期行政复议制度的定位与展望》，载《行政法学研究》2016年第5期。

程，不是基于两个行政机关共同作出一个行政决定，因此，我国《行政诉讼法》确立的复议机关作共同被告的"行政一体"制度，实际上是根据现实需求被迫创设的一种新型的、全世界独有的行政诉讼共同被告制度，域外无任何一个国家采用这种共同被告制度。

按照江必新大法官的观点，这种新型的共同诉讼，既不是普通共同诉讼，也不是典型的必要共同诉讼，是"必要共同诉讼和普通共同诉讼的中间形态"，也是对共同诉讼理论的新发展，是一种"客观诉讼"的创新架构[16]——客观诉讼的价值取向，更多的是为了"对事不对人"，监督行政机关依法行政。

（三）"行政一体"原则在该案中的应用评析

本案的二审判决最终明确，司法实践中就行政复议机关而言，其在法律规范的适用问题上，应当在遵循法律不溯及既往原则的基础上，坚持有利于行政相对人的追溯原则，采取在新旧法之间从旧兼从轻原则，适用新法新规作出复议决定，切不可认为原行政决定系基于相对人清楚的违法事实，适用当时有效实施的规范而作出，即为合法行政行为，一律予以维持。

借鉴《行政诉讼法》和《行诉解释》等的立法意旨，笔者认为本案二审法官所援引的"行政一体"原则顶住了行政干预的压力，否定了复议机关传统的做法，正确地将原行政决定和复议决定视为一个整体对待，将复议决定作为行政系统内部的最终决定对待，真正地实践了对行政复议决定进行司法审查的正确理念。法院通过司法裁判的方式，迫使复议机关加强对原行政行为的监督，同时督促复议机关秉持从旧兼从轻的原则及时依照复议期间生效实施且有利于相对人的法律法规作出行政决定，重新对相对人的义务进行确认，纠正违法或不当的原行政行为，否则将面临被撤销的不利法律后果。在保护企业合法权益不受侵犯的最后一道防线上，人民法院正确适用"行政一体"原则，及时撤销违法行政决定，保护了相对人的合法权益，符合立法目的，揭示了复议机制的功能价值。

16　同前注 3，江必新、邵长茂书，第 83—84、87 页。

四　"行政一体"原则的应用意义

从根本上讲，我国单一制的国家结构和宪法所确立的人民主权原则，决定了权力运行机制必然强调行政一体性原则。[17] 因此，在社会公共事务管理上，我国行政管理权力运行的大背景是行政一体化。在行政复议制度运行过程中，不宜过度强调原行政机关与行政复议机关之间的分工、监督，而更宜强调一体、协作，最终目的是有效实现公共理性，"为党尽职、为民造福"。

根据全国人大常委会法制工作委员会行政法室的解读，《行政诉讼法》及其《行诉解释》之所以进行上述重大修改，确立"行政一体"原则，"主要是解决目前行政复议维持率高、纠错率低的问题"。

对于《行诉解释》第 135 条第 1 款、第 2 款，将《适用解释》中第 9 条相应内容中的"程序"变为"决定"，根据最高人民法院行政审判庭的解读，很明显是强调司法审查内容的全面性，并且，在举证责任上，规定行政行为合法性的举证责任由作出原行政行为的行政机关和复议机关共同承担，同样是基于"统一性"原则、"行政一体"原则所进行的分配。虽然原行政行为系由原行政机关作出，但经过复议决定维持之后，该行政行为就成为"以复议决定的形式体现出来的原行政行为"，复议机关既然对其予以认可并作出维持决定，就应当与原行政机关一道对该行政行为合法的主张承担客观的证明责任。如果证明原行政行为合法的事实真伪不明，败诉的风险也要由原行政机关和复议机关一起承担。[18]

最高人民法院行政审判庭的解读也明确，《行诉解释》第 135 条第 3 款的规定突破了固有思路，《最高人民法院关于行政诉讼证据若干问题的规定》第 61 条规定，"复议机关在复议程序中收集和补充的证据，或者作出原具体行政行为的行政机关在复议程序中未向复议机关提交的证据，不能作为人民法院认定原具体行政行为合法的依据"。前述规定表明复议程序中产生的证据不得用以证明原行政行为合法。换言之，复议机关不得为

---

[17]　余湘青：《警察行政协助的困境与出路》，载《行政法学研究》2008 年第 2 期。

[18]　同前注 1，最高人民法院行政审判庭书，第 629、630 页。

原行政机关的合法性举证。但 2014 年《行政诉讼法》加大了复议机关的责任，且将复议决定与原行政行为作为一个整体来认识，《行诉解释》第135 条第 3 款明确了行政复议机关在复议过程中可以收集和补充证据。在此情况下，原行政行为已不是原来作出时的状态，而是以复议决定的形式体现出来的原行政行为，原行政行为因所认定的事实、证据或适用规范依据错误导致的不合法问题已经被复议维持决定所修正，复议机关在复议程序中收集的证据可被用于证明原行政行为的合法性。[19]

同时，正是基于上述新特性，"行政一体"原则的新安排，实际上赋予了行政复议机关独立的调查取证权、事实认定权和法律适用权，更注重复议机关解决纠纷的措施和手段，更强调复议机关对违法、不当行政行为的纠正，更多引导复议机关及时纠正行政行为的错误，减少程序空转，迅速化解行政纠纷，稳定行政法律关系，[20] 救济行政相对人的合法权益。"行政一体"原则的"法律强制性"适用规定，赋予了行政复议机关鲜明的独立行政复议决定权，也为行政复议机关带来了新的价值、新的机遇，更为我国普遍的行政执法、高质量的行政管理提供了制度保障和法律支撑。

我国现在已进入追求高质量发展的阶段，因社会管理的需要而不断发布实施各项新法新规。法律规范的制修、废止，更新迭代，更为频繁。这就要求行政机关在进行管理执法时，应关注管辖事务领域的新法新规。对于已经发布暂未生效实施的有利于行政相对人的新规范，行政机关虽不能直接适用，但作出行政决定时仍应考虑，兼顾行政合理性。倘若行政决定经相对人申请，进入行政复议程序，则复议机关应当遵循从旧兼从轻的法律适用原则，重新确认违法事实，重新适用法律，切不可因为原行政机关适用当时的法律准确，而枉顾复议期间已经生效的法律规范，径直作出错误的复议维持决定。这将使得原本应当且可以在行政系统内部解决的行政管理问题未得到解决，使得纠纷被迫推入司法环节，造成国家司法资源的浪费。更为重要的是，这使得行政复议机制的救济功能没有发挥应有的价值，造成程序空转的困境。因此，我们应当遵循立法上对于行政复议机制的制度安排，秉持"行政一体"原则的理念，将行政复议机制的功能拓

19　同前注 1，最高人民法院行政审判庭书，第 631、632 页。

20　同前注 13，耿宝建书，第 148 页。

展到其本有的边界，充分实现其监督、纠错、救济的制度价值。这符合我国的行政管理体制要求，也符合立法者们的立法精神，更符合广大行政相对人权益救济之需要。

（责任编辑　何颖莹）